Tesla

Marko Perko
Stephen M. Stahl

Tesla

Sua vida impressionante e atribulada

Tradução: Fal Azevedo

GLOBOLIVROS

Texto fixado conforme as regras do Acordo Ortográfico da Língua Portuguesa (Decreto Legislativo nº 54, de 1995).

Título original: *Tesla – His Tremendous and Troubled Life*

Editora responsável: Amanda Orlando
Assistente editorial: Isis Batista
Preparação: Theo Cavalcanti
Revisão: Pedro Siqueira, Mariana Donner e Bianca Marimba
Diagramação: Equatorium Design
Capa: Studio DelRey

1ª edição, 2023 — 2ª reimpressão, 2025

CIP-BRASIL. CATALOGAÇÃO NA PUBLICAÇÃO
SINDICATO NACIONAL DOS EDITORES DE LIVROS, RJ

P526t

Perko, Marko
Tesla : a vida e a loucura do gênio que iluminou o mundo / Marko Perko, Stephen M. Stahl ; tradução Fal Azevedo. - 1. ed. - Rio de Janeiro : Globo Livros, 2023.
464 p. ; 23 cm.

Tradução de: tesla: His tremendous and troubled life
ISBN 978-65-5987-084-4

1. Tesla, Nikola, 1856-1943. 2. Transtorno obsessivo-compulsivo - Pacientes - Estados Unidos - Biografia. 3. Engenheiros elétricos - Estados Unidos - Biografia. 4. Inventores - Estados Unidos - Biografia. I. Stahl, Stephen M. II. Azevedo, Fal. III. Título.

22-81891 CDD: 621.3092
CDU: 929:621.3

Meri Gleice Rodrigues de Souza - Bibliotecária - CRB-7/6439
28/12/2022 28/12/2022

Direitos exclusivos de edição em língua portuguesa para o Brasil adquiridos por Editora Globo S.A.
Rua Marquês de Pombal, 25 — 20230-240 — Rio de Janeiro — RJ
www.globolivros.com.br

Para minha querida esposa, Heather Mackay; meu filho maravilhoso, Marko III; e minha linda filha, Skye Mackay.

— M. P.

Para Shakila Marie.

— S. M. S.

A natureza e as leis da natureza jaziam sob as trevas.
Deus disse: "Que haja Tesla", e tudo se fez luz.

DR. B. A. BEHREND, cientista e engenheiro, 1917

Sumário

Prólogo

Em um dia de inverno marcado por temperaturas abaixo de zero, a companhia elétrica local desligou minha energia elétrica e a de meus vizinhos por cerca de nove horas. No momento em que a energia elétrica foi desligada, meu mundo foi instantaneamente virado de cabeça para baixo. Não consegui preparar bacon e ovos para o café da manhã; não consegui acender a luz para ler o jornal; não consegui ligar o aquecedor elétrico em minha casa (moro a mais de um quilômetro e meio montanha acima e chegamos a ter mais de sessenta centímetros de neve acumulada no chão); não pude ligar a televisão para verificar as condições do tempo ou ouvir as notícias, e o rádio não estava funcionando. Não consegui impedir que a comida estragasse na geladeira; não consegui secar o cabelo enquanto me preparava para sair de casa; não consegui abrir a porta da garagem para chegar ao meu carro e ir a uma consulta médica importante para fazer uma ressonância magnética e, em seguida, outra consulta com o quiroprático para estimulação elétrica nervosa transcutânea a fim de ajudar a curar minha tensão muscular. E não consegui enviar um e-mail, porque não tinha wi-fi, logo, não tinha acesso à internet; também não pude usar meu celular porque a bateria estava morta. E isso é só o começo.

À medida que as horas do dia lentamente chegavam ao fim e a energia elétrica foi finalmente restaurada, tudo o que pude dizer a mim mesmo foi:

"Obrigado, Nikola Tesla, por nos conceder o dom da corrente alternada, que alimenta e ilumina o mundo hoje; e obrigado por todas as suas outras invenções e descobertas milagrosas que tornam a vida mais fácil para todos nós. De fato, este é o seu momento!".

— ANÔNIMO

Agora, pondere o seguinte: se você nunca recitou um poema de Keats ou nunca ouviu uma sinfonia de Beethoven ou nunca ficou diante de uma pintura de Rembrandt; se você nunca entendeu as teorias da relatividade ou leu um clássico de Tolstói, sua vida seria diferente? Provavelmente não, porque a maioria das pessoas nunca teve essas experiências e, ainda assim, vive uma vida boa no geral. Mas tente viver sem eletricidade CA (corrente alternada) por nove horas, ou mesmo nove minutos, e sua vida se tornará instantaneamente muito difícil e frustrante, se não totalmente insuportável.

Há alguns anos, foi feita a um grupo muito seleto dos maiores pensadores, cientistas e ganhadores do Nobel uma pergunta muito estimulante, mas provocativa: qual foi a maior invenção dos últimos 2 mil anos e por quê? Um disse que era o computador, outro elegeu a internet, e assim por diante. Então, um pensador inteligente elegeu a invenção mais importante de todas, o "aproveitamento da eletricidade".[1] Pois sem essa invenção o mundo seria muito diferente: não seria possível transformar a noite em dia; nenhum computador, internet ou celular poderia existir. E um automóvel Tesla ainda não seria nada mais do que um esboço a lápis de um designer de automóveis.

O enigmático Nikola Tesla — perseguido por seus sempre presentes demônios internos — inventa o mundo moderno. Sua história surpreendente é a de um deus da nova era, um gênio, um Zeus, um mago maravilhoso, mas profundamente problemático. Ele doma a força misteriosa chamada "eletricidade"; deslumbra o mundo com suas infinitas invenções e descobertas; abre novos caminhos na ciência que impactam profundamente nossa vida diária; transforma fantasias em realidade; seus experimentos mentais perturbam as normas científicas; ele nos dá muitas das ferramentas indispensáveis que usamos hoje. E atrizes e cantoras famosas clamam por sua atenção, como homens poderosos desejam ser seus amigos... Tudo isso diante de um mundo atônito. No entanto, o tempo todo ele se mantém reservado, enquanto simultaneamente luta com as consequências desafiadoras do *transtorno bipolar*: voos de energia maníaca alternados com profundezas de grande desespero — sua corrente alternada pessoal. Tesla evita os clichês da vida cotidiana, enquanto busca sempre "aliviar o fardo dos ombros da humanidade". Esse se tornaria seu lema para toda a vida, mas a que custo para ele?

O que segue é um exame da vida de Nikola Tesla utilizando um novo estilo de biografia. Marko Perko e Stephen M. Stahl examinarão Nikola Tesla de uma maneira que ainda não foi feita: perguntando e respondendo à pergunta seminal. Quem foi o homem real por trás da extremamente complexa psique/personalidade — que vivia com transtorno obsessivo-compulsivo (TOC) e um temperamento hipertímico às vezes transformado em uma mania bipolar exaltada para, em seguida, lançar-se em uma depressão devastadora — que inventou o mundo moderno?

Como era ser Tesla, tendo tanto ideias fora da caixa sobre ciência que eventualmente provaram-se verdadeiras como hábitos bizarros e surtos de mania irracional? Ele poderia dizer a diferença? Outros poderiam? Como ele foi capaz de inventar, criar e descobrir sob o peso do transtorno bipolar? Ninguém abordou o papel do transtorno bipolar em sua longa vida e como isso o afetou em todos os níveis... até agora.

Em *Tesla: sua vida impressionante e atribulada*, os autores exploraram as profundezas das fontes disponíveis e utilizaram sua experiência para responder a perguntas adicionais que confundiram os cronistas e ficaram sem resposta por mais de um século: o gênio torturado de Tesla era "normal"? O que é gênio "normal", afinal? Qual é a relação entre transtorno bipolar e imensa criatividade? Como isso se aplica a Tesla? Como foi para ele fazer descobertas científicas originais que nenhum outro indivíduo jamais havia concebido ou experimentado? Suas estranhas crenças e experiências sensoriais eram produto de um estado mental bipolar? Sua luta ao longo da vida com o que chamamos hoje, mais especificamente, de transtorno bipolar I (comumente chamado de transtorno bipolar) foi uma vantagem ou uma desvantagem quando consideramos a profunda produção de sua mente notável?

Além disso, a presente biografia lançará luz sobre a velha discussão acerca da criatividade exacerbada e se ela só ocorre em meio a um contexto de doença mental, particularmente o transtorno bipolar, discutindo o estudo de caso de Nikola Tesla. Como tal, este "novo estilo de biografia" — combinando o melhor das técnicas biográficas atemporais com estudos de casos médicos e métodos introspectivos de ponta encontrados na psicobiografia — sondará as profundezas da vida "*impressionante e atribulada*" de Nikola Tesla. Os autores aplicarão implacavelmente suas décadas de experiência, tanto como escritores profissionais quanto como pesquisadores, à medida que investigam, avaliam e revelam a vida "completa" de Nikola Tesla.

De medições científicas e eletrônicos a automóveis e ruas do século XXI que levam seu nome, Tesla está rapidamente se tornando uma "marca mundial". Mais de um século depois que ele "iluminou" o mundo, pouco se sabe sobre o homem que de boa vontade nos deu os produtos de seu gênio desenfreado: campo magnético rotativo, corrente alternada, motor de indução, rádio, transmissão sem fio de energia e dados, ressonância magnética, iluminação neon e fluorescente, laser, controle remoto, robótica, raios X, radar, acelerador de feixe de partículas (raio da morte), bobina de Tesla e, sim, até *Guerra nas Estrelas* (*Star Wars*) — a Iniciativa Estratégica de Defesa (Strategic Defense Initiative — SDI). O maior dos cientistas ainda é um mistério para milhões — e o número só aumenta — que agora reconhecem imediatamente seu nome, mas sabem pouco ou nada sobre ele e as conquistas que mudaram sua existência. Além disso, sua luta ao longo dos anos com problemas de saúde mental não foi abordada de forma séria por biógrafos anteriores.

Esta biografia tentará satisfazer a fome insaciável de conhecimento e compreensão desse homem, à medida que mais e mais pessoas descobrem o surpreendente, misterioso e oculto mundo de Nikola Tesla e como ele aproveitou seu incrível dom enquanto carregava o esmagador fardo do transtorno bipolar.

Em relação ao autor Marko Perko, é importante saber que ele traz uma perspectiva verdadeiramente exclusiva e grande empatia a esta biografia, pois, como o próprio Tesla, ele é um compatriota sérvio. Nasceu e foi criado no mesmo meio étnico, cultural e religioso de Tesla. Ele tem a "experiência pessoal" para entrar na mente de Tesla como um companheiro sérvio.[2] Entende quais foram muitas das primeiras influências de Tesla e como alicerçaram e moldaram seu caráter multidimensional. Como tal, esta biografia mostrará o "verdadeiro" Tesla: o homem que sempre valorizou o "princípio acima do lucro"; o homem que sacrificou o sucesso pessoal pelo sucesso dos outros; e o homem que concentrou sua genialidade para tornar o mundo um lugar melhor de viver.

Stephen M. Stahl traz para esta biografia uma vida inteira de extensa experiência psiquiátrica e uma reputação mundial nos campos da psiquiatria e da psicofarmacologia do mais alto nível. Ele dissecará a psique de Tesla e revelará suas verdades impressionantes.

O subtítulo do livro diz tudo: *sua vida impressionante e atribulada* aponta para a carreira longa e produtiva de Tesla, que foi profundamente perturbada por demônios pessoais. Ele foi o homem que, "em seu tempo", mudou a humanidade para "todos os tempos". Portanto, agora é o século XXI e "é *a hora*" de o mundo conhecer o homem — sua vida impressionante e atribulada —, e não apenas seu nome.

O panorama da evolução humana é iluminado por explosões repentinas de brilho deslumbrante em realizações intelectuais que lançam seus raios muito à frente para nos dar um vislumbre do futuro distante... Nikola Tesla, em virtude das incríveis descobertas e invenções que derramou sobre o mundo, torna-se um dos flashes mais resplandecentes que já iluminaram o livro do avanço humano.

— John J. O'Neill, amigo e primeiro biógrafo de Nikola Tesla

Notas para o leitor

Inconsistências

Datas, locais/lugares, nomes, citações, e assim por diante, podem ser problemáticos ao escrever uma biografia ou qualquer livro que contenha uma miríade deles. Os autores fizeram todos os esforços para colocar em ordem tudo isso. No entanto, eles costumam, com frequência, encontrar divergências de informações de uma fonte para outra, seja sobre nomes, datas ou informações a respeito de eventos específicos que não coincidem. O mesmo pode ser dito para lugares e citações. Para resolver essas discrepâncias, os autores buscaram dados consistentes, ou seja, pontos nos quais várias fontes de referência concordavam, entendendo que tal concordância geralmente resultava na obtenção de fatos corretos.

Formato do livro

O subtítulo de cada capítulo fornece um local e uma data que representam o ponto de partida para o assunto do capítulo.

Livros/jornais/revistas/outras fontes de referência

A autobiografia de Tesla intitulada *Minhas invenções* foi reeditada várias vezes ao longo das décadas, portanto a "única" fonte de referência completa de sua infância provou ser inconsistente às vezes. Existem versões em que Tesla lembra a outras pessoas de sua infância que não se alinham com a versão publicada de sua autobiografia. O mesmo pode ser dito de outras fontes.

Frequentemente, Nikola Tesla se lembrava de sua história autobiográfica em entrevistas e publicações com ligeiras mudanças, de modo que existem várias versões de sua autobiografia. Depois, há a questão de cada editor tomar liberdade com o texto.

Datas

Houve momentos em que uma fonte de referência disse que Tesla fez algo em uma certa idade, enquanto outra fonte de referência deu uma idade diferente para o mesmo evento.

Às vezes, especialmente em seus primeiros anos, há uma inconsistência quase "confiável" entre as referências de quando Tesla fez algo.

Devido às dificuldades inerentes à linha do tempo da história, as datas nem sempre podem ser fornecidas como definitivas.

Dispositivos científicos

Quer seja chamado de oscilador ou ressonador, como acontece com vários outros dispositivos, eles são basicamente da mesma classe elétrica, e a maioria das fontes de referência tende a usar os termos *motor* CA ou *motor de indução* ou *motor de indução* CA de forma intercambiável, e eles variam de uma fonte de referência para outra.

Distâncias

As distâncias entre localizações/locais variam de uma fonte de referência para outra.

Fontes/notas

Os números das páginas nas fontes de referência variam, pois diferentes edições da mesma publicação são citadas por diferentes fontes. Existem, por exemplo, versões norte-americanas e britânicas de várias publicações técnicas.

Linhas do tempo

A cronologia dos eventos nem sempre é certa, como é o caso de grande parte da história, mas os autores fizeram todos os esforços para obter cada data na linha do tempo correta. A sequência de eventos às vezes variava de fonte de referência para fonte de referência e até mesmo na autobiografia de Nikola Tesla.

Eventos

Exemplos de inconsistências de certos eventos: os envolvidos na compra das patentes da Tesla variam de uma fonte de referência para outra, assim como o valor pago pelas patentes da Tesla por parte da Westinghouse. O encontro de Tesla com Sarah Bernhardt pode ou não ter acontecido, e, se aconteceu, diferentes versões são fornecidas. Da mesma forma, Edison não comentou sobre o fiasco do Prêmio Nobel segundo uma fonte, já outra fonte afirma que sim.

Localizações/lugares

Localizações/lugares exatos e se Tesla estava em uma localização geográfica ou em um edifício específico às vezes diferiam de uma fonte de referência para outra.

Medidas

Frequentemente, as medições de uma fonte de referência para outra não combinam — a altura da torre em Colorado Springs, por exemplo. Além disso, várias medições no projeto Wardenclyffe divergem de uma fonte de referência para a outra.

Números

Às vezes, as fontes discordam a respeito dos números referentes a um evento específico. Quando isso ocorre, os autores apontam a discrepância.

Periódicos

O nome de vários periódicos muda de uma fonte de referência para outra, exigindo pesquisas mais profundas para determinar a que outros autores estavam se referindo quando citaram uma fonte de referência.

Nomes

Vários nomes são usados alternadamente, como transmissão sem fio e transmissões sem fio, sérvio e montenegrino; CA polifásica e corrente alternada etc.

Cálculos de inflação de moeda

Todos os cálculos da inflação de moeda foram feitos na época da redação do livro.

Websites

Todos os endereços de sites estavam ativos no momento em que foram citados.

Lista de personagens

Edward Dean Adams: investidor
Leland I. Anderson: redator técnico/engenheiro eletricista
Muriel Arbus: secretária
John Jacob Astor IV: industrial
B. A. Behrend: amigo, cientista e engenheiro
Sarah Bernhardt: atriz francesa de teatro/cinema em quem Tesla estava muito interessado
A. S. Brown: diretor da Western Union
James D. Carmen: confidente de longa data e administrador de Tesla
Samuel L. Clemens (Mark Twain): amigo querido, escritor
Arthur H. Compton: físico americano, vencedor do Prêmio Nobel
Sir William Crookes: físico britânico
Colman Czito: amigo e assistente de laboratório
Antonín Leopold Dvořák: compositor
Thomas A. Edison: inventor
Albert Einstein: físico
James Franck: físico alemão, vencedor do Prêmio Nobel
Hugo Gernsback: jornalista e editor
Heinrich Hertz: engenheiro eletricista
Richmond P. Hobson: almirante dos EUA e congressista
Robert U. Johnson: editor, amigo próximo e protetor

Katharine Johnson: amiga muito próxima e protetora
Rudyard Kipling: escritor
Sava Kosanović: sobrinho e embaixador da Iugoslávia nos Estados Unidos
Fritz Lowenstein: assistente de laboratório
Guglielmo Marconi: engenheiro eletricista
T. C. Martin: editor da *Electrical World* e escritor
Dame Nellie Melba: estrela da ópera australiana de quem Tesla gostava
Marguerite Merrington: chamou a atenção de Tesla e era sua companhia regular em jantares
Robert A. Millikan: físico americano, vencedor do Prêmio Nobel
J. P. Morgan: financista e banqueiro
John Muir: filósofo naturalista e ambientalista
John J. O'Neill: amigo e biógrafo pessoal de Tesla
Ignacy Paderewski: pianista e compositor
Charles Peck: advogado de patentes
Eleanor Roosevelt: primeira-dama dos Estados Unidos, casada com o presidente Franklin D. Roosevelt
Franklin D. Roosevelt: presidente dos Estados Unidos
George Scherff: secretário e gerente de escritório
Dorothy Skerrit: secretária
Charles Steinmetz: cientista da GE
Kenneth Swezey: jornalista
Anton Szigeti: assistente e confidente
William Terbo: sobrinho-neto
Angelina Tesla: irmã
Dane Tesla: irmão mais velho
Djouka Tesla: mãe
Marica Tesla: irmã
Milka Tesla: irmã
Milutin Tesla: pai e sacerdote
William K. Vanderbilt: industrial
George S. Viereck: poeta
George Westinghouse: engenheiro e empresário
Stanford White: arquiteto

Cronograma de eventos significativos

1856 Nasce à meia-noite entre os dias 9 e 10 de julho, na vila de Smiljan, na província de Lika, Império Austríaco.

1861 Morte acidental de seu irmão mais velho, Dane, que o assombra por toda a vida.

1862 A família muda-se para a cidade de Gospić.

1866-1870 Frequenta o ginásio, onde toma conhecimento das Cataratas do Niágara.

1870 Muda-se para Karlovac a fim de frequentar o ginásio superior para estudar física, matemática e línguas.

1874 Contrai cólera e usa a doença para convencer o pai a deixá-lo estudar engenharia.

1875-1878 Frequenta a Universidade Politécnica de Graz, na Áustria, onde assiste a uma demonstração do dínamo de Gramme, que funcionava sem um comutador.

1879 Sai da universidade sem se formar e consegue um trabalho em Maribor.

1880 Estuda em Praga. O pai morre.

1881 Muda-se para Budapeste para trabalhar na companhia telegráfica; primeiro colapso nervoso conhecido; vislumbra o "campo magnético rotativo".

1882 Muda-se para Paris para trabalhar na Continental Edison Company; continua trabalhando em seu motor de indução CA.

1883 Trabalha em Estrasburgo para restaurar a falha de Edison no sistema de alimentação por CC (corrente contínua) para a Alemanha; é enganado por Edison, a primeira de muitas vezes.

1884 Volta a Paris; muda-se para a cidade de Nova York a fim de trabalhar em outra empresa de Edison; conserta dínamos em um navio para salvar Edison de uma situação constrangedora e é enganado novamente.

1885 Deixa a empresa de Edison depois de ter sido enganado outra vez; inventa vários novos dispositivos.

1886 Westinghouse inaugura a Westinghouse Electric Company; Tesla recebe a "primeira" patente para um comutador para máquinas dínamo-elétricas, emitida em 26 de janeiro de 1886 (patente U. S. 0.334.823), e patenteia a lâmpada de arco voltaico.

1886-1887 Trabalha temporariamente cavando fossos; desenvolve particularidades do sistema polifásico; constitui a Tesla Electric Company com Peck e Brown; constrói seu protótipo de motor de indução CA polifásico e explora os mistérios dos raios X.

1888 Faz sua famosa e inovadora palestra no Instituto Americano de Engenheiros Eletricistas; recebe cinco patentes para motores CA; trabalha em sua tecnologia da bobina de Tesla; junta-se a Westinghouse, que adquire suas patentes e faz de Tesla um homem rico por um tempo; começa a Guerra das Correntes.

1889 Toma decisões mais ousadas e se muda pelos oito meses seguintes para Colorado Springs, onde desenvolve sua bobina de Tesla — transmissor de ampliação; William Kemmler é condenado a uma morte horrível em Nova York por meio de uma cadeira elétrica alimentada por CA.

1891 Torna-se cidadão americano naturalizado; a primeira patente da bobina de Tesla é emitida (patente U. S. 454.622) com a emissão das patentes subsequentes; demonstra a versão inicial da transmissão de energia sem fio no Instituto Americano de Engenheiros Eletricistas.

1892 A General Electric é formada com o apoio financeiro de J. P. Morgan; palestras em Londres e Paris sobre suas pesquisas mais recentes; fica sabendo da morte da mãe e volta para casa para ver a família.

1893 A corrente alternada é utilizada pela Westinghouse para iluminar a Exposição Universal de 1893 em Chicago; conhece seus "protetores" Robert e Katharine Johnson; dá uma palestra em St. Louis sobre os fundamentos da transmissão de rádio (sem fio) e inventa o primeiro sistema sem fio; Marconi utiliza equipamentos sem fio como os da Tesla.

1894 É concedida a ele cerca de uma dúzia de patentes que variam de transmissão elétrica de energia a tecnologias de motor; trabalha com radiação eletromagnética de alta frequência.

1895 Seu laboratório na Quinta Avenida é complemente destruído em um incêndio; deprime-se, mas junta os cacos e continua seu trabalho, conseguindo transmitir eletricidade por corrente alternada a uma distância de oitocentos quilômetros.

1896 A geração de energia elétrica começa nas Cataratas do Niágara; anula seu contrato com a Westinghouse a um custo de milhões em royalties para ele; Marconi transmite ondas de rádio, mas tem a patente negada por causa da primazia de Tesla.

1897 Transmite com sucesso o sinal de rádio da cidade de Nova York a West Point.

1898 Exibe o funcionamento de seu teleautômato sem fio controlado remotamente no Madison Square Garden diante de uma multidão atônita do Instituto Americano de Engenheiros Eletricistas; muda-se para o Waldorf-Astoria Hotel, onde vive cerca de duas décadas.

1899 Transfere a pesquisa para Colorado Springs, no Colorado. Lá, ergue um transmissor de ampliação massivo — bobina de Tesla —, que produz raios mágicos e eletrifica a Terra por quilômetros com milhões de volts; afirma ter recebido sinais de Marte; escreve o abrangente "diário" sobre sua pesquisa naquele ano.

1901 Marconi usa cerca de sete patentes de Tesla para transmitir a letra S através do oceano Atlântico; começa o projeto Wardenclyffe.

1903 O projeto Wardenclyffe, de 1903, simbolizava a intenção de Tesla de fornecer energia sem fio ao mundo "de graça"; Morgan encerra seu financiamento do projeto.

1904 Marconi recebe a patente da invenção do rádio (revertida em junho de 1943 em favor de Tesla).

1907 É admitido na Academia de Ciências de Nova York. Desenvolve a tecnologia de decolagem e pouso vertical (em inglês, *vertical take-off and landing* — VTOL), para a qual recebe duas patentes em 1928.

1909 Inventa o motor de turbina sem pás, inspirado em seus experimentos da primeira infância e no efeito da camada-limite; recebe a primeira patente pelo dispositivo.

1909 Marconi recebe o Prêmio Nobel pela invenção do "rádio".

1912 Tesla faz experiências com sua turbina na estação Edison Waterside.

1914 Patente concedida ao aparelho para transmissão de energia elétrica (patente U. S. 1.119.732).

1915 Arquiva o processo de violação de patente contra Marconi.

1916-1928 Recebe inúmeras patentes engenhosas.

1917 Seu projeto Wardenclyffe chega ao fim; ironicamente é premiado com a medalha Edison.

1922 Continua o trabalho de novas invenções ainda não reveladas.

1925 Morre uma de suas protetoras, Katharine Johnson.

1931 É capa da revista *Time* por seu 75º aniversário e começa suas coletivas anuais de imprensa; Edison morre.

1934 Prossegue a pesquisa de feixe de partículas que leva à tecnologia militar Iniciativa Estratégica de Defesa (em inglês, *Strategic Defense Initiative* — SDI), também conhecida como Guerra nas Estrelas (*Star Wars*).

1937 Morre Robert U. Johnson, um de seus protetores.

1943 Em 7 de janeiro, no Natal sérvio, Tesla falece; seu funeral na cidade de Nova York é assistido por mais de 2 mil enlutados; todos os seus bens são apreendidos pelas autoridades dos Estados Unidos; e a Suprema Corte dos EUA considera Tesla o inventor do "rádio".

Linha do tempo de eventos psiquiátricos

Notas clínicas

1856 Nasce à meia-noite entre 9 e 10 de julho na vila de Smiljan, na província de Lika, Império Austríaco.

1856-1866 Precoce, grandioso, provavelmente em um estado contínuo de hipomania e ocasionalmente psicótico, a primeira invenção é uma armadilha para sapos; acariciando o gato, vê a eletricidade em ação; inventou uma espingarda de brinquedo, alucinações visuais, sintomas de TOC com contagem de passos, necessidade de ter coisas divisíveis por três ou algo ruim aconteceria, aversão a brincos, pulseiras, pérolas, cabelos, pêssegos, cânfora; germófobo.

1861 Morte acidental de seu irmão mais velho, Dane; primeiro grande episódio depressivo e reação de luto.

1862 A família muda-se para a cidade de Gospić.

1866-1870 Frequenta o ginásio, no qual toma conhecimento das Cataratas do Niágara; indiferente, socialmente retraído, esquizoide, egocêntrico, mas provavelmente em estado hipomaníaco e ocasionalmente psicótico, criativo, com alucinações visuais, desenvolvendo soluções para problemas e desenvolvendo habilidades de edição mental; imaginativo, pensando fora da caixa.

1870 Segundo grande episódio depressivo, prostrado na cama; logo em seguida apresenta uma "recuperação milagrosa".

1873 Na cama por nove meses; possível cólera, mais provavelmente seu terceiro grande episódio depressivo.

1876 *Phronesis*, hipertímico que leva ao primeiro episódio maníaco completo; necessidade diminuída de sono, vinte horas por dia de estudos, apostas; mulheres, bebida, cigarro.

1877-1881 O primeiro episódio maníaco completo de 1876 pode ser visto como algo que se repete ao longo de 1881 como uma vacilação entre o estado de humor hipomaníaco/hipertímico e a mania/psicose total com alucinações auditivas; pensamentos acelerados, repetições de frases na tentativa de controlar e desacelerar os pensamentos; isolamento criativo, inventivo e esquizoide; maníaco/psicótico quando afirma ouvir trovoadas a mais de oitocentos quilômetros de distância; ouvir o tique-taque do relógio a três cômodos de distância; ouvir estalos das casas em chamas de vizinhos distantes, provavelmente alucinações auditivas; ouvir/sentir o coração disparado a 260 batimentos por minuto, o que, se real, seria uma improvável taquicardia supraventricular, se não uma alucinação sensorial; tinha certeza de que poderia arquitetar mentalmente coisas em sua cabeça que podem não ter sido delirantes; perto do fim desse período, começou a ter ciclos mais curtos e menos severos de trabalho obsessivo implacável/glutonaria intelectual por semanas, então exaustão total com depressão, quando tinha certeza de que estava no limiar da morte; consistente com humor bipolar de ciclo rápido.

1882 Mania/hipomania persiste com seu agora famoso momento de suprema inspiração ou expansão de ideias; desenha na terra sua invenção do motor de indução por corrente alternada em vez de calmamente voltar ao laboratório e colocá-lo no papel.

1884 Deprimido, sem interesse de investidores em seu sistema de corrente alternada; episódio depressivo disfórico e possivelmente sério na Europa; no entanto, quando chega a Nova York, já havia voltado à hipomania; apesar de seu conflito com Edison após a chegada, a produção científica continuou, assim como a fase hipomaníaca em 1884 e 1885, resultando em suas primeiras patentes — seis nos EUA e três na Grã-Bretanha —, registradas em 1886.

1886 Deprimido, sentindo-se enganado e defraudado, o trabalho em 1886 resultou em apenas uma patente registrada em 1887.

1861-1901 Período mais produtivo de sua vida, quando registrou essencialmente todas as suas patentes importantes; na maioria das vezes, hipomania pontuada por episódios de depressão, em seguida recuperação e volta à hipomania.

1887-1891 Palestrante de sucesso em Nova York, carismático, hipomaníaco; o trabalho este ano levou a um recorde de catorze patentes nos EUA e duas patentes britânicas em 1888; doze patentes nos EUA e quatro patentes britânicas em 1889; seis patentes nos EUA em 1890; e onze patentes nos EUA e duas patentes britânicas em 1891, o período mais produtivo de sua vida.

1888 Apresenta comportamento hipomaníaco em sua palestra de engenharia elétrica, sucesso e mudança para Pittsburgh, tornou-se disfórico, desanimado e, por fim, deprimido. Deixou Pittsburgh em busca da descoberta que o levaria à euforia — ou estava em busca da euforia que o faria retornar às descobertas?

1889 Altos e baixos; de volta a Nova York; lidou com publicidade adversa sobre eletrocussão e como sua invenção era perigosa e poderia matar.

1890-1891 Dificuldades financeiras; tornou-se cidadão americano; outra grande palestra feita com demonstrações de carisma, espetáculo e charme.

1892 Retorna à Europa; provação e doença dolorosa prolongada, provavelmente um episódio depressivo prolongado ligado à reação de luto pela morte da mãe; famoso, era um mago, mas tinha violações de patentes para combater; sentiu-se cansado, procurou um tônico de eletroterapia para seu sistema nervoso exausto; visitou Paris em um estado de cansaço/exaustão, teve "crises de sono peculiares" que acreditava serem resultado do esforço prolongado do cérebro e que podem ter sido a causa do aumento do sono associado a um episódio depressivo em comparação com a falta de sono durante episódios hipomaníacos e maníacos; apenas uma patente nos Estados Unidos em 1892 e apenas duas em 1893.

1893 Retorna à cidade de Nova York, ainda sem superar a depressão; abatido, sobrecarregado. Estava na exposição de Chicago, mas exausto; visitou as Cataratas do Niágara, mas "as grandes máquinas incomodavam sua coluna". Recuperação parcial, mas a maior parte de seu trabalho consistiu em escrever patentes baseadas em trabalhos anteriores, com onze publicadas em 1894 por se esforçar, provavelmente, em um estado de humor de normal a moderadamente deprimido, mas não hipomaníaco.

1894 Ainda que tenha sido considerado uma celebridade, estava exausto, exasperado, solitário, completamente arrasado, e sentia que tinha a saúde frágil de um inventor, e Johnson concordou que sua "saúde" era ruim, provavelmente indicando a ocorrência de um grande episódio depressivo; sentiu que a força física e mental infinita de décadas de trabalho agora estava esgotada. Provavelmente em um estado misto de hipomania com alguns elementos de depressão, que oscilava entre altos e baixos.

1895 O incêndio que destruiu seu laboratório na cidade de Nova York foi um evento devastador. De espírito quebrantado, "exausto"; "Não tenho mais para dar"; tentou "eletroterapia para excitar o cérebro" e tentar autotratar sua depressão; traído por Edison e Westinghouse. Sem patentes em 1895. Ainda tinha alguns picos de criação, humor e psique instáveis, em estado de negação a respeito de suas perdas, incluindo seu laboratório, seu parceiro de negócios e a traição por parte de Edison e Westinghouse. A maior parte do tempo deprimido e improdutivo.

1896-1897 Principalmente hipomaníaco, mas com alguns ciclos, de períodos de alta com a febre de Marte, mostrando como os edifícios oscilam, confiando em sua bússola e intuição internas, ainda o bizarro discurso das Cataratas do Niágara fora do personagem e um tanto abatido, sem a habitual altivez, explosão e carisma; sentimento de inferioridade e derrota se insinuou em momentos de seus baixos, Katharine detecta seu sofrimento; Tesla e amigos acham que ele está sendo tratado injustamente; Tesla tem uma ideia bizarra de que as forças externas da natureza que lhe causam dor são cósmicas e aqueles que as infligem a ele então sofrem devido a essas forças por meio de um autômato.

1898 A demonstração bem-sucedida de um barco radiocontrolado no Madison Square Garden bem como relatos de falhas de Marconi aumentaram seu ânimo; sob fogo, a inveja dos concorrentes abunda, com fofocas científicas; crises de melancolia, "saúde precária", desgastada física e psicologicamente; gasto, solitário, principalmente deprimido com alguns acessos de hipomania misturados com depressão.

1899 Colorado Springs, começou em estado hipomaníaco e progrediu para depressão quando saiu desapontado e sem conseguir cumprir seus objetivos; teve visão no início do ano para comunicação sem fio, energia sem fio, transmissão através da terra, mas no fim estava física e mentalmente alquebrado; sem patentes este ano.

1900 Começou exausto, sem esperança, com pressões financeiras emergindo do fracasso, deprimido e sem carisma e sem hipomania notável e, portanto, incapaz de obter financiamento.

1901 Tem a ideia da construção da torre para transmissão de energia pela terra; obteve financiamento inicial com sucesso de J. P. Morgan quando emergiu da depressão em sua habitual hipomania produtiva; escreveu um tratado um pouco grandioso e bombástico.

1902-1943 No resto de sua carreira raramente dava sinais de hipomania e, no máximo, apresentava algumas características mescladas de mania durante a depressão. Ele também não exibiu carisma suficiente para levantar fundos significativos a fim de concluir qualquer projeto de grande escala novamente; durante seu período produtivo de 1886-1901, ele entrou com 95 patentes, ou cerca de seis por ano, para uma produção científica absolutamente incrível e com apenas um ano sem nenhum registro quando estava deprimido; caso contrário, durante esse período produtivo, ele passou a maior parte de seu tempo hipomaníaco com alguns episódios de ciclagem rápida para a depressão e de volta à hipomania e alguns períodos em que sua mania misturava-se a um toque de depressão. Mas, de 1902 até sua morte, ele só apresentou quinze patentes, cerca de uma a cada três anos, e nunca mais foi continuamente maníaco ou hipomaníaco, passou a maior parte do tempo ou deprimido com alguns sintomas de mania em estado misto, ou apenas deprimido, com crescentes irritabilidade, ressentimento, falta de contato social ou graça social, solitário e sozinho.

1901-1902 Construída a famosa torre Wardenclyffe; Marconi envia com sucesso uma mensagem sem fio vencendo Tesla nessa conquista histórica e causando decepção e ressentimento em Tesla; estado mental desgastado; sentiu-se traído pela ciência, por colegas e pelos patrocinadores quando não obteve apoio ou crédito suficiente, apesar de ter tido a coragem de rejeitar as crenças da época e reverter as práticas científicas-padrão e desafiar as normas existentes; infelizmente, não pôde tornar essas noções críveis para os outros quando o bom humor o abandonou.

1903 Colapso mental; cartas em caligrafia ilegível deixando claro o desgaste emocional e a angústia; exauriu as "melhores partes do meu cérebro"; sentiu-se em meio a um colapso; articulando-se e comportando-se irracionalmente de acordo com os financiadores em potencial, "dar eletricidade de graça"; não é mais considerado um gênio e um palestrante carismático, tornando-se um velho excêntrico.

1904-1905 Patentes antecipadas expirando com a perda da receita delas; muitas eram a favor de invenções que não foram desenvolvidas em sua vida; problemas financeiros; recluso; imprevisível; começou a ter flashbacks de membros da família mortos, possivelmente uma forma de depressão psicótica; acamado por exaustão e depressão.

1906-1908 A torre de Tesla foi destruída; colapso nervoso continuou; nenhum projeto importante para os próximos 37 anos; ainda tinha ideias, mas não tinha carisma ou energia para colocá-las em prática ou conseguir financiamento; faltou conhecimento de negócios, como sempre; à frente de seu tempo mesmo com suas novas ideias apresentadas nesse estado emocional; inventou uma turbina.

1909 Marconi recebe Prêmio Nobel; Tesla dá um último suspiro com a Tesla Propulsion Company; não conseguia entender por que os industriais investiam dinheiro para ganhar dinheiro enquanto a empresa Tesla investia dinheiro para criar novas tecnologias; Westinghouse, John Muir, Mark Twain e Astor morrem. Seu amigo Johnson enfrenta um escândalo; são muitos acontecimentos que contribuem para estressar Tesla.

1910-1915 J. P. Morgan morre em 1913; o filho de Morgan deu o financiamento inicial, porém não contínuo, para a turbina de Tesla, mas então a Primeira Guerra Mundial interveio; enquanto isso, Tesla se limita a profetizar, e não a produzir; problemas financeiros e processos judiciais.

1916-1920 Recebeu a Medalha Edison em 1917 e também certa quantia em dinheiro; ainda tinha o sonho de comunicação sem fio por meio de radar. As visões continuam, mas recebia com má vontade novas ideias que não eram suas; egoísmo; obstinação; escrevendo para obter alguma renda, cada vez mais tempo gasto com pombos; crescentes problemas financeiros; o rival Pupin morre; conhece um divulgador de ciência de dezenove anos.

1921-1929 Fecha seus escritórios, sem secretária; preso a velhas formas de pensar e incapaz de aceitar novas ideias; Katharine Johnson morre em 1925.

1930-1933 Capa da revista *Time*; "teslascópio" concebido para comunicação interplanetária; Edison morre; a aceitação do mundo de Edison como um gênio em aperfeiçoar invenções existentes e de Tesla como um gênio com invenções brilhantes, muitas delas ainda não aperfeiçoadas para comercialização, irritou Tesla, que pensava que conceber novas invenções era superior a aperfeiçoar invenções anteriores, mas o mundo pensava de outra forma; algumas visões bizarras; grosseiro; mesquinho, recusou-se a apertar mãos, certa vez — vestido formalmente — preferiu a companhia dos pombos; começou a fazer aparições anuais de relações públicas em seu aniversário.

1934-1943 Inventou o raio da morte, um feixe constante de tungstênio ou mercúrio para neutralizar os aviões inimigos; sereno, cortês, escudo de defesa "Star Wars" finalmente implementado pelo governo Reagan; frágil; atingido por um táxi; caminhava com uma bengala; Robert Johnson morre; no fim, Tesla estava acamado, alternando estados de consciência; surgem os primeiros sinais de senilidade; o TOC persistiu até o fim com sua fascinação desde a infância pelo número 3, então sempre ficava em um endereço ou em um quarto com número divisível por três — seu último quarto foi o 3327, no New Yorker Hotel.

PARTE I
SONHANDO

1
Relâmpago e trovão

Precoce

SMILJAN, PROVÍNCIA DE LIKA, IMPÉRIO AUSTRÍACO, 1856

O tom mais escuro da noite foi subitamente atravessado por relâmpagos impressionantes que iluminaram os céus e trovejaram como um leão anunciando sua presença. Enquanto a violenta tempestade elétrica continuava exibindo o poder indiscutível e os mistérios da natureza, uma jovem mãe arfava em uma sala que contava com apenas uma janela e piso de tábuas de madeira para dar à luz uma criança que se chamaria Nikola. Ao mesmo tempo que ela sacudia a cama, contorcendo-se de dor e alegria, ventos fortes golpearam impiedosamente as estruturas do lado de fora construídas pelo homem, enquanto a parteira ao lado dela estava tão assustada com o momento, que, aflita, disse: "Ele será um filho da tempestade". A mãe respondeu com veemência: "Não, da luz".[1] (A história sugere que ambas estavam corretas, já que na vida Nikola Tesla enfrentaria a tempestade do transtorno bipolar enquanto iluminava o mundo literal e figurativamente com sua genialidade.)

Era precisamente meia-noite, entre 9 e 10 de julho de 1856 (calendário juliano).[2] A pitoresca vila de Smiljan ("a terra do manjericão" fica a leste das montanhas Velebit e do mar Adriático), em uma casa humilde, que se mantinha firme ao lado da igreja cristã ortodoxa sérvia local, presidida pelo pai de Tesla, o reverendo Milutin Tesla, foi onde a família deu boas-vindas ao seu segundo menino e à quarta de cinco crianças. Ninguém sabia que, nos anos vindouros, os relâmpagos e trovões que apresentaram Nikola à sua família provariam ser um prenúncio de tempos extremos e difíceis para o recém-nascido. Pouco se sabia, na época de seu humilde e não anunciado nascimento, que, nas décadas seguintes, Tesla criaria o mundo moderno ao controlar o poder da natureza, desvendando muitos de seus maiores mistérios e vendo o que ninguém mais conseguiria enxergar.[3] No entanto, apesar da felicidade pela chegada do segundo filho homem, a família fez questão de batizá-lo em casa no dia de seu nascimento acreditando que o bebê era fraco e frágil. Além disso, a lei austríaca também exigia que ele se alistasse nas Forças Armadas e entrasse em serviço a partir dos quinze anos.[4]

Nascido em uma família sérvia em uma terra controlada por croatas, o jovem Nikola fazia parte de uma minoria racial e religiosa que vivia no grande Império Austro-Húngaro dos Habsburgo, a cujo governo opressor o povo se adaptava da melhor maneira possível.[5] A fé cristã ortodoxa sérvia não combinava com a fé predominantemente católica romana que dominava o império. As diferenças teológicas provaram ser uma divergência que muitas vezes levou os seguidores de cada uma dessas fés a cantos opostos.[6] Esse foi um cisma religioso de séculos que perdura até os dias de hoje.[7]

A fé cristã ortodoxa sérvia do jovem Tesla estava ao seu redor enquanto ele crescia, porque o pai e os tios eram padres na igreja, assim como o pai de sua mãe. Como muitos grandes homens que vieram antes dele, durante a longa vida sua fé afetaria seu processo criativo, incutindo a crença de que tudo na Criação tem um fundamento subjacente.[8]

Tesla nasceu em uma *zadruga* distinta, também conhecida como comunidade rural, que compreendia uma família estendida de eslavos do sul. O sobrenome original de sua família era Draganić, e sua origem data de mais de dois séculos e meio. Em meados do século XVIII, tendo ancestrais que viajaram da Sérvia Ocidental no fim da década de 1690, o clã fortemente unido estabeleceu-se na Croácia (uma província da Ilíria na época) como muitos outros sérvios fizeram, e o sobrenome Tesla se tornou seu cartão de visita.[9]

Diz-se que a família adotou o novo sobrenome por dois motivos. Primeiro, porque vários de seus familiares tinham dentes largos e protuberantes — os de Nikola não eram assim —, semelhantes aos de uma ferramenta de marcenaria chamada enxó ou machado. Em segundo lugar, tal ferramenta de artesãos tem uma lâmina de corte larga de aço que forma um ângulo reto com o cabo de madeira e é usada para transformar grandes troncos de árvores em toras quadradas. Na língua sérvia, a ferramenta ainda é chamada de *tesla*.[10]

A fé cristã ortodoxa sérvia da família Tesla era a cola que os mantinha — e a todos os outros sérvios — juntos enquanto progrediam ao longo dos séculos na Península Balcânica, em busca de terras cultiváveis, oportunidades de se instalar de forma definitiva e, às vezes, simplesmente para impor distância entre eles e os invasores.[11]

Basta ver a terra que os sérvios chamaram de lar para entender os desafios implacáveis que enfrentaram apenas para sobreviver no dia a dia. A terra sob seus pés cansados e com bolhas resistia constantemente a seus melhores esforços de arar o solo e alimentar suas famílias. Mais tarde, Tesla ocasionalmente se lembraria das muitas vezes que ouviu sérvios locais comentarem a respeito do solo de Lika que "quando Deus distribuiu as pedras sobre a terra, Ele as carregou em um saco que, quando estava acima de nossa terra, se partiu".[12]

O comentário de Tesla sobre a dureza da terra que os sérvios ocupavam na época nunca mudou, pois, uma vez que se estabeleceram no que se tornaria a atual Sérvia (e Montenegro), a terra endurecida continuou a lutar contra eles a cada passo.[13] À primeira vista, a terra da região parece ser simplesmente um solo firme, mas, ao examinar mais de perto, vê-se que inúmeras rochas exibem apenas uma pequena porção projetando-se acima do solo, como um iceberg que revela apenas 10% de sua massa total acima da água. As rochas são intratáveis e muitas vezes fazem a pessoa tropeçar, ou até mesmo cair. Resumindo, durante a vida de Tesla por ali, abrir caminho no território da província de Lika muitas vezes provou ser dificílimo, no mínimo — e isso não mudou muito nos dias de hoje.

A dificuldade de percorrer os caminhos que os sérvios trilharam é emblemática de outras adversidades que eles enfrentaram ao longo dos tempos. Isso se reflete em sua poesia também, como Tesla disse de seu povo:

> Dificilmente existe uma nação que teve um destino mais triste do que a dos sérvios. Do auge de seu esplendor, quando o império abrangia quase toda a parte norte da Península Balcânica e uma grande parte do território agora pertencente à Áustria, a nação sérvia mergulhou na escravidão abjeta, após a batalha fatal de 1389, em Kosovo Polje, contra as esmagadoras hordas asiáticas. A Europa jamais poderá pagar a grande dívida que tem com os sérvios por conter, com o sacrifício de sua própria liberdade, o influxo bárbaro.[14]

A Batalha de Kosovo Polje, ou Campo dos Melros, foi uma batalha brutal travada entre cristãos ortodoxos sérvios e o exército invasor de turcos muçulmanos do Império Otomano em 1389. Como a emoção de Tesla tão apropriadamente sugere, embora os sérvios tenham sido por fim derrotados — com a morte dos líderes de ambos os lados e inúmeros sérvios e turcos perdendo a vida —, eles haviam carimbado sua identidade nacional como os mais bravos dos guerreiros. Até hoje a batalha é celebrada em um feriado nacional, étnico e religioso chamado Vidovdan (Dia de São Vito), no dia 15 de junho.[15]

No apogeu do poder dos turcos otomanos nos séculos XV e XVI, eles eram uma força perniciosa e feroz de invasores que surgiram do sudeste e causaram grande destruição na Península Balcânica, fazendo com que os sérvios deixassem sua terra natal — o que iria mais tarde se tornar a Sérvia e o Kosovo dos dias atuais — para escapar da morte certa e buscar refúgio na Croácia (então um protetorado do Império Austríaco), onde o povo também era inimigo natural dos turcos otomanos e de sua fé islâmica. Como consequência, a Croácia tornou-se, acima de tudo, uma região militar e uma fonte de tropas para defender as fronteiras da Áustria.[16] É interessante notar que os sérvios eram os combatentes encarregados de proteger as fronteiras do império dos turcos otomanos. Então, o jovem Nikola Tesla, homônimo de seu avô Nikola Tesla — um homem de grande bravura nascido em 1789, que lutara como sargento no Exército francês de Napoleão, nas províncias da Ilíria de 1809 a 1813, quando a unificação dos estados dos Bálcãs estava em curso —, também demonstraria a força de um guerreiro corajoso. Como recompensa por lutar contra o Império Austro-Húngaro, os sérvios foram autorizados a serem donos de suas próprias terras, algo que nunca foi concedido aos croatas.[17]

GOSPIĆ, PROVÍNCIA DE LIKA, IMPÉRIO AUSTRÍACO, 1815

As Guerras Napoleônicas chegaram ao fim com a derrota de Napoleão em Waterloo em 18 de junho de 1815.[18] Foi nessa época que o avô de Tesla, Nikola, tendo se casado com a formosa Ana Kalinić, filha de um oficial militar condecorado, voltou para sua terra natal em Gospić, deixando seu posto no Exército francês apenas para retomar seus caminhos de guerreiro nas forças militares do Império Austríaco. Foi então que o jovem casal começou uma família com o nascimento de seu primeiro filho, Milutin (Mitchell), o pai do inventor, em 1819. A família logo seria abençoada com outro filho e três filhas.

O pai de Tesla, Milutin (1819-1879), era o mais velho dos cinco filhos e mais tarde foi lembrado na autobiografia de Tesla como

> um homem muito erudito, um filósofo nato, verdadeiro poeta e escritor, e seus sermões eram considerados tão eloquentes quanto aqueles de Abraão de Santa Clara. Ele tinha uma memória prodigiosa e frequentemente recitava trechos extensos de obras em várias línguas. Muitas vezes ele comentou brincando que, se alguns dos clássicos se perdessem, ele poderia reescrevê-los.[19]

Apesar de receber uma educação militar em Gospić — a única disponível — e por fim se matricular em uma academia militar austro-húngara atendendo a um pedido veemente do pai, Milutin entendeu muito rapidamente que não compartilhava do amor do pai pela vida militar. Ele rejeitou sumariamente o que considerou trivialidades da arregimentação militar e foi finalmente forçado a desistir após um incidente em que um oficial exigiu que ele mantivesse seus botões de latão polidos e brilhantes.[20]

Ao contrário do irmão Josip, que acabou se tornando oficial militar e, por fim, professor de matemática em uma academia militar na Áustria, Milutin seguiria um caminho muito diferente. Entrou no seminário ortodoxo de Plaski (Croácia) e se formou como o primeiro da classe em 1845. Livre das demandas e dos desejos do pai, tornou-se um ativista político e se imaginou poeta, escrevendo sob o pseudônimo de Srbin Pravicich, "Homem de Justiça". Defendia questões de justiça social, educação obrigatória para crianças e a criação de escolas sérvias em toda a Croácia.[21] Considerado um progressista em seu tempo, logo atraiu a atenção da intelectualidade local e viveria lutando pelas causas comunitárias, incluindo "nacionalismo" para seu povo, até o fim de seus dias.

Em 1852, o reverendo Milutin escreveu uma carta confirmando suas crenças, essencialmente gravando-as na pedra. Nessa carta, ele escreveu: "Por Deus! Nada é tão sagrado para mim quanto minha igreja e a lei e os costumes de meus antepassados, e nada é tão precioso quanto a liberdade, o bem-estar e o progresso de meu povo e meus irmãos, e para esses dois, a igreja e o povo, onde quer que eu me encontre, estarei pronto para dar minha vida".[22]

Deve-se reconhecer que a fé sérvia no cristianismo ortodoxo sérvio (oriental) entrou em conflito com muitos aspectos do catolicismo romano da época — a fé católica romana ainda domina a Croácia moderna. O reverendo Milutin entendeu que, para manter vivos a religião, a cultura e os costumes étnicos de seu povo, ele precisava lutar por uma educação que servisse a todos os sérvios, pois era fundamental para a manutenção de sua condição étnica. Sentiu-se compelido a ser o maior defensor dos sérvios. Como consequência, os sérvios foram autorizados a manter as próprias igrejas ortodoxas e práticas religiosas depois que as províncias da Ilíria foram devolvidas ao Império Austríaco após o Primeiro Império Francês. No entanto, devido ao esforço da Áustria de manter os turcos agressivos à distância e controlar os sérvios e os croatas, uma forte presença militar ainda precisava ser mantida na fronteira etnicamente carregada.[23]

Deve-se reconhecer que, durante os séculos XVII a XIX, a diversidade demográfica, as mudanças nas alianças e as crenças conflitantes encontradas na Europa central e oriental causaram grande confusão para todas as partes envolvidas. Além disso, essa confusão levou a disputas em todos os lados, o que resultou em guerras contínuas por muitas décadas.

Por volta de 1847, o reverendo Milutin estava pronto para casar e começar uma família, pois, diferentemente dos sacerdotes que professavam a fé católica romana, os padres ortodoxos tinham permissão para casar. Ele tomou como esposa Djouka (Đuka — Georgina) Mandić (1822-1892), a filha de 25 anos de Nikola Mandić, chefe de uma conhecida família sérvia e um padre muito respeitado por méritos próprios. Enquanto a família Tesla produziu uma maioria de militares em seus primeiros anos, a história da família Mandić favoreceu o sacerdócio, com vários homens alcançando grande destaque na Igreja Ortodoxa Sérvia. Além disso, vários membros da família Mandić, bem como muitos da família Tesla, pertenciam à "aristocracia educada" da comunidade sérvia. Esse nível mais alto de educação abrangeu gerações, e Tesla provaria ser o resultado de um bom DNA de ambos os lados.[24] Além disso, entre os descendentes do lado Mandić da família de Tesla, surgiram vários inventores. Como Tesla lembrou em sua autobiografia sobre a família de sua mãe, "tanto o pai como o avô dela inventaram diversos instrumentos para uso doméstico, agrícola e outros".[25]

Depois de seu casamento, o reverendo Milutin recebeu a ordem de clérigos superiores de que seria designado para seu primeiro posto em Senj, uma pitoresca cidade litorânea que abraçava o litoral espetacular azul-esverdeado do antigo mar Adriático, onde ele foi preparado para catequisar.[26] Uma estrutura primitiva de pedra caiada, aparentemente plantada em um penhasco íngreme, servia como a igreja onde o padre noviço recebia cerca de quarenta famílias. Sua tarefa era aumentar a congregação e representar os sérvios perante "pessoas estrangeiras e católicas".[27]

A dura realidade de todos os sérvios na época era que seu modo de vida estava sempre sob ataque, enquanto a capacidade de adorar à sua própria maneira e preservar seu catecismo, sua etnia, suas tradições e sua cultura era fundamental para quem eles eram. A maioria das pessoas ao seu redor eram croatas que seguiam os preceitos da Igreja Católica Romana, uma igreja que reconhecia o papa como líder do rebanho e fazia uso do alfabeto latino. A antítese era a ortodoxia sérvia. Ela se apegou firmemente aos costumes religiosos da Igreja Grega, adotou o patriarca bizantino (Patriarca Ecumênico de Constantinopla, que não é o equivalente ao papa católico romano) e escrevia usando o alfabeto cirílico. A história registra que o alfabeto cirílico e a língua necessária para unir as muitas línguas dos povos eslavos foram criados pelos irmãos e santos Cirilo e Metódio no século IX.[28]

Em 1848, um ano após o casamento, o casal teve seu primeiro filho, Dane (Daniel). Dois anos depois veio a primeira filha, Angelina (avó de William Terbo, sobrinho-neto de Tesla), e dois anos depois, em 1852, chegou Milka, a segunda.[29] Com Djouka trabalhando dia e noite para fazer um bom lar, o reverendo Milutin provou sua coragem e foi eficaz em pregar a "palavra" enquanto evangelizava freneticamente para os malcriados ao seu redor em Senj. Na verdade, um de seus sermões, chamado "Sobre o trabalho", provou ser tão notável, que ele recebeu a Faixa Vermelha do bispo local. No entanto, permaneceu a ameaça existencial de a ortodoxia cristã dos sérvios ser tirada deles. Por exemplo, quando o reverendo Milutin pediu ao comandante militar na cidade que permitisse que soldados sérvios participassem dos cultos de domingo em sua igreja, as autoridades austríacas insistiram que os sérvios continuassem frequentando a missa católica.[30]

Ainda que Tesla apreciasse o que seu pai havia feito por ele em seus anos de formação em relação a todos os tipos de exercícios mentais diários — um treinamento mental intensivo do século XIX —, como adivinhar os pensamentos uns dos outros, descobrir defeitos de algumas formas de expressão, repetir frases longas ou realizar cálculos mentais, todos eles levando ao fortalecimento de sua memória, sua razão e seu pensamento crítico, foi a mãe, Djouka, a sua estrela-guia.[31] Ela era uma mulher que herdara engenhosidade.[32]

Tesla costumava falar a respeito de sua querida mãe ao longo da vida como sua inspiração, sua fonte de criatividade. Sobre suas habilidades, ele disse: "Ela era uma mulher verdadeiramente grande, de rara habilidade, coragem e fortaleza, que enfrentou as tempestades da vida e passou por muitas experiências difíceis".[33] Ele seguia falando sobre sua inventividade e sua tenacidade, que começou a imitar quando menino:

> Minha mãe foi uma inventora de primeira ordem e teria, creio eu, realizado grandes feitos se não estivesse tão distante da vida moderna e de suas múltiplas oportunidades. Ela inventou e construiu todos os tipos de ferramentas e dispositivos e teceu as melhores combinações de fios. Trabalhava incansavelmente, desde o amanhecer até tarde da noite.[34]

Esse foi um modelo para a própria disposição e o temperamento do jovem Nikola? A partir do registro da mãe fornecido muito mais tarde pelo próprio Nikola, ele também a descreveu como tendo picos de energia e produtividade e padrões de sono curtos, que alguns podem chamar de hipertimia. Outros podem chamar isso de personalidade tipo A — competitiva, altamente organizada, ambiciosa, impaciente, altamente consciente da administração do tempo e/ou agressiva. Ou possivelmente essa é apenas uma atitude adaptativa em relação às demandas da maternidade e da gestão do lar naquela época. Nunca saberemos com certeza.

Ele acrescentou: "Ela também era criativa e inventiva, e a maioria das roupas e dos móveis da casa eram produto de suas mãos. Quando ela estava com mais de sessenta anos, seus dedos ainda eram ágeis o suficiente para amarrar três nós em um cílio".[35] Em sua autobiografia, ele também afirmou que sua mãe, a filha mais velha de oito filhos nascidos em uma sociedade patriarcal, chegou aos dezesseis anos sobrecarregada com responsabilidades terríveis, incluindo a preparação para o enterro de uma família inteira atingida pela cólera.[36] Isso sem dúvida aumentou sua resistência — sua vontade de ferro — e sua capacidade de lidar com responsabilidades futuras de grave magnitude. Ela mal sabia que tais tempos difíceis estavam bem próximos.

O reverendo Milutin se deu conta de que Senj, um lugar onde ele e sua crescente família viveram por oito anos, estava se mostrando cada vez mais um cargo difícil para ele. O salário era baixo, a congregação, pequena e o clima úmido da costa era prejudicial para sua saúde delicada. Assim, pediu uma transferência para uma área e um clima mais agradáveis. Finalmente, em 1852, após o nascimento da filha Milka, seu pedido foi atendido. O reverendo Milutin foi transferido para a igreja dos Apóstolos Pedro e Paulo em Smiljan, na província de Lika, que ficava a cinco quilômetros de Gospić.

Pensando que havia encontrado o lugar perfeito para pregar o evangelho e promover suas causas, ele percebeu rapidamente que a igreja estava isolada, com os vizinhos mais próximos a vários quilômetros de distância — seu isolamento seria um presságio de como o jovem Nikola viveria a maior parte da vida... *sozinho*. É certo que ele recebeu uma bela casa e terras férteis e vacas suficientes para criar e alimentar sua família em crescimento.[37] No entanto, o lugar não era o certo, mas ele esperaria e faria o melhor possível, porque sabia que seu futuro era brilhante.

O reverendo Milutin começou a montar uma biblioteca impressionante durante o tempo em que ele e a família estavam em Smiljan. Continha livros em alemão de Goethe e Schiller, obras enciclopédicas em francês de D'Alembert e outros clássicos, provavelmente em inglês, dos séculos XVIII e XIX. Entre a imensa quantidade de livros que possuía, ele gostava especialmente de uma cópia de *Sluzhebnik*, um livro sérvio de liturgia da igreja impresso por Božidar Vuković, em Veneza, em 1519. Tesla acabaria recebendo este, o maior bem de seu pai, e alegremente o levaria consigo através do oceano Atlântico para seu novo lar, a América.[38] Ele também levou consigo para o Novo Mundo o amor pelas artes liberais que o pai lhe incutira. E, como ele se tornou um cientista de grande reputação, a educação lhe serviu muito bem. Ele entendeu o que Ada Lovelace (1815-1852) entendeu durante a era romântica: a simbiose entre as humanidades e as ciências é inegável, e assim também Tesla entendeu essa intrincada relação, pois ele iria fundar uma nova revolução na ciência da eletricidade.[39]

Ter uma biblioteca em sua própria casa levaria com o tempo o jovem Nikola a um hábito vitalício de leitura voraz, das ciências duras aos grandes autores através dos tempos. Estranhamente, porém, a biblioteca do reverendo Milutin estava fora dos limites para ele. Sobre o pai, ele disse:

Ele não permitia e ficava furioso quando me pegava em flagrante. Escondeu as velas quando descobriu que eu estava lendo em segredo. Não queria que eu estragasse meus olhos. Mas eu consegui sebo, fiz pavios e moldei velas em fôrmas de estanho, e todas as noites eu vedava o buraco da fechadura e as rachaduras na parede e lia, muitas vezes até o amanhecer.[40]

SMILJAN, PROVÍNCIA DE LIKA, FIM DA DÉCADA DE 1850

Ainda que o muito jovem Nikola gostasse de brincar com os irmãos — essencialmente sendo criado pelas duas irmãs mais velhas na maior parte do tempo —, sua mente estava sempre desligada, pensando em outros assuntos. Embora ele tivesse a sorte de passar seus primeiros anos em um ambiente idílico, cercado por todos os tipos de animais de fazenda, de gansos e vacas a galinhas e pássaros locais, ele simplesmente via o mundo de forma diferente das outras crianças de sua tenra idade.[41]

Nadando no riacho com seus amigos durante os meses mais quentes do ano ou caçando sapos, o jovem Tesla estava sempre pensando em um comprimento de onda diferente. Então aconteceu, no que ele descreveu como sua "primeira" invenção.

> Muitas vezes as pessoas me perguntam como e quando comecei a inventar. A isso só posso responder com base em minhas lembranças atuais, à luz das quais a primeira tentativa de que me lembro foi bastante ambiciosa, pois envolvia a invenção de um *dispositivo* e de um método. Com o primeiro, não fui muito brilhante, mas com o segundo fui bem original. Aconteceu assim: um dos meus companheiros conseguiu pôr as mãos em um anzol e um equipamento de pesca, o que causou grande agitação na aldeia, e, na manhã seguinte, todos começaram a caçar sapos. Fiquei sozinho e abandonado devido a uma briga com esse menino. Eu nunca tinha visto um anzol de verdade e o imaginei como algo maravilhoso, dotado de qualidades peculiares, e estava desesperado por não fazer parte da festa. Instado pela necessidade, de alguma forma peguei um

pedaço de arame de ferro maleável, martelei a extremidade entre duas pedras até conseguir uma ponta afiada, dobrei-o em forma de anzol e o prendi a uma corda forte. Cortei então uma vara, juntei uma isca e desci até o riacho onde havia uma porção de sapos. Mas não consegui pegar nenhum e quase desanimei, quando me ocorreu balançar o anzol vazio na frente de um sapo sentado em um toco. A princípio ele se encolheu, mas aos poucos seus olhos se arregalaram e ficaram injetados; ele inchou até o dobro de seu tamanho normal e abocanhou o gancho de maneira violenta. Imediatamente eu o puxei. Tentei a mesma coisa várias vezes, e o método se mostrou infalível. Quando meus camaradas, que apesar de seu belo traje não pegaram nada, vieram até mim, ficaram verdes de inveja. Por muito tempo guardei meu segredo e desfrutei do monopólio, mas finalmente cedi ao espírito do Natal. Cada menino pôde, então, fazer o mesmo, e o verão seguinte foi desastroso para os sapos.[42]

Apesar do truque do sapo no anzol empregado pelo jovem Tesla na primavera e no verão, ele estava mais preocupado em como fazer o melhor uso da roda d'água da aldeia. Desse modo, ele e os amigos procuraram represar as enchentes sazonais para salvar as terras baixas. Ainda assim, Tesla continuou a observar como operava a roda d'água. Como costumava ser o caso, muitos anos depois sua análise do funcionamento da roda d'água formou o conceito essencial de seu inovador motor de turbina sem pás.[43] Sua necessidade incontrolável, um cacoete, se preferirmos chamar assim, de inventar foi desencadeada por tal experiência. Abençoado com a inclinação da mãe para a invenção, o jovem Tesla estava no caminho certo.

Ainda que ele não pudesse articular sua filosofia em relação à humanidade na época, e muito provavelmente nem mesmo pensasse nisso em termos específicos, ao longo das décadas em que viveu na América ele alcançou as maiores alturas como inventor e descobridor em sua busca por "aliviar o fardo dos ombros da humanidade". A análise constante do jovem Tesla a respeito do mundo ao seu redor era muito incomum. Suas primeiras tentativas de invenção foram rápidas e furiosas. Sim, ele agiu como um menino, por um lado, mas, por outro, estava décadas à frente dos colegas em praticamente tudo o que fazia, em especial quando se tratava de física básica, matemática e pensamento crítico. Sem saber, ele demonstrou aspectos de *phronesis*, uma habilidade que remonta à época de Platão e se refere a um tipo especial de sabedoria e julgamento. Raramente é encontrada na maioria dos indivíduos de qualquer idade.

O jovem Tesla costumava se inspirar em seus arredores na província de Lika. Observar uma bola de neve ganhando tamanho à medida que descia uma colina deu origem ao conceito de "ampliação de ações fracas", fazendo com que Tesla mais tarde considerasse o uso da resistência da terra para amplificar o impacto de um impulso elétrico. Na época, inconscientemente, suas observações até mesmo fizeram uma conexão com as leis do movimento de sir Isaac Newton. Ele analisou o sequenciamento da natureza: a ordem de aparecimento de relâmpagos, trovões e torrentes. Percebeu que a força da queda d'água poderia ser aproveitada e que os ventos quentes derretiam a neve, mandando grandes quantidades de água para os rios, que então destruiriam propriedades e vidas.[44] A observação da queda d'água o levaria às vantagens da energia hidrelétrica.

Mais tarde na vida, Tesla escreveu uma carta para a srta. Fotitch.[45] Ele falou da infatigável ética de trabalho de sua mãe hipertímica — acordar antes das quatro horas da manhã todos os dias e trabalhar sem parar até as onze horas da noite em prol de sua grande família — e várias de suas experiências da infância. Ele se lembrou de seus momentos mais felizes com a família, mas havia um membro familiar incomum que era o mais próximo e querido dele. Embora o jovem Tesla realmente gostasse de brincar com os irmãos e amigos, seu companheiro favorito era seu amado gato preto, Mačak (palavra sérvia para *gato*), o melhor de todos os gatos do mundo.[46]

Tesla disse que o gato estava sempre escrupulosamente limpo, não tinha pulgas ou insetos, não perdia pelos e não apresentava nenhum dos traços e hábitos questionáveis dos gatos, como os conheceu mais tarde.[47] Ele passou a elogiar Mačak, atribuindo a ele características humanas. Tesla passava muito tempo ao ar livre com Mačak, especialmente no outono e no início do inverno. Foi então que aconteceu algo verdadeiramente mágico que demonstrou sua capacidade de pensamento crítico, algo que lhe aconteceria inúmeras vezes ao longo da vida. Mas a diferença era que a maioria das pessoas não reconheceria o momento como significativo ou simplesmente não o veria. Mas não o jovem Tesla. Ele acreditava que cada encontro, fosse com uma pessoa, um animal ou a própria natureza, servia a um propósito principal — promover a condição humana.

Tesla frequentemente escrevia e falava sobre esse assunto fundamental da responsabilidade do inventor:

> O desenvolvimento progressivo do homem é vitalmente dependente da invenção. É o produto mais importante de seu cérebro criativo. Seu objetivo final é o domínio completo da mente sobre o mundo material, o aproveitamento das forças da natureza para atender às necessidades humanas. Essa é a difícil tarefa do inventor, que muitas vezes é mal compreendido e não recompensado. Mas ele encontra ampla compensação nos agradáveis exercícios de sua capacidade e no conhecimento de pertencer àquela classe excepcionalmente privilegiada sem a qual a humanidade teria perecido há muito tempo na amarga luta contra elementos impiedosos.[48]

Ao longo da vida, Tesla usou sua mente impressionante para dominar o mundo material, mas se mostraria incapaz de reconhecer aqueles momentos em que sua mente o dominava.

Em um dia muito frio de inverno em Smiljan, o jovem Tesla experimentou seu primeiro momento de suprema inspiração. Isso o colocou no caminho para se tornar o maior de todos os inventores. Ao escrever para a srta. Fotitch, ele explicou o momento monumental, que vale a pena repetir aqui:

> Aconteceu que no dia da minha experiência tínhamos um vento mais frio do que jamais visto. Pessoas caminhando na neve deixavam um rastro luminoso atrás de si, e uma bola de neve foi lançada contra um obstáculo e emitiu um clarão de luz como se um enorme torrão de açúcar fosse atingido por uma faca. Estava anoitecendo, e me senti compelido a acariciar as costas de Mačak. As costas de Mačak eram

uma folha de luz, e minha mão produziu uma chuva de faíscas barulhentas o suficiente para serem ouvidas em todo o lugar. Meu pai era um homem muito culto, tinha resposta para todas as perguntas. Mas esse fenômeno era *novo* até para ele. Bem, ele por fim disse "Isso não é nada além de eletricidade, a mesma coisa que você vê nas árvores durante uma tempestade". Minha mãe parecia alarmada. "Pare de brincar com o gato", disse ela, "ele pode começar um incêndio." Eu estava pensando abstratamente. A natureza é um gato gigante? Se sim, quem acaricia o gato? Só pode ser Deus, concluí. Você deve saber que Pascal foi uma criança extraordinariamente precoce que atraiu a atenção antes de completar seis anos. Mas lá estava eu, com apenas três anos e já filosofando.[49]

Esse foi o momento em que as pequenas engrenagens em sua mente em desenvolvimento começaram a girar em alta velocidade. Ele passou a enfatizar em sua carta à srta. Fotitch:

> Não posso dar ênfase suficiente ao efeito dessa visão maravilhosa em minha imaginação infantil. Dia após dia me perguntei o que era eletricidade, mas não encontrei resposta. Já se passaram oitenta anos, e ainda faço a mesma pergunta, sem poder responder. Algum pseudocientista, e existem tantos por aí, dirá que é capaz de definir eletricidade, mas não acredite. Se algum deles soubesse o que é, eu também saberia, e as minhas chances são melhores do que a de qualquer um deles, pois meu laboratório e minhas experiências práticas são mais extensas e minha vida cobre três gerações de pesquisas científicas.[50]

No início, o espírito inventivo do jovem Tesla produziu uma versão básica de um helicóptero moderno. Seu impulso para fazer isso é mais bem descrito em suas próprias palavras: "Em minha tentativa seguinte, parece que agi sob o primeiro impulso instintivo que mais tarde me dominou — aproveitar as energias da natureza a serviço do homem".[51] Fazia parte de sua engenhosa e real inventividade pensar que ele poderia aproveitar as energias da natureza para servir ao homem, ou seria grandiosidade? É um exagero absurdo predizer o que realmente aconteceu? Distinguir entre os limites reais de sua percepção — quando ele estava errado por um lado, ou seu pensamento à frente da curva por outro — viria a atormentar Tesla ao longo da vida.

Acreditando que a engenhoca poderia ganhar sustentação se fosse energizada, Tesla decidiu usar besouros vivos como fonte de energia. Encontrou um suprimento infinito deles em toda a área circundante. Ele lembrou: "Eu colocaria até quatro deles em uma cruzeta, rotativamente disposta em um fuso fino, e transmitiria seu movimento para um grande disco, e assim obteria considerável 'potência'". Tudo correu bem até que um menino, filho de um oficial militar austríaco aposentado, apareceu e comeu os besouros. O jovem Tesla ficou tão horrorizado com o que havia acontecido inesperadamente que jurou nunca mais tocar em outro inseto.[52]

Ele também passou um bom tempo fazendo armas de guerra primitivas, pois estava "enfeitiçado pela poesia nacional sérvia (sua mãe recitava perfeitamente poemas sérvios e histórias antigas para ele e seus irmãos) e cheio de admiração pelos feitos dos heróis". Tesla acrescentou:

> Eu costumava passar horas ceifando meus inimigos na forma de talos de milho, o que arruinava a plantação e me rendia várias palmadas de minha mãe. Além disso, não eram do tipo formal, mas genuíno. Eu tinha tudo isso e muito mais atrás de mim antes de ter seis anos e ter passado por um ano do ensino fundamental na vila de Smiljan, onde nasci.[53]

Entre a invenção e a construção de outros dispositivos, Tesla desmontou e montou os relógios do avô, um após o outro. Como ele descreveu:

> Eu me comprometi a desmontar e montar os relógios do meu avô. Na primeira operação, sempre tive sucesso, mas muitas vezes fracassei na última. Então, ele interrompeu repentinamente meu trabalho de uma maneira não muito delicada, e trinta anos se passaram antes que eu voltasse a trabalhar com outro mecanismo de relógio.[54]

Logo o jovem Tesla começou a inventar uma arma ainda mais sofisticada — uma espingarda de brinquedo. Ele a descreveu como:

> feita a partir de uma espécie de pistola de ar comprimido que compreendia um tubo oco, um pistão e dois plugues de cânhamo. Ao disparar a arma, o pistão foi pressionado contra o estômago e o tubo foi empurrado para trás rapidamente com as duas mãos. O ar entre os plugues estava comprimido e elevado a alta temperatura, e um deles foi expulso com um barulho alto.[55]

Não havia dúvida de que o jovem Tesla tinha uma imaginação excessivamente ativa. É certo que a maioria das crianças pequenas tem imaginação ativa até certo ponto, mas a dele estava bem além do normal. Tesla estava usando seus poderes imaginativos para conceber e construir novas invenções e para descobrir as leis da natureza que "aliviariam o fardo dos ombros da humanidade". Quando se pensa em suas primeiras invenções, mesmo uma movida a besouros, só podemos concluir que Tesla estava operando em um estado de espírito diferente do de seus colegas. Sim, ele era aparentemente normal e as aventuras da infância também — mesmo algumas que desafiavam a morte. De cair em um tacho gigante de leite fervendo, recém-retirado dos rebanhos paternos, a quase se afogar depois de nadar sob uma jangada, além de ser levado por uma cachoeira em uma das represas próximas, ele era um *habitué* frequente das desventuras de infância.[56] Mas dentro dele algo muito diferente estava acontecendo, algo estava se deteriorando. Sim, algo estava claramente errado. Como acreditava que essencialmente desejava que as coisas acontecessem em sua imaginação e que controlava seus pensamentos, foi um choque quando começou a ter alucinações visuais. Elas eram produtos de seu cérebro, que ele não controlava, ou de sua mente, que ele acreditava controlar completamente?

Em sua autobiografia, Tesla descreve seu despertar tardio e o porquê dele:

> Na minha infância, sofri de uma aflição peculiar devido ao aparecimento de imagens, muitas vezes acompanhadas de fortes flashes de luz, que prejudicavam a visão de objetos reais e interferiam em meu pensamento e na minha ação. Eram fotos de coisas e cenas que eu realmente tinha visto, nunca daquelas que imaginei. Quando uma palavra era dita para

mim, a imagem do objeto que ela designava se apresentava vividamente à minha visão, e às vezes eu era totalmente incapaz de distinguir se o que via era tangível ou não. Isso me causou grande desconforto e ansiedade. Nenhum dos estudantes de psicologia ou fisiologia que consultei conseguiu explicar de maneira satisfatória esses fenômenos. Eles parecem ter sido únicos, embora eu provavelmente estivesse predisposto, pois sei que meu irmão passou por um problema semelhante. A teoria que formulei é que as imagens eram o resultado de uma ação reflexa do cérebro na retina sob grande excitação. Certamente não eram alucinações como as produzidas em mentes enfermas e angustiadas, pois em outros aspectos eu era normal e composto. Para dar uma ideia de minha angústia, suponha que eu tivesse testemunhado um funeral ou algum evento desse tipo. Então, inevitavelmente, na quietude da noite, uma imagem vívida da cena se projetava diante de meus olhos e persistia, apesar de todos os meus esforços para bani-la. Às vezes, até mesmo permanecia fixa no espaço embora eu tivesse passado minha mão através dela.[57]

Se as ilusões são distorções de imagens que estão realmente presentes e as alucinações são percepções de visões que não estão realmente presentes, parecem descrições de alucinações visuais. Não há registro de que Tesla tenha tomado drogas que provocassem alucinações visuais ou que tenha experimentado alucinações auditivas, mais comuns em transtornos de humor e psicóticos. Não sabemos que estado de ânimo acompanhou essas visões, se ele estava otimista, em mania ou hipomaníaco, ou entristecido e deprimido, nem se elas se correlacionavam com períodos de grande produtividade inventiva ou com lacunas de produtividade. As visões parecem ter começado quando ele tinha menos de dez anos, e esse tipo de experiência pode estar associado a transtornos de humor pré-mórbidos que se manifestam mais sintomaticamente em um período mais avançado da vida. O que sabemos é que Tesla não gostava dessas visões em particular e tentou usar sua incrível força de vontade para controlá-las ou, pelo menos, dar a si mesmo a impressão de que poderia controlá-las e fazê-las ir embora. O testemunho escrito de Tesla sobre como ele lutou contra "imagens peculiares" não parou por aí. Ele continuou em sua autobiografia com o seguinte:

> Para me libertar dessas aparições atormentadoras, tentei concentrar minha mente em outra coisa que eu tinha visto e, dessa forma, muitas vezes eu obtinha um alívio temporário, mas para obtê-lo era obrigado a continuamente conjurar novas imagens. Não demorou muito para que eu descobrisse que havia esgotado meu arquivo de imagens, por assim dizer, porque eu tinha visto pouco do mundo — apenas objetos em minha casa e nas redondezas. Enquanto eu realizava essas operações mentais pela segunda ou terceira vez, a fim de afastar as aparições de minha visão, o remédio foi perdendo gradualmente toda a sua força. Então, instintivamente, comecei a fazer excursões além dos limites do pequeno mundo de que eu tinha conhecimento e vi novas cenas.[58]

Enquanto o jovem Tesla lutava com seus primeiros demônios, ele estava convencido de que a força de vontade era sua melhor arma, mas isso se provou inútil em momentos críticos. Ele terminou sua análise desse assunto quando disse:

> Essas [imagens] a princípio eram borradas e indistintas e fugiam quando eu tentava concentrar minha atenção nelas, mas aos poucos consegui corrigi-las. Elas ganharam força e clareza e, finalmente, assumiram a concretude das coisas reais. Logo descobri que me sentiria mais confortável se simplesmente prosseguisse em minha visão mais e mais longe, recebendo novas impressões o tempo todo, e então comecei a viajar — é claro, em minha mente. Todas as noites (e às vezes durante o dia), quando sozinho, eu começava minhas viagens — conhecer novos lugares, cidades e países —, morava lá, encontrava pessoas e fazia amizades e conhecidos, e, por incrível que fosse, é fato que tais pessoas eram tão queridas para mim quanto aquelas na vida real e nem um pouco menos intensas em suas manifestações.[59]

Essas visões parecem ter vindo de seu cérebro, e não de sua imaginação, e o atormentavam, ao contrário das visões de invenções, que ele sentia conjurar de seus próprios esforços. A visualização deste último tipo costuma ser feita por pessoas que se veem atirando uma bola de beisebol, driblando com uma bola de futebol ou ganhando uma partida de tênis, como parte da psicologia esportiva contemporânea. Tesla, portanto, parece ter tido dois tipos de visualização: uma que pode ter sido associada ao seu humor e viera involuntariamente de seu cérebro, e outra que viera de sua imaginação, que ele produzira com esforço, que dera um salto conceitual para uma invenção, previra seu projeto e que, em seguida, testara visualmente ou experimentalmente. Tesla fez isso até cerca dos dezessete anos, quando seu desejo de invenção assumiu seus pensamentos primários, nos quais agora era capaz de visualizar com a maior facilidade, sem precisar de modelos, desenhos ou experimentos.[60]

É bastante óbvio que algo sério estava acontecendo na mente do jovem Tesla. Anos mais tarde, após reflexão narrada em sua autobiografia, ele disse:

> Posso ilustrar com outra experiência estranha até que ponto a imaginação desempenhou um papel em minha infância. Como a maioria das crianças, gostava de pular e desenvolvi um desejo intenso de me apoiar no ar. De vez em quando, soprava das montanhas um vento forte ricamente carregado de oxigênio, deixando meu corpo tão leve quanto a cortiça, e então eu saltava e flutuava no espaço por um longo tempo. Foi uma sensação deliciosa, e minha decepção foi grande quando mais tarde me dei conta da minha fantasia.[61]

Se tais visões são uma manifestação da imaginação normal e da grandiosidade de uma criança ou sinais de alerta de pensamento mágico e premonições de instabilidade de humor posterior, continua a ser uma especulação interessante. Essas manifestações acompanharam o crescimento de Tesla. Provaram ser a gênese de outros pensamentos e ações fora do normal. Em sua reminiscência, Tesla disse:

> Durante esse período, contraí muitos gostos, aversões e hábitos estranhos, alguns dos quais posso remontar a impressões externas, enquanto outros são inexplicáveis. Eu tinha uma aversão violenta aos brincos femininos, mas outros enfeites, como pulseiras, agradavam-me mais ou menos de acordo com o design. A visão de uma pérola quase me dava um ataque, mas fiquei fascinado com o brilho de cristais e objetos com

> bordas afiadas e superfícies planas. Eu não tocaria no cabelo de outras pessoas, exceto, talvez, com a ponta de um revólver. Eu ficava com febre ao olhar um pêssego e, se um pedaço de cânfora estivesse em qualquer lugar da casa, causava-me o maior desconforto. Mesmo agora, não sou insensível a esses impulsos perturbadores. Quando coloco pequenos quadrados de papel em um prato cheio de líquido, sempre sinto um gosto peculiar e horrível na boca. Eu contava os passos em minhas caminhadas e calculava o conteúdo cúbico de pratos de sopa, xícaras de café e pedaços de comida — do contrário, minha refeição seria desagradável. Todos os atos ou operações repetidos que realizava deviam ser divisíveis por três, e, se me enganasse, eu me sentia impelido a fazer tudo de novo, mesmo que demorasse horas.[62]

Essa estranheza o assombrou por toda a vida. Há pouca dúvida de que esses pensamentos estranhos, presentes antes dos sete anos, são a descrição de obsessões e compulsões clássicas características do transtorno obsessivo-compulsivo (TOC), e sinais dessa aflição podem ser encontrados nos registros do comportamento de Tesla no resto de sua vida.

Em 1861, o jovem Tesla já havia entrado na escola e completado um ano no nível primário em Smiljan antes dos cinco anos.[63] Lá, ele estudou alemão, aritmética e religião. Uma façanha e tanto para o que seria considerado um pré-escolar hoje.

GOSPIĆ, PROVÍNCIA DE LIKA, IMPÉRIO AUSTRÍACO, 1863

Inesperadamente, o reverendo Milutin recebeu uma nova designação como pároco — onde pregaria pelos próximos dezesseis anos — na pequena cidade de Gospić, a cerca de cinco quilômetros de distância.[64] A "cúpula em forma de cebola" da Igreja do Grande Mártir George servia como local de adoração dos paroquianos. Então, a família se mudou de Smiljan, uma vila pitoresca, para um lugar onde muitas pessoas seriam demais para Tesla.

Ainda que a mudança física de Smiljan certamente não tenha sido dramática para a maioria da família, foi considerada bastante traumática pelo jovem, porque ele foi desenraizado da proximidade com a natureza. Ele amava o campo e as montanhas altas, onde se sentia livre. A "transição repentina para as artificialidades da cidade foi um choque definitivo" para sua psique.[65] Apesar de seu isolamento, ele amava tanto sua vida na tranquila Smiljan que, quando entrou com o pedido de suas primeiras patentes na América, nomeou Smiljan como seu lar, e não Gospić.[66]

Finalmente, com grande esforço, a família se instalou em seu novo ambiente. Um senso de equilíbrio, de calma, uma sensação de tranquilidade tomaria a família em Gospić, apesar da melancolia e da tristeza de Nikola, então com sete anos. O reverendo Milutin e Djouka estavam cheios de alegria por terem tido uma vida boa por vários anos na aldeia de Smiljan e cinco filhos saudáveis, bem como um futuro promissor, mas a tragédia estava prestes a bater forte, como o martelo de Thor bateu em uma enorme bigorna tendo o infortúnio como único resultado. O equilíbrio da família foi alterado: Dane, o filho mais velho da família, morreu em um acidente. Foi um acontecimento que não poderia ser previsto e que devastaria a psique de sua família e perseguiria Tesla todos os dias. Na verdade, a partir de então, Tesla enfrentaria o maior teste de sua vida: um teste que ele nunca poderia passar, pois Nikola Tesla, de sete anos, testemunhara a morte horrível do irmão adolescente.

Dane era o filho mais velho da família — "o favorecido" — e homem. Na sociedade patriarcal dos sérvios, o primogênito "varão" tinha grande status na família, e todos os esforços eram voltados para que ele pudesse alcançar a grandeza. Tesla se lembrava do irmão mais velho como aquele "dotado de uma categoria extraordinária — um daqueles raros fenômenos de sagacidade que a investigação biológica não conseguiu explicar".[67] Além disso, Dane, cerca de sete anos mais velho que o irmão mais novo, havia "prenunciado em seus primeiros anos as estranhas manifestações que em seu irmão sobrevivente eram um prelúdio para a grandeza".[68] Lamentavelmente, a morte de Dane nunca foi aceita pela família, pois sua melhor esperança se fora para sempre.

Infelizmente, há mais de uma história sobre como Dane morreu. A versão mais aceita fala de Dane cavalgando em cima do garanhão árabe da família — presente de um paxá turco bósnio local para o reverendo Milutin por ajudar em um assunto envolvendo vários muçulmanos locais.[69] No inverno anterior, o cavalo tinha derrubado o reverendo Milutin, voltando para casa sem seu cavaleiro. Felizmente, o cavalo foi inteligente o suficiente para liderar uma equipe de busca a fim de resgatar o reverendo. Ironicamente, em um dia de verão, o mesmo cavalo jogou Dane longe, que morreu em decorrência dos ferimentos logo em seguida. Alguns biógrafos até postularam que o jovem Tesla assustou o cavalo que Dane montava.[70] É aqui que a história de como Dane morreu poderia ser apócrifa em algum grau, isto é, ele realmente morreu de um acidente, mas que acidente causou sua morte prematura?

Uma segunda versão da história mostra Dane caindo de um lance de escadas do porão e, em um estado semiconsciente, acusando o irmão mais novo de empurrá-lo. Ele morreu de um ferimento na cabeça, provavelmente um hematoma. Infelizmente, é impossível checar qualquer detalhe mais complexo sobre a história da morte de Dane. No entanto, o que pode ser dito é que o trágico incidente mudou o jovem Tesla, que ficou para sempre angustiado com a morte do irmão, porque se sentiu pessoalmente responsável.[71] Foi um evento monumental sobre o qual Tesla falou muito pouco em sua autobiografia.

No entanto, ele se lembrava com especificidade de um evento bastante enervante logo após a morte do irmão. Sua mãe foi ao seu quarto e o acordou no meio da noite depois que o irmão sucumbiu aos ferimentos. "Foi uma noite sombria, com chuva torrencial", lembrou ele.

> Minha mãe veio ao meu quarto, pegou-me nos braços e sussurrou quase inaudivelmente: "Venha e beije Dane". Pressionei minha boca contra os lábios gelados de meu irmão, sabendo apenas que algo terrível tinha acontecido. Minha mãe me colocou de novo na cama e, demorando-se um pouco, disse com lágrimas escorrendo: "Deus me deu um [Nikola] e à meia-noite ele tirou o outro [Dane]".[72]

Dominada pela tristeza, a mudança para Gospić permitiu à família — com grande resistência da parte do jovem Tesla — mudar o ambiente que tanto os fazia lembrar do querido Dane. No entanto, a vida do reverendo Milutin tornou-se mais reclusa com o passar do tempo. Ele escrevia menos artigos e se envolvia com menos causas. Começou a "falar consigo mesmo e frequentemente mantinha uma conversa animada e se entregava a discussões acaloradas", até mesmo alterando a voz para que parecesse que pessoas diferentes estavam conversando. A morte de Dane, o filho favorito da família, perseguiu o reverendo Milutin todos os dias, e, até ir para sua *morada final*, foi chamado de "Velho Milovan".[73] A trágica morte do filho o envelheceu muito — os pais nunca superam quando um dos seus filhos os precedem na morte. No caso do reverendo Milutin, ele pode ter entrado em um episódio de luto que se transformou em um grande episódio depressivo com pensamento psicótico.

A morte do irmão de Tesla foi, sem dúvida, o ponto crítico em sua jovem vida. Não foi suficiente que a família se desenraizasse e se mudasse para Gospić depois da tragédia, mas a morte e a mudança serviram para alterar dramaticamente o relacionamento de Tesla com os pais, e seu estado mental sensível ficou completamente desequilibrado. Hoje diríamos que ele ficou traumatizado. Como Tesla disse tão dolorosamente anos depois: "Tudo o que eu fazia que fosse digno de crédito só aumentava em meus pais a sensação de perda, então cresci com pouca confiança em mim mesmo".[74] O menino de sete anos também falou sobre fugir por causa da morte do irmão e se esconder em uma capela inacessível na montanha, visitada apenas uma vez por ano. O anoitecer caiu sobre o menino assustado, então ele foi forçado a passar a noite ali, esperando o amanhecer. "Foi uma experiência horrível", ele afirmou.[75] Além disso, os pais do jovem Tesla ficaram para sempre desconsolados e continuaram a idolatrar cada vez mais os talentos de Dane e a projetar suas realizações de forma consistente como se ele as tivesse vivido.[76] Isso só serviu para exacerbar a frágil psique de Tesla. Infelizmente, esse não seria seu único encontro com a igreja.

O jovem Tesla agora enfrentava o que ele lembrava como possivelmente o seu momento mais difícil na infância em uma manhã de domingo. Como ele declarou: "Mas minha provação mais difícil veio em um domingo, quando tive que me vestir bem e ir ao culto. Lá eu me deparei com um acidente, o simples pensamento que fez meu sangue coalhar como leite azedo por anos depois. Foi minha segunda aventura em uma igreja".[77] Tesla estava se referindo à sua noite na igreja abandonada, que foi uma experiência terrível, mas ele afirmou que a segunda vez foi pior.

Ele continuou a se lembrar do evento:

> Havia uma senhora rica na cidade, uma mulher boa, mas pomposa, que costumava ir à igreja lindamente pintada e usando vestidos com caudas longas e acompanhantes. Em um domingo, eu tinha acabado de tocar a campainha do campanário e desci correndo as escadas quando essa grande dama estava passando e eu pulei na cauda de seu vestido. O tecido se rasgou fazendo um barulho que soava como uma salva de mosquetes disparada por recrutas inexperientes. Meu pai ficou lívido de raiva. Ele me deu um leve tapa na bochecha, o único castigo corporal que já recebi, mas eu quase o sinto agora. O constrangimento e a confusão que se seguiram são indescritíveis. Eu estava praticamente condenado ao ostracismo até que algo mais aconteceu que me redimiu na avaliação da comunidade.[78]

O inseguro jovem Tesla estava procurando febrilmente encontrar aprovação de outra maneira, pois o pai, o reverendo Milutin, nunca o aprovaria realmente. Afinal, ele tinha perdido seu primeiro e idealizado filho, e essa era a forma de agir do pai sérvio. Mas um tipo estranho de salvação apareceu quase por acidente para oferecer um socorro momentâneo à sua mentalidade frágil e à sua necessidade de aceitação. Ele explica melhor em suas próprias palavras como aconteceu:

> Um jovem comerciante empreendedor organizou um corpo de bombeiros local. Um novo carro de bombeiros foi comprado, uniformes foram fornecidos, e os homens, treinados para o serviço e o desfile. O equipamento era, na realidade, uma bomba operada por dezesseis homens, lindamente pintada de vermelho e preto. Uma tarde, o teste oficial foi preparado, e a engenhoca foi transportada para o rio. Toda a população compareceu ao espetáculo. Concluídos todos os discursos e cerimônias, deu-se a ordem

> de bombear, mas nem uma gota d'água saiu do bico da bomba. Os professores e especialistas tentaram em vão localizar o problema. A confusão estava instalada quando cheguei ao local. Meu conhecimento do mecanismo era nulo e eu não sabia quase nada sobre a pressão do ar, mas instintivamente procurei a mangueira de sucção na água e descobri que era ali que estava o problema. Quando entrei no rio e a abri, a água jorrou, e muitas roupas de domingo se estragaram. Arquimedes correndo nu pelas ruas de Siracusa e gritando *eureca* a plenos pulmões não causou uma impressão maior do que eu. Fui carregado nos ombros e chamado de herói do dia.[79]

O movimento instintivo do jovem Tesla para resolver o problema da mangueira de incêndio entupida foi exatamente isso, instinto, e essa habilidade o atenderia muito bem no curso de sua vida longa e produtiva. No entanto, seu instinto não conseguiu superar seus sentimentos de inadequação quando menino.

Tesla se lembrou de um evento relacionado ao seu sentimento de inadequação, embora ele fosse um garoto inteligente.

> Um dia, os conselheiros de minha cidade estavam passando por uma rua onde eu brincava com outros meninos. O mais velho desses veneráveis cavalheiros — um cidadão rico — fez uma pausa para dar uma moeda de prata a cada um de nós. Vindo a mim, de repente ele parou e ordenou: "Olhe nos meus olhos". Eu encontrei seu olhar, minha mão estendida para receber a moeda tão valiosa, quando, para minha consternação, ele disse: "Não, não tanto, você não vai conseguir nada de mim, você é muito inteligente".[80]

Enquanto a família Tesla fazia o possível para se estabelecer, esperando que Gospić lhes desse a tranquilidade que tanto desejavam depois de sua grande perda, o jovem Tesla lutou todos os dias para dar sentido a tudo isso. Todo esforço para se encaixar simplesmente não funcionou. Sobre sua situação, ele disse:

> A mudança de residência foi como uma calamidade para mim. Quase partiu meu coração separar-me de nossos pombos, galinhas e ovelhas e de nosso magnífico bando de gansos, que costumava subir às nuvens pela manhã e voltar da área de alimentação ao pôr do sol em formação de batalha, tão perfeito que envergonharia um esquadrão dos melhores aviadores da atualidade.[81]

O reverendo Milutin pretendia que seu único filho o seguisse no caminho do sacerdócio, temendo os perigos da vida militar e os rigores do intenso estudo de engenharia. Embora a perspectiva religiosa "oprimisse constantemente" o jovem Tesla, que "desejava ser engenheiro", seu pai provou ser bastante inflexível. O reverendo parecia decidido a não deixar o jovem Tesla se tornar Nikola Tesla.[82] Ele usaria seus poderes de pai sérvio para conseguir o que queria. Frequentemente, em uma linguagem de sinais desconhecida para os de fora. Poderia ser um olhar de pai sérvio, um microgesto ou uma simples palavra dita de uma forma bastante firme para o filho. Como um menino sensível, Tesla sentia que essas coisas tinham grande autoridade, mas ele não era apenas um menino.

Agora era a hora do jovem Tesla começar sua impressionante e atribulada jornada para se tornar Nikola Tesla.

2
Calmaria

Aprendendo o básico

GOSPIĆ, PROVÍNCIA DE LIKA, IMPÉRIO AUSTRÍACO, 1866

O jovem Tesla tinha chegado à tenra idade de dez anos. Sua curiosidade sobre a natureza estava transbordando, bem como suas emoções, instáveis como às vezes se mostravam. Ele duvidava de si mesmo, sentia-se culpado. Tinha visões perturbadoras, obsessões e compulsões. Como ele escreveu, "eu não tinha nem a coragem nem a força para desenvolver uma determinação firme".[1] Ele tinha que mudar e sabia disso. Era hora de aprender o básico. Era hora de o estudante do primário "Niko" mostrar à família que poderia cumprir a promessa do irmão mais velho. Ele, então, começou uma versão de meados do século XIX do *trivium* da Grécia Antiga: leitura, escrita e aritmética. Ele de fato havia prometido a si mesmo se tornar famoso e mudar o mundo, e tudo começou de forma inocente quando ele encontrou um certo livro.

Durante a escola primária, o jovem Tesla trabalhava na biblioteca local de Gospić quando não estava lendo escondido na biblioteca do pai. Um dia ele descobriu em casa um livro que chamou sua atenção. Era uma tradução sérvia de um livro chamado *Abafi*, de Miklós Jósika (1794-1865), um celebrado escritor, soldado e político húngaro. Anos depois, Tesla declarou que o livro mudou profundamente sua vida para melhor.[2] Publicado em 1836, o romance histórico se passa na conturbada Transilvânia do século XVI, a terra natal do escritor. A atmosfera estava repleta de castelos em ruínas, costumes ancestrais, armaduras reluzentes, paxás turcos e intrigas arrojadas na corte.[3]

O protagonista, um lorde fictício chamado Oliver Abafi, é o herói da história. Com coragem e determinação, ele se reinventa de um encrenqueiro frívolo a um homem nobre e disciplinado na medida em que se entrega a seu príncipe e a seu país. Essa história atraente ressoou tão profundamente no jovem e impressionável Tesla que, mesmo com tão pouca idade, ele decidiu focar seus vastos poderes intelectuais no controle de seus sentimentos e suas ações.[4]

Como disse Tesla mais tarde,

> meus sentimentos vinham em ondas e picos e vibravam incessantemente entre extremos. Meus desejos tinham uma força avassaladora e, como as cabeças da hidra, multiplicavam-se. Eu era oprimido por imagens de dor na vida e na morte e por um medo religioso. Era inundado por crenças supersticiosas e vivia em um terror constante de espíritos malignos, fantasmas, ogros e outros monstros profanos da escuridão. Certa vez chegou a mim um romance chamado *Abafi*.[5]

Foi um momento crucial para o jovem Tesla, pois ele se viu como uma pessoa nova, como que renascido. Ele registrou em sua autobiografia como se deu o processo de mudança.

> Aquela obra, de alguma forma, despertou os poderes adormecidos de minha vontade e comecei a praticar o autocontrole. No início, minhas resoluções derretiam como a neve em abril, mas em pouco tempo superei minha fraqueza e senti um prazer que nunca havia conhecido antes — o prazer de seguir minha vontade. Com o passar do tempo, esse vigoroso exercício mental se tornou uma segunda natureza. No começo,

> meus desejos tinham que ser reprimidos, mas gradualmente desejo e vontade se tornaram idênticos. Após alguns anos dessa disciplina, ganhei tamanho controle sobre mim mesmo que pude brincar com paixões que teriam destruído alguns dos mais fortes homens.[6]

Ainda muito jovem para processar de forma integral essa conversão psicológica, mas, ainda assim, desenvolvendo o autocontrole e aprendendo a direcionar sua poderosa imaginação, o jovem Tesla começou a adquirir habilidades mentais que lhe seriam muito úteis como inventor. Além disso, ele seria capaz de trazer à tona e explorar em sua mente novas ideias e também manter a disciplina e o foco necessários para formatar e editar mentalmente essas ideias, transformando-as em dispositivos reais.[7] Conforme desenvolvia essas habilidades mentais, ele logo seria capaz de, a cada momento, desafiar, ou mesmo rejeitar, a "sabedoria herdada", em um esforço para abrir novas trilhas na ciência, para pensar em novas ideias e descobrir novos conceitos e leis da natureza.

O jovem Tesla não sabia à época, mas estava nos estágios preliminares da criação de seu próprio "super-homem".[8] Ele era um "supermenino" a caminho de se tornar um super-homem.[9] Foi apenas sua prodigiosa força de vontade que criou esse super-homem, ou ele teve também o auxílio das imensas forças da mania? Ao longo das décadas seguintes, ele se tornaria propositalmente impermeável às influências externas dos outros e, assim, de certa forma, cortaria seus laços com o tecido conjuntivo que une a raça humana — o amor. Adulto, ele iria conscientemente tomar a dura decisão de não deixar descendência nem discípulos para continuar seu magnífico trabalho. Ele foi o arquiteto de sua própria vida e a kryptonita que iria finalmente terminá-la. Tesla nunca precisou de outros cientistas com quem colaborar, pois acreditava que eles não eram mais que meras distrações. Foi sir Francis Bacon quem denunciou a metafísica de Aristóteles (a sabedoria herdada) quando publicou seu *Novum Organum*. E foi Nikola Tesla quem denunciou a sabedoria herdada de seu tempo para fundar uma nova ciência. Ele havia repudiado o que existia (distrações) e também aquilo que Bacon chamou de "ídolos".[10] Tesla não queria ninguém influenciando seus pensamentos e sua metodologia. Assim, à medida que suas habilidades cresciam em complexidade, crescia também sua determinação, como pode ser visto em sua necessidade incansável de tornar a vida do homem mais fácil. Ele negaria a si mesmo todos os relacionamentos pessoais, especialmente com mulheres, porque seu "super-homem" não podia lidar com tais interações.[11] Assim, estava destinado a passar sua longa vida praticamente sozinho.

Devido à sua psique excepcionalmente complexa, o jovem Tesla, ainda menino, entendeu que não era normal. Ele tinha visões e uma força interna que ainda não havia domado. Aquilo que o divertia e aquilo que chamava sua atenção era diferente daquilo que interessava aos outros meninos de sua idade, e isso fazia com que ele se isolasse na maior parte do tempo. Mas, apesar dessas grandes diferenças e do fato de que o que ele fazia era sempre maior ou melhor do que seus pares, ou impossível de ser feito por eles, Tesla ainda era, no nível molecular, um menino e, ocasionalmente, fazia o que meninos normais fazem.[12]

A essa altura, o jovem Tesla já se sentia confortável em ser chamado de "Niko", o apelido que sua família lhe dera quando pequeno, mas ele ainda achava sua saúde mental perturbadora, sua saúde física desafiadora e sua imaginação excessiva. Quando esses pensamentos o consumiam, na maior parte do tempo procurava se isolar. Uma tia recordava que, quando o jovem Tesla estava com seus parentes, "ele gostava de ficar sozinho".[13] Era reservado, alguns diriam socialmente isolado, ou mesmo esquizoide. Na perspectiva médica atual, pode ser que Tesla sofresse de síndrome de Asperger leve, mas mesmo esse diagnóstico está fora de moda. Ele era certamente ímpar. Saía pela manhã e ia "para a floresta, meditar. Media as árvores, tomava notas, fazia experimentos". Essas ações introvertidas causavam medo na maioria dos habitantes locais. Eles iam até a família e diziam "Desculpe, mas seu [primo] parece estar louco".[14] (Hoje em dia, isso é chamado de transtorno do espectro autista. A síndrome de Asperger é considerada uma forma "altamente funcional" do transtorno do espectro autista, caracterizada majoritariamente pela falta de habilidades sociais ou exibição de emoções, mas sem qualquer deficiência intelectual.)

A necessidade de Tesla de estar só, apesar de intolerável para a maioria das pessoas, espelha-se em outros grandes pensadores através dos tempos. O grande sir Isaac Newton, um extraordinário físico e filósofo natural, preferia sua própria companhia, por saber que assim poderia se valer dos benefícios do pensamento sem distrações — "A verdade é filha do silêncio e da meditação".[15]

Durante os três anos de Tesla no Real Gymnasium (a versão do século XIX dos últimos anos do ensino fundamental) em Gospić, ele havia se enamorado dos modelos de demonstração de rodas d'água e turbinas e de outros aparatos científicos, tanto elétricos como mecânicos.[16] Ele foi tão tocado por eles que construiu réplicas exatas de vários modelos e as testou em um riacho próximo. Um dia, cheio de orgulho, mostrou ao tio as rodas d'água e turbinas que havia construído com as próprias mãos, e, de forma similar às reações negativas que Tesla frequentemente recebia do pai, seu tio Josip também desprezou aqueles feitos, sem qualquer apreciação pela genialidade do jovem, e o admoestou por desperdiçar um tempo valioso. Felizmente, Tesla continuou pensando em turbinas e, quando leu sobre as poderosas Cataratas do Niágara e depois viu uma gravação em metal daquela maravilha da natureza, sonhou em usar uma roda d'água gigante para capturar a energia das cataratas. O jovem disse ao tio que um dia viajaria para a América e faria isso. De fato, ele recordaria: "Trinta anos depois eu vi minhas ideias sendo postas em prática no Niágara".[17] Ele também recordou a importância de sua passagem pelo Departamento de Física do Real Gymnasium em Gospić como "um incentivo indubitável à invenção".[18]

Enquanto estava naquela escola, Tesla se mostrou excelente em matemática, como tinham sido o erudito pai e o tio Josip, ambos professores naquela nova instituição na época em que o jovem estudava ali.[19] Ele realizava feitos matemáticos perante seus colegas e professores, cálculos complexos rápidos e precisos.[20] Foi sua capacidade de visualizar coisas na mente — ele iria continuar a demonstrar suas habilidades de memória fotográfica, eidética e didática, que lhe seriam muito úteis como inventor e pesquisador científico — que granjearia aplausos de todos os que vissem o que lhes parecia ser magia matemática. O desenvolvimento dessa capacidade incomparável de visualização mental teria sido o produto acidental de experiências alucinatórias bizarras que Tesla teria domesticado e aprendido a usar para visualizar suas invenções e, até mesmo, construí-las e testá-las em sua mente? Ele também comentou sobre suas habilidades matemáticas: "Até uma determinada complexidade, era absolutamente igual se eu escrevia os símbolos no quadro-negro ou se os conjurava mentalmente".[21] Dito isso, ele, porém, não tinha qualquer pendor para o desenho à mão livre, disciplina à qual muitas horas eram dedicadas na escola. Ele atribuiu a falta de talento nessa área à sua preferência pelo "pensamento sem distrações", apesar de "a maioria de seus familiares ser excelente nisso".[22] O jovem Tesla também justificava sua falta de necessidade em ser proficiente na disciplina de desenho por ter começado a vida canhoto — por necessidade, ele posteriormente se tornou ambidestro. Lamentava tal situação, pois "era um obstáculo sério, já que, no sistema educacional da época, o desenho sendo obrigatório, essa deficiência ameaçava estragar toda a minha carreira, e meu pai teve muitos problemas para me fazer passar de ano".[23]

Durante seu segundo ano no Real Gymnasium, Tesla ficou inquieto com a ideia de produzir movimento contínuo a partir de pressão de ar constante, ou seja, uma máquina voadora. Ele havia dito que o incidente anterior com a bomba do caminhão de bombeiros tinha "inflamado minha imaginação juvenil e me impressionado com as propriedades ilimitadas do vácuo".[24] Ele se atracou com a ideia de encontrar um modo de combinar o vácuo com o fato de o ar na atmosfera estar sob uma pressão de quase um quilograma-força por polegada quadrada.[25] Mas, por fim, construiu um modelo e manteve a esperança de obter um voo mecânico. Era um de seus sonhos e algo que, escreveu ele, o fazia "delirar de prazer".[26]

Em outra lembrança ainda sobre o problema do voo, ele afirma enfaticamente:

> Todos os dias eu costumava me transportar através do ar para regiões distantes, mas não entendia como conseguia fazer isso. Agora tinha algo concreto: uma máquina voadora com nada além de um eixo rotacional, asas oscilantes e um vácuo com poderes ilimitados! Desde aquele tempo, eu fiz minhas excursões [imaginárias] diárias em um veículo tão confortável e luxuoso que poderia ter servido ao rei Salomão. Demorou anos até que eu entendesse que a pressão atmosférica atuava em ângulos perpendiculares à superfície do cilindro e que o pequeno impulso rotacional que observava era devido a um vazamento. Apesar de esse conhecimento ter me chegado gradualmente, causou-me um choque doloroso.[27]

O jovem Tesla havia indicado que desejara construir uma máquina voadora real, que conectaria seus sonhos à realidade.[28]

Naquele tempo, isso pode não só ter parecido fantasioso e bizarro ao jovem Tesla, mas francamente delirante. Helicópteros? Voo? Teletransporte ao redor da Terra a 1.600 quilômetros por hora? Comunicação sem fio? Tudo completamente estúpido, exceto o fato de ele realmente ter feito o último item acontecer. Tesla tinha muita dificuldade em diferenciar fantasias de genialidade e impossibilidade de invenção iminente. Será esse o benefício e também a maldição do gênio maníaco?

Ao lado de sua insaciável necessidade de inventar, aos doze anos, atos de autonegação e autocontrole marcavam o espírito da vida de Tesla, e ele viveria com tais idiossincrasias perturbadoras pelo resto de seus dias.[29] Além de lutar com seus pensamentos bizarros, ele batalhava para manter a saúde. De tempos em tempos, vários membros da família ofereciam a ele remédios caseiros para ajudar a desenvolver suas forças. Estranhamente, ao chegar à idade adulta ele demonstrou uma agilidade e uma força consideráveis.[30] Na verdade, sua saúde corporal melhorou tanto que ele viveu quase 87 anos muito produtivos.

Dito isso, não era esse o caso na época em que ele completou o curso de três anos no Real Gymnasium, em 1870. Tesla escreveu em sua história de vida pessoal:

> Uma perigosa doença, ou melhor, uma série delas, me deixou prostrado e meu estado se tornou tão desesperador que os médicos desistiram de mim. Durante esse período me foi permitido ler incessantemente, obtendo livros da biblioteca pública que haviam sido negligenciados e foram confiados a mim para classificação e preparação dos catálogos. Um dia, chegaram a mim alguns volumes de uma literatura nova, diferente de tudo que jamais havia lido e tão cativante que me fez esquecer completamente de meu estado lastimável. Eram as primeiras obras de Mark Twain e talvez elas tenham sido responsáveis pela recuperação milagrosa que se seguiu. Vinte e cinco anos mais tarde, quando conheci o sr. Clemens e travamos uma amizade, eu contei a ele sobre essa experiência e fiquei maravilhado ao ver aquele homem tão dado a gargalhadas cair no choro.[31]

É sabido que o jovem Tesla contraiu várias doenças, incluindo malária e cólera, mas dessa vez era diferente. Ninguém conseguia diagnosticar seus problemas físicos ou psicológicos. Em retrospecto, parece possível que aquele tenha sido seu primeiro episódio de depressão.

KARLOVAC (KARLSTADT), CROÁCIA, IMPÉRIO AUSTRO-HÚNGARO, 1870

Após o jovem Tesla recuperar suas forças e retornar a alguma forma de atividade normal, seu pai, o reverendo Milutin, o enviou para se aprofundar nos estudos, desta vez no Higher Real Gymnasium (uma versão do século XIX de um programa de ensino médio voltado para a educação clássica, que preparava os alunos mais avançados para a universidade e no qual todas as aulas eram ministradas em alemão), na rua Rakovac, nas imediações da cidade de Karlovac, uma área pantanosa próxima a um tributário do rio Sava, perto de Zagreb.[32]

Karlovac começou a sua história em 1579, como uma fortaleza, para repelir o avanço dos turcos muçulmanos. Localizada a uns quinze quilômetros de Gospić, seu nome era uma homenagem a Carlos II, arquiduque da Áustria. Desnecessário dizer, a mudança não foi fácil para o jovem Tesla. Comparado com Gospić, mudar para Karlovac foi como sair de uma vila para a cidade grande, cheia de todo tipo de distrações, mas com o benefício de ter acesso a uma escola de primeira classe. Entretanto, por causa de seu estado de saúde física instável, ele sofreu repetidas ocorrências de malária naquela terra pantanosa e fétida sobre a qual a cidade de Karlovac se erguia. Devido a esses problemas físicos desafiadores, Tesla foi obrigado a recorrer regularmente a vastas quantidades de quinino. Mas isso não o desencorajou nem o impediu de desenvolver um interesse apaixonado pela "eletricidade" sob a influência e o estímulo de seu professor de física, Martin Sekulić, "um homem engenhoso, que muitas vezes demonstrava os princípios usando aparatos de sua própria invenção".[33] Na verdade, "Nikola lia tudo o que conseguia encontrar sobre o assunto... [e] realizava experimentos com baterias e bobinas de indução".[34]

Enquanto estava no Higher Real Gymnasium, ele também estudou línguas e matemática com grande afinco. Sabia que tinha facilidade com matemática complexa e acreditava que "existiam poucos assuntos que não podiam ser tratados matematicamente e ter seus efeitos calculados ou seus resultados determinados *a priori*, partindo dos dados teóricos e práticos disponíveis".[35] Mas agora essa mesma habilidade se manifestava em sua extraordinária capacidade para línguas.[36]

O jovem Tesla em desenvolvimento viveu em Karlovac por três anos com a tia Stanka, irmã de seu pai, e com o tio Branković, um coronel simples e severo, que para o menino era "um velho veterano de guerra".[37] Décadas depois, Tesla descreveu assim suas lembranças dos anos que passou com os tios:

> Eu nunca vou me esquecer dos três anos que passei na casa deles. Nem uma fortaleza durante uma guerra tinha uma disciplina tão rígida. Me alimentavam como a um passarinho. Todas as refeições eram da melhor qualidade e a comida era deliciosa, mas a quantidade era 1.000% insuficiente. As fatias de presunto cortadas por minha tia tinham a espessura de um lenço de papel. Toda vez que o coronel colocava alguma coisa mais substancial no meu prato, minha tia removia e dizia a ele, nervosa: "Cuidado, Niko é muito delicado". Eu tinha um apetite voraz e sofria como Tântalo. Mas vivia em uma atmosfera de refinamento e gosto artístico muito raros naqueles tempos e naquelas condições.[38]

Com muito trabalho duro, ele conseguiu reduzir o curso de quatro anos para três e começou a planejar uma forma de comunicar a seu obstinado pai sua controversa decisão de estudar engenharia em vez de entrar para a igreja.[39] Ele registraria mais tarde que, "durante todos aqueles anos, meus pais nunca fraquejaram da decisão de me fazer entrar para o clero, a mera ideia de seguir tal caminho me enchia de terror".[40] Ele chegou a implorar ao pai que entendesse que "não amo os humanos, amo a humanidade".[41]

Sim, o jovem Tesla de fato amava a humanidade. Essa foi sua mais importante motivação, algo presente durante toda a sua vida, que o fez focar seu raro brilhantismo em "retirar o fardo dos ombros da humanidade". Ele de fato estava interessado na humanidade, mas talvez não em homens e mulheres em particular, preferindo uma vida de relativo isolamento, uma característica cada vez mais pronunciada conforme envelhecia, algo condizente com um comportamento mais esquizoide.

"Finalmente, entretanto, meu curso estava terminado, o tormento, encerrado, e eu obtive o certificado de maturidade que me levou a uma encruzilhada."[42]

GOSPIĆ, PROVÍNCIA DE LIKA, IMPÉRIO AUSTRÍACO, 1873

> Quando eu estava me preparando para a longa jornada de volta para casa, recebi a mensagem de que meu pai queria que eu fosse a uma expedição de caça. Era um pedido estranho, pois ele sempre fora frontalmente contrário a esse tipo de esporte. Mas alguns dias depois eu soube que havia um surto de cólera naquele distrito e, aproveitando uma oportunidade, voltei para Gospić, ignorando a vontade de meus pais.[43]

O fedor de cadáveres em putrefação, os vapores nocivos e uma nuvem de fuligem de carvão envolviam pesadamente a cidade, fazendo com que, para muitos, fosse quase impossível respirar. "Eu contraí aquela doença terrível no mesmo dia da minha chegada e, apesar de sobreviver à crise, fiquei confinado à cama por nove meses, quase sem conseguir me mover."[44] Houve momentos, durante sua quarentena forçada, em que ele experimentou "hidropisia, problemas pulmonares e todo tipo de moléstia, até que finalmente meu caixão foi encomendado". Sua vida cotidiana era atormentada por vômitos, pele seca e diarreia.[45] Mas, não fosse seu histórico de problemas de saúde física, o jovem Tesla poderia muito bem ter evitado a doença completamente.[46]

Agora em um estado desesperador, pendurado na borda do precipício da morte e confinado por meses à sua cama, ele pouco comia e muitas vezes regurgitava o que conseguia engolir, lutando para respirar, ofegante com o ar envenenado.

> Minha energia estava completamente exaurida, e pela segunda vez me encontrei às portas da morte. Em uma de minhas crises, que achavam

> ser a última, meu pai correu para o quarto. Eu ainda consigo ver seu rosto pálido enquanto ele tentava me animar, em um tom de voz que desmentia sua confiança. "Talvez", eu disse, "eu pudesse melhorar se o senhor me deixasse estudar engenharia."[47]

Após pensar muito e uma óbvia reconsideração de suas emoções e motivos, o protetor pai de Tesla ignorou suas crenças mais arraigadas e concordou, afirmando enfaticamente: "Você vai, então, para a melhor escola técnica do mundo".[48] Só podemos imaginar o imenso sorriso que deve ter surgido no rosto pálido do adolescente, pois ele havia carregado o peso da incerteza por tanto tempo, acreditando que o pai jamais permitiria que se tornasse um engenheiro, mas agora Tesla estava convencido de que o pai falava sério.

Com a concordância do pai a respeito de sua carreira e a recuperação de sua saúde após estar à beira da morte, o futuro do jovem Tesla estava começando a parecer brilhante. De fato, talvez o pior tivesse passado, mas muitas provações ainda o esperariam. Um dos primeiros desafios que ele teve de enfrentar foram os valentões locais, que agora invadiam seu mundo. Tesla explicou anos mais tarde: "Havia um brutamontes em minha cidade que, certa vez, espancou um amigo meu porque ele repartia o cabelo ao meio, então decidi fazer o mesmo. Também recebi uma surra que, pela intensidade, não deixou nada a desejar". Ele sofreu uma indignação dolorosa e espancamentos por pelo menos um ano. Mas depois aprendeu a boxear e logo "teria a satisfação de devolver o favor". Ironicamente, antes que o jovem Tesla pudesse obter a justiça que desejava, "o rapaz foi baleado em uma briga de rua".[49] Mais tarde na vida, Tesla faria amizade com vários boxeadores devido às suas experiências juvenis com o esporte.

O revivido e revigorado jovem Tesla sentia-se agora livre, livre para perseguir seus sonhos e servir à humanidade. Nesse momento, ele e os pais tinham decidido que ele iria para a aclamada e prestigiosa Escola Politécnica Joanneum, em Graz, na Áustria, localizada a cerca de 360 quilômetros de Gospić. Mas antes ele se viu diante de um dilema existencial que poderia ter grande impacto negativo sobre seu futuro. Ele havia chegado à idade em que cada jovem do sexo masculino no território austríaco devia servir o exército por três anos. Dado que seu pai agora temia perder o único filho restante, ele faria tudo o que pudesse para que o jovem Nikola evitasse o serviço militar. Alguns acreditam que, por causa do histórico de serviço militar valoroso tanto na família do reverendo Milutin como na família de sua esposa, o fato de o jovem Tesla deixar de cumprir esse dever parece ser contrário à tradição e à história de sua família — e não há registro da dispensa do serviço militar.[50] Algumas suposições sugerem que, talvez por seu histórico de saúde frágil ou por meio de contatos familiares ou mesmo de suborno, o jovem Tesla pôde evitar o recrutamento, embora tal fraude fosse considerada um crime grave.[51] É interessante notar que a autobiografia de Tesla mal menciona o incidente, registrando apenas que o pai insistiu para que ele "passasse um ano se exercitando ao ar livre".[52]

Assim, desde o início do outono de 1874 até o verão do ano seguinte, o jovem Tesla passou nove meses peregrinando pelas montanhas escarpadas e pelos vales da Croácia "vestido como um caçador e carregando um monte de livros".[53] A impressionante biodiversidade da área fez com que ele se aproximasse ainda mais da natureza. Enquanto cruzava aquele território, ele se tornava fisicamente mais forte, tanto no corpo como na mente. Ele trabalhou mentalmente em várias de suas invenções imaginárias, ainda que de forma um tanto descuidada naquele momento. Uma de suas ideias era um sistema que transportaria cartas e pacotes entre continentes através de um tubo suboceânico. A correspondência seria colocada em recipientes esféricos e disparada pelo tubo usando pressão hidráulica. Depois de descobrir as difíceis tecnicalidades físicas de seu plano, ele foi forçado a abandonar essa ideia e seguir adiante.[54]

Com o passar dos meses, o jovem e ansioso Tesla urdiu mais um plano inventivo, mas também defeituoso. Ele construiria um anel ao redor da Terra na linha do Equador para melhorar o transporte de passageiros, acelerando os viajantes a 1.600 quilômetros por hora. Essa ideia também teve que ser descartada. Mas essas invenções visionárias demonstravam que ele queria utilizar tudo o que a Terra, e, portanto, a natureza, tinha a oferecer — uma energia que estava eternamente se dissipando e sendo recarregada.[55] Além disso, ele estava pensando sobre o futuro, e suas primeiras invenções visionárias foram proféticas, pois eram as precursoras da transmissão sem fio e da internet.[56]

Uma evidência dos primeiros pensamentos do jovem Tesla sobre "comunicação sem fio" pode ser encontrada em um trem no qual ele viajou em setembro de 1870 a caminho de Karlovac para cursos adicionais. Enquanto estava no trem, ele conversou com outro estudante, que estava a caminho de outra escola. Tesla disse a seu companheiro de viagem que "estava pensando sobre um aparelho capaz de transmitir uma conversa entre a América e a Europa sem fios".[57]

Além disso, sua temporada no campo revelou a ele um dos poderes especiais da natureza. Um dia, quando lançava bolas de neve com amigos próximo da encosta de uma montanha, o conceito de "mecanismos desencadeadores ocultos", capazes de liberar imensas quantidades de energia acumulada, apresentou-se a ele. "Uma [bola de neve] encontrou as condições ideais; ela rolou até se tornar uma bola grande e, então, alargou-se, recolhendo a neve por todos os lados, como se fosse um tapete gigante, e então, de repente, transformou-se em uma avalanche... arrancando tudo da encosta, neve, árvores, solo e tudo o mais que conseguiu arrastar consigo."[58]

Mais ainda, sua mente curiosa, trabalhando livremente durante sua estada no campo, lhe permitiu demonstrar a si mesmo que ele era capaz de criar invenções do nada — orgânicas em todos os sentidos. Ironicamente, enquanto a solidão experimentada durante sua temporada de nove meses no campo o ajudou a desenvolver o poder de focalizar o pensamento em suas invenções, a mesma solidão se tornaria um dos enredos secundários que definiriam, de várias maneiras, toda a sua vida. Mais tarde, ele diria: "Observei, para meu encanto, que conseguia visualizar com enorme facilidade. Não precisava de modelos, desenhos ou experimentos. Podia imaginá-los em minha mente".[59] Essa habilidade notável de criar imagens mentais de extraordinária precisão é conhecida como hipertimesia, ou síndrome de supermemória (em inglês, *highly superior autobiographical memory* — HSAM), e ela permitia que ele dissecasse e apreendesse o quadro ideal por trás de uma invenção.[60]

Além disso, o dom de "*phronesis*" do jovem Tesla também continuava a crescer em força e intensidade. Sua curiosidade e seu desejo de encontrar e entender os fundamentos ideais de uma invenção vinham em parte das crenças religiosas que ele adquiriu desde o momento em que aprendeu a falar e pôde entender a linguagem. Seu pai e seus tios eram clérigos da

Igreja Ortodoxa Sérvia. Como todos os cristãos, os ortodoxos acreditam na Trindade, que Deus é três pessoas ao mesmo tempo: o Pai, o Filho e o Espírito Santo. Mas, diferentemente da cristandade ocidental, para os cristãos ortodoxos a frase "o Filho de Deus é o Verbo" tem um sentido muito mais profundo. Isto é, para os cristãos ortodoxos, o "universo material" não é meramente ordenado, mas tudo nele, seja natural ou feito pelo homem, tem um princípio essencial, um *logos* que pode ser descoberto pelos meros mortais. Assim, como um cristão ortodoxo, Tesla se sentia compelido a buscar a forma ideal de suas invenções. Vale notar, entretanto, que, apesar de Tesla ter buscado inspiração em sua fé e na visão de mundo do cristianismo ortodoxo e dali aprendido a procurar o ideal em cada invenção, ele não era um cristão praticante no sentido tradicional — não há registro de ele ter frequentado a Igreja Ortodoxa regularmente (exceto quando jovem, na igreja do pai) ou de qualquer outra prática aparente de sua fé.[61]

Enquanto o jovem Tesla, o explorador, peregrinava pelas montanhas e pelos vales da Croácia, seu pai, o reverendo Milutin, estava ocupado obtendo uma bolsa de estudos para o filho na Autoridade Administrativa das Fronteiras Militares.* O documento confirmando a bolsa foi emitido em Zagreb em setembro de 1876 e estava endereçado ao reitor da Escola Politécnica Joanneum, em Graz, na província de Estíria. O documento apresentava um requisito bastante explícito: "Nikolaus Tesla, de Gospić, em Lika, Distrito Militar de Otocac, em troca de uma bolsa escolar de 420 florins por ano comprometeu-se a, após concluir seus estudos, cumprir seu dever militar e servir o Exército por no mínimo oito anos".[62]

Sem se prender a esse lado problemático da sua bolsa de estudos, o jovem Tesla estava excitado de forma quase inimaginável, fantasiando constantemente sua vida em uma faculdade de engenharia. Assim, no outono, carregando pendurada em seu corpo alto e magro a bolsa de viagem colorida e bordada que sua mãe tinha feito para ele, Tesla partiu em busca de novos horizontes, primeiro em Graz. Tanto a bolsa de viagem bordada como sua fir-

* No original, Military Frontier Administration Authority. (N. E.)

meza, sua determinação e sua honra sérvia um dia cruzariam com ele o vasto oceano Atlântico em direção à América. Lá, ele ganharia fama mundial, mas sua bolsa e seus valores nunca o abandonariam. Eram símbolos de quem ele realmente era. Lembretes de que ele nunca deveria sacrificá-los, por razão alguma. Tesla viveria uma vida "de princípios acima dos lucros". Entretanto, essa nobre filosofia permitiria que oportunistas se aproveitassem dele das formas mais escandalosas... e assim o fizeram!

> No fim de minhas férias, fui enviado para a Escola Politécnica em Graz, na Estíria, escolhida por meu pai por ser uma das mais antigas e renomadas instituições. Aquele era o momento pelo qual eu havia esperado ansiosamente, e comecei meus estudos sob os melhores auspícios e firmemente decidido a ser bem-sucedido. Minha educação anterior era acima da média, graças aos ensinamentos de meu pai e às oportunidades que me foram oferecidas. Eu havia aprendido várias línguas e tido contato com livros de inúmeras bibliotecas, absorvendo informações mais ou menos úteis. Então agora, pela primeira vez, eu poderia escolher as disciplinas que quisesse, e o desenho à mão livre não me importunaria mais.[63]

Esse foi momento em que o jovem Tesla se sentiu verdadeiramente livre. Mas era mesmo livre? Seus pensamentos bizarros ainda o cercavam. As imagens selvagens entravam e saíam de foco. O clima inclemente também não ajudava, dada sua condição física frágil. Suas inseguranças muitas vezes predominavam. Entretanto, às vezes ele era capaz de camuflá-las com distrações, algumas das quais causando a ele problemas frequentes em sua passagem por Graz.

GRAZ, ÁUSTRIA, IMPÉRIO AUSTRO-HÚNGARO, 1875

O entusiasmado jovem Tesla era agora oficialmente um estudante da prestigiosa escola em que, por exemplo, o físico e filósofo Ernst Mach (do número de Mach, a medida de velocidade) havia estudado e depois lecionado. O renomado fisiologista, físico e filósofo Gustav Theodor Fechner também dera aula na instituição por muitos anos. Era a escola que o estudante Tesla queria e precisava frequentar.[64] Para economizar dinheiro, ele vivia com Kosta Kulishich, um compatriota sérvio com quem havia feito amizade na Sociedade de Estudantes da Sérvia. Kulishich posteriormente se tornaria um professor de filosofia muito respeitado em Belgrado (atual capital da Sérvia).[65]

Desde o começo, o estudante ansioso cursou disciplinas de aritmética e de geometria com o professor Rodger, um homem conhecido por suas aulas teatrais.[66] A isso Tesla acrescentou o curso de cálculo integral e equações diferenciais do professor Allé, que Tesla disse ser

> o mais brilhante palestrante que eu jamais ouvi. Ele mostrou um interesse especial no meu progresso e frequentemente ficava na sala por uma ou duas horas após a aula, dando problemas para eu resolver que me deliciavam. Expliquei para ele uma máquina voadora que havia concebido, não uma invenção ilusória, mas baseada em princípios científicos sólidos, que minha turbina tornaria viável e logo seria apresentada ao mundo.[67]

Entendemos que os primeiros experimentos mentais de Tesla com sua tecnologia de turbina sem lâminas começaram quando ele era uma criança bem pequena, enquanto brincava com outros meninos em um riacho próximo à sua casa em Smiljan, aparentemente de forma espontânea. Seu método de adicionar camadas de forma incremental a seus experimentos mentais nunca o abandonou, e muitas invenções que depois se tornaram realidade começaram como nada mais que a ambição de um sonhador. Mesmo suas ideias sobre voar ecoavam histórias contadas a ele quando pequeno, no colo de seu avô Nikola, sobre o prazer que Napoleão tinha com balões de ar quente, que eram usados para monitorar o movimento de tropas inimigas e lançar bombas.[68]

Outros cursos incluíam química analítica, mineralogia, construção de máquinas, botânica, teoria das ondas, óptica, francês e inglês, além de dialetos eslavos. Faminto para aprender tudo, além das ciências duras (ou naturais), ele lia avidamente as obras de Shakespeare, Goethe, Descartes e Spenser. Dizia-se que, quando mais velho, ele era capaz de falar fluentemente pelo menos nove línguas.[69]

Mas como o novo estudante dominou tantas disciplinas tão rápido e com tanto sucesso? Certamente o fato de sua mente ser turbinada ajudou, tendo ele sido abençoado por Deus com memória fotográfica, eidética e didática. Mas havia algo mais. Tesla tinha uma força interior que não era apenas devida ao seu gênio. Esse tempo de sua vida foi marcado por um extenso período de hipomania ou surtos de mania, com pouca necessidade de sono. Ele também jogava e se comportava como um mulherengo, algo completamente fora de contexto durante quase todo o restante de sua vida. Ele mesmo nos contou, anos mais tarde, como conseguiu fazer aquilo: "Eu tinha uma verdadeira obsessão em terminar tudo o que começava". Sua mania era tão forte que Tesla leu os cem volumes, em letras pequenas, da obra de Voltaire. Embora esse esforço o tivesse curado de buscar novamente uma tarefa autoatribuída, não suprimiu o padrão de autonegação e autodeterminação incansáveis.[70] Entretanto, pensando sobre isso em um momento posterior, ele disse: "Tinha que ser feito, mas quando fechei o último livro estava muito feliz e disse: 'Nunca mais!'".[71]

De todos os grandes professores com os quais o jovem Tesla estudou, um se destacava, aquele que o levaria na direção dos mistérios da "eletricidade". O professor Jacob Poeschl era o titular do Departamento de Física Teórica e Experimental. "O professor Poeschl era um alemão metódico e muito centrado. Ele tinha pés e mãos enormes, como as patas de um urso, mas todos os seus experimentos eram executados de forma muito hábil, com uma precisão milimétrica e sem erros."[72] Diziam que o professor usava o mesmo casaco havia vinte anos, reforçando sua excentricidade. Mas, apesar da estranheza do professor, em eletricidade ele era um mestre clássico do século XIX, que quase certamente fornecia uma visão histórica da matéria, começando nos gregos antigos e concluindo com os desenvolvimentos mais recentes de dínamos e da luz elétrica.[73]

É importante mencionar que todas as aulas do jovem Tesla eram dadas em alemão, uma língua sem qualquer conexão com sua língua materna — então chamada de servo-croata. Colocando no contexto, a transição do servo-croata para línguas não baseadas no alfabeto cirílico, como alemão ou francês, ou especialmente a língua que ele afinal usaria na maior parte de sua vida, o inglês, foi um feito extraordinário e digno de reconhecimento de sua singular facilidade para línguas — era um genuíno poliglota.

Após seu primeiro ano, o jovem Tesla voltou para casa, um brilhante guerreiro intelectual, e pregadas em seu casaco estavam medalhas por todas as suas notas A+ — tendo sido aprovado de forma brilhante nas disciplinas do primeiro ano. Ele esperava ser saudado como um estudante fantástico; afinal, seus professores do primeiro ano já tinham feito isso. Mas não seria assim, pois o pai insistiu em que ele não voltasse para a escola. Por quê? Porque seus professores haviam escrito secretamente ao reverendo Milutin avisando que o rapaz corria o risco de prejudicar sua saúde com as horas de estudo neuroticamente longas e intensas, muitas vezes chegando a vinte horas diárias. Para completar essa decepção, a Autoridade Administrativa das Fronteiras Militares havia sido extinta e a valiosa bolsa não existia mais.[74] Esse golpe duplo, escreveu ele mais tarde, "quase matou minha ambição".[75] O estudante destacado, que desejava se tornar um professor de matemática e física, começou a duvidar, ainda que por apenas um momento, se havia realmente algum mérito em estudar tanto.[76]

Mas, no fim, o brilhante estudante Nikola Tesla não aceitaria essa negatividade e retornaria à escola.

Ele era muitas vezes ridicularizado pelos colegas por seus hábitos de estudo monásticos, seu excepcional sucesso acadêmico e por ter se tornado amigo de vários professores. Sua reação foi se juntar aos melhores deles na diversão. Como descreveu em 1936 o professor Kosta Kulishich, antigo colega de quarto de Tesla na Escola Politécnica:

> No início, Tesla era muito dedicado. Seus professores o elogiavam por isso, e o ciúme dos outros estudantes foi despertado. Um dia, quando ele caminhava pelos salões no prédio da escola, um estudante alemão bateu em suas costas e disse: "Você está desperdiçando seu tempo aqui. É melhor voltar para casa, sentar-se e estudar para que seus professores elogiem você ainda mais". Ele, então, respondeu ao outro: "Eu sei que consigo estudar melhor do que você, mas vou mostrar que também consigo me divertir melhor". Isso em geral incluía uma certa quantidade de bebida alcoólica, mas Tesla só bebia café. Ele começou

> a ficar até tarde na Botanical Garden, a cafeteria preferida dos estudantes, jogando cartas, bilhar e xadrez. Sua habilidade era tamanha que sempre se reunia uma multidão para assisti-lo jogar. Mas mesmo durante essa fase ele raramente perdia uma aula, um feito raro nas universidades do continente, nas quais os estudantes podem faltar a quantas aulas quiserem.[77]

Adicionando outra história à visão do professor Kulishich sobre seu amigo Tesla, uma tarde, em 1879, ele estava em Maribor em busca de uma vaga como professor quando encontrou Tesla jogando cartas com dois homens em um pub chamado Happy Peasant. Kosta perguntou a ele: "Qual é o seu problema, Nikola? Por Deus, nós procuramos você por toda parte, especialmente seus pais". Tesla respondeu de forma um tanto grosseira: "Gosto daqui; estou trabalhando para um engenheiro, recebo sessenta forintes por mês e posso ganhar um pouco mais por cada projeto terminado".[78]

Não era a resposta que seu antigo colega de quarto queria, então Kulishich insistiu: "Não, você deve voltar a Graz e completar seus estudos". "Veremos", Nikola respondeu e se foi.[79]

Foi durante o segundo ano do jovem Tesla na Escola Politécnica (1876-1877) que ele experimentou o primeiro de muitos momentos marcantes de sua vida impressionante e atribulada. Durante uma aula do professor Poeschl ele viu pela primeira vez um modelo de um dínamo de Gramme de corrente direta recentemente enviado de Paris para o Departamento de Física.[80] Como Tesla o descreveu décadas depois, "tinha uma lâmina imantada na forma de ferradura e uma armadura de fios enrolados com um comutador".[81] "A máquina foi conectada, e vários efeitos das correntes foram demonstrados. Enquanto o professor Poeschl executava as demonstrações, usando a máquina como um motor, as escovas apresentaram problemas, soltando muitas faíscas, e eu observei que era possível operar um motor sem tais aparatos."[82] O comutador usual estaria no centro do debate sobre a corrente direta *versus* a corrente alternada. O professor o repreendeu publicamente e rejeitou os comentários do jovem Tesla logo em seguida. O professor Poeschl estava simplesmente convencido de que um motor sem comutador violava as leis da natureza.[83]

Na verdade, a insistência do professor Poeschl na necessidade do "comutador" e a reação de Tesla demonstram claramente a confiança do último na correção de sua ideia, e nenhuma "sabedoria herdada" validada pelo professor ou por qualquer outro iria intimidá-lo no longo prazo. Ele sabia que podia chegar lá. Muitas décadas depois, Larry Page, cofundador do Google, ecoou a crença de Tesla em si mesmo ao dizer: "Tem uma frase que aprendi na faculdade que diz 'Tenha um desprezo saudável pelo impossível'. É uma ótima frase. Você deve sempre tentar fazer coisas que a maioria das pessoas não faria".[84]

Tesla continuou argumentando com seu professor, sugerindo que o dínamo era muito mais complicado que o necessário e que, eliminando o comutador e as escovas, muitas de suas funções seriam aprimoradas — a maioria dos verdadeiros gênios, como Kepler, Newton e mesmo Steve Jobs, tem um instinto para a "simplicidade".[85] Com um olhar que sugeria que aquele comentário era extremamente irritante, o professor admoestou Tesla na frente dos colegas: "O sr. Tesla vai realizar grandes feitos, mas ele com certeza não fará isso [a corrente alternada]. Seria o equivalente a converter uma força de atração regular, como a gravidade, em uma força rotativa. É um esquema de movimento perpétuo, uma ideia impossível", respondeu o professor Poeschl, preso à tradição, com a firmeza esperada de um homem como ele.[86] Apesar de considerar Poeschl um professor brilhante e aquele que o apresentou de forma sistemática à ciência da eletricidade, Tesla ouviu essa afirmação como um desafio direto.[87] "Por algum tempo, hesitei", escreveu ele, impressionado, "por causa da autoridade do professor, mas logo me convenci de que estava certo e me dediquei à tarefa com todo o fogo e a confiança ilimitada da juventude."[88] Tesla passaria os anos seguintes provando que o pensamento calcificado de seu professor estava errado.

O método de Tesla para enfrentar o problema foi ímpar.

> Comecei por construir mentalmente uma máquina de corrente contínua, ligando-a e seguindo o fluxo das correntes na armadura. Então, imaginava um alternador e investigava de forma similar os processos que ocorriam. Em seguida, eu visualizava sistemas contendo motores e geradores e os operava de diversas formas. As imagens que via [em minha mente] eram

> perfeitamente reais e tangíveis para mim. Todo o restante de meu período em Graz foi gasto com esforços intensos mas infrutíferos desse tipo, e eu quase cheguei à conclusão de que o problema era insolúvel.[89]

Apesar de se manter animado, Tesla estava sofrendo pressões existenciais de todos os lados. O que fazer? Ele voltou a Graz para seu terceiro ano (no outono de 1877), mas parou de assistir às aulas, e os arquivos da escola mostram que ele não se matriculou na primavera de 1878. Obviamente o cancelamento de sua bolsa de estudos militar foi parcialmente causado por este tipo de comportamento. Além disso, ele estava sendo consumido por sua incapacidade de resolver o problema da corrente alternada. A rejeição e a frustração foram demais para ele. Logo, ele se juntou a uma turma de baderneiros antissociais e começou a jogar, algumas vezes por 24 horas sem sequer dormir. Por causa de suas habilidades matemáticas avançadas, raramente havia dúvida sobre sua vitória. Apesar de sua bondade e sua generosidade o obrigarem a devolver parte de seus ganhos aos grandes perdedores, ninguém lhe devolvia esses favores. Entretanto, em um jogo de cartas ele perdeu toda a sua mesada, incluindo o dinheiro para pagar a escola. Seu pai, o reverendo Milutin, ficou enfurecido quando soube do acontecido, apesar de Tesla jurar que poderia "parar quando quisesse". Mais tarde, a mãe decidiu financiá-lo, acreditando que o filho perderia tudo e abandonaria o hábito de jogar, e disse a ele: "Vá e se divirta. Quanto mais rápido você perder tudo o que nós temos, melhor. Sei que você vai superar isso".[90] Ironicamente, ao recuperar todas as suas perdas iniciais (e distribuindo parte dos ganhos aos grandes perdedores) e devolver o restante à sua família, ele jurou nunca mais jogar novamente, imaginando que havia vencido seu terrível vício. Ele comentou enfaticamente sobre o incidente: "Eu conquistei minha paixão naquele momento e só lamentei não ter sido cem vezes mais forte. Eu não apenas a subjuguei, mas a arranquei completamente de meu coração, de forma a não deixar nem um traço de desejo. Desde aquele tempo, qualquer forma de jogo se tornou para mim tão indiferente quanto palitar os dentes".[91] Mas haveria outros momentos em que as tentações seriam simplesmente grandes demais. Logo que chegou aos Estados Unidos, ele rapidamente se tornou um ótimo jogador de bilhar e ficou conhecido por, em certas ocasiões, subestimar suas habilidades no esporte quando enfrentava socialites ricos e, então, deixar suas carteiras mais leves ao fim do dia. Mas, na verdade, ele continuou "apostando" com seu futuro como se fosse um libertino.[92]

Aqueles atos insensatos de jogatina foram recebidos como uma afronta por sua família e como uma traição pessoal pelo pai, um homem de imensa integridade. Isso incomodou tanto o reverendo Milutin que ele voltou para casa após visitar o filho em Maribor, a cidade onde Tesla estava discretamente trabalhando em uma fábrica de ferramentas e moldes após abandonar a escola (ele nunca se formou) e apostando e jogando xadrez (nessa época, Tesla reconheceu que seu vício em jogo era uma "mania") durante a noite em locais decadentes por toda a cidade. De fato, algumas semanas depois, Tesla foi preso por vadiagem e enviado de volta a Gospić, para nunca mais voltar.

GOSPIĆ, PROVÍNCIA DE LIKA, IMPÉRIO AUSTRO-HÚNGARO, 1879

As atitudes bizarras de Tesla foram mais que seu pai podia aguentar e, sem aviso prévio, o reverendo Milutin Tesla ficou muito doente. Morreu com o coração partido aos sessenta anos em 17 de abril de 1879. Dizem que seu funeral foi uma cerimônia digna de um santo.[93]

Felizmente, Tesla conseguiu, por pura força de vontade, exorcizar de sua vida o demônio do fumo — em determinado momento, ele estava consumindo quase vinte charutos por dia. Muito preocupado com seu frágil estado de saúde, ele também parou de beber café, destruindo até mesmo a necessidade de ceder ao desejo. Ele admitiu que essas negações preservaram sua vida, mas, mais importante, ele "extraía uma quantidade imensa de prazer daquilo que a maioria das pessoas consideraria privação e sacrifício".[94]

Forçado a voltar para Gospić e reconciliado com sua família, Tesla buscou refúgio na igreja do pai. Ali, ele tentou se limpar de seu estilo de vida "mulherengo" e "vadio" por algum tempo. Na igreja, conheceu Anna. Ela era escultural, bela, e tinha olhos hipnóticos. Os dois conversaram sobre construir um futuro juntos. Tesla admitiu: "Eu me apaixonei". Anna foi a única pessoa fora da família a quem ele amou. Mas não era para acontecer — apesar de continuarem em contato quando ele se mudou para Nova York e de ele ter até frequentado as lutas de boxe do filho de Anna, até ele ser morto no ringue —, pois Tesla estava determinado a "atender ao desejo de meu pai e continuar minha educação".[95]

Os dois se separaram em janeiro de 1880, mas um paradoxo persistia: por que um germófobo, um isolacionista, um gênio autocentrado e movido pela loucura entraria em uma relação tão próxima e pessoal?[96] Apesar de a vida de Tesla ter inúmeros paradoxos que se tornariam mais complexos conforme ele envelhecesse, a razão de ele ter amado Anna e daí nunca mais ter amado qualquer outra mulher ainda confunde seus biógrafos e os observadores de sua vida. Talvez ele tivesse medo de uma relação tão próxima e tenha usado o pai como desculpa para terminá-la. Por que ele não disse nada sobre a morte do filho dela no ringue? Afinal, ele mesmo havia trocado alguns socos com um valentão na juventude e desenvolvido uma atração pelo esporte.[97]

Naquele mesmo janeiro, Tesla mudou-se para Praga (na Boêmia), onde se matriculou na Charles-Ferdinand, braço da prestigiosa Universidade de Praga, uma das mais avançadas instituições de ensino superior de toda a Europa.[98] Mas, a fim de obter fundos suficientes para pagar a escola e sobreviver, ele primeiro teve que recorrer à assistência de seus tios maternos, Petar e Pavić Mandić. Felizmente, ambos graciosamente concordaram em sustentá-lo.[99]

O estudante em formação estava agora ansioso para continuar sua impressionante e atribulada jornada para se tornar Nikola Tesla, inventor do mundo moderno.

3
No continente

Testando os limites

BUDAPESTE, HUNGRIA,
IMPÉRIO AUSTRO-HÚNGARO, 1881

Um dia de janeiro em Budapeste era tudo menos um lugar agradável para se estar. Fazia um frio de bater os dentes e não havia sol na maior parte do tempo. As pessoas faziam o possível para sorrir e dizer "olá", mas muitas vezes era um esforço. A cidade, cujo nome é um amálgama dos assentamentos antediluvianos de Buda e Peste, instalara-se principalmente no histórico rio Danúbio e, no fim do século XIX, era uma colmeia de atividade. Outrora protetorados do Império Otomano, seus cidadãos decidiram, em 1873, que fundiriam as duas cidades, formando, assim, uma das capitais mais pitorescas da Europa. Foi também nessa época — a Era Vitoriana — que o desejo do homem de medir, calcular e, propositalmente, mudar e controlar a "natureza" atingiu o auge quando a transição de uma compreensão qualitativa (subjetiva) para uma compreensão quantitativa (científica) do mundo foi colocada em movimento.

Carruagens de duas e de quatro rodas cheias de gente endinheirada e puxadas por cavalos saltitantes e primorosamente preparados percorriam com rapidez as ruas com calçamento de paralelepípedos ladeadas por esplêndidos exemplos de arquitetura do período Alto Gótico Vitoriano. Tudo parecia se mover como se estivesse sob a direção de um coreógrafo experiente.

Enquanto o entusiasmado Nikola Tesla caminhava com um senso de propósito impressionante pela ponte Széchenyi Lánchíd coberta de gelo — a primeira ponte permanente a cruzar o histórico rio Danúbio —, o sol rompeu a espessa cobertura de nuvens atadas com resíduos tóxicos e gasosos emanados das altas e esguias chaminés das fábricas, enquanto as ruas abaixo ganhavam vida com a confusão de trabalhadores braçais, mendigos e mercadores, todos cumprindo suas rotinas.

Dada sua devoção à humanidade, pode-se imaginá-lo recitando um mantra obsessivo-compulsivo pessoal em sua cabeça:

> Alivie o fardo dos ombros da humanidade.
> Alivie o fardo dos ombros da humanidade.
> Alivie o fardo dos ombros da humanidade.
> Alivie o fardo dos ombros da humanidade!

Se parasse por muito tempo, sabia que seus pensamentos obsessivos fugiriam ao controle, mas, antes que isso acontecesse, era capaz de se lembrar por que viera a Budapeste: era seu destino. Tesla estava convencido disso.

Veja, tudo começara meses antes, quando Tesla lera em um jornal local, enquanto estava em Praga frequentando o campus Charles-Ferdinand da Universidade de Praga (como ouvinte), que Tivadar Puskás, um amigo da família e membro da aristocracia da Transilvânia, recebera permissão de Thomas Edison para construir, como seu representante, uma filial da American Telephone Exchange em Budapeste. Puskás tinha destacado seu irmão Ferenc, um oficial militar hussardo aposentado, para supervisionar o projeto. Tesla viu isso como um presságio e pediu a um membro da família que contatasse os irmãos Puskás para tentar um emprego.[1]

Então, nesse dia, Tesla se sentiu incomumente confortável em sua própria pele, com os pensamentos sob controle, sentindo-se confiante e com boa — mas não perigosamente boa — disposição enquanto se aproximava do prédio que ele acreditava abrigar seu novo emprego e também o seu futuro.

Do alto de seu metro e noventa, ali estava Tesla, sua única sobrecasaca Callahan preta cobrindo-lhe o físico magro e musculoso. É interessante saber o que os outros pensaram de Tesla quando o encontraram pela primeira vez. O romancista Julian Hawthorne, filho de Nathaniel Hawthorne, escreveu o seguinte quando encontrou Tesla ainda jovem:

> Eu vi um jovem alto e esguio com braços e dedos longos, cujos movimentos um tanto lânguidos velavam uma força muscular extraordinária. Seu rosto era oval, largo nas têmporas e forte nos lábios e no queixo; com olhos compridos cujas pálpebras raras vezes se erguiam totalmente, como se andasse num sonho, vendo visões que não se revelavam à generalidade. Ele tinha um sorriso lento, como se despertasse para as realidades e encontrasse nelas uma qualidade humorística. Com ele, manifestava-se uma cortesia e uma amabilidade quase femininas e, como pano de fundo, a simplicidade e a integridade de uma criança... Ele tem cabelos castanhos ondulados abundantes, olhos azuis e pele clara... Estar com Tesla é entrar em um domínio de liberdade ainda mais livre do que a solidão, porque o horizonte se alarga.[2]

Muitos outros tinham pensamentos igualmente efusivos a respeito de Tesla, e todos concordavam que o poder de sua presença física e sua personalidade carismática estavam bem além do normal, e seu inglês impecável e a fluência em várias outras línguas davam alto relevo à sua habilidade de se comunicar sem hesitação e com firme convicção. Mas eles pouco sabiam, entretanto, de sua luta contínua e implacável para separar as ideias brilhantes das estranhas — que sempre zumbiam em sua cabeça. Desde suas primeiras memórias, Tesla considerava um desafio sem fim desacelerá-las para assumir o controle.

As botas Parker escuras de cano alto de Tesla estavam meio cobertas por uma calça de lã escura recém-lavada, enquanto a camisa social Viceroy de gola alta e o colete já tinham visto dias melhores. Uma gravata vitoriana de cetim vermelho dava classe ao conjunto. Ainda que o resultado não fosse lá grande coisa, cada peça de roupa estava imaculada e arrumada da maneira mais meticulosa: algo que nos anos seguintes seria a marca de uma óbvia manifestação do exigente e aparentemente sem sentido comportamento compulsivo repetitivo de higiene que Tesla exibia quando seu humor estava, de certa maneira, normal, e, assim, esse era o recurso que ele usava como mecanismo de freio, um controle sobre seus pensamentos a fim de impedi-los de se enrolarem em si mesmos e subirem a alturas vertiginosas. Além disso, ele sentia que estar bem-vestido era um aspecto de seu profissionalismo e, ao longo da vida, estivesse bem ou mal, sempre fazia questão de estar alinhado. Ele foi, de fato, um Beau Brummel* de seu tempo, e isso, por si só, tornar-se-ia uma marca visual.

Com o tempo, a aparência disciplinada de Tesla provaria ser menos uma declaração de moda e mais uma manifestação externa dos mecanismos de controle interno que ele empregou para evitar que seus pensamentos, bem como a barra de sua camisa, explodissem e pegassem fogo.

Nesse dia, ele estava com pressa, sem dúvida, para tomar posse no novo emprego enquanto subia os largos degraus que levavam à imponente estrutura de pedra da Central Telefônica e ficava de frente para a entrada principal. De repente, e apesar de seu mantra pessoal, sua mente assumiu o controle de si mesma e suas engrenagens começaram a girar movidas por todos os tipos de pensamentos, não apenas sobre como seria trabalhar na Central Telefônica, mas principalmente pensamentos não relacionados vindo em sequência rápida — alguns científicos em sua natureza, mas a maioria eram aqueles "outros" pensamentos que sempre habitaram seu mundo interior: demônios e visões que o perseguiam desde a infância.

Naquele momento, ele entendeu que não tinha controle sobre tais pensamentos, mas antes que eram eles que o controlavam: bombardeando sua

* George Bryan "Beau" Brummell (1778-1840), cavalheiro inglês extremamente ligado à moda, considerado um dos homens mais elegantes de seu tempo. (N. T.)

mente em um ritmo cada vez mais acelerado, expulsando todas as outras ideias, agora se tornando muito inquietantes — mais uma vez sua mente estava quase fora de controle enquanto ele perdia as rédeas, e as obsessões se transformavam em pensamentos acelerados. Em seguida, suprimindo por um momento os pensamentos secretados em seu mundo interior, literalmente balançando a cabeça de um lado para o outro como que para ordená-los e fazer com que se acalmassem, ele respirou fundo, forçando a mente a novamente se concentrar em seu mantra compulsivo de orientação enquanto dava boas-vindas ao retorno do silêncio em seu interior. Ao abrir a enorme porta do saguão da Central Telefônica, sussurrou para si mesmo em servo-croata: "*Ja sam spreman*" (Eu estou pronto).

Tesla estava pronto para aceitar o desafio de seu novo trabalho. Seria uma forma de subsistência básica ao mesmo tempo que permitiria que começasse a fazer o que realmente queria fazer com sua vida, melhor expresso como seu desejo inextinguível de melhorar a vida da humanidade. A essa altura, essa crença estava marcada em sua psique. Também provaria ser muito mais que sua "filosofia de vida unificadora".[3] Em essência, isso lhe deu outro mecanismo de controle de que precisava para dominar o ritmo de seus pensamentos da melhor maneira possível, mas ele continuaria a ser testado repetidamente durante sua longa vida. Além disso, seu mantra não seria apenas a base de seus intermináveis sucessos e altos voos, mas também de seus fracassos e de suas quedas nas muitas décadas que viriam. Simplificando, esse mecanismo de controle tinha um preço: fez com que Tesla se tornasse indiferente aos indivíduos enquanto substituiu sua conexão com a humanidade em geral, sendo justificada em sua mente como uma grandiosa benevolência. Esse isolamento esquizoide das outras pessoas criou uma nova preocupação e tornou necessário o uso obsessivo do mantra como um mecanismo mental para controlar seu gênio ou sua mania estranha, o que quer que sua mente incrível jogasse em seu caminho. Essa preocupação com os pensamentos a respeito da negligência dos relacionamentos no mundo exterior viria a caracterizar a adaptação de Tesla a seus *gêmeos malignos*, o gênio e a mania.

Tesla ficou feliz de escapar do frio cortante quando a porta se fechou, de forma semelhante à de um cofre, atrás dele, e ele se maravilhou com o chão de ladrilhos intrincados sob seus pés. Ele agora havia alcançado um nível de clareza — capaz de se concentrar em apenas uma coisa por vez — e ficou devidamente impressionado com o que viu. Continuou a examinar os arredores com contemplação reflexiva, concentrando-se no que estava à sua frente, o tempo todo mantendo os pensamentos acelerados sob controle — esse era seu melhor estado mental.

Uma vez seguro no edifício impressionante, Tesla observou a ocorrência de todos os tipos de atividades: jovens, homens de terno escuro correndo de um escritório para outro, alguns assistidos por mulheres igualmente jovens com pilhas de papel ofício aninhadas nos braços, enquanto técnicos uniformizados cruzavam o vasto espaço apenas para parar diante de um aparato de parede gigantesco e entregar mensagens aos operadores, que, em seguida, empurravam e puxavam os fios elétricos para dentro e para fora de receptores pontilhados em sua superfície. Então, ao virar à direita, viu uma placa que dizia: "Superintendente de Operações". O ansioso Tesla presumiu que seu primeiro emprego de verdade como engenheiro eletricista estava agora bem diante de si. Naquele momento, lembrou a si mesmo de que suas aspirações pessoais, assim como a necessidade econômica, ditaram muito de sua decisão de mudar-se da quietude de Gospić (então parte do Império Austro-Húngaro) para Budapeste. E, com o falecimento do pai, agora era o ganha-pão de sua família também, mas nada iria impedi-lo de realizar seus sonhos.

Ao perguntar a respeito do status de seu emprego ao superintendente, ficou instantaneamente desanimado ao saber, para sua consternação, que a nova companhia telefônica ainda estava em construção e não totalmente funcional, então, em vez disso, lhe foi oferecido — o que Tesla esperava que fosse temporário — um cargo como relator de pareceres no Escritório Central do Telégrafo do governo húngaro. Naquele momento, ele se sentiu profundamente abatido e pensou consigo mesmo: "Vim para Budapeste motivado por um anúncio prematuro a respeito da empresa telefônica e, por ironia do destino, tive de aceitar um cargo de relator de pareceres no Escritório Central do Telégrafo do governo húngaro".[4] Ele foi relegado a tarefas de redação e cálculos, mas às vezes era chamado para escalar postes de telefone a fim de consertar equipamentos defeituosos.[5] Ele não era um trabalhador braçal, era um criador, no entanto, permaneceria firme em seu propósito até que a maré mudasse a seu favor.

Felizmente, em pouco tempo, seus talentos foram reconhecidos pelo inspetor-chefe, e Tesla foi rapidamente colocado no comando da divisão técnica da empresa de telégrafo como eletricista-chefe. Nesse cargo, faria muito mais do que meramente servir como o eletricista-chefe encarregado de solucionar as necessidades de telegrafia para o governo — ele também ocupou seu tempo com compulsivos esforços de inventar o ajustador de som, o amplificador de voz (alto-falante) e vários outros dispositivos que iriam agilizar a transmissão de voz, nenhum dos quais ele sequer se preocupou em patentear.[6] Tesla ia criando as engenhocas necessárias no momento em que surgia a demanda — para ele, era um mero subproduto do aproveitamento da fonte de pensamentos que irrompia espontânea e continuamente de seu cérebro fértil. E pensar que tudo isso aconteceu antes mesmo de Tesla começar na sua posição desejada na Central Telefônica. Esses primeiros tempos experimentais e criativos foram um jogo alegre para ele. Em 1766, o médico e filósofo Erasmus Darwin chamou essa experimentação lúdica de "uma pequena risada filosófica".[7]

Ainda que Tesla não estivesse apaixonado por sua posição atual no escritório do telégrafo — estava sempre procurando resolver problemas científicos muito mais complexos — ou suas escassas recompensas, ele estava, no entanto, determinado a seguir em frente, aproveitando ao máximo o trabalho que tinha em mãos. Desistir não era uma opção para Tesla; ele tinha muito a fazer.

Felizmente, em 1º de maio de 1881, ele foi recompensado com um emprego na recém-inaugurada central telefônica e lá se sentiu amparado pela certeza de que tinha um emprego remunerado e permanente.

Finalmente sentindo-se confiante em seu emprego, sua mente pareceu repentinamente aliviada por um momento, e Tesla permitiu que ela começasse a correr livre novamente, liberando sua imaginação para voar, concentrando-se primeiro no que se tornaria uma de suas muitas invenções exclusivas e a única que revolucionaria toda a humanidade — o "campo magnético rotativo" (corrente alternada — CA) — e, então, conceberia o "motor de indução" em um voo de ideias, vindo em alta velocidade, uma após a outra.[8] Mas, antes que percebesse, estava se equilibrando na beira de um penhasco perigoso, dividido entre, por um lado, ser um inventor genial capaz de implementar suas ideias e, por outro, se sentir fora de controle e excessivamente animado; portanto, às vezes ele era ineficaz como engenheiro, incapaz de capturar e controlar suas ideias tão rapidamente quanto surgiam. Esse estado de espírito serviu apenas para frustrá-lo e deixá-lo progressivamente exausto.

Em meados de julho, a mente de Tesla estava correndo muito rápido de novo, e, por causa de seu excesso de zelo, ele se encontrou mais uma vez no meio de uma cataclísmica euforia maníaca. Eram muitas ideias brilhantes vindo rápido demais, fazendo-o sentir como se sua mente tivesse saído dos trilhos e explodido em uma frenética curva ascendente para, em seguida, cair em um fundo sombrio e depressivo de pensamentos inócuos, um estado no qual Tesla se sentia vazio e desamparado. Sem seus pensamentos hipertímicos usuais, Tesla se sentiu inútil e preocupado em nunca mais recuperar seu precioso fluxo de pensamentos criativos. Agora ele não tinha ideia alguma — a tortura final para o gênio desenfreado e voraz de Tesla.

Ao mesmo tempo, ele precisou gerenciar as demandas de sua posição de destaque na Central Telefônica. Além disso, a energia mental gasta — enquanto totalmente funcional entre seus altos e baixos — durante seu tempo livre para desembaraçar e esclarecer os requisitos técnicos de seu sistema polifásico de corrente alternada — que seria conhecido como Sistema Polifásico de Tesla — levou-o ao limite.[9] Ele poderia ter diminuído o ritmo para que naquele ponto sua mania não se transformasse em uma depressão terrível? Seus altos e baixos tinham vontade própria, ou ele poderia controlá-los? É certo que ele gostava de seus altos quando sua mente voava, mas, quando o custo dos altos era alcançar baixos terríveis, será que valia a pena? Ele poderia se recuperar? Sua dor acabaria? Se não, isso aconteceria na próxima vez que as ideias começassem a fluir em hipervelocidade? Ele simplesmente não sabia.

Depois de vários meses em Budapeste, o recém-formado engenheiro eletricista de 25 anos — tendo concluído anteriormente seus extensos estudos em física e matemática na Universidade de Praga — foi atormentado por uma exaustão depressiva cada vez maior após ondas incontroláveis de ideias originais fervilhando em sua cabeça. De fato, às vezes ele parecia ter um ciclo rápido entre tantos e tão poucos pensamentos. Eles não o deixavam mais eufórico e exuberante — vários, muito rapidamente e por muito tempo, o faziam desejar que simplesmente parassem. Tesla pode ter pensado: "Não posso controlar a mania e um fluxo constante de gênio que é sustentado sem a interrupção de altos demais e baixos demais" — como muitos pacientes bipolares se perguntam? Ele desejava um estado de hipomania sustentada em vez de uma mania total descontrolada que se espatifava em uma devastadora e vazia falta de pensamentos em seu estado de depressão.

Essa é uma fala recorrente em pacientes que experimentaram hipomania, e o desejo de permanecer em um estado hipomaníaco duradouro pode interferir em sua disposição de tomar medicamentos para normalizar o humor. Eles querem ser "um pouco maníacos". No entanto, a hipomania é um estado de humor instável que corre o risco de entrar em plena mania psicótica ou em uma depressão devastadora que não pode ser sustentado propositalmente com ou sem medicamentos. Por outro lado, a história de Tesla, como pode ser o caso de muitos pacientes bipolares, mostra que ele experimentou naturalmente longos períodos de provável hipomania, especialmente quando criança, adolescente e jovem. Na realidade, a doença bipolar pode apresentar não apenas mudanças rápidas entre mania/hipomania e depressão e de volta à mania/hipomania, como também misturas de mania e depressão ao mesmo tempo, algo agora chamado de "características mistas". Conforme o paciente muda de um estado de humor para outro, ele pode ir da pura mania a um estado de mania com alguns sintomas simultâneos de depressão (mania com características mistas), a um estado de depressão mais amplo com alguns sintomas simultâneos de mania (depressão com características maníacas mistas) à medida que os sintomas maníacos desaparecem e os depressivos se aceleram, para um estado de depressão pura e de volta ao longo do espectro, para cima e para baixo, às vezes rapidamente.

Então, depois de um longo dia de trabalho resolvendo um problema técnico após o outro, Tesla finalmente desmaiou de exaustão mental em seu quarto solitário em uma pensão local. O que o frustrou foi que, quando os pensamentos explodiam um após o outro em sua mente, ele não conseguia implementá-los em tempo real. Naquele dia, sua mente inevitavelmente se chocou contra uma parede de realidade abrupta e dura, e ele não sabia o que fazer enquanto uma cacofonia de sons, vozes e imagens lutava por sua atenção. Era como se uma competição feroz de impressões em sua cabeça mudasse de uma sequência de imagens rápida para a frustração e, depois, para a escuridão, o vazio e, finalmente, para nenhum pensamento. Mas ele venceria? Ele voltaria a brilhar?

Tesla descreveu seus pensamentos elevados atingindo a parede como se a fonte de suas dificuldades surgisse como uma doença física em seu corpo, e não como se elas tivessem vindo de sua mente como episódios depressivos graves alternados com mania irracional ou hipomania:

> Três vezes em minha juventude, eu me transformei em uma ruína física totalmente arrasada pela doença e fui abandonado pelos médicos. Mais do que isso, por ignorância e leviandade, deparei-me com todos os tipos de dificuldades, perigos e escoriações dos quais me desvencilhei como por encantamento. Quase me afoguei uma dúzia de vezes, quase fui fervido vivo e também quase virei fumaça sendo cremado. Fui sepultado, perdido e congelado. Escapei por pouco de cães loucos, porcos e outros animais selvagens. Enfrentei doenças terríveis e me deparei com todos os tipos de contratempos estranhos, e que eu esteja forte e sadio hoje parece um milagre. Mas, ao relembrar esses incidentes em minha mente, estou convencido de que meu resguardo não foi totalmente acidental.[10]

Essas experiências levantam a questão: ele estava evitando o óbvio, pensando que seus problemas eram mais fisiológicos do que psicológicos?

Na verdade, Tesla tinha realmente sucumbido e sido afetado por uma loucura mental evidente naquele dia frio de inverno — das alturas da mania às profundezas da depressão e em uma cidade estranha onde tinha poucos amigos. Com certeza, ele tinha sido queimado pelo fogo da psicose maníaca no lado positivo de seu humor, mas dessa vez tinha sido mais perturbador e severo; dessa vez, o que lhe acometera poderia ser descrito como um "colapso nervoso"; foi um teste dos limites de sua psique no lado negativo de seu humor. Na linguagem psiquiátrica moderna, sua situação seria descrita como um "surto psicótico" de um episódio maníaco seguido por uma viagem infernal em cascata para uma depressão bipolar profunda.

Ele estava passando por uma terrível depressão bipolar, e colegas de trabalho e amigos lhe levaram alimentos e flores e expressaram suas profundas preocupações. Um médico renomado foi vê-lo e declarou sua "doença única [e] incurável".[11] Não havia tratamentos para o transtorno bipolar naquela época, e o tratamento com lítio para o transtorno maníaco-depressivo só seria descoberto cinco anos após a morte de Tesla. Por um tempo, o médico administrou sedações diárias de brometo de cálcio para ajudar a reduzir o estresse nervoso de Tesla, mas sem sucesso.[12]

Por vários dias, Tesla permaneceu à beira da morte — assim ele acreditava, pois havia sofrido um "colapso completo dos nervos".[13] Comer provou-se difícil para ele, e até mesmo a simples hidratação se tornou problemática. Cada novo episódio de altos e baixos foi ficando mais intenso com o passar das semanas. "Todos os tecidos do meu corpo estremeceram com espasmos e tremores."[14] Às vezes, seus olhos azuis de aço não focavam nada. Algo o estava incomodando; algo estava apunhalando sua psique. Ele sabia que precisava de ajuda, mas sua arrogância o impedia de buscá-la. Além disso, seu brilho presunçoso — uma forma única de carisma — seria com o tempo reconhecido como a assinatura da personalidade de Tesla. Muitas vezes tivera visões de grandeza, acreditando-se um verdadeiro "criador", não apenas um "funileiro" de quintal. Tudo o que precisava, ele pensava, era fazer com que sua mente prodigiosa desacelerasse seus pensamentos quando viessem rápido demais, pensando erroneamente que sua admirável força de vontade poderia controlá-los. A incerteza de tudo isso era simplesmente o preço do gênio, ele supôs.

Na verdade, muitos gênios e especialistas pensam o mesmo. Aqueles em profissões criativas, como inventores, artistas, escritores, designers e até chefs, têm taxas muito mais altas de doença maníaco-depressiva (agora chamada de transtorno bipolar) do que a população em geral. Por quê? Em parte, porque os sintomas maníacos estão associados à criatividade e à produtividade, à alta energia, ao raciocínio rápido e até a pensamentos acelerados que vão para áreas novas e nunca antes aventuradas, e, em tal estado, você nem mesmo precisa dormir muito. Traços maníacos contribuem para o sucesso, especialmente em linhas de trabalho que valorizam a novidade. Quando a mania é adicionada ao verdadeiro gênio, nas raras vezes que isso foi visto na história da humanidade, chega-se a um Nikola Tesla. Muitas pessoas apresentam esses sintomas maníacos o tempo todo como parte de sua personalidade — em um grau moderado, chamado de hipertimia —, mas não são Nikola Tesla.

Então, como deve ter sido ser Tesla? Isso é algo que poucos experimentaram na história, então como podemos ter uma visão de quem ele era, em vez de apenas do que ele fez? O registro é consistente. Ao considerar o temperamento básico de Tesla entre seus grandes altos e os raros e estrondosos baixos, encontramos hipertimia tingida com compulsão obsessiva e um tom de isolamento esquizoide. A jornada de Tesla como um inventor bipolar hipertímico que aliviou o fardo da humanidade como poucos fizeram antes, obviamente, teve algumas desvantagens previsíveis. Sua alta energia podia ser acompanhada pela ansiedade ("energia nervosa") de perder o controle, com o mecanismo adaptativo — não muito funcional às vezes — de se isolar dos outros e direcionar vigorosamente seus pensamentos para a preocupação interna de controlar a velocidade e a estranheza de seus pensamentos com mantras obsessivos, que ele chamou de força de vontade. No caso de Tesla e da época dele, nenhum diagnóstico lhe foi dado, é claro, e ele passou a viver uma vida acelerada, ativa e colorida, com instabilidade emocional ocasional e severa e sem vida amorosa, esposa, filhos ou família com o passar do tempo. No geral, a troca de gênio por mania, no caso de Tesla, foi certamente mais positiva do que negativa, pelo menos para a sociedade e talvez para o próprio Tesla, embora a um grande custo pessoal talvez não reconhecido pelos outros. De que outra forma poderia uma mistura curiosa e talvez única de gênio com sabedoria prática — *phronesis* — alimentada pela energia e pelo impulso do transtorno bipolar explicar o fenômeno conhecido como Tesla? Isso produziu um pensamento inovador e uma criatividade somado à habilidade extremamente rara de discernir e fazer bons julgamentos a respeito da atitude certa a tomar do ponto de vista prático.

Como agora entendemos, Tesla sempre acreditou que seus pensamentos eram controláveis e que ele poderia impedi-los de ficar fora de controle por meio de pura força de vontade. Ele estava convencido de que seu gênio era tão grande que podia controlar o ritmo do aparecimento das ideias para que não explodissem em mania psicótica, mas uma e outra vez girava em voos sustentados por ideias, descarrilando de um pensamento para outro antes que pudesse realmente processar uma ideia ou um pensamento específico. Nesse estado, sua mente não estava pronta para processar o pensamento presente, pois ele já estava na próxima concepção sem realmente ter solidificado a anterior. O resultado foi que ele ficou exausto com o processo, e sua mente finalmente se desligou.

Desde os primeiros anos, Tesla sempre esteve muitíssimo ciente do funcionamento interno de sua mente e de que seus sentidos eram complexos, mas, quando as ideias começaram a surgir em um ritmo cada vez mais acelerado, ele se tornou altamente sensível a estímulos externos e internos — tanto reais como imaginários. Às vezes, ele não conseguia perceber a diferença. Sua capacidade de perceber o que os outros não podiam ocorria nos momentos em que sua mente estava mais produtiva, quando ele tinha mais energia e quando se sentia investido de onipotência — era tanto uma vantagem como uma desvantagem para ele. Tesla era frequentemente sitiado enquanto lutava para diferenciar entre as ideias nascidas de um gênio incandescente e as percepções estranhas que às vezes eram mais provavelmente produto de um estado de mania psicótica.

Dessa vez, em Budapeste, seu gênio quase voou para o sol — ele era um Ícaro renascido. Havia ultrapassado tanto os limites da genialidade, que mergulhara nas profundezas da frustração e do desespero. Para seu grande espanto, o que aconteceu durante seu colapso nervoso excedeu tudo o que havia experimentado antes.

No decorrer de sua longa vida, talvez em momentos de picos maníacos com o declínio de sua capacidade de ter insights, ele costumava dizer que ouvia trovões de relâmpagos a mais de oitocentos quilômetros de distância, ou o fraco crepitar do fogo nas casas em chamas dos vizinhos, alertando-os e salvando suas vidas.[15] Mas o episódio depressivo de Budapeste foi tão inusitado que Tesla ficou claramente abalado pela forma como começou a ter manifestações estranhas e curiosas de ideias criativas e energia infinita pouco antes de entrar em uma depressão paralisante, na qual seus pensamentos se tornaram lentos, pesados, vazios e dolorosos por causa da eventual ausência de brilho. Em 1919, ele se lembrou do episódio em Budapeste décadas antes com um nível perceptível de angústia ao dizer: "O que experimentei durante o período daquela doença ultrapassa qualquer crença".[16]

Assim começou uma vida de episódios maníaco-depressivos graves e crescentes, caracterizados por um período obsessivo de trabalho implacável e glutonaria intelectual que continuaria inabalável por semanas a fio, finalmente jogando Tesla em um estado de exaustão total e doença depressiva — em que, às vezes, tinha a certeza de estar à beira da morte.

Não é exagero dizer que Tesla tinha um transtorno mental estranho e atormentador, cuja causa principal era uma superabundância de capacidade mental, transbordando de intermináveis experimentos mentais fluindo livremente para dentro e para fora de sua consciência. Às vezes beirava a tortura, quase uma forma de terror pessoal psicologicamente autoimposto — seus gêmeos malignos, gênio e mania, nunca paravam. As ideias mais originais e totalmente inéditas ocorriam a ele com regularidade misteriosa — o campo magnético rotativo, a ressonância magnética, a transmissão sem fio, a robótica, e assim por diante — enquanto esse estado mental ativava uma hipersensibilidade aguda em todos os seus órgãos dos sentidos. Ele contava aos outros que podia ouvir o tique-taque de um relógio a três cômodos de distância — para ele, parecia a batida do poderoso martelo de Thor em uma bigorna; e o menor toque em sua pele parecia um soco agonizante de um lutador premiado. Ele também reclamava, às vezes, que sua frequência cardíaca parecia estar acelerada em 260 batimentos por minuto enquanto sua carne tremia e sacudia, causando-lhe grande dor e intensa angústia. A fala normal soava como uma confusão ruidosa, e um raio de sol brilhando sobre ele produzia o efeito de uma explosão interna de magnitude nuclear.[17] No entanto, durante esses episódios, Tesla continuou a sentir uma vocação interior, enquanto era levado a se recuperar do que mais tarde entenderia como uma "doença maníaco-depressiva", e hoje é reconhecida na linguagem e na literatura de saúde mental pública como "transtorno bipolar".

Em resposta a seus primeiros colapsos mentais, Tesla escreve: "É meu eterno pesar não estar sob a observação de especialistas em fisiologia e psicologia na época. Eu me agarrei desesperadamente à vida, mas nunca esperei me recuperar". [18]

Houve momentos em que os colapsos mentais de Tesla o empurraram para os cantos mais profundos de sua mente, desafiando-o a superar as grandes forças aliadas contra ele. Ainda que mentalmente destituído, sem ideias por dias a fio, à medida que a frustração tomava o lugar da criatividade e a pura loucura espreitava nas bordas de sua psique, seu gênio não cederia, e, no final, ele estava convencido de que triunfaria. Apesar do paroxismo de seu primeiro colapso psicótico reconhecido em Budapeste, ele ainda foi capaz de "intuir" que a solução para seu problema com a eletricidade de corrente alternada estava chegando.

O físico teórico Albert Einstein disse a respeito da intuição: "Uma nova ideia surge repentinamente e de uma forma bastante intuitiva". "Mas", ele se apressou em adicionar, "a intuição nada mais é do que o resultado de uma experiência intelectual anterior."[19] Consequentemente, os anos de trabalho de Tesla na corrente alternada foram o subproduto da intuição baseada em pensamentos intermináveis e experimentos físicos, e eles iriam continuar até que as perguntas que o incomodavam fossem respondidas, e o resultado físico, alcançado. Às vezes, seu ciclo de experimentação era um padrão que ele costumava repetir: gênio misturado a pensamentos estranhos, mas Tesla não conseguia perceber a diferença, crendo que era tudo uma manifestação de seu gênio — tudo estava em conflito. Por outro lado, os espectadores às vezes tinham a reação oposta: pensavam que seu gênio estranho era uma manifestação de sua mania. Mesmo assim, superaria pensamentos de fracasso porque, no fim, estava sempre convencido de que teria sucesso.

Obviamente, as habilidades mentais de Tesla estavam muito além do normal. É irônico que as disciplinas médicas da neurologia não tenham uma palavra específica para essa condição de superabundância de capacidade mental além de "gênio". No entanto, se alguém está mentalmente deficiente devido a uma doença física que perturba a função mental ou simplesmente nasceu em um estado mental de funcionamento inferior, existe uma palavra muito específica para isso: déficit. Além disso, de acordo com o famoso neurologista e médico dr. Oliver Sacks, não há palavra para um excesso ou superabundância de funções. Como o dr. Sacks aponta, "uma função ou sistema funcional funciona ou não. Assim, uma doença que é 'efervescente' ou 'produtiva' em caráter desafia os conceitos mecanicistas básicos da neurologia".[20]

O que havia ocorrido naquele dia na aula do professor Poeschl foi uma mudança de vida, pois o professor de Tesla plantou uma semente momentânea de dúvida em sua mente, mas o aluno sabia que tinha de permanecer vivo e estar pronto quando a verdade chegasse.[21] O momento também solidificou em sua mente a certeza de que se tornaria um engenheiro eletricista, resolveria os problemas demonstrados pelo dínamo de Gramme e faria outras grandes coisas. Não havia dúvida, ele seguiria em frente; era sua razão de ser. Além disso, Tesla estava comprometido com a crença de que sua vida era guiada por um instinto incomparável, a respeito do qual ele disse:

> Não pude demonstrar minha crença naquela época, mas me veio por meio do que chamo de instinto, por falta de um nome melhor. Mas o instinto é algo que transcende o conhecimento. Sem dúvida, temos em nosso cérebro algumas fibras mais finas que nos permitem perceber verdades que não poderíamos alcançar por meio de deduções lógicas e que seria fútil tentar alcançar por meio de qualquer esforço obstinado de pensamento.[22]

Ao contrário da intuição, cujos processos são aprendidos, o instinto é algo "programado" desde o nascimento — é inato.

Sem dúvida, houve uma miríade de vezes que Tesla estava certo: seu instinto, na verdade, transcende o conhecimento. No entanto, em outras ocasiões, seus pensamentos eram incontroláveis e muito fragmentados para serem construtivos ou úteis. Contudo, Tesla entendeu os múltiplos problemas e deficiências da corrente contínua: o alto custo de construção e instalação, a transmissão ineficiente e os problemas significativos de perda de energia quando transportada por grandes distâncias, o aumento de problemas de consumo de energia, as grandes dificuldades ao usar máquinas industriais, os compressores, a maioria dos sistemas de iluminação, os dispositivos eletrônicos etc. Ele também sabia que seu sistema polifásico de corrente alternada resolveria todas essas várias deficiências da corrente contínua — enquanto Thomas Edison apostava seu futuro na transmissão de energia por "corrente direta".[23]

É muito revelador que Tesla tenha lembrado a outros muitas vezes que resolver os problemas inerentes à transmissão e ao uso de energia por corrente direta era mais do que meramente ter sucesso: "Para mim, era uma vaca sagrada, uma questão de vida ou morte. Eu sabia que morreria se falhasse. Agora eu sentia que a batalha estava ganha. Nas profundezas do cérebro estava a solução, mas eu ainda não conseguia expressá-la externamente".[24]

Finalmente, Tesla emergiu de seu colapso mental. Seja lá qual fosse o motivo ou a doença que o tivesse acometido, a autodescrita "destruição física sem esperança" acabou recuperando sua saúde. Mais do que isso, ele se recuperou com um vigor *anormal* e continuou "testando os limites" de seus pensamentos e suas ações.[25] Seu poder de visualização — a habilidade de ver como se fossem objetos sólidos as coisas que concebia em sua mente e que tinha considerado um grande aborrecimento na infância — agora provou ser de grande ajuda para ele na tentativa de desvendar esse problema.[26] Ele acreditava que poderia "fazer engenharia mental" em qualquer coisa que pensasse, porque não tinha medo de reverter as práticas científicas padrão para desafiar as normas existentes.[27] Como todos os grandes cientistas, Tesla enfrentou a sabedoria convencional e foi destemido em seu desejo de seguir o próprio caminho, confiante em sua habilidade de abrir uma nova trilha.

Einstein tinha quase a mesma abordagem: a capacidade de conduzir experimentos mentais nos quais pudesse visualizar como uma teoria funcionaria na prática. Isso também o ajudava a desbastar os fatos irrelevantes que cercavam um problema.[28] Mas, ao contrário de Einstein, Tesla tinha a notável capacidade de transformar seus experimentos mentais em invenções físicas (tangíveis) por si mesmo.

Com o tempo, ele alcançaria seu objetivo, construído sobre uma concatenação de experimentos científicos e observações que levaram à criação do "sistema polifásico de corrente alternada", que muitos argumentariam ser uma das maiores invenções de todos os tempos.[29] Falando francamente a respeito disso, o célebre engenheiro sênior da Westinghouse e o subsequente vice-presidente do Instituto Americano de Engenheiros Eletricistas),[*] B. A. Behrend, disse que a invenção de Tesla da corrente alternada era "a estrutura subjacente sobre a qual foi construída a indústria. Seu trabalho marca uma época no avanço da ciência elétrica".[30]

No que só pode ser descrito como um incidente orgânico, que levou a um evento cataclísmico, o momento de suprema inspiração ocorreu em um dia frio de fevereiro de 1882. Era um fim de tarde em Városliget, o parque da cidade de Budapeste, quando o pôr do sol se aproximava rapidamente e uma quietude vespertina pairava no ar gélido. A cidade às margens do rio Danúbio estava começando a fechar suas portas, enquanto as mães chamavam os filhos de suas brincadeiras e os trabalhadores cansados voltavam para casa para uma refeição quente e uma noite de sono intermitente, apenas para acordar novamente no dia seguinte e fazer tudo de novo.

Uma grama espessa pontuada por árvores decíduas e arbustos densos — muitos ainda revestidos com os restos de uma geada anterior — acarpetava grande parte do solo congelado com suas folhas descartadas. De repente, enquanto caminhava lentamente por uma trilha de terra no parque, os pensamentos de Tesla se aglutinaram em um vórtice de imagens e ideias, cada uma lutando contra ele por sua atenção total, enquanto seu confidente e mestre mecânico Anthony Szigeti, um homem excepcionalmente apto fisicamente para aquela época, o seguia fielmente um passo atrás. Tesla começou a recitar em voz alta (em alemão fluente) *Fausto*, de Goethe:

[*] American Institute of Electrical Engineers (AIEE). (N. E.)

O brilho se retira, feito é o dia de labuta;
Lá se apressa, novos campos de vida explorando;
Ah, pudesse uma asa qualquer erguer-me do solo
Em sua trilha a seguir, siga voando!

Um sonho glorioso! Ainda que agora as glórias desapareçam.
Ai, as asas que elevam a mente não ajudam
De asas para erguer o corpo podem me legar.

Inspirado pelas imagens brilhantes de Goethe do sol se retirando e correndo para frente e de asas imperceptíveis elevando a mente, mas não o homem, Tesla teve a ideia de acabar com o impraticável comutador e usar um "campo magnético rotativo" em seu motor de indução (motor de Tesla).[31] Então, enquanto continuava a recitar *Fausto*, uma de suas histórias clássicas favoritas e um prenúncio do que estava por vir, ele parou de repente. Foi, então, que aconteceu!

"Enquanto eu pronunciava essas palavras inspiradoras, a ideia veio como um relâmpago, e em um instante a verdade me foi revelada."[32] Agora completamente frenético, Tesla pediu a um consternado Szigeti que lhe entregasse um pedaço de pau. Ele precisava descobrir a resposta ali mesmo.

À primeira vista, Szigeti não tinha ideia do que estava vendo e deve ter se questionado: "É loucura ou gênio o que estou testemunhando?". Ele tentou acalmar o altamente animado Tesla e insistiu que ele se sentasse em um banco do parque e relaxasse. Tesla não queria nada disso. Ele pediu novamente um pedaço de pau enquanto estava em transe, a concentração absoluta evidente em seus olhos azuis de aço. Szigeti, hesitante, atendeu ao pedido. Então, com o galho em mãos, Tesla mudou a ciência e o mundo para sempre!

O que ele fez foi gravar — para a eternidade — na terra úmida e áspera da trilha do parque da cidade uma série de diagramas que ele exibiria apenas seis anos depois em seu discurso histórico perante o augusto Instituto Americano de Engenheiros Eletricistas, em Nova York.[33] Posteriormente, ele se lembraria:

> As imagens que vi eram maravilhosamente nítidas e claras e tinham a solidez de metal e pedra, tanto que eu disse a ele [Szigeti]: "Veja meu motor aqui; observe-me inverter isso". Não consigo nem começar a descrever minhas emoções. Pigmalião vendo sua estátua ganhar vida não poderia ter ficado mais comovido. Mil segredos da natureza nos quais eu poderia ter tropeçado acidentalmente, eu teria trocado por aquele que eu havia arrancado dela contra todas as probabilidades e pondo em risco a minha existência.[34]

Então, ele se gloriava da magnificência de seu momento de revelação com seu companheiro. Estava feito. Ele havia criado uma nova física. Uma nova verdade!

Curiosamente, como Tesla, Einstein teve seu momento de revelação em 1905, que foi chamado de "O passo". Ele estava intrigado com certas questões relacionadas às observações da luz sob várias circunstâncias em relação à relatividade. Então, um dia, enquanto caminhava para o trabalho no Escritório de Patentes da Suíça, em Berna, com seu melhor amigo, Michele Besso, um engenheiro, ele disse que não poderia resolver os problemas a seu agrado e disse-lhe: "Vou desistir". Mas, enquanto os dois discutiam, Einstein lembrou: "De repente, entendi a chave do problema".[35] Ele chegou à conclusão simples, mas profunda, de que "não há tempo absoluto".

Muito parecido com Tesla, Einstein alcançou um nível supremo de clareza naquele momento. Mas, ao contrário de Einstein, Tesla continuaria a produzir invenções e descobrir as leis da natureza que retiravam diretamente o fardo dos ombros da humanidade.

O momento da revelação foi, sem dúvida, um ponto de virada emocional para o jovem Tesla, e, naquele instante, ele se tornou seguro de seus poderes criativos:

> Eu tinha realizado o que havia empreendido [resolver o problema do motor de ignição do dínamo de Gramme] e imaginei-me alcançando ri-

> queza e fama. Mas, mais do que tudo isso, foi a revelação de que eu era um inventor. Essa era a única coisa que eu queria ser. Arquimedes era meu ideal. Eu tinha admirado as obras de artistas, mas, para mim, eram apenas sombras e semelhanças. O inventor, pensei, dá ao mundo criações que são palpáveis, que vivem e funcionam.[36]

Tesla continuou: "O desenvolvimento progressivo do homem depende da invenção. É o produto mais importante de seu cérebro criativo. Seu propósito final é o domínio completo da mente sobre o mundo material, o aproveitamento das forças da natureza para as necessidades humanas".[37]

Muitos anos mais tarde, o conhecido engenheiro eletricista B. A. Behrend — um dos poucos indivíduos que entenderam na época o que Tesla havia feito em um momento de suprema inspiração — diria o seguinte sobre o que o sistema polifásico de corrente alternada de geração e distribuição de energia de Tesla tinha alcançado:

> Desde o aparecimento das "Pesquisas Experimentais em Eletricidade" de Faraday, uma grande verdade experimental não tinha sido expressa de forma tão simples e clara como esta descrição da grande descoberta de Tesla da geração e utilização de correntes alternadas polifásicas. Ele não deixou nada a ser feito por aqueles que o seguiram. Seu artigo continha o esqueleto até mesmo da teoria matemática.[38]

Mas e o colapso nervoso de Tesla? O que dizer de suas manifestações? O que dizer de suas visões? O dr. Sacks descreve as experiências de Hildegard de Bingen (1098-1180), uma abadessa beneditina alemã, mística, visionária e polímata que teve incontáveis visões desde a infância até sua morte, assim como Tesla. E, como Tesla, ela era o grande intelecto de seu tempo.

Tesla, como Hildegard, também tinha visões de luminosidade radiante, possivelmente relacionadas a manifestações de êxtase perturbado ou enxaqueca.[39] Hildegard era considerada uma mulher rara em seu tempo, que consumia conhecimento em um ritmo surpreendente e cuja acuidade mental se equiparava a de qualquer homem da época. No entanto, ela definhou na obscuridade por séculos até a década de 1980, quando os programas de estudos femininos e o movimento feminista criaram raízes.[40] Da mesma forma, até recentemente, apenas as ciências se importavam em aprender a respeito de Nikola Tesla. Agora, no alvorecer do século XXI, muitos querem aprender sobre o homem que inventou o mundo moderno.

Existe um nexo psicológico direto e mais significativo entre as experiências de Hildegard e as de Tesla? Hildegard escreve que suas experiências aconteceram no que ela percebeu ser um estado normal de consciência: "... Eu os percebo em uma visão aberta e de acordo com a vontade de Deus".[41] E sim, tanto Tesla como Hildegard foram afetados por transtornos de humor. Há evidências que sugerem que gênio e transtorno mental andam de mãos dadas. Não é que os gênios queiram ser instáveis; é apenas um fato notável que eles tenham uma tendência para isso.[42]

Na primavera de 1882, o jovem engenheiro eletricista estava procurando por mais. Ele percebeu que Budapeste não comportava mais o seu futuro. A Central Telefônica era, então, totalmente funcional, mas Ferenc Puskás havia vendido a empresa para um empresário local, portanto era hora de Tesla seguir em frente. Ele estava convencido de que seu sistema polifásico de corrente alternada era a resposta para a necessidade da era vindoura de aumentar a eficiência da indústria comercial e de tornar melhor o dia a dia de toda a humanidade. Então, o capricho do destino interveio a seu favor. Sua visão não foi um delírio grandioso. O sr. Tivadar Puskás iria em seu socorro novamente. Ele convidou Tesla e seu assistente Szigeti para irem a Paris, onde novos empregos os aguardavam.[43] Tesla aceitou avidamente o convite e, em abril, mudou-se com Szigeti para Paris.

PARIS, FRANÇA, 1882

O sr. Puskás provou ser um homem de palavra, e os empregos prometidos estavam de fato esperando por Tesla e seu confiável assistente Szigeti quando chegaram à cidade, na qual a vida pulsava em cada esquina. O calor do sol de primavera disse a Tesla que grandes coisas estavam por vir. A empresa Société Electrique Edison, da França, estava instalando sistemas de iluminação incandescente — utilizando o sistema de energia de corrente contínua de Edison — em toda a cidade, e Tesla deu boas-vindas à oportunidade de trabalhar para uma empresa tão prestigiosa. Além disso, o inglês Charles Batchelor, emissário de Edison na França, havia estabelecido várias empresas no país em nome da Edison para lidar com tudo, desde patentes e fabricação até a instalação de produtos Edison no continente. O próprio Tesla trabalhava para a Société Electrique Edison.[44]

As primeiras impressões de Tesla a respeito de Paris simplesmente o maravilharam. Ele declarou: "Jamais esquecerei a profunda impressão que aquela cidade mágica produziu em minha mente. Por vários dias, vaguei pelas ruas em total perplexidade com o novo espetáculo. As atrações foram muitas e irresistíveis, mas, infelizmente, o salário desapareceu assim que foi recebido".[45]

Embora Tesla tivesse chegado à Cidade Luz com poucos pertences pessoais, ele estava, no entanto, entusiasmado com o conhecimento de que seu sistema polifásico de corrente alternada revelaria, com o tempo, um novo mundo de invenções e queria fazer parte da vindoura "era elétrica". Ele sentia que Paris, em meio à atmosfera altiva da *belle époque* — uma época de otimismo entusiasmado, alta cultura e grandes avanços científicos —, mantinha seu futuro em suas mãos. Ele sabia que a cidade era uma gigantesca placa de Petri de oportunidades, pois foi o marco zero da Europa continental para a Segunda Revolução Industrial.[46]

No entanto, foi em Paris que Tesla encontrou pela primeira vez pessoas astutas e enganadoras, contra as quais não tinha defesa. Estava tão preocupado com suas ideias que muitas vezes prestava pouca atenção às pessoas e deixava de cultivar uma noção sofisticada do complexo comportamento humano, e isso provaria ser uma fraqueza em sua personalidade que ele nunca superaria. Sua ingenuidade era mais forte do que seu desejo de ser ardiloso, e sua educação sérvia e a fé cristã ortodoxa lhe ensinaram que "o princípio era mais importante do que o lucro". Como consequência, ele deveria lidar constante e inconscientemente com homens ricos e autoritários que buscavam tirar vantagem e explorá-lo de maneiras que nunca havia pensado, e esse cenário só serviu para testar suas inseguranças emocionais em praticamente todas as fases de sua impressionante e atribulada vida.[47]

Poucos dias após sua chegada a Paris, Tesla assumiu o novo cargo. Lá, seu trabalho em um laboratório movimentado o colocou em contato com muitos dos cientistas mais avançados da Europa, todos concentrados em projetar e fabricar equipamentos elétricos para a empresa incipiente de Edison. Foi também no laboratório que Tesla entrou em contato com cientistas americanos, com os quais pôde compartilhar o desejo de iluminar o mundo com seu sistema polifásico de corrente alternada.[48] Infelizmente, ninguém na Europa na época tinha a visão para antecipar e apreciar a supremacia da corrente alternada e todas as suas múltiplas manifestações por vir.

Embora Paris fosse a base de Tesla, ele passou os meses seguintes cruzando a Europa solucionando entraves e resolvendo todos os tipos de problemas das centrais elétricas de corrente contínua e sistemas de iluminação de Edison. Por causa de sua facilidade para idiomas, ele também atuou como ombudsman técnico de Edison na França, na Alemanha e onde mais ele fosse necessário. Tesla estava continuamente inventando dispositivos para melhorar o sistema de energia elétrica de corrente contínua (CC) de Edison e, ao fazer isso, estava cada vez mais convencido de que seu sistema polifásico de corrente alternada (CA) iria, com o tempo, roubar espaço do sistema elétrico altamente ineficiente de Edison e se tornar a primeira escolha para energia elétrica em todo o mundo.

Em uma ocasião, o governo alemão se recusou a aceitar um motor que encomendou da Société Industrielle & Commercial Edison da França. Edison estava enfrentando sérios prejuízos financeiros e a possibilidade de falência. Por causa da fluência de Tesla em alemão e de sua experiência técnica indiscutível, ele foi chamado para salvar o dia. Tesla declarou: "Foi-me confiada a difícil tarefa de endireitar as coisas [na França] e no início de 1883 fui a Estrasburgo nessa missão".[49]

ESTRASBURGO, FRANÇA, 1883-1884

Enquanto trabalhava para Thomas Edison em Estrasburgo, na França, Tesla passava seus dias ocupado não apenas consertando e melhorando a usina elétrica na estação ferroviária de Estrasburgo, de propriedade do governo alemão, mas também o prédio em que estava hospedado. Ele precisava refazer a instalação elétrica e a reengenharia de seções de ambos os lugares. Mas as noites eram só suas, e ele gastava seu tempo na construção de protótipos do motor de indução de corrente alternada que ele havia desenhado na trilha do parque em Budapeste, cerca de dois anos antes.

No fim do verão, Tesla havia concluído um modelo funcional do motor de indução que imaginara, construíra e testara em sua mente por mais de um ano. Seus testes iniciais se mostraram perfeitos, e ele agora estava pronto para mostrá-los ao mundo.[50] Nem é preciso dizer que sua empolgação estava aumentando, pois ele sabia que estava se aproximando das respostas que o haviam provocado por tanto tempo.

Com o tempo, Tesla fez amizade com o sr. Bauzin, um defensor ferrenho de seus talentos e ex-prefeito de Estrasburgo. Ele imediatamente providenciou uma demonstração para potenciais investidores do novo sistema de energia elétrica de Tesla. Os resultados foram tudo o que ele esperava. Então, o ex-prefeito buscou apoio financeiro imediato de alguém chamado sr. Benjamin para formar uma empresa em nome de Tesla.[51] Infelizmente, o potencial investidor não mostrou interesse e, como outros que poderiam ter ajudado Tesla eram leais a Edison — essa lealdade era baseada em seus grandes investimentos no sistema CC de Edison —, nada resultou da situação. Além disso, Edison não tolerou nenhuma discussão sobre corrente alternada — só podemos supor que ele tivesse um pressentimento de que o sistema de energia mais eficiente de Tesla algum dia daria as cartas.

Foi uma decepção sísmica para o inventor em desenvolvimento. O fracasso momentâneo continuou a assombrá-lo intermitentemente por um tempo. Tesla ficou arrasado, e o incidente o levou a encontrar um lugar escuro para se esconder — onde seu estado de depressão profunda pudesse encontrar chá e simpatia. Em suma, foi um golpe de tamanho incomensurável para ele — Tesla estava pasmo. A situação foi agravada quando soube que uma quantia significativa prometida a ele pela Edison Company na França referente a todo o seu trabalho inventivo, que havia melhorado o sistema de energia de corrente contínua de Edison de maneiras incomensuráveis, nunca se materializou. Quando ele apelou para os três representantes da empresa, cada um deles o jogou no que se tornou um círculo vicioso.[52] Pela primeira vez, Tesla foi descaradamente trapaceado a respeito de dinheiro que lhe era devido por

Edison, mas, infelizmente, não seria a última. Com o tempo, Edison provaria ser conivente, oportunista e visivelmente ciumento das habilidades de Tesla, e não havia limite para o que ele faria em seus esforços de destruir Tesla.

Em 1907, B. A. Behrend disse de homens como Edison: "Eu nunca posso pensar em Nikola Tesla sem me deixar afetar e condenar a injustiça e a ingratidão que ele recebeu tanto das mãos do público como da profissão de engenheiro. Um homem dono de tantos talentos... Ele veio para este país [EUA] e fez um trabalho excelente e imortal".[53]

Uma vez que Tesla finalmente fizesse seu caminho para a América, essa dinâmica adversária logo resultaria na mais intensa das rivalidades científicas. Seria a histórica "Guerra das Correntes".

Era 1884, e Tesla foi instado pelo sr. Bauzin, de Estrasburgo, a retornar a Paris, onde ele acreditava que as oportunidades eram melhores. Uma vez de volta à capital francesa, Tesla agora achava sua cultura alternativa e seu espírito livre difíceis de enfrentar às vezes, pois sua educação era antiga e disciplinadora demais para o estilo dos membros *au courant* da sociedade parisiense.

PARIS, FRANÇA, 1884

Depois de meses de trabalho incansável, Tesla sentiu que a situação em Paris não era mais do seu agrado e começou a procurar desesperadamente por uma saída. Batchelor sentiu que Tesla estava mais uma vez descontente com sua situação e sugeriu que fosse para a América com ele e aperfeiçoasse o sistema CC de Edison. Batchelor também sabia que a invenção da corrente alternada de Tesla e sua mente criativa precisavam de um público mais amplo e receptivo. E Tesla entendeu que, se a "nova física" que ele criara se tornasse uma realidade, então sabia também que a sugestão de Batchelor era sua única opção lógica. Em alguns aspectos, ele havia superado a cultura europeia e estava em busca de novos horizontes. Sua vida imediata foi preenchida com a incerteza de não saber o que viria a seguir, mas sentia a necessidade de mudança — era a hora de deixar a Europa. O gênio Leonardo da Vinci foi confrontado com a mesma questão quando decidiu se mudar para Milão: o fato de se sentir exausto e em um estado psicológico precário, cheio de fantasias e medos, refletiu em sua vontade de deixar Florença.[54]

Finalmente, em junho, Tesla partiu de Liverpool no *S.S. City of Richmond*, depois de ter se transferido do *S.S. Saturnia*, com destino ao que ele acreditava ser a Terra Prometida.[55] Ele estava entusiasmado e orgulhoso a bordo do navio que o levaria pelo oceano Atlântico com apenas quatro centavos no bolso, um livro de seus próprios poemas, páginas de cálculos matemáticos, planos para uma máquina voadora e uma mente cheia de invenções diagramadas — com destaque para o motor de indução de corrente alternada (CA) e as invenções de sistemas polifásicos relacionados. Quando o navio se afastou do porto, Tesla não olhou para trás, pois a era dourada da América estava no horizonte, e ele se dedicou a continuar com a explosão científica lançada por sir Isaac Newton no fim do século XVII.

O recém-energizado Tesla jurou a si mesmo ser a próxima transformação radical no mundo da ciência elétrica. Ele também acreditava fervorosamente que sua mudança para os Estados Unidos da América era uma oportunidade única de consertar as coisas depois da trágica perda que sua mãe sofrera com a morte de seu irmão mais velho, Dane, anos antes. Seu irmão era o primogênito da família e, na sociedade patriarcal sérvia, tal criança era idolatrada — Dane era o mundo de seus pais. Tesla se culpava pela morte acidental do irmão e, muito mais tarde na vida, ainda sofria de pesadelos torturantes e alucinações por causa da morte dele.[56] Também viu a mudança para a América como uma oportunidade de deixar a mãe orgulhosa de seu "Niko" e, ao desenvolver uma vontade de ferro e uma dedicação inabalável ao trabalho árduo, ele daria à mãe e ao mundo o seu melhor. Sua "estrutura de personalidade" agora estava se desenvolvendo em um ritmo surpreendente.[57]

Depois de sobreviver a um quase motim durante a difícil travessia do oceano de uma semana para a cidade de Nova York e ter a maioria de seus pertences atirados ao mar em uma confusão no meio do oceano, Tesla, no entanto, chegou com a mente plena, com um otimismo sem limites e uma carta de recomendação de Charles Batchelor, o homem que "descobriu" seu gênio na França, para Thomas Edison. A carta muito direta a Edison dizia o seguinte: "Eu conheço dois grandes homens, e você é um deles; o outro é este jovem".[58]

Com certeza, aos 28 anos ele já era um dos grandes inventores do mundo. Mas nenhuma outra alma sabia disso.[59] E assim terminou a jornada "impressionante e atribulada" de Tesla na Europa, rumo a uma grande visibilidade pública e imerso em dor pessoal devastadora, enquanto ele continuava a testar os limites.

A América estava, agora, diante dele.

4
Em casa na América

Transtorno obsessivo-compulsivo

CIDADE DE NOVA YORK, 1884

A CIDADE QUE NUNCA DORME atingiu Nikola Tesla, excitado e de olhos esbugalhados, com uma bofetada de realidade fria no meio da cara. Antes da inauguração de Ellis Island em 1892, os imigrantes eram depositados por velhos barcos a vapor no Escritório de Imigração de Castle Garden (Castle Clinton), a primeira das instalações de processamento de imigrantes dos Estados Unidos, localizada no extremo sul da ilha de Manhattan.[1] Suas primeiras imagens foram, de várias maneiras, a de uma cidade distópica, como que saída de um romance de Dickens. Os imigrantes, a maioria pobre, eram aglomerados no espaço do antigo forte e processados com alacridade imprecisa. Um funcionário da alfândega chegou a registrar a Suécia ("*Sweden*") como local de nascimento de Tesla em vez de Smiljan, enquanto outro ordenou a ele "Beije a Bíblia! Vinte centavos!". Outro o encarou com um olhar assassino. Tesla se lembrava de pedir orientação a um policial, que gritou algumas indicações inúteis de volta para o assustado jovem. "Isso é a América?", perguntou-se Tesla dolorosamente surpreso. Ele então comentou: "A civilização aqui está cem anos atrasada em relação à Europa".[2]

A ausência de grandes avenidas abertas e de espaços públicos pareceu a ele algo primitivo, ou mesmo retrógrado de certa maneira. Ele chegou a dizer: "Nos *Contos árabes*, eu li sobre um gênio que transportava pessoas para uma terra de sonhos, onde elas viviam fantásticas aventuras. Meu caso foi exatamente o contrário. O gênio me transferiu de uma terra de sonhos para uma de realidade. O que deixei para trás era belo, artístico e fascinante de todas as formas; o que eu via aqui era mecânico, bruto e pouco atraente".[3] Naquele instante, ele jurou mudar tudo isso. Ele transformaria Nova York na mais moderna e fascinante cidade do mundo! Cinco anos depois, após uma importante viagem à Exposição Universal de 1889 (a Feira Mundial) em Paris, Tesla estava convencido de que a cidade de Nova York "*estava mais de cem anos* À FRENTE *da Europa*".[4]

Era um dia no início de junho e o sol escaldante flutuava alto no céu, assando a terra pulverizada e suja sob seus pés. O ar estava poluído com o fedor do esterco de animais de carga e dos detritos acumulados por uma sociedade florescente. Os edifícios altos, o mar de humanidade, a cacofonia e o cheiro de oportunidade da cidade (em uma nação que estava em transição para uma economia de mercado plena) assaltaram Tesla de uma forma que nem Budapeste nem Paris conseguiram, e ele estava preparado. Havia, também, o cheiro de batalhas e desespero no ar que o fazia recordar de seu surto de cólera em casa, em Gospić. Ele, entretanto, sentia-se protegido por sua "carta de apresentação", escrita por Charles Batchelor para o famoso sr. Edison, escondida em segurança no bolso secreto de sua única sobrecasaca Callahan... Ele não tinha nada a temer. Lembrou-se do conteúdo da carta: "Eu conheço dois grandes homens, e você é um deles; o outro é este jovem".[5] Tesla abriu um largo sorriso e seguiu caminhando, seus olhos esquadrinhando tudo, sua mente acelerada — os pensamentos jorrando descontrolada e incessantemente.

Apesar de seus bolsos restantes estarem cheios de itens trazidos de casa, ele carregava uma maleta velha com algumas peças de roupa já bem usadas, o livro favorito do pai, muitos desenhos técnicos, além de outras coisas. Mas a sacola de mão bordada pendurada em seus ombros largos, feita à mão pela mãe, era sua mais preciosa posse. Naquele dia, ela continha uma maçã já muito madura e pela metade, alguns lápis usados e um bloco de notas de cem páginas e três centímetros de espessura que ele encontrara na biblioteca do pai — ele o preencheria com seus pensamentos, parecido com o que o jovem Isaac Newton fez em Cambridge.[6] Pensamentos que mudariam o mundo de forma dramática nos anos seguintes.

Agora em terra firme na ilha de Manhattan, Tesla podia olhar por sobre o ombro e ver a obra em andamento da Estátua da Liberdade e a ponte do Brooklyn no estágio final de construção. Ele logo soube que a primeira usina de geração de energia de Edison tinha sido inaugurada havia apenas dois anos, em Pearl Street.[7] Era apropriadamente chamada de Estação de Pearl Street e estava localizada no distrito financeiro da cidade, onde servia cerca de 508 clientes e mantinha 10.164 lâmpadas acesas.[8] No verão de 1884, a Edison Electric Illuminating Company ainda estava em um estágio de crescimento rápido, somando novos e lucrativos clientes e determinada a fornecer iluminação confiável. A empresa de Edison era responsável pela iluminação de empreendimentos majestosos, tais como a famosa Bolsa de Valores de Nova York, o banco Brown Brothers & Company em Wall Street e mesmo a seguradora North British & Mercantile Insurance Company em William Street.[9] Ele visitaria a empresa de Edison nos dias seguintes, mas por ora ele tinha um trabalho imediato a fazer: encontrar um quarto para dormir e conseguir um emprego como eletricista. Enquanto a maioria dos eletricistas naquele momento estava pensando sobre aquele misterioso meio (eletricidade) em termos de luzes elétricas e bondes, Tesla o imaginava como um meio para unir cidades e vilas distantes, cobrir continentes inteiros e, por fim, o mundo.[10]

Ao caminhar animadamente rumo ao centro, Tesla, agora com 28 anos, viu uma concentração extrema de riqueza expressa em "quarteirões de palácios murados, bibliotecas caras, galerias de arte e as salas de estar primorosamente decoradas dos príncipes mercadores".[11] Com um passo resoluto, sentindo-se ótimo naquela linda tarde de sexta-feira, ele seguiu caminhando e considerando sua próxima refeição; então, de repente, passou por uma pequena oficina. Com a curiosidade atiçada, deu uma olhada furtiva e viu um homem que parecia ser o capataz — ele estava gritando ordens para os trabalhadores nas várias máquinas, que pareciam vencidos pela frustração e pelo calor daquele dia. Mas, antes que Tesla pudesse reunir coragem o suficiente para perguntar ao chefe se ele precisava de alguém bom em consertar coisas e com experiência naquelas máquinas, seus pensamentos começaram a fugir do controle, como ocorria em Budapeste. Ele parou e tentou colocar as mãos em torno de seus pensamentos na esperança de contê-los e acalmá-los. Momentos depois, ele os encurralou, mas, antes que pudesse fazer uma pergunta, ele notou que o capataz parecia estar tentando consertar "uma máquina elétrica de fabricação europeia".[12] O homem estava exasperado por não conseguir resolver o problema. "Ele tinha já desistido, achando o problema insolúvel, e eu resolvi consertar a máquina sem pensar em qualquer pagamento. Não foi fácil, mas eu finalmente a deixei funcionando em condições perfeitas."[13] No fim, o chefe, agradecido, pagou a ele vinte dólares (aproximadamente 525 dólares hoje). Tesla agora estava entusiasmado e desejando ter vindo para a América cinco anos antes.[14] Outra versão da história diz que Tesla havia originalmente ajudado a projetar a máquina que ele consertou para aquele capataz.[15] Tesla tinha, naquele momento, mostrado que iria sempre colocar "os princípios acima do lucro", uma qualidade muito sérvia. Mas a recompensa de vinte dólares com certeza deu a ele uma bela refeição, na verdade, várias belas refeições e um local confortável para dormir.

Com o estômago cheio e após um descanso muito necessário, no dia seguinte Tesla foi procurar o novo laboratório de Edison — o Edison Machine Works. Ele encontrou a antiga ferraria na Goerck Street, situada a apenas alguns quarteirões da estação central de distribuição de energia da Edison, a primeira do país, em Pearl Street, números 255-257. O alto e esquelético Tesla, com olhos azuis com um respingo de prata brilhante e traços faciais finamente esculpidos realçados por um bigode e uma cabeça cheia de cabelos castanho-escuros, provavelmente foi apresentado a Edison (então com 38 anos e com deficiência auditiva) por meio de Charles Batchelor.[16] Apesar de Tesla ter trabalhado para várias das empresas de Edison na Europa, nunca havia encontrado o famoso homem. Mas hoje seria diferente. Ainda que Tesla tenha descrito o momento como "um evento memorável da minha vida", ocorreu um choque de personalidades e culturas instantâneo, que estaria no cerne da relação entre os dois homens pelo resto da vida de Edison — Tesla viveu quase doze anos a mais que Edison.[17] Mais que isso, esse choque daria também origem à famosa "Guerra das Correntes".

Mesmo estando essencialmente falido, exceto pelos quatro centavos que havia trazido de Gospić e o que ainda restava dos vinte dólares que havia ganhado no dia anterior, Tesla vestia um chapéu-coco imaculado e luvas brancas, as marcas do verdadeiro dândi. Sua sobrecasaca se assentava sobre seu corpo alto e magro como que feita sob medida — seu aspecto e suas vestimentas aristocráticas logo se tornariam sua marca registrada. Ele era um jovem com uma educação refinada, sua fluência em diversas línguas era óbvia e seu conhecimento profundo de uma imensa quantidade de assuntos logo se tornaria aparente a qualquer um que conversasse com ele por apenas alguns momentos.

Em contraposição ao refinado Tesla estava o bruto Edison. Ele tinha baixa estatura, era rechonchudo e petulante, e seu inglês deixava a desejar, já que cada palavra era acompanhada de cuspe de tabaco e um sotaque do Meio-Oeste.[18] Ele era um trapaceiro, um palestrante e um bom contador de histórias.[19] Mas, acima de tudo, um vigarista que elevou a enganação a um patamar artístico. Acrescentando a essa imagem de Edison, Tesla detestava sua indiferença descuidada e despreocupada e disse: "Se ele não tivesse se casado com uma mulher de inteligência excepcional, que fez de cuidar de Edison o único objetivo de sua vida, ele teria morrido muitos anos antes como consequência de pura negligência".[20]

Desde seu pouco notável nascimento, Edison não demonstrou qualquer facilidade para inventar ou o desejo de fama ou qualquer habilidade para ganhar dinheiro. Ele era o produto de uma longa linhagem de rebeldes. Seu bem-sucedido avô, John Edison, era um legalista ("tory", americanos que apoiaram a Inglaterra durante a Guerra de Independência) que lutou contra George Washington e acabou sendo acusado e condenado por traição. A sentença era "morte por enforcamento", mas ele fugiu para o Canadá antes do dia da execução. E seu pai, Samuel Edison, fugiu do Canadá para Michigan após participar de uma tentativa frustrada de golpe contra o governo da coroa inglesa no Canadá.[21] Esse mesmo pai certa vez amarrou o filho a um pilar e o surrou em público após o menino ter começado um incêndio em um celeiro que quase se alastrou por toda a cidade.[22]

Quanto ao próprio Thomas Alva Edison, ele nasceu em fevereiro de 1847, em Milan, no estado de Ohio. Era o último de sete irmãos e atendia pelo apelido de Al. Era curioso, um sonhador, algumas vezes um baderneiro e não muito bom na escola formal. Sendo gentil, pode-se dizer que a carreira dele no ensino público foi curta. Foi seu frustrado professor G. B. Engle quem disse que o jovem Al era "confuso" e declarou ser "impossível ensinar" algo a ele.[23] Para a sorte de Al, sua amorosa mãe, Nancy, percebeu o que estava acontecendo e começou a dar aulas em casa para o irascível, mas também talentoso e curioso filho. Ela deu a ele orientações sábias: encorajou-o a ler e a amar a ciência. Anos depois, Edison disse de sua mãe: "Minha mãe foi quem me fez o que sou. Ela me entendia. Ela me deixou seguir minha inclinação".[24]

Edison começou a inventar na adolescência, produzindo produtos práticos, que chamaram a atenção de industriais e de investidores de Wall Street. Especificamente, pouco após seus vinte anos, ele tinha inventado a máquina de cotação da Bolsa, que amenizou consideravelmente a dificuldade da indústria telegráfica com a transmissão eficiente de dados, enquanto seu sistema de duplex automático permitia que duas mensagens fossem enviadas simultaneamente por um único cabo. A lista de suas invenções práticas continuaria crescendo pelas décadas seguintes,[25] incluindo o microfone, uma caneta elétrica (precursora do mimeógrafo) e um telefone musical.[26]

Curiosamente, mas não surpreendentemente, o processo inventivo de Edison diferia muito do de Tesla. Apesar de ambos serem trabalhadores incansáveis, a extensa educação acadêmica de Tesla, seu treinamento e suas habilidades matemáticas davam a ele uma tremenda vantagem em engenharia sobre Edison, que fundamentalmente utilizava uma abordagem laboriosa de "tentativa e erro". Além disso, Tesla preferia trabalhar "sozinho", enquanto Edison era um homem de equipe — um colaborador que precisava de constante assistência e incentivo de outros. Em um curto momento de reflexão imediatamente após a morte de Edison, em 18 de outubro de 1931, o então famoso Tesla comentou a técnica de invenção de Edison:

> Se precisava encontrar uma agulha em um palheiro, ele não pararia para pensar onde seria mais provável encontrar a agulha, mas se lançaria, com a diligência febril de uma abelha, a examinar palha após palha até encontrar o objeto de sua busca. Entregando-se a seu instinto de inventor e senso prático americano, a quantidade realmente grandiosa de seus feitos é quase milagrosa.[27]

Tesla então acrescenta, um tanto ácido: "Eu era quase uma testemunha desolada de tais feitos, sabendo que um pouco de teoria e cálculo teriam poupado a ele 90% de seu esforço".[28]

Tesla era com certeza provocado por Edison durante o tempo em que trabalharam juntos, pois Edison desprezava a crença de Tesla na matemática avançada e se gabava de não gostar de teorias científicas. Edison defendia seu método de invenção pouco sofisticado de tentativa e erro ao dizer: "Quando fiz experiências com a lâmpada incandescente, não entendia a lei de Ohm.[29] Mais do que isso, eu não quero entender a lei de Ohm. Isso me impediria de experimentar".[30] Ironicamente, se Edison entendesse a lei de Ohm, teria percebido que sua abordagem da lâmpada incandescente estava completamente errada.[31] Isso explica quase totalmente os inúmeros testes necessários até Edison, finalmente, obter uma lâmpada incandescente viável (a primeira versão da lâmpada incandescente moderna que todos conhecemos).[32] Até seus biógrafos oficiais, Frank Dyer e T. C. Martin, consideravam Edison um inventor puramente empírico, que evitava a teoria, ao afirmar que ele "não confiava nada à teoria, ele adquiria todo o seu conhecimento" por meio da experimentação.[33]

Para ilustrar ainda melhor a repulsa de Edison por qualquer coisa muito técnica ou matemática, mais tarde ele afirmaria: "Eu não sou um matemático, mas consigo chegar aos 10% no topo do meu ofício". Ele acrescentou com mais verdade, mas com ainda mais arrogância: "Eu sempre posso contratar matemáticos, mas eles não podem me contratar".[34] Consistente com sua impressão vulgar da ciência, ele ridicularizava conversas sobre teoria científica e chegou a confessar que sabia muito pouco sobre eletricidade. Quando necessário, ele contava com a experiência de seus vários assistentes, versados em ciência e matemática, para investigar os princípios por trás de suas invenções — os fundamentos teóricos estavam muitas vezes além de seu interesse limitado, ele gabava-se de não ter nem sequer passado em álgebra básica na escola.[35]

Em contraponto, Tesla se expressava da maneira culta e floreada do Leste Europeu, usando palavras polissilábicas raramente ouvidas a oeste do Atlântico naquela época. Mesmo suas explicações de teorias científicas eram banhadas com o jargão de alguém que realmente entendia as complexidades dos princípios científicos. Pode-se dizer que ele apresentava uma grande visão geral ao mesmo tempo teórica e matemática, algo que Edison não só não tinha, como rejeitava totalmente. Para resumir as diferenças entre os dois homens, enquanto Edison era um homem de tentativa e erro, Tesla era um homem de teoria e prática, que utilizava sua educação considerável para resolver um problema.[36] Houve momentos nos quais Tesla aplicaria até algo que alguns chamariam de "metodismo": a crença de que o poder de encontrar a verdade da ciência é explicado por um procedimento ou uma forma de organização especial, uma maneira particular de lidar com a evidência empírica, daí o "método científico", enquanto Edison muitas vezes andava aos tropeços até encontrar algo que fizesse sentido para ele ou para algum de seus associados.[37]

Dito isso, o processo de inovação *real* é bastante efêmero algumas vezes. Frequentemente, a semente de tal inovação é plantada na infância. Da mesma forma que Tesla ficou maravilhado com a eletricidade quando a encontrou nas costas de seu gato — na forma de eletricidade estática —, Tim Bernes-Lee, o inventor inglês da *World Wide Web*, era fascinado desde a infância pela forma como o cérebro humano faz associações livres. Ele descreveu seu processo de inovação assim: "Ideias meio formadas flutuam por aí. Elas vêm de lugares diferentes, e a mente tem um jeito maravilhoso de, de alguma forma, ir amontoando-as até que uma hora se encaixem. Elas podem não se encaixar direito, e aí nós saímos para andar de bicicleta ou alguma coisa assim, e tudo melhora".[38]

Apesar das inúmeras contradições entre os dois homens, em algumas semanas Tesla havia conquistado a confiança de Edison e ele descreveu o processo assim:

> O S.S. *Oregon*, o mais veloz barco a vapor da época, estava com suas duas máquinas de iluminação desabilitadas e sua partida estava atrasada. Como a superestrutura havia sido construída após a instalação, era impossível remover os aparelhos de seus suportes. O problema era sério, e Edison estava muito incomodado. À noite, peguei os instrumentos necessários e embarquei no navio, onde passei a noite. Os dínamos (do tipo "long-legged Mary Ann") estavam em péssimas condições, com vários curtos-circuitos e fios partidos, mas com a ajuda da tripulação eu consegui colocá-los em bom estado. Às cinco da manhã, passando pela Quinta Avenida a caminho da oficina, encontrei Edison com Batchelor e alguns outros, que estavam voltando para suas casas para descansar. "Aqui vem nosso parisiense, passeando à noite", disse ele. Quando disse a ele que estava voltando do *Oregon* e que tinha consertado as duas máquinas, ele me olhou em silêncio e continuou andando sem dizer uma palavra. Mas, quando estava a certa distância, eu o ouvi comentar: "Batchelor, aquele cara é muito bom", e daquele momento em diante eu tive total liberdade para organizar o trabalho. [Em outra ocasião] Edison me disse: "Eu tive muitos assistentes esforçados, mas você ganha a coroa". Durante esse período, eu projetei 24 tipos diferentes de máquinas-padrão, com núcleos curtos e um padrão uniforme, que substituíram as antigas. O chefe havia me prometido 50 mil dólares quando terminasse essa tarefa, mas, no fim, a promessa era só uma piada. Isso me chocou dolorosamente e, então, eu me demiti.[39]

Antes de se demitir, Tesla tinha assumido a coordenação de toda a oficina, desfrutando de boas refeições e até demonstrando suas habilidades avançadas no bilhar ao secretário particular de Edison, Alfred O. Tate, que afirmou que "ele jogava lindamente. Não era um grande pontuador, mas suas tacadas exibiam uma habilidade encontrada apenas nos astros profissionais do esporte".[40]

Durante o tempo de Tesla na Edison Machine Works, seu pensamento nunca estava muito distante do trabalho mental nos fundamentos de seu motor "elétrico" de corrente alternada. Para ele, a invenção ainda estava no estágio de experimento mental, e o silêncio era a ordem do dia. Provavelmente isso foi uma boa ideia, considerando que durante seu período em Paris, trabalhando na Société Electrique Edison, nenhum dos homens de Edison havia sido receptivo a suas ideias e essa fora uma das razões para ele ver a América como seu futuro. Houve um breve instante em que Tesla iria tocar no assunto com Edison, em Coney Island, mas foi interrompido por um amigo de Edison. Dali em diante, ele jurou a si mesmo nunca falar do assunto até que chegasse a hora certa no lugar certo.[41]

Entretanto, há uma versão ligeiramente diferente dessa história, e provavelmente a mais crível das duas, visto que Edison era conhecido como avarento e estava tendo problemas trabalhistas, sentindo-se ansioso e ameaçado profissionalmente e tinha necessidade imediata de capital. É bem possível que o próprio Edison tenha dito a Tesla que lhe daria 50 mil dólares se ele conseguisse resolver os problemas e aumentar a potência dos dínamos, como Tesla havia se gabado de que faria.[42] Edison estava lutando para manter lucrativo seu negócio de distribuição de eletricidade de corrente contínua. Quando Tesla veio pedir seu dinheiro, em dezembro de 1884, Edison riu e disse: "Você continua um parisiense! Quando se tornar um americano de verdade, vai ser capaz de apreciar uma piada americana".[43]

Não foi suficiente que Edison tenha "enganado" Tesla quanto a uma recompensa merecida por sua inventividade quando este trabalhara para a empresa de Edison na França apenas alguns meses antes, quando ele chegou a Nova York para trabalhar diretamente com Edison... isso aconteceria repetidas vezes! Edison também estava sofrendo forte concorrência por um sistema de lâmpadas de arco voltaico, que forneceria iluminação de forma eficiente para cidades, metrópoles e fábricas. Grandes competidores como a Thomson-Houston Electric Company, a Brush Electric Light Company e a United States Electric Lighting Company estavam desenvolvendo seus próprios sistemas, então Edison estava desesperado. Ele registrou uma patente para uma lâmpada de arco voltaico em junho. Então, deu a Tesla o projeto básico do sistema de iluminação por arco voltaico e disse a ele para fazê-lo funcionar. Rapidamente, Tesla desenvolveu um sistema completo e inteiramente novo, pelo qual esperava ser recompensado. Entretanto, o sistema nunca foi utilizado, e Tesla nunca foi pago.[44] Nos anos seguintes, o Edison real se revelaria cada vez mais, demonstrando a qualquer um que prestasse a mínima atenção que Edison estava sempre a favor de Edison e faria o que fosse necessário para fortalecer *sua própria* posição, mesmo que isso significasse fazer de qualquer um, especialmente Tesla, sua vítima.

Por um breve instante, Edison tentou atrair Tesla de volta com a promessa de um aumento de dez dólares em seu magro salário, então de dezoito dólares por semana. Ele até concedeu a Tesla um elogio sarcástico quando disse que suas ideias eram "magníficas, mas completamente impraticáveis", e que Tesla era de fato "o poeta da ciência".[45] A resposta de Tesla foi simplesmente abandonar a Edison Machine Works sem olhar para trás. Mas uma violenta tempestade se formava no horizonte, e logo os dois homens se encontrariam novamente, com seus futuros em jogo e em termos diferentes.

É preciso se perguntar sobre as ações dúbias de Edison em relação a Tesla. Será que Edison estava com inveja do inovador Tesla? Será que Edison nunca entendeu a forma de pensar de Tesla e se sentia intimidado pelo estrangeiro? Será que Edison temia que Tesla um dia se tornasse seu rival e, no fim, o tornasse irrelevante? Será que Edison era mais um empreendedor esperto e oportunista que um inventor natural? Ou será que Edison simplesmente não conseguia parar de "dar golpes"? Essas são as questões iniciais ao se considerar a relação entre Tesla e Edison. E a única resposta para todas as perguntas anteriores é a mesma: "Sim".

Tesla fez uma anotação final em seu bloco de notas na Edison Machine Works antes de partir, e era a seguinte: "Adeus para a Edison Machine Works!".[46] Seu emprego ali havia durado uns seis meses.

Agora estava encerrado. Então, independentemente de como se olha para o caso, Tesla não achou nada engraçado *nunca* receber as recompensas prometidas por Edison e seus agentes por seu trabalho duro e suas habilidades engenhosas de resolução de problemas, tanto em Nova York como na Europa. Afinal, ele era sérvio, e os sérvios não brincam com assuntos tão sérios. Além disso, essas piadas aparentemente inocentes, como eram caracterizadas por Edison e seu bando de brincalhões inúteis, mostrou-se o prenúncio do que ocorreria com Tesla, pois ele confiava na palavra de qualquer homem. Por mais justa que fosse sua ingenuidade, ela não lhe daria bons frutos em sua longa vida.

Apesar de desapontado, ferido por seu antigo herói ter rido da sua cara e desprezado suas realizações ao mesmo tempo que fazia piadas com imigrantes, Tesla seguiria em frente.[47] Um homem com seus talentos natos e zelo incansável não seria detido por muito tempo. Ele sempre atrairia tanto empreendedores como oportunistas — apenas tinha muita dificuldade em perceber a diferença entre os dois. Ele esperava que seu próximo empreendimento se provasse digno de seus talentos e o ajudasse a mudar o mundo.

Então agora ele estava pronto para ir! Estava mesmo? Ou será que havia outros com planos diferentes para a psique indefesa de Tesla?

CIDADE DE NOVA YORK, EUA, 1885

Em março, Tesla ainda estava tentando desesperadamente se livrar do desapontamento que havia experimentado com Edison, o homem que um dia ele tinha adorado. Sua mente estava novamente operando em sobrecarga. Os pensamentos o bombardeavam em um ritmo incansável. Ele não conseguia processar ou lidar com a avalanche de negatividade, mas sabia que era necessário se desejasse ser bem-sucedido, pois queria dedicar sua genialidade ao mundo por todas as razões certas. Mas começou a se questionar, imaginando que talvez isso nunca acontecesse. Então, ele encontrou o conhecido advogado de patentes Lemuel Serrell — que antes trabalhara para Edison — e seu redator de patentes Raphael Netter. Ele achou que seus desejos tinham sido atendidos. Os dois homens ajudaram Tesla a aprender a desconstruir patentes complexas, em suas melhorias individuais, e, em 13 de março de 1885, Tesla e seu conselheiro legal depositaram o pedido de sua primeira patente (nº 335.786), que descrevia uma lâmpada de arco voltaico de melhor funcionamento que produzia uma luz uniforme e evitava a irritante oscilação das outras lâmpadas similares.[48] O processamento de pedidos de patentes não parou ali para o florescente inventor. Em maio e junho, Tesla depositou outros pedidos de patentes que tratavam de problemas de faíscas em comutadores (ver capítulo 3) e da regulação da corrente por meio de um novo circuito independente acoplado a escovas auxiliares. Esse aspecto permitia que lâmpadas gastas se separassem do circuito até que os novos filamentos de carbono pudessem ser substituídos sem fazer com que todas as lâmpadas em funcionamento apagassem.[49]

O advogado de Tesla logo o pôs em contato com Benjamin Vail, um membro local do conselho em Rahway, Nova Jersey, e seu sócio Robert Lane. Vail havia muito tempo flertava com a ideia de fazer de sua cidade uma líder na utilização de novas tecnologias. Essa era sua chance. Juntando seu investimento de mil dólares com outros 4 mil dólares de investidores adicionais, eles criaram a Tesla Electric Light and Manufacturing Company. Ao mesmo tempo, Tesla se mudou para um apartamento com jardim em Lower Manhattan. Ali, as crianças brincavam e muitas vezes saíam levando as bolas de vidro coloridas presas a varas que Tesla havia colocado no jardim, consideradas muito elegantes na Europa. Sem alternativa, ele logo as substituiu por bolas de metal e ordenou a seu jardineiro que as recolhesse para dentro do apartamento todas as noites.[50]

A história continuava a se repetir no que dizia respeito aos negócios malsucedidos de Tesla. Vail o enganou, insinuando que estaria também interessado no gerador de corrente alternada de Tesla, e foi isso que afinal o fez cair na armadilha do oportunista. Após quase um ano trabalhando com Paul Noyes, da Gordon Press Works, ele terminou a instalação de seu primeiro e único sistema municipal de iluminação de arco voltaico, iluminando várias ruas e fábricas da cidade.[51] Tesla sabia que, uma vez que tivesse aperfeiçoado seu motor de indução de corrente alternada, ele estaria em posição de dominar a indústria de iluminação. Mas, naquele momento, sua abordagem única e mais eficiente do sistema de iluminação de arco voltaico arcano de Edison produziu um efeito inesperado, porém bem-vindo: George Worthington, editor da *The Electrical Review*, publicou as invenções recentes de Tesla e de sua nova companhia em uma enorme propaganda mostrando os desenhos exatos da "Lâmpada de Arco Voltaico de Tesla" e seu "dínamo" melhorado.[52] Nem é necessário dizer que Tesla ficou entusiasmado e tinha todas as razões para supor que estivesse a caminho de produzir inúmeras invenções importantes. Mas não seria assim... novamente.

Nem Vail, presidente da empresa, nem Lane, o vice-presidente, estavam muito interessados na invenção dos sonhos de Tesla — o motor de indução CA. Consideravam que aquela era uma invenção inútil, indigna de seu tempo — iluminação de arco voltaico era o grande mercado.[53] Mas, com o tempo, Vail e Lane descobriram que a produção de sistemas de iluminação por arco voltaico era um mercado muito competitivo e, então, decidiram limitar-se a operar a Union County Electric Light and Manufacturing para a cidade de Rahway, em Nova Jersey, e adjacências. A dupla não precisava mais de Tesla, mas eles ficaram com suas patentes (Tesla não podia mais usar as próprias patentes) que haviam sido concedidas à empresa conjunta que levava o nome de Tesla.[54] Infelizmente, eles não estavam sozinhos em sua descrença em relação ao motor de indução de corrente alternada. Tesla já havia encarado tais rejeições à sua ideia tanto na Europa como da parte do próprio Edison — cujo assalto ao gênio de Tesla logo faria história. Nem é preciso dizer que o inventor de saúde mental frágil ficou ultrajado. Afinal, ele havia adiado a exploração de seu sistema de corrente alternada até que o projeto de Rahway provasse seu valor, atraindo então incontáveis investidores — e ele sabia que isso aconteceria. Mas, como ele mesmo se lembrava claramente, "então veio o maior golpe que jamais recebi. Por meio de certa manobra local, eu fui forçado a sair da companhia, perdendo não apenas todo o meu investimento, mas também minha reputação como engenheiro e inventor".[55] Em um ato traiçoeiro, que só pode ser caracterizado como devastador para Tesla, após o fiasco em que ele foi mais uma vez "enganado", ele passou os doze meses seguintes lutando sem sucesso contra "terríveis mágoas e lágrimas amargas".[56] A falta de uma reserva financeira devido à crise econômica nacional e a vigaristas só fez aumentar seu desamparo: "Muitas vezes, fui compelido a trabalhar como operário, e minha educação superior em vários ramos da ciência, da mecânica e da literatura me pareciam uma zombaria".[57] Ele chegou mesmo a ser zombado por suas roupas finas e suas mãos brancas quando cavava valas, ao que respondeu: "Eu trabalhava mais que qualquer um. No fim do dia, tinha dois dólares".[58]

Claramente triste e sob tremenda pressão, o mais provável é que Tesla estivesse experimentando um desapontamento normal naquele tempo e que aquele período de sua vida não represente um grande episódio depressivo. Embora Tesla continuasse a experimentar altos e baixos, sucesso e fracasso, bem como mania e depressão pelos próximos 62 anos de vida ativa como inventor até sua morte, sua produção científica e criativa, medida pelo tempo de seus mais de duzentos pedidos de patente no mundo todo, ocorreu durante dois períodos específicos, que se correlacionam com momentos em que ele estava predominantemente hipomaníaco. Isso não é surpreendente, já que outros notáveis gênios criativos bipolares também realizaram seus mais importantes feitos durante episódios maníacos. É provável que Handel tenha escrito durante um desses episódios uma das mais longas composições de todos os tempos, *O messias*, com 53 movimentos divididos em três partes, em apenas 24 dias, com a partitura original de 259 páginas mostrando como a tinta literalmente voava de sua caneta enquanto ele compunha. No caso de Tesla e suas 111 patentes nos EUA depositadas durante sua vida, ele produziu um número fantástico de 64 durante oito anos, entre 1886 e 1894 — mais de cinco por ano, ou quase uma a cada dois meses; houve uma lacuna em 1895, provavelmente relacionada a um episódio depressivo em 1894 e início de 1895 (seu laboratório foi destruído em um incêndio), e então ele produziu mais 31 patentes entre 1896 e 1901, mas nenhuma em 1899 (também provavelmente devido a outro episódio depressivo em 1898 e início de 1899), uma média durante esses quatro anos produtivos de quase oito patentes por ano. Após 1901, Tesla apresentou apenas catorze outras patentes nos 43 anos seguintes e nenhuma nos oito últimos anos, períodos nos quais ele estava predominantemente depressivo, sem nenhuma indicação de hipomania ou mania. Seus surtos de criatividade ocorriam, às vezes, quando ele estava comprovadamente maníaco ou hipomaníaco. Assim, resultados criativos guardam uma boa relação com períodos de mania ou hipomania, com a ausência de resultados criativos relacionados à depressão e à ausência de mania ou hipomania.

CIDADE DE NOVA YORK, EUA, 1886

Em maio, Tesla estava determinado a se recuperar de outro golpe, mas uma depressão aguda o envolveu. Ele já havia estado ali antes. Por um breve tempo, abandonou toda esperança de ser bem-sucedido no mundo, que até aquele momento tinha roubado seu merecido sucesso.[59] Seus pensamentos e as idiossincrasias da primeira infância estavam novamente no centro das atenções. Ele lutou para fazê-los recuar. Tinha que fazer tudo funcionar. Não havia outra opção.

Finalmente, invocando alguma coragem interior, ele conseguiu depositar um pedido de patente de um comutador de dínamo; em seguida veio outro pedido de patente de um motor "termomagnético" (motor de Curie) baseado no fato de que ímãs de ferro perdem seu magnetismo quando aquecidos. Ele era usado para converter calor em energia cinética usando o efeito termomagnético por meio de um gerador piromagnético. Tesla achava que o conceito era original o suficiente para atrair o apoio de investidores legítimos. Apesar de a invenção não se mostrar lucrativa, o capataz de uma equipe de escavação de valas onde Tesla trabalhava ficou tão impressionado com seus óbvios talentos para a solução de problemas que o apresentou a Alfred S. Brown — superintendente da Western Union para o Distrito Metropolitano de Nova York —, um genuíno eletricista e um especialista reconhecido na operação de linhas telegráficas subterrâneas.[60] Foi Brown que, então, apresentou o ansioso Tesla a Charles Peck, um famoso advogado de patentes e investidor de Englewood, Nova Jersey. Ele também era o secretário da Mutual Union Telegraph Company, que fornecia e operava 25 mil linhas de telecomunicação dedicadas através de uns vinte estados para bancos que precisavam de serviços seguros de transmissão de informações.[61] Seria a dupla Brown e Peck (algumas vezes, Peck e Brown) o que Tesla precisava e esperava — homens honestos com ótimo faro para negócios e que apoiariam e apreciariam seus raros talentos?[62] Afinal, eles estavam interessados na possibilidade de gerar eletricidade diretamente a partir do calor.[63]

Talvez a sorte estivesse ao lado de Tesla dessa vez. Brown e Peck tinham o dinheiro para investir, pois Peck tinha conexões com o banqueiro John C. Moore, que por sua vez tinha ligações financeiras com o "barão ladrão" J. P. Morgan.[64] Brown, em especial, estava muito interessado nas vantagens da corrente alternada (CA) sobre a corrente contínua (CC), ou direta. Se Edison falhou em perceber a revolução que estava à sua frente, na figura de Nikola Tesla e seu sistema CA, ele não deixaria de experimentar o que se tornaria a morte de seus sistemas de eletrificação por corrente contínua e, por consequência, sua queda como o principal distribuidor de energia elétrica. Brown, por outro lado, foi presciente o suficiente para enxergar que o futuro estaria no sistema de eletrificação por corrente alternada de Tesla.[65] Juntos, Tesla, Brown e Peck iriam fundar, em abril de 1887, uma nova empresa chamada Tesla Electric Company. Apesar da recessão econômica que se estenderia pelo ano seguinte, a trinca não seria detida. A propriedade e os lucros seriam divididos entre Tesla, que receberia um terço; Brown e Peck, que dividiriam um terço; e o terço restante seria investido em inovações criadas por Tesla e no pagamento do custo das patentes.[66] Na verdade, os três dividiram uma única patente de um dínamo de corrente alternada, enquanto Peck e Tesla dividiram cinco outras patentes de comutadores, motores e de transmissão de energia, e as patentes das outras invenções criadas nesse período foram depositadas em nome da Tesla Electric Company, a primeira em 30 de abril de 1887.[67]

Para a grande surpresa de Tesla, seu velho amigo Anton Szigeti, um talentoso engenheiro mecânico húngaro, tinha chegado a Nova York em 10 de maio de 1887. Ele era a única pessoa presente quando Tesla teve seu "estalo" em um parque em Budapeste, em fevereiro de 1882, quando teve a ideia de se livrar do comutador e usar um "campo magnético rotativo" em seu motor de indução.[68] Tesla sempre se sentiu confortável com Szigeti e confiava nele. A dupla dinâmica logo retomou seu hábito de passear pelos parques, com Tesla recitando poemas em voz alta em várias línguas diferentes e os dois discutindo ideias de projetos.

Era a hora de Tesla começar a trabalhar em seu laboratório e escritório novos localizados na Liberty Street, número 89.[69] A Tesla Electric Company tinha um capital de 500 mil dólares, e o salário de Tesla, em valores atuais, era de 78 mil dólares por ano. Apesar de parcamente mobiliado no início, o laboratório estava fervendo de atividade, tanto que ele teve que fazer um acordo com a gráfica Globe Stationery & Printing Company, localizada no térreo do prédio, para obter energia adicional durante a noite, após as impressoras serem desligadas.[70] Com o tão necessário apoio agora disponível,

Tesla se pôs a trabalhar em um novo protótipo do motor de corrente alternada que havia concebido anos antes em Budapeste. "Os motores que construí eram exatamente como tinha imaginado", disse ele anos depois. "Não fiz qualquer tentativa de melhorar o projeto, apenas reproduzi as imagens como apareciam na minha mente, e a operação era sempre como eu esperava."[71] Esse aspecto das habilidades únicas de Tesla é muitas vezes ignorado, mas ele frequentemente afirmou que inventava, fabricava e testava suas invenções na cabeça antes de trazê-las à vida no mundo real.

A divisão de trabalho na companhia era a seguinte: Tesla era o único projetista, Brown era o especialista técnico e Szigeti funcionava como assistente. Logo eles estavam fabricando os primeiros motores de "indução" de corrente alternada. Peck e Brown passaram os dez anos seguintes apoiando em silêncio o trabalho de Tesla, e Peck também ajudava nos pedidos de patente fazendo as viagens até os investidores em vários estados e lidando com as montanhas de papel exigidas para a concessão de uma patente.[72] Os aspectos legais dos pedidos de patentes, particularmente aqueles envolvendo todas a iterações do motor de indução de corrente alternada, ficavam a cargo da Ducan, Curtis e Page, uma firma de advogados muito respeitada. Parker Page, em especial, advogado formado em Harvard, mostrou grande interesse no motor de indução de corrente alternada de Tesla.[73]

Tesla produzia (ou inventava) máquinas tão rapidamente quanto elas podiam ser construídas: três sistemas completos de máquinas de corrente alternada — para correntes de uma, duas ou três fases — e conduziu experimentos com correntes de quatro e seis fases. Em cada um desses três sistemas principais, ele produziu dínamos para gerar as correntes, os motores para produzir energia a partir deles e os transformadores para aumentar e reduzir as voltagens, bem como diversos aparelhos para controlar automaticamente as máquinas. Ele não apenas produziu três sistemas, como também forneceu métodos pelos quais eles poderiam ser interconectados e modificações que permitiam uma variedade de usos a cada um deles. Também desenvolveu a matemática na base de cada uma dessas invenções pioneiras, invenções que se mostrariam a força dominante tanto na produção de energia elétrica quanto em sua distribuição.[74] É desnecessário dizer que era um sistema completo "pronto para funcionar". Mais impressionante:

ele jamais levou a caneta ao papel. Tesla não escreveu nada. Era tudo extraído da memória, cada detalhe.[75]

No final, as recompensas eram altas, assim como os riscos. Era um cenário de tudo ou nada que se desenrolaria na frente de todo o mundo: CA *versus* CC. A Guerra das Correntes. As imensas riquezas possíveis eram incalculáveis. Com o controle da infraestrutura e da propriedade intelectual daquilo que se tornaria a maior indústria do país, a riqueza era certa. Não apenas isso, os vencedores determinariam o curso da história humana: criariam uma nova economia e uma nova cultura. A vida das pessoas seria alterada para sempre, dando a elas mais tempo devido à redução da jornada de trabalho; elevadores e bondes permitiriam que pessoas vivessem em ambientes urbanos expandidos; a comida poderia ser mantida fresca por dias; prédios poderiam ser mantidos frescos; e a iluminação urbana elétrica baseada em corrente alternada reduziria o crime.[76]

Assim começou o processo por meio do qual Tesla faria seu nome mundialmente conhecido à medida que sua reputação científica crescia dia a dia. Ele daria vida ao seu sonho de um motor de corrente alternada e um sistema de energia de corrente alternada polifásico. Este logo se tornaria o padrão mundial de energia elétrica, e ainda hoje é assim! Realizar tal mudança sísmica na sociedade daria um tremendo trabalho, mais do que a maioria consegue imaginar, mas Tesla estava mais do que à altura da tarefa. Ele trabalhou praticamente dia e noite, descansando muito pouco, à custa de muito sofrimento. Nessa jornada, seu impulso hipertímico sem surtos de mania descontrolada pode ter sido uma bênção. Nessa época, ele havia desenvolvido uma grande aversão a germes de todos os tipos, e outras fobias começavam a se manifestar conforme seu transtorno obsessivo-compulsivo (TOC) se transformava em novos sintomas à medida que ele permanecia em um estado hipertímico relativamente estável, sem altos e baixos. Tocar nos outros era proibido; ele só usava guardanapos recém-lavados, os colarinhos e os lenços, apenas uma vez. Ele lavava as mãos incessantemente e usava luvas de algodão quase sempre quando em público. Pensamentos intrusivos algumas vezes lhe roubavam o dia e o deixavam pensando se conseguiria ser bem-sucedido, ou mesmo se viveria para ver o dia seguinte. Com o tempo, essas esquisitices aumentariam, modificando suas relações sociais e perpetuando seu isolamento esquizoide. À medida que ficava mais seguro financeiramente, Tesla frequentemente comia sozinho de uma forma bastante ritualística, que os observadores consideravam bizarra e, ainda assim, divertida, não por uma psicose maníaca, mas por estranhas performances obsessivo-compulsivas que ninguém jamais tinha presenciado. Ele viveu quase sessenta anos em hotéis de Nova York, assediado por seu transtorno obsessivo-compulsivo. Naquela época, ele já havia invadido profundamente sua vida e nunca o deixaria.

Mas, por ora, ele precisava vender sua "nova" física!

5
Guerra das Correntes

Mania, ira, raiva

CIDADE DE NOVA YORK, EUA, 1887

O DESAFIO DE MUDAR A MANEIRA como a civilização alimentava-se de energia elétrica pareceria totalmente impossível para a maioria das pessoas, mas não para Nikola Tesla. Mesmo no calor sufocante de um dia de verão em seu novo mundo, sua mente sabia o que fazer. Mesmo depois de sua demissão abrupta da Edison Machine Works, sua mente sabia o que fazer. Por fim, mesmo diante da rejeição constante de seu motor de indução CA, sua mente sabia o que fazer, porque ele era movido pela necessidade implacável de mudar o mundo e fazer a diferença. Mas a que custo para ele?

Era hora de "sua" nova física, e ele iria entregá-la. Tesla havia passado, havia muito tempo, pelo estágio de experimento mental de seu motor de indução CA, pois já se haviam passado mais de cinco anos desde o momento glorioso em que sua bela e milagrosa criação aparecera diante dele... completa e inteira... sussurrando e zumbindo... girando e brilhando... alternando indefinidamente. Seu "campo magnético rotativo" remodelaria toda a humanidade, liberando energia ilimitada e prosperidade.

Estava feito!

Mas ainda havia muito a realizar. Para convencer os influenciadores de reis das finanças, da indústria e dos negócios, Tesla sabia que precisava agir com a maior urgência. Ele se lembrava de como convencera Peck e Brown a investir nele e em suas invenções revolucionárias. No entanto, até mesmo Charles F. Peck, um dos sócios de Tesla e um distinto advogado que viera de Englewood, Nova Jersey, estava inicialmente entre os duvidosos; ele, como a maioria, era um prisioneiro da sabedoria convencional. Peck estava ciente das "falhas na exploração industrial de correntes alternadas e era claramente preconceituoso a ponto de não se importar nem mesmo em testemunhar alguns testes".[1] Simplificando, era a hora de Tesla convencer seus próprios (futuros) parceiros, bem como outros. A verdade era que "a corrente alternada era mal compreendida e não tinha apoio de engenheiros ou eletricistas, e por muito tempo Tesla falou para ouvidos surdos". [2]

Depois de várias reuniões com Peck e Brown, Tesla se lembrou de uma demonstração brilhante de séculos atrás que poderia ser o "convencedor" de que ele precisava. Convocou outra reunião com os dois homens e fez a pergunta: "Você conhece a história do Ovo de Colombo?".[3] Claro que sim, ou pelo menos disseram que conheciam. Segundo a lenda, e como Tesla parafraseou para Peck e Brown, Colombo precisava do apoio financeiro de Isabel, a rainha da Espanha. "Diz o ditado que, em certo jantar, o grande explorador pediu a alguns dos que zombavam de seu projeto que equilibrassem um ovo em pé. Eles tentaram em vão. Colombo, então, pegou o ovo e, quebrando a casca ligeiramente com um golpe suave, fez com que ficasse de pé."[4] Chame isso de fato ou ficção, mas Colombo recebeu uma audiência da rainha e ganhou seu apoio — ela penhorou suas joias para financiar a famosa expedição.[5] Então, com sua audiência de dois cativados, Tesla continuou seu discurso: "Bem, e se eu pudesse fazer um ovo ficar em pé sem quebrar a casca?". Ao que um dos homens respondeu: "Se você pudesse fazer isso, nós admitiríamos que você teria se tornado um Colombo aprimorado". Com isso,

Tesla respondeu alegremente: "E você estaria disposto a sair do seu caminho tanto quanto Isabel?". O experiente advogado Peck respondeu: "Não temos joias da coroa para penhorar, mas há alguns ducados em nossas peles de gamo e podemos ajudá-lo até certo ponto".[6]

Então, era a hora do show: no estilo dramático de Colombo, Tesla começou com um toque todo seu colocando um ovo platinado de cobre — e adicionando várias bolas de latão e discos de ferro giratórios como uma apresentação secundária "para efeito adicional" — sobre o tampo de uma mesa de madeira. Abaixo, Tesla colocou um ímã de quatro bobinas produzindo corrente alternada. Com seus longos braços comandando o momento, como se ele fosse um cavaleiro renascentista empunhando um poderoso florete em defesa de sua honra e de sua vida, Tesla acionou um botão (criando um campo magnético rotativo). O "ovo" começou a girar e, conforme sua rotação se acelerou, ele parou de balançar e surpreendentemente ficou em pé, ainda girando, demonstrando movimento e estase ao mesmo tempo — era o campo magnético rotativo "misterioso" em ação. Os dois homens agora estavam convencidos do conceito de campo magnético rotativo.[7] Eles estavam rendidos. Como sabemos, a Tesla Electric Company nasceu em abril de 1887. Ele, então, mudou seu laboratório para um espaço de trabalho maior no distrito financeiro de Manhattan localizado na Quinta Avenida, números 33-55 (atualmente West Broadway), ironicamente na mesma rua do escritório de Edison no centro da cidade.[8]

Tesla percebeu, após o sucesso de sua demonstração do ovo, que um ingrediente-chave da invenção era a possibilidade de vendê-la aos investidores e ao público criando a ilusão certa em torno de seus projetos revolucionários. Ele também percebeu que as pessoas investem em projetos que capturam sua imaginação, e não no que é comum. A maioria das pessoas não tem imaginação para pensar além do que vê, então, se elas veem algo de outro mundo, seja por meio de histórias, metáforas ou temas direcionados, querem ver mais e fazer parte de algo extraordinário. Em pouco tempo, Tesla se tornaria um palestrante extraordinário. Na verdade, depois de alcançar grande fama e fortuna, a mais célebre das celebridades do mundo ficaria fascinada quando ele fizesse da misteriosa "eletricidade" sua escrava diante dos olhos fascinados de sua plateia.

Tesla entendeu que estava agora em uma posição de influenciar dramaticamente o curso da história humana e, para esse fim, buscou alcançar além, muito além, das expectativas dos mortais. Desmaiar devido ao excesso de trabalho não era incomum para Tesla, porque ele frequentemente deixava de fazer pausas para comer e descansar. E, como seus problemas mentais estavam sempre presentes, espreitando nas sombras, esses dias de trabalho duro eram um risco real, levando-o a extremos. Ou ele caía nas profundezas do desespero, pensando que tudo era demais, ou subia às alturas, e invenção após invenção surgiam em sua mente, pedindo-lhe que escolhesse.

Foi nessa época que Thomas Commerford Martin apareceu em cena, procurando Tesla para escrever um artigo para uma revista sobre invenções. T. C. Martin foi imediatamente consumido pela presença de Tesla e seu brilho radiante. Como um genuíno engenheiro eletricista e editor da respeitada *Electrical World*, ele era influente no mundo das ciências elétricas. T. C. descreveu o esguio Tesla como tendo

> olhos que lembravam todas as histórias que se leram sobre agudeza de visão e capacidade fenomenal de ver através das coisas. Ele é um leitor onívoro, que nunca esquece; e possui a habilidade peculiar em línguas que permite aos nativos educados da Europa Oriental falarem e escreverem em pelo menos meia dúzia de línguas. Um companheiro mais agradável não pode ser desejado... A conversa, abordando primeiro assuntos cotidianos, em poucos minutos, alça voo e se lança em questões maiores da vida, e dever, e destino.[9]

Além disso, como jornalista, T. C. abraçou o drama de que o inventor desconhecido logo seria um titã elétrico que derrubaria Edison e venceria a Guerra das Correntes: CA contra CC. T. C. apreciou e admirou ainda mais Tesla, de 31 anos, por sua inclinação humanística. Tesla havia falado de seu profundo desejo de ajudar os desamparados, de aliviar o fardo da humanidade, além de fazer de sua vida uma existência relevante. Ele procurava facilitar o trabalho árduo do mundo em grande escala com seu magnífico motor de indução e seu sistema polifásico de corrente alternada de energia elétrica e distribuição.[10] T. C. também entendeu que Tesla não tinha escolha a não ser vir para a América em busca de fama e fortuna — mais importante, ver suas invenções revolucionárias se tornarem realidade. Ele disse a respeito de Tesla alguns anos depois:

> Não faz sentido que tal homem deva permanecer em um ambiente confessadamente desfavorável (Europa). O gênio tem seu próprio passaporte e sempre está pronto para mudar de hábitat até que o natural seja encontrado. É assim, porventura, que enquanto alguns dos nossos artistas são impelidos a erigir os seus cavaletes em Paris ou Roma, muitos europeus de referência nos campos da ciência e da investigação não são menos aptos a adotar a nossa nacionalidade por livre escolha. Eles são, de fato, americanos nascidos no exílio e buscam instintivamente este país como seu lar, não precisando, na realidade, de documentos de naturalização. Foi assim que demos as boas-vindas a Agassiz, Ericsson e Graham Bell. Da mesma forma, Nikola Tesla, o jovem inventor sérvio cujo trabalho inaugura uma nova era na eletricidade, agora mora entre nós em Nova York.[11]

O bigodudo e elegante T. C. Martin sabia o que deveria fazer. Ele logo viria a ser um jogador importante na vida de Tesla e um campeão dos ingênuos ao longo da vida. O próprio homem era inglês de nascimento, nascido menos de duas semanas depois de Tesla. Seu pai trabalhara para o famoso Lorde Kelvin e tinha sido sócio de Thomas Edison de 1877 a 1879. Depois disso, buscou a segurança do trabalho editorial e, posteriormente, tornou-se membro fundador do prestigioso Instituto Americano de Engenheiros Eletricistas (a instituição, a partir de 1963, passou a ser conhecida como Instituto de Engenheiros Eletricistas e Eletrônicos*), lugar onde Tesla logo faria seu nome. Na verdade, T. C. Martin estava perfeitamente posicionado para ajudar Tesla, pois entendia os meandros do reluzente campo futurista

* No original, Institute of Electrical and Electronics Engineers (IEEE). (N. E.)

da engenharia elétrica e como as rivalidades viciosas que existiam eram implacáveis.[12] Ele acreditava que Tesla tinha nas mãos a natureza histórica de um dispositivo chamado "o" motor CA e sistema polifásico, tudo o que levaria às merecidas fama e fortuna.[13] No momento em que T. C. Martin deixou o laboratório da Liberty Street — após uma demonstração pessoal dos motores CA de Tesla —, começou a criar uma grande campanha de relações públicas para tornar Nikola Tesla conhecido no mundo todo.

Para começar, T. C. Martin ajudou Peck e Brown a conseguirem que o célebre professor William Anthony, da Universidade de Cornell, fosse ao laboratório da Liberty Street para testar a eficácia dos novos motores CA de Tesla. Para manter o sigilo em seu nível mais alto, Tesla e o professor Anthony se encontraram várias vezes em segredo.[14] Depois que as reuniões e demonstrações (tanto em Manchester, Connecticut, como em Nova York) foram concluídas, o professor Anthony ficou muito animado com os resultados do teste (os motores CA de Tesla eram de 50% a 60% mais eficientes do que os modelos CC). Mais especificamente, o professor Anthony estava tão encantado com as invenções de Tesla que disse em uma carta a Dugald C. Jackson, professor de engenharia elétrica na Universidade de Wisconsin e ganhador da medalha Edison: "Eu [vi] um sistema de motores de corrente alternada em Nova York que prometia grandes coisas. Fui chamado como um especialista, e as máquinas foram mostradas sob a promessa de sigilo, pois os pedidos ainda estavam no Escritório de Patentes… Em todo esse sistema, você entende que não há comutador. As armaduras não têm conexão com nada externo".[15] Relembrando o momento em que o professor de Tesla, o sr. Poeschl, na Escola Politécnica de Graz, admoestou-o publicamente por declarar que "um comutador não era necessário em um motor elétrico", Tesla estava, agora, mais uma vez vingado, porém ainda havia muito a fazer para "realizar a venda". Ele agora tinha que realmente "vendê-lo"; teve de fazer uma turnê publicitária genuína; teve de usar todos os seus poderes para fazer isso. Ele não estava feliz, mas sabia que não havia como evitar o óbvio. Suas tensões internas lutaram para assumir o controle novamente, mas Tesla ainda era capaz de mantê-las sob controle naquele momento.

Com a ajuda de T. C. Martin e com a aprovação de Peck, de Brown e do professor Anthony, e depois de muita dificuldade por causa de sua relutância em falar sobre sua criação única, Tesla estava convencido de que precisava conduzir uma palestra e uma demonstração de seu motor perante o Instituto Americano de Engenheiros Eletricistas, que foi formado no ano em que ele imigrou para a América.[16] Ele faria isso cerca de duas semanas depois de receber um grande depósito das quarenta patentes fundamentais de seus novos motores CA, em 1º de maio de 1888.[17] O convite era o reconhecimento certo de que ele realmente havia chegado. Agora, os membros iriam conhecê-lo e seus motores CA pessoalmente... e esperava-se que ele se apresentasse.

O artigo de Tesla foi remendado às pressas — ele estava lutando havia muitos dias com a exaustão física e mental e algumas doenças não identificadas por excesso de trabalho. Estava passando por episódios mistos de mania e depressão, mais facilmente reconhecíveis para ele por causa de sua experiência traumática em Budapeste apenas alguns anos antes, quando um colapso nervoso o forçara a ficar de cama, sem saber se sobreviveria. Os "gêmeos malignos, gênio e mania", mais uma vez habitaram todos os seus pensamentos. Tudo acontecera na noite anterior à sua viagem, em uma noite fria de terça-feira, até a Universidade Columbia, no cruzamento da Madison Avenue com a rua 47, onde o venerável corpo técnico, já conhecido como Instituto Americano de Engenheiros Eletricistas, estava se reunindo.

A reunião de 16 de maio de 1888 começou com muitos comentários de felicitações elogiando o mandato de sucesso de T. C. Martin como presidente. Nesse ponto, a sala, repleta de antecipação infantil, aguardava sem fôlego o solitário, mas naturalmente dinâmico, Tesla. A notícia de seus novos motores CA o precedeu, e a hora era "propícia". Com o semblante de um aristocrata do Leste Europeu que se vestiu com um casaco escuro de cauda de andorinha, Tesla falou em um inglês impecável, mas com sotaque, primeiro agradecendo aos muitos presentes, incluindo seus mais vociferantes apoiadores, Thomas C. Martin e o professor William Anthony, bem como Franklin Pope, editor de uma publicação altamente conceituada sobre eletricidade. Ele, então, continuou com sua voz estridente a se desculpar educadamente pelo que ele acreditava ser uma apresentação um tanto incompleta. Seu rosto exibia a aparência de um gênio exausto, ainda lutando para descobrir novas leis da natureza e fazer a eletricidade funcionar às ordens do homem comum. Tesla expressou pesar mais especificamente dizendo: "O convite foi feito em cima da hora, e não fui capaz de tratar o assunto tão extensivamente quanto poderia desejar, pois minha saúde não estava nas melhores condições no momento. Peço sua gentil indulgência e ficarei muito grato se o pouco que fiz tiver sua aprovação".[18] Antes de começar a demonstrar seus motores CA, ele se lembrou da advertência dos advogados de patentes: não dê muitos detalhes. Como tal, Tesla teve o cuidado de não descrever em seu artigo todo o trabalho, assim ele tratou, na realidade, do Campo Magnético Rotativo de Tesla, de motores com condutores fechados, motores de sincronização e transformadores de campo rotativo.[19]

O cenário notável havia sido montado e estava pronto para se desdobrar diante do renomado corpo de engenheiros eletricistas. A silhueta alta de Tesla parecia extraterrena na luz fraca da grande sala, pois ele era uma figura imponente, sem dúvida, e sua mente estava em brasa. Ele prendeu a respiração por um instante para aumentar o nível de expectativa, enquanto seus penetrantes olhos azuis examinavam a área imediatamente à sua frente. Sua palestra foi intitulada: "Um novo sistema de motores e transformadores de corrente alternada". Ela apresentou a teoria e a aplicação prática da corrente alternada na engenharia de energia; assim, a CA tornou-se, e ainda é, a base sobre a qual foi construído todo o sistema elétrico do mundo de hoje.[20]

Depois de seu pedido de desculpas desnecessário, ele pausou novamente por mais um instante e tentou empurrar para o fundo da mente a crença de que preferia a reclusão autoimposta à socialização, e de que não via necessidade de fazer discursos ou escrever artigos.[21] Então, com a atenção de todos concentrada nele, o Tesla aristocrático, empertigado, começou sua palestra fazendo funcionar e parando seus motores milagrosos e mostrando desenhos e diagramas para provar seus argumentos. Resumindo: com o toque de um botão, uma nova era da tecnologia começou.[22]

Enquanto a magia acontecia diante dos olhos de todos, Tesla disse:

> O assunto que tenho o prazer de trazer ao seu conhecimento é um novo sistema de distribuição elétrica e transmissão de energia por meio de correntes alternadas, proporcionando vantagens peculiares, em particular na forma de motores, os quais estou certo de que, imediatamente, estabelecerão a adaptabilidade superior dessas correntes para a transmissão de energia e vão mostrar que muitos resultados até então inatingíveis podem ser alcançados com o seu uso; resultados que são muito desejados na operação prática de tais sistemas e que não podem ser alcançados por meio de correntes contínuas.[23]

Tesla deixou bem claro que seu motor havia tornado comutadores e escovas complicações desnecessárias. Ele inventara um motor elétrico nunca visto, um produtor de energia elétrica que operava em um sistema projetado especificamente para isso.[24]

Tesla apimentou sua palestra com ideias que serviram para manter os presentes em um estado de êxtase e encantamento. As palavras saíram dele em uma forma de discurso puramente contemporâneo — sem necessidade de notas —, porque sua memória fotográfica, eidética e didática estava em ótima forma. Ele havia defendido seu ponto de vista de maneira inequívoca. Então, agora era hora de abrir a reunião para discussão. T. C. Martin ficou diante dos presentes e disse: "O professor Anthony, eu acredito, está aqui, e, como ele deu a este assunto alguma atenção, creio que poderia muito bem complementar o artigo do sr. Tesla com algumas observações".[25]

O professor Anthony se levantou e respondeu dizendo: "Confesso que, ao ver os motores pela primeira vez, a ação me pareceu extremamente notável".[26] O professor mais uma vez reiterou seu deleite com o sistema polifásico de Tesla e elogiou sua eficiência. Então, veio Elihu Thomson, o inventor e engenheiro eletricista inglês que também trabalhava em um motor CA desde 1884. Thomson era um defensor dos comutadores e os usava em seus motores CA. Curiosamente, ele havia feito uma apresentação no

Instituto Americano de Engenheiros Eletricistas, em junho de 1887, sem saber do trabalho de Tesla, mas agora se deparava com as alegações do sérvio de ter desenvolvido um motor CA "prático". Thomson educadamente advertiu Tesla de que ele (Tesla) não era o único engenheiro desenvolvendo motores CA e que poderia esperar concorrência no Escritório de Patentes dos EUA e no mercado.[27] Além disso, tentou diminuir os esforços de Tesla comentando de uma maneira muito condescendente: "Certamente estou muito interessado na descrição feita pelo sr. Tesla de seu novo e admirável pequeno motor".[28]

Visto que Thomson não conhecia Tesla, ele deve ter pensado que sua admoestação e seu comentário depreciativo fariam com que Tesla recuasse e desaparecesse. Mas Tesla permaneceu firme, assim como fizera com o professor Jacob Poeschl e outros cínicos, céticos e descrentes. Enquanto tirava o chapéu para Thomson, reconhecendo sua preeminência no mundo dos engenheiros eletricistas, Tesla respondeu na mesma moeda, dizendo que havia construído um motor como o de Thomson, mas a lógica e sua pesquisa disseram que o melhor motor CA seria aquele sem um comutador.[29]

Além disso, o motor polifásico de Tesla tinha várias vantagens óbvias sobre o conceito de Thomson. Evidentemente, era menos caro de fabricar, pois seu isolamento e seus rolamentos eram mais simples, e não exigia escovas ou comutadores caros — complicações desnecessárias. Também era mais barato de operar porque precisava de menos peças móveis que podiam se desgastar rapidamente. Era ainda mais robusto e podia ser ampliado ou reduzido de tamanhos menores para maiores e de tensões menores para maiores. Ironicamente para Thomson, o Escritório de Patentes dos EUA confirmou a primazia de Tesla e rejeitou o pedido de patente de Thomson, argumentando que o método "amostra de corrente" de Thomson foi, na verdade, baseado na invenção de Tesla.[30]

A noite terminou com Francis R. Upton, o vice-presidente do Instituto Americano de Engenheiros Eletricistas e tesoureiro da Edison Lamp Company, que presidiu os procedimentos na época, dizendo: "Eu acredito que este motor — o sr. Tesla pode me corrigir se eu não estiver certo — é o primeiro bom motor de corrente alternada que foi apresentado ao público em qualquer lugar — não é, sr. Tesla?". Upton encerrou a reunião extraordinária com o anúncio de que Tesla havia convidado todos para ver seus motores mágicos girando e zumbindo em seu laboratório na Liberty Street.[31]

A palestra de Tesla no instituto provou ser a peça central da campanha promocional orquestrada por Peck e Brown (com a ajuda de T. C. Martin) e o colocou no caminho para se tornar a personificação do *zeitgeist* da era da eletricidade. Até aquele momento, a obscuridade de Tesla — tendo escolhido o anonimato ao não se juntar a nenhuma organização profissional, tal como o Instituto Americano de Engenheiros Eletricistas, o Clube Elétrico de Nova York ou a Associação Nacional de Luz Elétrica,* além de não conhecer muitas pessoas na comunidade de engenharia — era um problema existencial.[32] Como um sérvio enigmático, ele podia parecer indiferente aos mortais inferiores e realmente gostava dos hábitos de um recluso.[33] T. C. Martin disse de Tesla antes da palestra inovadora: "Ele ficou muito sozinho, [pois] a maioria [dos eletricistas] não estava totalmente familiarizada com o valor [do motor]".[34] Com efeito, Tesla provou ser um homem misterioso de muitos poderes, atormentado por pensamentos internos que o desafiariam toda a vida.

Quando Tesla assumiu seu novo papel, aqueles que haviam testemunhado a notável transformação que ele acabara de anunciar ao mundo ficaram inquietos com seus futuros e ressentidos. Afinal, tendo pensado erroneamente que Tesla era um mero jovem arrivista, rapidamente perceberam que ele acabara de criar uma nova religião nas ciências elétricas, superando seus sonhos mais selvagens, tornando-os irrelevantes. T. C. Martin os observava, sabendo que tinha acabado de se tornar o profeta voluntário de Tesla.[35] Edison já havia começado sua campanha de relações públicas anti-Tesla. Ele via o motor CA e o sistema polifásico como "inseguro e impróprio para habitações humanas".[36] Não seria a última vez que Edison atacaria Tesla, enquanto lutava desesperadamente para manter seu lugar na comunidade de cientistas que praticam o ofício e a ciência da energia elétrica e da distribuição — com o objetivo de ganhar dinheiro. Na verdade, as coisas ficariam bem piores

* No original, American Institute of Electrical Engineering, Electrical Club of New York e National Electric Light Association, respectivamente. (N. E.)

para Tesla, porque Edison e seus muitos mercenários investiram contra ele e suas invenções em um ataque frontal. A história de Edison trapaceando Tesla era bastante conhecida, e sua história de ser movido principalmente por dinheiro era sabida pela maioria, então as coisas estavam prestes a ficar impiedosamente piores para o confiante Tesla. Edison havia declarado guerra!

O sucesso surpreendente da palestra no instituto teve o efeito de adicionar combustível ao fogo do debate CA *versus* CC, que ainda estava em seu estágio inicial, mas logo ele se tornaria uma conflagração global e seria conhecido como a "Guerra das Correntes". Pode-se dizer facilmente, e deve-se dizer, que Westinghouse foi um componente importante do sucesso de Tesla para vencer o conflito. Mas não se pode dizer, e nunca deverá ser dito, que a Guerra das Correntes aconteceu entre Edison e Westinghouse. Essa guerra aconteceu entre Tesla e Edison, pois ainda que Westinghouse fosse um aliado leal do primeiro, era obrigação do último defender a si mesmo e "suas" patentes, e Edison havia arrancado sangue do empresário pela primeira vez havia muito tempo. Mesmo a documentação em livros e jornais sempre foi incorreta. O nome de Tesla merece estar em primeiro lugar, porque ele ganhou a guerra entre sua corrente alternada superior e a corrente contínua inferior de Edison — e sua vitória era inevitável.

Tesla, para sua surpresa, descobriu ser um conferencista natural e brilhante, e sua palestra logo se tornou um marco no campo da engenharia elétrica.[37] Ele tinha sido o herói do dia e deslumbrara a todos. Na verdade, as ideias de Tesla capturaram a imaginação da comunidade e sua palestra no instituto se tornou um clássico instantâneo, reimpressa por periódicos sobre elétrica e áreas afins. No entanto, é preciso fazer a pergunta: naquele momento, como deve ter sido ser Nikola Tesla? Ele triunfou naquela noite, mas a importância da Guerra das Correntes deve ser examinada através das lentes da saúde mental de Tesla.

Agora começava a fase prática do processo. Com o "motor elétrico polifásico" de Tesla proclamado como "um avanço na técnica", o palco estava armado para Peck e Brown oferecerem as patentes de Tesla ao melhor licitante.[38]

Entra em cena o veterano da Guerra Civil, inventor e empresário de sucesso George Westinghouse Jr., que viera da família Westinghausen da Westfália, na Alemanha. Westinghouse inventou vários dispositivos muito necessários após a Guerra Civil e tornou-se um defensor do trabalho de Tesla. Sempre tentando ser honesto, mas firme, ele era um empresário astuto que fazia questão de nunca agir como um "barão ladrão". Em 1865, recebeu sua primeira patente para um motor rotativo. Passou a inventar vários dispositivos essenciais para a indústria ferroviária, mais notavelmente o "freio pneumático", que aperfeiçoou em 1869. Ele logo se tornou o padrão ouro para a segurança de vagões ferroviários, e o sistema foi rapidamente aceito nos Estados Unidos e na Europa.[39]

Westinghouse era um homem de porte físico substancial — sólido, de peito musculoso com cerca de um metro e oitenta de altura. Ostentava suíças e um bigode ao estilo morsa bem tratados, assim como uma juba cheia de cabelos castanhos. Era um homem charmoso, mas, quando o assunto era dinheiro, Westinghouse era muito sério — embora fosse conhecido por gostar ocasionalmente de uma boa piada. Muito parecido com Tesla, tinha sido influenciado pelo pai e outros membros da família que possuíam uma inclinação inventiva. Seus olhos eram gentis, mas muitas vezes pareciam fixar-se intensamente em qualquer pessoa à sua vista. O terno escuro e seu hábito de carregar um guarda-chuva só aumentavam sua aparência formidável.[40] Às vezes, as pessoas não sabiam o que fazer com ele, mas Tesla sabia.

Em uma homenagem a Westinghouse após sua morte em 12 de março de 1914, Tesla exaltou suas virtudes:

> As primeiras impressões são aquelas às quais mais nos apegamos na vida adulta. Gosto de pensar em George Westinghouse como ele me apareceu em 1888, quando o vi pela primeira vez. A tremenda energia potencial do homem tinha apenas em parte assumido a forma cinética, mas mesmo para um observador superficial a força latente era manifesta. Uma estrutura poderosa, bem proporcionada, com todas as juntas funcionando, olhos claros como cristal, um passo rápido e ágil — ele se apresentava como um raro exemplo de saúde e força... Nem uma pala-

> vra proferida teria sido questionável, nenhum gesto feito que pudesse ter ofendido — alguém poderia imaginá-lo movendo-se no ambiente de uma corte, tão perfeitas eram sua postura e sua fala. E, no entanto, nenhum adversário mais feroz do que Westinghouse poderia ter sido encontrado quando ele estava desperto... Seu preparo permitia a ele conquistar facilmente uma posição de capitão entre os capitães, líder entre os líderes. Sua carreira foi maravilhosa, repleta de realizações notáveis. Westinghouse deu ao mundo uma série de valiosas invenções e melhorias, criou novas indústrias, avançou nas técnicas de mecânica e elétrica e melhorou de muitas maneiras as condições da vida moderna. Ele foi um grande pioneiro e construtor cujo trabalho teve um efeito de longo alcance em sua época e cujo nome viverá por muito tempo na memória dos homens.[41]

Mas não se engane. Como empresário altamente bem-sucedido e titã da indústria — tendo sobrevivido e prosperado no mundo cruel das empresas ferroviárias e dos barões ladrões —, o primeiro pensamento de Westinghouse foi conseguir sua parte na florescente indústria de energia elétrica. Inicialmente, não importava para ele se era corrente alternada ou corrente contínua — como e se ganharia dinheiro era sua única preocupação. No entanto, depois de ler a palestra de Tesla, seu interesse foi despertado, e Westinghouse ficou preocupado com o fato de sua própria empresa não estar na vanguarda do desenvolvimento de patentes de CA. Ele imediatamente despachou um emissário legal para Turim, na Itália, a fim de assegurar o controle do motor de indução de Galileo Ferraris. Ele também adquiriu os direitos de um transformador desenvolvido pelo francês Lucien Gaulard e pelo inglês John Dixon Gibbs.[42]

Westinghouse entendeu rapidamente o valor incalculável das patentes de Tesla, portanto precisava agir com toda a rapidez. Já era tempo. Em 21 de maio, enviou Henry M. Byllesby, vice-presidente da Westinghouse Electric, diretamente ao laboratório de Tesla com Thomas B. Kerr, conselheiro-geral, na cidade de Nova York. Charles Peck, um advogado inteligente e principal patrocinador da Tesla Electric Company, pediu a Tesla que demonstrasse seus motores polifásicos aos dois homens.[43] Byllesby relatou em tom queixoso ao chefe: "O sr. Tesla me pareceu um tipo direto e entusiasta, mas sua descrição não era de uma natureza que eu pudesse, inteiramente, compreender".[44] Dito isso, Byllesby ficou impressionado com a demonstração e comentou com Westinghouse: "Os motores, pelo que posso julgar a partir da inspeção que fui autorizado a fazer, são um sucesso".[45]

Peck estava, então, prestes a demonstrar suas habilidades jurídicas para Tesla, porque lidar com Westinghouse em relação à venda das patentes não seria fácil. Afinal, a Westinghouse era tudo menos uma empresa simples. E, embora ele estivesse naquele ponto um ou dois passos atrás de Edison na construção de grandes projetos de iluminação — Edison começou em 1882, enquanto Westinghouse, em 1886 —, seu negócio havia se expandido muito rapidamente. Em apenas três anos, os geradores da Westinghouse Electric alimentavam 350 mil lâmpadas incandescentes.[46]

Então era hora de fazer *o acordo*.

Peck entendeu que ele tinha de jogar o jogo. Em essência, precisava jogar alto com Westinghouse. Investiu direto em um blefe inteligente, mas manjado. No momento em que Byllesby e Kerr expressaram interesse em comprar as patentes da Tesla em nome da Westinghouse, Peck respondeu ao interesse deles com a declaração de que já havia conversado com um investidor de São Francisco (um certo sr. Butterworth, que chefiava um sindicato) que fizera uma oferta de 200 mil dólares, mais royalties de 2,50 dólares por cavalo de potência para cada motor instalado.[47] Sua artimanha, porém, acertou o alvo. Byllesby contou a Westinghouse sobre os termos ultrajantes do acordo e acrescentou: "E então eu disse a eles... Disse-lhes que não havia possibilidade de considerarmos o assunto seriamente... A fim de evitar dar a impressão de que se tratava de um assunto que despertava minha curiosidade, abreviei a visita".[48] Peck, por sua vez, disse a Byllesby que ele deveria igualar ou superar a oferta até sexta-feira. As coisas não pareciam promissoras para os negociadores da Westinghouse, mas eles conseguiram obter uma opção de seis semanas pela soma de 5 mil dólares.[49] A essa altura, Byllesby e Kerr recomendaram a Westinghouse que ele comprasse as patentes da Tesla porque sabiam que os motores eram um sucesso. Não querendo ser superado por Peck e parecer muito ansioso, Westinghouse decidiu enviar seus melhores inventores — dois dos meninos Westinghouse —, Oliver Shallenberger e William Stanley Jr., para examinar o trabalho de Tesla, talvez então fazendo Peck acreditar que ele não estava, afinal, na posição mais forte.[50]

Com a nevasca terrível de março de 1888 dificultando a vida do povo de Nova York, em 12 de junho Shallenberger fez sua viagem ao laboratório de Tesla na Liberty Street para ver com os próprios olhos do que se tratava tudo aquilo. A demonstração envolveu o uso inesperado de motores operando em quatro fios. Shallenberger compreendeu instantaneamente que Tesla estava muito à frente de seu próprio trabalho com motores CA no que dizia respeito ao campo magnético rotativo. Shallenberger rapidamente voltou para a Westinghouse em Pittsburgh e aconselhou o dono da empresa a não hesitar na compra daquelas patentes.[51] Mas a investigação de Westinghouse sobre as patentes de Tesla não terminou aí. Menos de duas semanas depois, Stanley fez seu caminho até o laboratório de Tesla para dar uma olhada por conta própria. Ele deixou o laboratório com a palavra de Peck de que as patentes estavam prestes a serem vendidas.

Westinghouse estava começando a perceber que, se controlasse as patentes de motores polifásicos, teria mais a oferecer aos clientes. Além disso, dentro de sua empresa, Shallenberger estava trabalhando em seu próprio projeto CA, que se revelava problemático. Westinghouse já havia comprado os direitos de outras versões de motores de corrente alternada em desenvolvimento, então colocar as mãos na melhor do grupo fazia todo o sentido. A oportunidade estava ali para ele superar a todos com a compra das patentes da Tesla e, ao mesmo tempo, eliminar a ameaça de que outros controlassem o futuro absoluto que a corrente alternada prometia. Como Shallenberger admitiu: "O motor deles é a melhor coisa que já vi. Acredito que seja mais eficiente do que os motores CC [de Edison]. Também acredito que [a patente] pertence a eles [Tesla]". Nesse ponto, Westinghouse estava determinado a comprar as patentes de CA de Tesla e seus corolários. Ele expressou sua necessidade de possuir as patentes de Tesla e evitar processos judiciais em potencial quando disse: "Se essas patentes são abrangentes o suficiente para controlar o negócio de motores alternativos, então a Westinghouse Electric Company não pode permitir que outros as possuam".[52] Além disso, ele contrataria Tesla para supervisionar o desenvolvimento e a fabricação de seus motores e para garantir sua própria posição como o produtor dominante de energia elétrica por CA.[53]

Westinghouse estava sentindo o aperto de Peck, mas sabia que era hora de seguir em frente com as patentes ou enfrentar o fato de que outra pessoa teria as incrivelmente valiosas patentes para usar contra ele como ofertas comerciais aos clientes. Assim, o acordo final foi executado em dólares e centavos da seguinte maneira: em 7 de julho de 1888, Peck e Brown concordaram em vender as patentes da Tesla para Westinghouse pela então principesca soma de 25 mil dólares em dinheiro, 50 mil em títulos e um royalty de 2,50 dólares por cavalo de potência produzido para cada motor. Tesla e seus parceiros também tinham a garantia de que os royalties aumentariam 5 mil dólares no primeiro ano, 10 mil no segundo e 15 mil nos anos subsequentes. Ao longo dos dezessete anos de vida das patentes, o trio Tesla, Peck e Brown conseguiu ganhar pelo menos 315 mil dólares (o equivalente a 8 milhões e 720 mil dólares em 2021).[54] Além disso, Tesla relutantemente concordou e providenciou uma mudança para Pittsburgh a fim de ajudar na produção em massa de seus motores, conversores etc., com um salário mensal de 2 mil dólares — o equivalente a 600 mil por ano em dólares atuais — na Westinghouse Electric Company.[55]

Tesla não se sentiu confortável com a mudança para Pittsburgh, apesar do grande salário, mas sabia que não tinha escolha. Mais uma vez, desde sua chegada à América, estava trabalhando para outro inventor. Embora sua posição na Westinghouse fosse de grande importância, diferente de seu emprego humilde no império comercial de Edison, seus dilemas pessoais tirariam o melhor dele.[56]

Westinghouse achava que o royalty por cavalo de potência era ridiculamente alto, mas entendeu que não havia outra maneira de operar um motor a não ser por corrente alternada e, "se for aplicável ao uso do bonde, poderemos facilmente recuperar o investimento cobrando dos usuários, seja qual for a taxa imposta pelos inventores".[57] Em essência, um acordo histórico foi feito, e Westinghouse mais uma vez demonstrou sua capacidade de conseguir o que desejava. Se outros — clientes — tivessem de pagar, então que fosse. Quanto à trinca que conduziu a negociação, Tesla demonstrou sua generosidade e, mais uma vez, mostrou que sempre colocaria "o princípio acima do lucro", dando a Peck e Brown cinco nonos dos lucros do negócio, ficando assim com quatro nonos para si. Foi um agradecimento aos seus parceiros — um gesto muito gracioso.[58]

Como um exemplo de Tesla sempre guardando seu "princípio" peculiar em relação à remuneração, é certamente possível que ele não tenha recebido nenhum salário direto por seu tempo em Pittsburgh. Ele acreditava nisso porque havia se dedicado à pesquisa científica de laboratório e, portanto, nunca aceitaria honorários ou compensações por esses serviços profissionais. Dito isso, Tesla havia sido pago por suas patentes e estava recebendo royalties delas. Além disso, de vez em quando, fazia outras contribuições para a empresa de Westinghouse e, em troca, recebia dinheiro ou ações dela.[59]

Nesse ponto, Westinghouse já estava em uma batalha campal com Edison a respeito das deficiências de seus respectivos sistemas de iluminação. Com as patentes inovadoras de Tesla em mãos, uma guerra industrial em grande escala estourou.[60] Era inevitável, pois o futuro do desenvolvimento industrial nos Estados Unidos estava em jogo. Além disso, na era dourada do capitalismo desenfreado, a questão de quem controlaria a tecnologia vencedora era a verdadeira preocupação tanto de Westinghouse como de Edison.[61] Portanto, entrar em guerra por causa dessa tecnologia era o resultado óbvio. Mas deve ser dito que não haveria guerra que valesse a pena lutar sem o gênio de Tesla. Ponto.

PITTSBURGH, PENSILVÂNIA, 1888

Nos últimos dias de julho, Tesla abriu mão de seu apartamento em Nova York e escapou do intenso calor de Manhattan em uma balsa pelo ventoso rio Hudson. Uma vez em terra, embarcou na ferrovia da Pensilvânia para enfrentar a árdua jornada de dez horas até a sede corporativa da Westinghouse em Pittsburgh.[62] Lá, ele ficaria por um curto período na mansão de Westinghouse, conhecida como Solidão. A propriedade de tijolos brancos, que incluía quatro hectares de terreno bem cuidado, serviu como um breve descanso para Tesla — ele jantou e conversou com Westinghouse, sua esposa Marguerite e pessoas notáveis que moravam nas proximidades. Mas logo ele buscou a quietude de um quarto de hotel. Vários hotéis diferentes, incluindo o Metropolitan, o Duquesne e o Anderson, serviram a seu propósito. Os hotéis se tornariam seu domicílio habitual pelo resto de seus dias.[63] Era um estilo de vida que atendia à sua necessidade de ficar sozinho. No entanto, no verão de 1888, Tesla já estava alcançando grande fama por causa de sua palestra no Instituto Americano de Engenheiros Eletricistas. Como ele lidaria com isso?

No verão de 1889, Tesla estava mais do que ansioso para retornar a Nova York. Ele vinha lidando com a inveja maldosa de outros funcionários da Westinghouse com ciúmes do acordo generoso que ele fizera com o chefe. A situação foi exacerbada pelo fato de alguns colegas de trabalho terem se convencido de que haviam desenvolvido um motor CA melhor e outros simplesmente não podiam tolerar o que viam como um "estrangeiro pomposo".[64] Além disso, Tesla estava muito entediado com a engenharia prática e a burocracia de operar um negócio. Viera para a América mudar o mundo para melhor, e ficar enfurnado no sudoeste da Pensilvânia não iria funcionar para ele. Desprezava o repetitivo trabalho cotidiano e considerava desdenhosos aqueles que o questionavam. Em seguida, houve a questão dos engenheiros da Westinghouse usando a corrente de 133 ciclos nos motores de Tesla, o que não era viável. Logo no início, Tesla concluíra que a corrente de sessenta ciclos era ideal para seus motores e ele os projetara assim. Em uma década, a corrente de sessenta ciclos tornou-se o padrão para a produção de energia nos Estados Unidos e continua sendo até hoje.[65] Mais uma vez, havia aqueles na Westinghouse que não estavam apaixonados por Tesla, por seu gênio e pelo fato de que todo o sistema de iluminação central CA da Westinghouse teve de ser adaptado para o padrão Tesla — mas eles sabiam que ele estava certo. Além disso, eles se sentiram ameaçados pela inventividade do novo colega e, por sua vez, tornaram a vida na fábrica difícil para ele. A gota d'água foi pequena, mas provou ser a mais significativa. Tesla havia informado os engenheiros da Westinghouse para não usarem rolamentos de grafite porque superaqueceriam, mas eles foram contra sua vontade.[66] Os rolamentos superaqueceram, e Tesla também.

Em agosto de 1889, o tempo que Tesla passou em Pittsburgh havia cobrado seu preço. Ele sentiu que, desde que havia criado o motor CA "perfeito", cabia a outros definirem os detalhes finais. Sentia-se pronto para partir para novos territórios na vasta e ilimitada paisagem da ciência elétrica.[67] Anos depois, ele disse sobre seu ano de trabalho em Pittsburgh:

> Senti um desejo tão grande de retomar minhas investigações interrompidas que, não obstante uma proposta muito tentadora dele [Westinghouse], parti para Nova York para retomar meu trabalho de laboratório. Mas, devido às demandas urgentes de várias sociedades científicas estrangeiras, fiz uma viagem à Europa, onde palestrei para a Institution of Electrical Engineers, para a Royal Institution de Londres e para a Société de Physique, em Paris. Depois disso e de uma breve visita à minha casa na Iugoslávia, retornei a este país em 1892 ansioso para me dedicar ao tema predileto dos meus pensamentos: o estudo do universo.[68]

PARIS, FRANÇA, 1889

Ironicamente, Paris foi sua primeira parada em seu retorno a Manhattan — ele viajou para lá como um membro genuíno da delegação do Instituto Americano de Engenheiros Eletricistas para participar da Exposição Universal.[69] Na capital francesa, visitou a recém-concluída Torre Eiffel, que apresentava os elevadores de passageiros da American Otis Brothers. Também participou do Congresso Internacional de Eletricistas e até mesmo deu palestras ao augusto corpo de participantes. Além disso, ouviu as palestras de muitos dos principais cientistas do mundo, que incluíam uma explanação sobre diafragmas vibratórios de Vilhelm Bjerknes — um físico norueguês que havia conduzido experimentos com Heinrich Hertz em ondas eletromagnéticas.[70] É mais provável que Bjerknes tenha apresentado o agora famoso Tesla à descoberta de ondas eletromagnéticas por Heinrich

Hertz —, uma palestra que ele achou mais estimulante depois de um ano de tédio perigoso em Pittsburgh.[71]

Depois de uma série de dias animados, mas exaustivos, em Paris, era realmente hora de Tesla voltar para a cidade de Nova York. Ele estava animado com o campo virgem das ondas eletromagnéticas e as possibilidades que ele continha, bem como outras maravilhas elétricas ainda a serem descobertas. Uma década depois, ele comentaria afetuosamente: "A jornada ainda não terminou, e o andarilho está bastante exausto. Ele anseia por mais frutinhas doces e pergunta ansiosamente: 'Alguém já passou por esta estrada antes?'".[72]

Visto que Pittsburgh provou ser uma grande decepção e uma distração para o fenômeno "elétrico" de 33 anos, Tesla se animou com a ideia de viajar mais uma vez por sua própria estrada. Mas, primeiro, havia assuntos pessoais que precisavam ser resolvidos, pois ele estava secretamente entre a euforia e a depressão. Tesla precisava descobrir um equilíbrio delicado entre os reinos do idealismo e da realidade e entre o presente e o futuro. Ele sentia que suas experiências em Pittsburgh o haviam forçado a se voltar ao presente; assim, tinha se tornado infeliz e sua criatividade sumira.[73]

Tesla ficou bloqueado enquanto estava em Pittsburgh e declarou: "Eu era dependente e não podia trabalhar".[74] Mas ele se lembrou mais tarde: "Quando me livrei daquela situação, ideias e invenções correram pelo meu cérebro como as águas das Cataratas do Niágara".[75]

Enquanto isso, a Guerra das Correntes estava começando.

6
Novas criações

Infeliz, indeciso

CIDADE DE NOVA YORK, 1889

Como vimos, antes de voltar a Nova York no fim do verão, após ter alegremente deixado a Westinghouse Electric em Pittsburgh, Tesla, fisicamente cansado e mentalmente vazio por sua experiência na Cidade do Aço, fez um breve desvio por Paris para assistir a algumas discussões científicas e demonstrações que foram realizadas na Exposição Universal. O dinheiro ganho enquanto trabalhou para a Westinghouse permitiu que ele passasse esse período tão necessário em Paris.[1] Ele precisava de tempo para determinar onde estava e planejar seu próximo movimento para defender-se dos contínuos e horrendos ataques daquele que aparentemente seria sua nêmesis eterna, Thomas Edison. Tesla estava com um péssimo humor e não gostava disso. Entretanto, houve um evento diversionário que serviu para dar àquele homem tão intenso um momento de distração de suas investigações científicas e de sua guerra consigo mesmo e com Edison.

Foi uma experiência curta na Cidade Luz, que na maioria das vezes passara sem maiores considerações pelos cronistas anteriores de Tesla. Embora tenha sido um momento fugaz de prazer inesperado e uma breve distração após os dias turbulentos na Pensilvânia que aconteceu enquanto ele jantava com o engenheiro e físico francês André Blondel, não deixou de ser significativo. Foi mais uma das facetas incomuns de sua personalidade de diamante bruto, a ponto de ser instrutiva para ajudar a descobrir o que fez de Nikola Tesla o "Tesla" — arquiteto do mundo moderno.

Como já foi relatado por biógrafos anteriores, foi a famosa *soubrette*, a magnificamente bem-vestida atriz francesa Sarah Bernhardt — a "divina Sarah" — que passou pela mesa de Tesla naquela ocasião e deixou cair seu lenço de renda. Tesla rapidamente inclinou-se e recuperou o lenço, e, quando o devolveu à atriz, diz-se que seus olhos se encontraram em uma intensidade abrasadora.[2] Entretanto, outra versão conta do impetuoso Tesla devolvendo o lenço de renda sem nem sequer olhar para a bela atriz, curvando-se e dizendo: "*Mademoiselle*, seu lenço".[3] Uma terceira versão, possivelmente apócrifa, atesta que Tesla disse ser uma echarpe, e não um lenço, que ele guardou pelo resto da vida. É também incerto se o incidente aconteceu em 1889 ou anos antes, quando Tesla trabalhou para Edison na França.[4] Independentemente de tudo isso, é possível olhar o evento como algo muito instrutivo ao tentarmos entender os mecanismos da complexa mente de Tesla. Sua relação com mulheres tem sido muitas vezes um assunto espinhoso para seus biógrafos, portanto eles tendem a manter distância dele, escolhendo concentrar seus esforços exclusivamente no que ele fez em vez de lidar com como ele fez o que fez, sendo quem era.

Como relatou uma respeitada revista científica da época, Tesla pode ter sido "invulnerável às flechas de Cupido" na maior parte do tempo, mas Sarah Bernhardt talvez tenha sido uma exceção.[5] Tesla nos revela suas intenções de forma bastante específica em uma entrevista publicada:

> Eu havia planejado dedicar toda a minha vida ao trabalho e por essa razão me foram negados o amor e a companhia de uma boa mulher, e mais ainda... Acredito que escritores ou músicos devam casar-se. Eles recebem inspirações que levam a melhores obras... Mas um inventor tem uma natureza tão intensa, muito dela de uma qualidade tão selvagem

> e apaixonada que, ao entregar-se a uma mulher, ele desistiria de tudo e, assim, negaria tudo a seu campo de estudos escolhido. É uma pena também; algumas vezes nos sentimos muito sozinhos [apesar] daquele momento sublime no qual você vê o trabalho de semanas frutificar em um experimento bem-sucedido que demonstra suas teorias.[6]

Devido à sua história pregressa problemática com vinho, mulheres e canções, por assim dizer, durante seus anos na universidade, Tesla forjou conscientemente um caminho de asceticismo na vida adulta, pois sabia que seu propósito era de uma ordem superior. Pode-se dizer que seu jeito mulherengo durante a faculdade em Graz talvez tenha contribuído muito para que ele nunca tenha completado seus estudos.[7] Até uma leitora de mãos profissional havia discursado sobre a palma de Tesla, dizendo que ela indicava "um surto de flertes e hipersensibilidade".[8] Tais teorias são confirmadas pela estima de Tesla pelas atividades das várias mulheres que mostraram real interesse em seu bem-estar: essas mulheres foram a sra. Clarence Mackay, a sra. Jordan L. Mott e a bela Lady Ribblesdale, ex-esposa do sr. John J. Astor, além das senhoritas Anne Morgan e Marguerite Merington.[9]

Por toda a vida de Tesla, tanto seus amigos como a mídia estavam sempre tentando que ele se casasse, mas sua resistência ao matrimônio nunca diminuiu. Kenneth Swezey, um jovem jornalista, divulgador de ciência e confidente de Tesla, observou anos depois que "o único casamento de Tesla foi com seu trabalho e com o mundo, acreditando que as obras mais duradouras vêm de homens sem filhos".[10] Tesla conscientemente escolheu o celibato, e, independentemente da presunção, seu foco pode ser mais bem descrito como "retirar o fardo dos ombros da humanidade", algo de que ele nunca se desviou. Era sua *raison d'être*. Era, sem dúvida, sua "força vital".

Após voltar a Nova York, Tesla estava consumido por novas ideias para invenções que jorravam continuamente. Isso muitas vezes o deixava exausto além do razoável, mas era melhor que a estagnação intelectual que ele experimentara durante seu "ano perdido" em Pittsburgh. Por causa da necessidade de fazer suas novas invenções funcionarem, inicialmente dentro da sua mente, como sempre fez, estava eternamente forçando-se a continuar. Suas antenas estavam sempre ligadas, buscando descobrir novas leis da natureza que outros simplesmente não conseguiam detectar. Mas ainda havia uma infelicidade, uma escuridão mental perseguia-o, parecida com o "cão negro" de Churchill.[11] Sua bagagem mental continuou a mostrar-se muito problemática e, algumas vezes, era tão pesada que chegava ao ponto de debilitá-lo. Qual era a saída? Seria Tesla capaz de ao menos controlar, na impossibilidade de superar, o *seu* cão negro? Venceria sua guerra com Edison? Sobreviveria a ela?

Para ser franco, ele era assombrado pela sempre presente imagem de um rancoroso, vingativo e mortal Thomas Edison, que havia empreendido uma guerra desenfreada contra Tesla — a Guerra das Correntes produziu de tudo, desde imagens e artigos de jornal de Edison atacando Tesla até ataques verbais públicos dirigidos a ele. Como consequência, da mesma forma que a República de Veneza havia construído seu arsenal baseado no poder naval no fim da Idade Média até a Renascença, como defesa contra nações guerreiras que cobiçavam suas riquezas, também Tesla dedicou-se, em seu laboratório na Grand Street, a construir seu arsenal de invenções, descobertas e patentes, pois ele também estava em guerra! Edison havia aberto fogo e, no que dependesse de Edison, ela seria travada de forma selvagem. Edison era esperto o suficiente para entender as ramificações de uma derrota: seria uma humilhação pessoal e uma devastação econômica para ele e sua empresa.[12] Mas ele tinha um plano, um plano que colocaria Tesla no centro do alvo. Da mesma forma que os venezianos levaram sua esquadra para a Terra Santa durante as Cruzadas para salvar a Cristandade Oriental, também Edison reuniu suas forças e alianças para salvar-se e destruir Tesla.

Nas décadas finais do século XIX, a "eletricidade", a mais misteriosa das energias, era vista pela maioria das pessoas como a energia nuclear seria vista anos mais tarde: perigosa. Naturalmente, a eletricidade tem seus benefícios, assim como a energia nuclear, mas a maioria das pessoas não sabia disso. Essa falta de um entendimento básico sobre a eletricidade fazia com que fosse muito fácil causar terror entre o público em geral. Edison afirmava que as altas voltagens produzidas pela corrente alternada eram mortais para seres vivos. Então Edison, cujo verdadeiro talento estava no campo do marketing, decidiu não competir com a corrente alternada de Tesla nos seus méritos, mas, ao contrário, atacar apelando para o espectro dos perigos do produto de Tesla para a segurança pública.[13]

Na verdade, quais eram as opções de Edison? Ele sabia que seu sistema era inferior, desde as limitações de transporte — exigindo uma usina de energia de corrente direta a cada um quilômetro e meio mais ou menos — até seu alto custo de construção.[14] Então, antes que Tesla estivesse muito à sua frente, o Mago de Menlo Park — um apelido vindo de seu primeiro laboratório em Nova Jersey — recrutou Samuel Insull, seu secretário particular, ele mesmo um visionário, e seu publicitário, Harold P. Brown, para orquestrarem uma campanha maciça visando assustar o mundo com a crença de que a corrente alternada era tanto perigosa quanto maligna, enquanto a corrente direta era segura e benigna.[15] O convencimento era necessário, pois as demonstrações de Tesla de sua corrente alternada eram sem dúvida bem-sucedidas e provavam sua supremacia como a escolha óbvia para prover energia ao mundo.

Edison recusou de forma arrogante um convite de Westinghouse para visitar sua fábrica em Pittsburgh com o objetivo de negociar uma espécie de trégua. Ele respondeu oficialmente a Westinghouse: "Meu trabalho no laboratório consome todo o meu tempo". Para deixar ainda mais claro seu desgosto com o convite, Edison "jogou areia" no rosto de Westinghouse ao dizer: "A corrente direta é como um rio fluindo pacificamente para o mar, enquanto a corrente alternada é como uma torrente lançando-se violentamente de um precipício".[16] Ele redobrou seu ataque frontal ao uso de corrente alternada para qualquer propósito declarando, curiosamente, o seguinte a uma revista literária da época:

> A empresa de iluminação elétrica à qual estou ligado adquiriu, há algum tempo, as patentes de um sistema completo de corrente alternada, e meu protesto contra essa ação pode ser encontrado nas atas das reuniões. Até o momento, consegui convencê-los a não oferecer esse siste-

> ma ao público, e eles nunca terão meu consentimento para fazê-lo. Meu desejo pessoal seria proibir inteiramente o uso de correntes alternadas. Elas são tão desnecessárias como perigosas.[17]

A animosidade de Edison em relação a Tesla e seu medo sincero da corrente alternada eram patentes. Ele disse também: "Eu, assim, não vejo qualquer justificativa para introduzir um sistema que não tem qualquer elemento de estabilidade e todos os elementos de perigo para a vida e a propriedade".[18]

Durante sua vida, Tesla encarou obstáculos, sofreu reveses e foi ferido com desapontamentos. Também experimentou momentos de "*eureca*", de prazer com suas descobertas e o júbilo de ver suas invenções "aliviarem o fardo dos ombros da humanidade". É bem possível que muitas dessas flutuações de humor desencadeadas por eventos externos fossem normais, já que todos as experimentam. Assim, às vezes pode ser difícil distinguir, nos registros escritos, as reações de Tesla a desapontamentos de seus grandes episódios depressivos. Ficar na cama por um período prolongado possivelmente indica um episódio depressivo maior, e as próprias queixas de Tesla em sua autobiografia, bem como as relatadas por outros, também são indicadores de um episódio depressivo importante (comentários como espírito alquebrado, saúde ruim, exausto, fatigado, sem nada mais a oferecer e relatos peculiares de períodos de sono excessivo). Na verdade, esse tipo de comentário vindo de pacientes ou daqueles próximos a eles são exatamente os indicadores de estado de humor usados por psiquiatras modernos quando entrevistam pacientes para registrar seu histórico. Tais observações, então, são também as ferramentas utilizadas para obter uma aproximação do estado mental de Tesla, como se ele ou aqueles próximos a ele estivessem fornecendo essas informações diretamente a um psiquiatra.

Alguns de seus prováveis episódios depressivos parecem ter sido espontâneos, mas a maioria aparenta ter sido desencadeada por "estressores psicossociais" que afetariam qualquer pessoa (como a morte de um ente querido, ser enganado ou traído, ter um pedido de empréstimo ou investimento recusado, ou qualquer tipo de fracasso). Entretanto, em Tesla tais estressores parecem, muitas vezes, ter feito muito mais que simplesmente desencorajá-lo, levando a episódios depressivos debilitantes, associados a uma saúde física ruim e à ausência de produtividade (tal como novas invenções e novos depósitos de pedidos de patentes). Parece ter sido ainda mais complicado quando Tesla experimentou episódios que alternavam mania e depressão, dando a sensação de estar esgotado, psicologicamente exausto, abatido, com excesso de trabalho, mas estando ao mesmo tempo maníaco, superativo, jorrando novas teorias, projetando e desenvolvendo novas invenções e registrando novas patentes.

Em 1889, Tesla estava no meio de seus anos mais produtivos e passou uma grande quantidade de tempo entre 1886 e 1901 em um estado predominantemente maníaco/hipomaníaco, no período em que quase todas as suas invenções e patentes foram desenvolvidas. Durante esse tempo, ele teve algumas crises nas quais se misturavam características de mania combinadas com níveis menores de depressão e mesmo alguns períodos de depressão severa. Entretanto, após 1901 e pelos quarenta e poucos anos seguintes do restante de sua vida, não há mais registro de indicadores convincentes de Tesla ter passado por fases de mania, mas por outro lado ele parece ter perdido parte de seu carisma e de sua habilidade para levantar fundos. O mais provável é que Tesla tenha passado a maioria desses anos finais de sua vida em um estado prolongado de depressão bipolar moderada. Essa história da desordem bipolar de Tesla não é diferente do que acontece com muitos pacientes nessa condição, isto é, mais fases de mania quando jovens e mais depressão na velhice.

Como consequência, o outono de 1890 trouxe a campanha de agitação e propaganda de Edison contra a corrente alternada, que incluía uma denúncia de 84 páginas da CA — "A Warning" [Uma advertência], encadernada em vermelho — atacando Westinghouse (e Tesla) com a alegação, nos mínimos detalhes, dos múltiplos perigos da corrente alternada. Incluía até um apêndice listando o nome dos indivíduos supostamente mortos por ela.[19] O manifesto também rogava a todos os eletricistas "que se unissem em uma guerra de extermínio contra a má qualidade em eletricidade aplicada onde quer que eles identificassem ineficiência e perigo".[20] Westinghouse, um homem que não se acovardava e com quem ninguém brincava, ainda assim surpreendeu-se com a resposta de Edison e seu "método de ataque, que foi mais covarde, indigno de confiança e mentiroso do que qualquer competição da qual eu jamais tenha ouvido falar".[21] Ele respondeu produzindo seu próprio panfleto, que atacava o histórico de segurança do próprio Edison. Tal documento mostrava que, enquanto nenhuma das estações centrais da Westinghouse tivera qualquer problema com fogo, "nas 125 estações centrais da empresa líder no fornecimento de eletricidade por corrente contínua [a empresa de Edison] aconteceram inúmeros casos de incêndio, em três dos quais a própria estação central foi completamente destruída, o exemplo mais recente sendo a estação de Boston, bem como a completa destruição de um grande teatro na Filadélfia".[22]

Tesla havia sido atraído pelos mistérios da eletricidade ainda quando criança, mas a maioria das pessoas tinha medo do desconhecido, e Edison valeu-se desse medo. Então, como era a campanha de propaganda de Edison? Até onde ele iria para manter seu monopólio da energia elétrica? Que truques usaria com o público? Que mentiras propagaria em seu esforço incansável para destruir a vida de Nikola Tesla e preservar sua própria? Não havia qualquer limite para o que Edison faria a fim de manter seu domínio da energia elétrica?

Para entender melhor quão facilmente o público — até mesmo os cientistas da época estavam desconcertados com os mistérios da eletricidade — podia ser "abalado" e levado a acreditar nas mentiras de Edison no alvorecer do século XX, precisamos dar um passo atrás, voltar meio século para ganhar uma perspectiva necessária.

Sir John F. W. Herschel, o polímata novecentista da era romântica na Europa, sugeriu com precisão que a eletricidade e o eletromagnetismo ainda guardavam segredos e tal investigação se tornaria, sem dúvida, a ciência mais importante da nova era.[23] Ele voltou a confirmar a crença naqueles mistérios quando disse:

> É para a eletricidade que a atenção de todos os investigadores da física volta-se, em praticamente todos os lugares, como um daqueles poderes

universais que a natureza parece empregar em suas operações mais importantes e secretas. Esse maravilhoso agente, que vemos em atividade intensa nos raios e de uma forma mais fraca e difusa atravessando as regiões superiores da atmosfera nas auroras boreais, está presente, provavelmente de forma abundante, em toda forma de matéria que nos cerca, mas torna-se detectável apenas quando perturbada por excitações de tipos peculiares. A mais efetiva dessas é a fricção, que já observamos ser uma poderosa fonte de calor. Todos estão familiarizados com as faíscas crepitantes que voam das costas de um gato quando ele é alisado.[24]

Tesla, como já vimos, foi primeiro alertado para as maravilhas misteriosas da eletricidade quando acariciou as costas de seu gato Mačak e viu raios de "eletricidade estática" saltarem das costas do felino.[25]

Enquanto estava na Europa, Tesla havia continuado a pagar o aluguel de seu laboratório para que seu assistente desde muito tempo, Anton (Anthony) Szigeti, pudesse continuar testando os aparelhos criados pelo próprio Tesla.[26] Ao mesmo tempo, com os fundos de sua primeira venda de patentes para Westinghouse no banco, instruiu Peck e Brown a conseguirem um novo local de trabalho, maior. Quando retornou de viagem, um novo e segundo laboratório — seu Arsenal — foi logo inaugurado dentro de um prédio de fábrica de cinco andares, no número 175 da Grand Street, esquina com a Lafayette. Foi ali que ele começou a trabalhar seriamente com aparatos de alta frequência e transmissão sem fio. Ali, também, desenvolveu noções mais sólidas sobre a conexão entre a radiação eletromagnética e a luz. Ele inspirou-se especialmente nas descobertas do alemão Heinrich Hertz.[27]

Em 1887, Hertz relatou sua importante pesquisa: a detecção das ondas eletromagnéticas previstas pelo físico escocês James Clerk Maxwell em seu trabalho teórico sobre eletricidade e magnetismo.[28] Foram os trabalhos de Maxwell e Hertz que acenderam a curiosidade que levaria Tesla a conduzir experimentos sobre diversos aspectos do eletromagnetismo, bem como a desenvolver seu transformador ressonante.

Apesar de Tesla ter sempre insistido em trabalhar essencialmente "solo" desde a concepção até o produto final, raramente ou mesmo nunca tomando notas — tudo era previamente resolvido na sua cabeça —, ele agora tinha os meios financeiros para expandir sua força de trabalho auxiliar. Ansioso por aumentar sua produção criativa e por economizar tempo, contratou vários especialistas. Entre eles, estava um soprador de vidro descendente de alemães chamado David Hiergesell, bem como dois mecânicos, um chamado Charles Leonhardt, e outro, F. W. Clark, que tinha experiência anterior na Brown & Sharpe Works — um fabricante de ferramentas muito respeitado. Tesla completou sua equipe de especialistas contratando Paul Noyes, da Gordon Press Works, que o havia ajudado com o sistema de iluminação de arco voltaico em Rahway, Nova Jersey.[29]

Mas, apesar de Tesla sentir-se renovado por estar de volta a Nova York depois do que ele vira como um absoluto desperdício de suas capacidades intelectuais em Pittsburgh, havia uma corrente de instabilidade mental sob a superfície. Era difícil para ele, muitas vezes, conviver com outras pessoas, especialmente quando seu estado emocional altamente sensível vinha à tona, algo que se repetiria através de sua longa vida. Tesla resolveu, novamente, ir morar em um hotel. Agora um homem rico, livre das privações econômicas dos primeiros tempos, ele escolheu o Astor House Hotel, construído por John Jacob Astor como o primeiro hotel de luxo de Nova York e que logo tornou-se o mais famoso empreendimento do gênero nos EUA, hospedando desde as celebridades da época até os magnatas e os golpistas. Tesla logo virou o centro das atenções. Ele era o famoso jovem cientista que estava mudando o mundo à vista de todos e seria visto assim durarte todos os seus anos criativos. A Guerra das Correntes só fez aumentar sua crescente celebridade, mas, se fosse por escolha própria, nada disso teria acontecido.

Dito isso, Tesla ainda confiava em seu confidente de sempre, Szigeti, que ele dizia sempre ser "um homem com um talento e uma inteligência consideráveis. Ele não era exatamente um teórico, como eu, mas conseguia entender completamente qualquer ideia".[30] A amizade dos dois cresceu com os anos, e Tesla disse que Szigeti era "um amigo muito íntimo e eu o tratei tão bem quanto pude".[31]

Tesla jamais sentia-se confortável no papel de empregado de alguém, apesar de ser um consultor técnico bem remunerado. Ao retornar, continuou seu trabalho na Tesla Electric Company, onde, durante os meses da primavera de 1890, registrou três patentes subsequentes de motores de CA e as atribuiu à companhia. Entretanto, é interessante notar que essas seriam as últimas patentes da empresa. Todas as patentes futuras seriam registradas apenas no nome de Tesla. Sua relação profissional com os sócios Peck e Brown também chegou a um ponto final quando, naquele verão, Peck adoeceu e morreu. Nos anos seguintes, Tesla ocasionalmente consultaria Brown em busca de conselhos sobre negócios, apesar de ele não ter o tino comercial de Peck, algo que ajudou muito no sucesso inicial do motor de corrente alternada.[32]

Naquele momento, a Guerra das Correntes havia se tornado uma série de batalhas arriscadas pela supremacia da energia elétrica levadas a cabo por Edison, seus asseclas e a corrente contínua inferior que eles promoviam contra Nikola Tesla, Westinghouse e a corrente alternada superior inventada por Tesla — e que seria seu trunfo na guerra contra Edison. No fim dos anos 1880, o vencedor ainda não estava definido. Edison tinha um financiamento considerável, incluindo aquele do banqueiro J. P. Morgan. Ele tinha, então, uma vantagem momentânea que usaria a cada lance. Dito isso, Tesla e Westinghouse estavam certamente com a vantagem técnica com seu sistema de energia elétrica superior. Mas outro competidor havia entrado na Guerra das Correntes pelas bordas: a distribuição de energia elétrica estava enfrentando a força das empresas de gás natural para aquecimento e iluminação, pois a quantidade de dinheiro em jogo era astronômica.[33] Adicionalmente, outro desafio surgiu no horizonte, quando foi anunciado que o engenheiro inglês Charles Parson estava no processo de inventar uma máquina a vapor "que poderia produzir eletricidade de forma muito mais eficiente que os motores a pistão tradicionais".[34] Tesla e Westinghouse responderam aos novos competidores com um novo aparelho de medição que permitia vender a corrente alternada de forma mais eficiente aos usuários finais. A dupla também acrescentou ao jogo o transformador de corrente alternada de Tesla, que podia elevar a corrente alternada a altas voltagens, tornando assim possível a transmissão de energia elétrica por distâncias muito grandes, com maior eficiência e confiabilidade.[35]

Com a proliferação da energia elétrica que acontecia nos Estados Unidos e na Europa durante as décadas de 1880 e 1890, a "necessidade" imediata por uma infraestrutura que funcionasse bem nunca fora mais crítica.[36] Foi o engenheiro de rádio Harald Friis, da empresa Bell Telephone Laboratories (Bell Labs), quem, em meados do século XX, falou sobre a necessidade de novas invenções: elas "sempre se originaram por causa de uma necessidade definida".[37] Daí a importância da habilidade ímpar de Tesla de inventar a qualquer momento que sempre o ajudou muito. Desde suas invenções do ajustador de som e do amplificador de voz (alto-falante) e de numerosos outros aparelhos que iriam simplificar a transmissão de voz — nenhum dos quais ao menos se deu ao trabalho de patentear — enquanto trabalhava na Central Telegráfica de Budapeste, antes de mudar-se para os Estados Unidos, ele vinha demonstrando suas extraordinárias habilidades. Agora ele estava fazendo o mesmo, refinando seu sistema de corrente alternada para a produção em massa e a distribuição de energia elétrica, que viriam a ser a fundação da infraestrutura necessária para que a eletrificação do mundo via corrente alternada se tornasse realidade.

Em virtude de sua genialidade e de sua ética de trabalho inesgotáveis, bem como de sua extraordinária habilidade para de fato construir o que inventava, ele tornou-se indispensável no momento em que o mundo estava se eletrificando.[38] Mas havia um preço, um preço crescente para sua frágil estabilidade mental. A guerra de Edison contra seu antigo empregado foi um grande desapontamento para Tesla, pois ele sempre acreditara que as pessoas em geral fariam a coisa certa, como ele mesmo sempre fizera. Sua crença em "princípios acima dos lucros" estava gravada em seu DNA, e qualquer tentativa de desafiar essa crença básica era uma afronta intolerável. Ele tinha propositalmente tentado dedicar o fruto de sua genialidade ao aprimoramento da humanidade, e Edison estava fazendo tudo ao seu alcance para que aquilo nunca acontecesse.

Tesla valorizava mais a implementação das ideias do que a teoria. Também valorizava mais a descoberta e a invenção do que sua comercialização. Seu adversário era a ignorância, não Edison, apesar de o adversário de Edison ser Tesla. O objetivo de Tesla era conceitualizar como a energia e a comunicação poderiam ser entregues à civilização, não meramente como lucrar com elas. Ele ficava ao mesmo tempo confuso e comportava-se de maneira condescendente com aqueles que não compartilhavam de seus valores.

Já deve estar evidente que Tesla estava travando uma guerra muito diferente, em muitas frontes e em muitos níveis, incluindo a guerra contra si mesmo e como poderia abrir seu caminho no mundo. Ainda era relativamente desconhecido como cientista fora do universo que habitava quando começou a descobrir as verdades sobre a corrente alternada e sobre como fazê-la trabalhar para a humanidade. Tesla não estava lutando contra Edison por dinheiro. Não estava lutando contra Edison pela fama. Mas estava perplexo com a ideia de que a melhor ciência pudesse não vencer, enquanto sua nêmesis descartava desenfreadamente a verdade e o mérito, mesmo a ponto de demonstrar sua desumanidade.

Tesla finalmente venceria a Guerra das Correntes, derrotando Edison. Entretanto, sua habilidade de conseguir impor suas ideias futuras iria desaparecer, especialmente quando perdeu seu charme hipomaníaco e a real capacidade de venda de sua mania. Apesar de continuar a ter infindáveis ideias, que seriam validadas após sua morte, Tesla era incapaz de entender a importância da comercialização para concretizá-las, o poder de incentivo do lucro e como "a inteligência inventa; o gênio rouba".

O criativo Tesla tinha ideias, mas muitas daquelas que transformariam o mundo foram roubadas dele por empreendedores durante sua vida e após sua morte. É provável que Tesla ficasse confuso com isso, especialmente após o financiamento para suas ideias mais tardias secar, e deve ter ficado desapontado com a forma como o mundo funcionava. Ele nunca aceitou o valor crítico da comercialização. Entretanto, essa atitude não parece ter afetado a implementação de suas primeiras ideias durante a fase produtiva maníaca de sua carreira, quando seu charme conseguia financiamento suficiente para que algumas ideias fossem implementadas. Mas, quando Tesla perdeu seu charme e sua mania nos anos seguintes, sua atitude condescendente a respeito do financiamento e da comercialização fez com que muitas de suas ideias não fossem concretizadas, com muitas de suas patentes e mesmo sua vida expirando antes que as ideias fossem comercializadas. Isso também o levou ao empobrecimento pessoal nos anos finais de sua vida, quando ele não era mais maníaco e não conseguia levantar fundos, registrar patentes, colocar suas ideias em prática ou mesmo fazer com que outros as explorassem. Só podemos imaginar quão antes a internet teria sido criada, a exploração de Marte teria começado e outras de suas ideias revolucionárias teriam sido implementadas se ele apenas entendesse o valor da exploração comercial da ciência ou mesmo se tivesse permanecido hipomaníaco por mais anos.

Conforme sua experiência em Pittsburgh desaparecia no passado, Tesla estava em um estado de séria turbulência, tentando fazer avançar a fronteira da ciência enquanto seu adversário ignorante o arrastava para uma guerra a fim de, irracionalmente, fazer triunfar a corrente contínua sobre a corrente alternada. Para Edison, era simplesmente fama e fortuna; não o que funcionava melhor. Para Tesla, era como jogar xadrez em um canto da sala com alguém que fica jogando uma bola de tênis para você querendo que você jogue o jogo dele. Mas estava envolvido em uma guerra muito diferente, e, para ele, não era um jogo!

O ano de 1888 tornava-se rapidamente um período macabro na Guerra das Correntes. Brown estava fabricando cadeiras elétricas e vendendo-as para prisões pela principesca soma de 1.600 dólares. Também se oferecia como um verdadeiro carrasco. Ele, um engenheiro eletricista, ficou perturbado por dezenas de mortes, algumas de amigos, causadas pela corrente alternada ao longo de anos. Apesar de entender que a corrente contínua também tinha feito sua parcela de vítimas, estava ainda assim convencido de que a corrente alternada precisava acabar.[39]

Era sabido que Brown já havia realizado experiências anteriores com a eletrocussão de animais quando, naquele verão, ele fez uma demonstração na sala do professor Chandler na Escola de Engenharia da Universidade

Columbia. Um exemplo chocante foi publicado pelo *The New York Times* no dia 31 de julho de 1888.[40] Brown afirmou, perante uma audiência desavisada de eletricistas, que não tinha laços financeiros com ninguém nem com nenhuma empresa e que apenas acreditava que a corrente contínua era segura e a corrente alternada, mortal. Ele mentiu. Havia trocado várias cartas conspiratórias com o traiçoeiro Edison.[41] Então, continuou e aplicou um choque de 1.410 volts de corrente contínua em um cão, que não matou o animal. Ele alegremente admitiu já ter matado inúmeros cães com quinhentos a oitocentos volts de corrente alternada. Mas a demonstração assassina ainda não havia terminado. Ele apresentou à espantada audiência um híbrido de terra-nova pesando cerca de 35 quilos. O animal estava amordaçado, tremendo e cruelmente amarrado dentro de uma gaiola de metal. Ele, então, aplicou choques de corrente contínua no cão terrivelmente amedrontado, indo de trezentos a 1.100 volts. O cão ganiu, lutou ferozmente rompendo a mordaça, mas sobreviveu ao brutal sofrimento de tortura e terror. Nesse ponto, Brown teria dito: "Ele terá menos problemas quando usarmos a corrente alternada". Afinal, rapidamente o cão sucumbiu a um choque de apenas 330 volts. Mas, antes que Brown pudesse continuar, um agente da Sociedade Americana para a Prevenção de Crueldade contra Animais* encerrou as demonstrações.

Outra matéria de um jornalista que estava presente revelou que "muitos dos espectadores deixaram a sala, incapazes de suportar aquela exibição revoltante". Antes que as coisas se acalmassem na câmara da morte, cerca de cinquenta animais, incluindo gatos, bezerros e um cavalo, encontraram a morte prematura sob choques de corrente alternada.[42] O dia terminou com Brown insistindo que a corrente alternada só deveria ser utilizada em "canis, matadouros e na prisão estadual".[43] Brown provou-se um perfeito representante dos atos covardes de Edison.

Aparentemente, o desespero de Edison para destruir Tesla havia atingido seu nível mais repreensível e indesculpável. Mas será mesmo? Afinal, ele tivera sua chance de se juntar a Tesla quando o jovem inventor trabalhava para ele e estava desenvolvendo suas criações, a corrente alternada e o motor

* No original, American Society for the Prevention of Cruelty to Animals. (N. E.)

de indução — coisas que Edison nunca compreendeu inteiramente em um nível técnico. Então, buscou e recebeu de braços abertos em seu covil de mentiras Harold P. Brown (conhecido por seu ativismo contra a corrente alternada) e Samuel Insull. Seu interesse na comercialização da corrente direta para a transmissão de eletricidade forçou Edison a tentar destruir o futuro de Tesla de todas as formas possíveis.[44] Foi aí que a campanha de propaganda deu uma guinada mortal. Com a ajuda da Edison Electric — onde Edison empregava equipes inteiras de cientistas para inventar e reinventar as invenções de outros —, os dois capangas conduziram a eletrocussão sistemática de animais, de cães e elefantes a cavalos e outras criaturas indefesas, no famoso laboratório de Edison em Menlo Park.[45] Foi Edison mostrando seu pior lado. Mas aquilo não parou ali.

As assustadoras demonstrações foram advertências aterradoras para Tesla e aqueles que apoiavam a corrente alternada, e o resultado foram leis que obrigavam a instalação subterrânea das linhas de transmissão de corrente alternada após cabos soltos de transmissão de corrente alternada terem matado várias dezenas de pessoas. A corrente direta também havia feito inúmeras vítimas, mas foi o mau uso da corrente alternada que permitiu a Brown sustentar suas afirmações enganadoras. Acreditando que a corrente alternada era um inimigo do povo, Edison planejou um novo ataque a Tesla que só pode ser descrito como diabólico em seu propósito e medieval em sua execução.

AUBURN, NORTE DO ESTADO DE NOVA YORK, 1890

Aquele momento horrendo havia finalmente chegado — 5 de agosto de 1890, nove e meia da noite. Edison atingira o ponto mais baixo a que qualquer ser humano poderia chegar para alcançar seus objetivos: proteger sua fama e sua fortuna e destruir Nikola Tesla. Um certo William Kemmler, detento da prisão de Auburn, no norte do estado de Nova York, seria a vítima involuntária da cruzada ininterrupta de Edison contra a corrente alternada de Tesla. Ele sofreria uma morte horrenda, dolorosa e pavorosa pelo uso errôneo da corrente alternada por um executor incompetente, cuja tarefa era *matar* o sr. Kemmler com a conivência e sob as ordens de um certo Thomas

Alva Edison.

O mundo não estava preparado para o que estava prestes a acontecer, mas Edison certamente, sim. Ele havia até conseguido convencer o público a referir-se aos horrores da eletrocussão por corrente alternada usando a palavra "Westinghoused" — um eufemismo totalmente maníaco.[46] Edison também publicou um panfleto promocional para proprietários de imóveis que dizia: "Não deixe que sua casa seja 'Westinghoused'".[47] Para realçar ainda mais seu argumento, Edison usou suas profundas conexões com políticos estaduais e federais, bem como com funcionários graduados do estado de Nova York, para indicar à Assembleia Legislativa de Nova York que a eletrocussão por corrente alternada oferecia um método mais "humano" de pena capital que o método convencional de enforcamento até a morte — que havia se tornado um problema nos últimos anos devido a vários enforcamentos fracassados.[48] Assim, a Sociedade Médico-Legal de Nova York* foi criada para estudar o tópico da execução de seres humanos usando a CA, e Brown alistou-se como seu principal porta-voz.[49]

Apesar de esses atos continuados de Brown, demonstrando a suposta letalidade da corrente alternada acima de trezentos volts, continuarem de forma inabalável, Westinghouse também tinha sua voz. Ele afirmou que "uma grande quantidade de pessoas, que receberam choques de mil volts de correntes alternadas sem se ferir, pode ser indicada". Ainda acrescentou: "Nós não hesitamos em afirmar que os objetivos desses experimentos não são do interesse da ciência ou da segurança".[50] Quando ninguém poderia imaginar que as coisas ficariam mais bizarras ou desesperadas, o arrogante Brown desafiou publicamente Westinghouse para um "duelo elétrico", afirmando que o grande titã da indústria não se importava com nada, apenas com dinheiro, enquanto incontáveis indivíduos morriam devido à "corrente alternada emissária da morte". Ele continuou e desafiou Westinghouse a defender sua CA "e receber através de seu corpo a corrente alternada, enquanto eu [Brown] recebo no meu a corrente contínua".[51] A resposta de Westinghouse foi… nada.

* No original, Medico-Legal Society of New York. (N. E.)

O enredo predatório adensou-se quando Brown, em maio de 1889, comprou três geradores de corrente alternada de Westinghouse sem nunca declarar seus motivos. Um ano depois, soube-se que as prisões estaduais de Auburn, Sing Sing e Clinton passariam a usar tais aparelhos como único meio de execução daqueles condenados à morte.[52] Edison, ainda afirmando não ter qualquer ligação com Brown e sua ideia para execução, já no início dos anos 1880 havia pensado sobre matar seres humanos com eletricidade. De fato, em dezembro de 1887 ele escreveu ao dr. Alfred P. Southwick, um dentista de Buffalo, Nova York, e membro do comitê do governador daquele estado, David B. Hill, insistindo que ele, dr. Southwick, poderia esperar o apoio de Edison no uso da "eletricidade", apesar de sua aversão pessoal à pena capital. Edison acrescentou o seguinte para enfatizar seus argumentos:

> O melhor aparelho para esse fim é, para mim, aquele que executará seu trabalho no menor espaço de tempo e infligirá a menor quantidade de sofrimento a suas vítimas. Isso, acredito, pode ser conseguido com o uso da eletricidade, e o aparelho mais adequado para o propósito é aquela classe de máquinas eletrodinâmicas que usam correntes intermitentes. As mais eficientes delas são conhecidas como "máquinas alternantes", fabricadas principalmente neste país pela Westinghouse. A passagem da corrente dessas máquinas pelo corpo humano, mesmo por contatos muito rápidos, produz morte instantânea.[53]

No fim, foi o apoio de Edison à eletrocussão, como uma forma certa e confiável de "extinguir" a vida, que fez pender a balança durante as deliberações do comitê, levando assim o governador a tomar sua decisão letal: morte por eletrocussão via corrente alternada![54]

O "momento da verdade" aproximava-se rapidamente, pois William Kemmler havia esgotado todas as suas possibilidades de apelação legal, oferecendo assim a Edison o momento que ele tanto esperava, quando a natureza mortal da corrente alternada seria demonstrada de uma maneira dramática.[55] Kemmler era um alcoólatra de 33 anos condenado por golpear até a morte sua amante (algumas vezes mencionada como sua concubina ou como a esposa de outro homem), Matilda "Tillie" Ziegler, com um machado cerca de 26 vezes na cabeça e em outras partes do corpo. Kemmler estava, então, prestes a encontrar violentamente seu criador.[56] Ele iria tornar-se o primeiro "caso de teste" para a aplicação da pena de morte por meio da eletrocussão por corrente alternada.[57] Mas era algo muito mais complexo do que um simples caso de teste; era Edison mais uma vez querendo preservar sua fama e sua fortuna, levando a guerra contra Tesla a extremos, e não uma mera vontade de encontrar uma forma civilizada de executar condenados à morte. Muitos argumentariam que não havia nada de civilizado na execução de um ser humano de qualquer forma, muitos menos por eletrocussão. Nem é preciso dizer, as testemunhas daquele dia fatídico ficaram horrorizadas. A descrição do que elas viram estica a imaginação quase até seu ponto de rompimento.

A marcha da morte foi curta, apenas meio salão a partir da cela subterrânea do condenado antes de o diretor da prisão, Charles Durston, apresentar seu prisioneiro às quase duas dúzias de testemunhas — incluindo dois repórteres — que estavam presentes para registrar, cada uma do seu jeito, o que estava prestes a acontecer. Um dos presentes disse que o condenado era um vendedor de verduras que se tornara um assassino e era "um homem baixo, elegante, de ombros largos".[58] Como se isso importasse. O *The New York Times* descreveu o ato de homicídio doloso desta forma:

> William Kemmler era um verdureiro nas áreas pobres de Buffalo, Nova York. Alcoólatra, em 29 de março de 1888 ele estava recuperando-se de uma bebedeira da noite anterior quando irritou-se com a namorada [em outras partes referida como sua concubina] Tillie Ziegler. Ele a acusou de roubar seu dinheiro e estar planejando fugir com um amigo dele. Quando a discussão atingiu seu ápice, Kemmler calmamente foi ao celeiro, pegou uma machadinha e voltou para a casa. Ele golpeou Tillie repetidas vezes, matando-a. Então, foi até a casa de um vizinho e confessou o crime, dizendo: "Eu a matei. Tinha de fazer isso. Queria fazer isso. Eu a matei e vou ser pendurado por isso".[59]

Enquanto o diretor lia sua sentença de morte, Kemmler parecia calmo. Ele dirigiu-se aos presentes e disse a eles que estava "indo para um bom lugar e estava pronto para partir".[60] Ele havia até informado ao carcereiro mais cedo, no café da manhã: "Dizem que tenho medo de morrer, mas vão descobrir o contrário". Sem mais demora, o diretor Durston e seu assistente prenderam Kemmler à cadeira de madeira com onze correias, e o condenado supostamente disse ao diretor: "Por Deus, diretor, você não consegue ficar calmo? Não tenha pressa".[61] Ele até pediu ao diretor para apertar melhor as correias para que tudo desse certo.[62] Então, calmamente testou cada uma até ficar satisfeito.[63]

Enquanto as preparações finais continuavam e o condenado recebia um capacete de metal com um eletrodo na cabeça raspada, os presentes devem ter achado muito difícil ouvir tais palavras sendo ditas. Quando levamos em conta que cada indivíduo na plateia, escolhido a dedo pelo diretor, era uma testemunha da história — isto é, da primeira eletrocussão legal de uma pessoa pelo Estado —, deve, com certeza, ter sido uma cena indescritível e mesmo emocionante.[64]

Tudo estava pronto. O diretor bateu duas vezes na parede da sala de controle próxima, dando o sinal predeterminado ao eletricista da prisão, E. R. Davis, para que ele "virasse a chave". A corrente alternada mortal, estimada em mil volts, jorrou repentinamente do imenso dínamo para o corpo de William Kemmler, matando-o por eletrocussão.[65] Mas ele estava mesmo morto? Sim, seu corpo tinha se enrijecido enquanto seus dedos enterravam-se na cadeira, lutando até o fim para escapar do inevitável. De repente, um dedo indicador virou-se para dentro e feriu a palma da mão, soltando um fio de sangue. Ele não disse nada. O médico responsável, dr. E. C. Spitzka, olhou para seu cronômetro, que indicava que dez segundos haviam se passado. Estava terminado. Ele disse "Pare!". Até a energia ser cortada, mais uns sete segundos se passaram. O médico disse: "Ele está morto". O corpo de Kemmler parecia, agora, estar totalmente relaxado, mantido sentado na "cadeira elétrica" apenas pelas correias.[66]

Estava feito, e ninguém estava mais feliz que o dr. Southwick, que havia esperado uns dez anos por esse momento para provar que sua invenção infame tinha valor. Ele já havia alegremente confirmado a morte quando uma das testemunhas subitamente apontou para Kemmler. O sangue pulsava para fora da mão do homem "morto". Os médicos responsáveis entreolharam-se, incrédulos, e então um deles gritou "Bom Deus!". Outro disse: "Ele está respirando!". O dr. Spitzka ordenou que a corrente alternada fosse ligada novamente, gritando: "Este homem está vivo!".[67] Como o dínamo havia sido desligado, foram necessários alguns minutos até que ele pudesse produzir a voltagem necessária. Uma vez tudo pronto, o diretor repetiu o sinal, e a voltagem passou novamente pelo corpo de Kemmler, fazendo com que ele se arqueasse e contorcesse em todas as direções, balançando e aparentemente tentando se soltar. O dr. Spitzka insistiu que a corrente continuasse até que, como todos na sala viram, a cabeça de Kemmler começasse a soltar fumaça. O odor pungente de carne queimada permeava a câmara da morte, enquanto os eletrodos punham fogo em sua camisa e em seu casaco. Espuma saía de sua boca. Manchas escuras arroxeadas eram visíveis em sua pele quando o comando de "cortar a corrente" foi ouvido.[68]

Ninguém sabe ao certo por quanto tempo a corrente ficou ligada durante a segunda tentativa, mas o registro oficial indica que William Kemmler foi eletrocutado até a morte usando uma corrente alternada de 2 mil volts por setenta segundos. O que restou de Kemmler foi uma "massa disforme fumegante de um corpo mutilado".[69] Foi certamente uma execução fracassada, levada a cabo de forma desumana.

Apesar de o espetáculo bárbaro ter virado a opinião pública contra Brown e Edison por algum tempo e de jornais de todo o país o terem igualado a algo só visto "nas mais escuras celas da Inquisição do século XVI", havia alguma coisa além da inauguração de execuções por eletrocussão.[70] Algo que tocava Nikola Tesla nos pontos mais profundos e escuros de sua mente.

A execução em si foi terrível. Ninguém pôde alegar o contrário. Havia ainda mais e mais e mais. Edison entendia isso. "Apenas quando a objetividade importa mais, cientistas — talvez e acima de tudo os grandes cientistas — estão preparados para ativar seus mais profundos recursos retóricos e políticos para dobrar o curso da investigação em favor de suas próprias necessidades."[71] Edison fez exatamente isso. Mas não Tesla, pois ele não conseguia entender por que todos os cientistas não se sentiam como ele. Afinal, ele dera ao mundo "sua" corrente alternada em benefício de todos, não para a punição e a morte. Agora as pessoas olhavam para ele e Westinghouse e para a corrente alternada e ficavam em dúvida. Ele sempre acreditou naquilo que muitos na comunidade científica acreditavam na época e agora: o código inviolável de conduta intelectual, contra o qual o raciocínio de cada cientista é periodicamente comparado — permitindo que a ciência se "autocorrija" —, havia sido violado por Edison.[72] Edison havia demonstrado, da forma mais cruel possível, que nada estava abaixo dele em sua busca pela vitória. Ele estava convencido de que a corrente alternada e tudo o que vinha do gênio de Tesla enfraqueceria o que ele via como o "paradigma científico".[73] Para Edison, este era sacrossanto, e ninguém, nem mesmo Tesla, iria mudá-lo. Mas, da mesma forma que a teoria da evolução de Charles Darwin suplantou a teoria da criação especial (segundo a qual Deus criara todas as espécies), assim também o sistema polifásico de corrente alternada de Tesla suplantaria a corrente contínua de Edison, sempre em nome do avanço da ciência e da humanidade.[74]

Tesla estava descontente com a execução? Sim, estava. Estava incerto a respeito de seu futuro? Sim, estava. Iria fugir amedrontado? Nunca.

PARTE II:
A GUERRA CONTINUA

7
Procurando pelo novo

Carisma, espetáculo, a mania vende bem

CIDADE DE NOVA YORK, EUA, 1890

No rescaldo do infame evento de execução por eletrocussão realizado com o aval da Assembleia Legislativa do Estado de Nova York e seu sistema prisional, a campanha de propaganda de Edison contra Tesla continuou inabalável e com um alto custo para o jovem inventor, pois ele já havia acumulado muita bagagem emocional. Não bastava que a mesma legislatura tivesse legalizado um método tão horrendo de execução cerca de dois anos antes; agora esse método era considerado correto no mesmo estado que Tesla chamava de lar.[1] Na infância, a morte de uma mosca era mais do que ele podia suportar, portanto ter sua descoberta da corrente alternada usada para matar um ser humano estava muito além dos limites.

Apenas pense nisto: três horas depois de William Kemmler dar seu último suspiro, a autópsia revelou nos termos mais horríveis que ele havia sido "assado". Seu cadáver cozido, sem vários órgãos internos, foi secretamente enterrado na escuridão do pátio da prisão. Uma grande quantidade de cal virgem foi jogada na sepultura para garantir que nenhum vestígio do "corpo" jamais fosse encontrado.[2] Poderia haver, para Tesla, algo pior a contemplar?

Naquele ponto de sua vida, não. Mas o pensamento predominante de que aquilo não o deixaria era o motivo pelo qual os outros não podiam alcançar o que ele buscava: a direção certa para a ciência da eletricidade e, em última instância, para o aperfeiçoamento da humanidade. Como Karl Popper, um dos mais proeminentes filósofos da ciência do século xx, observou décadas atrás: cientistas como indivíduos podem ser famosos por sua teimosia, excessivamente enamorados de teorias de estimação, desdenhosos das novas ciências e indiferentes à sua falibilidade [pessoal].[3] Popper estava pensando em Edison?

Alguns anos antes, após a descoberta do campo magnético rotativo, Tesla proclamou a seu então hesitante amigo e confidente Anton Szigeti: "Os homens nunca mais serão escravos de tarefas difíceis. Meu motor os libertará, fará o trabalho do mundo".[4] Essa declaração profunda de Tesla é a quintessência de quem ele era, o homem que deu tudo para "tirar o fardo dos ombros da humanidade", inventando o mundo moderno. Esse não deveria ser o objetivo de toda ciência? — Tesla questionava repetidamente.

Até George Westinghouse teve dificuldade em processar a eletrocussão. Ele enfaticamente chamou o episódio de "um caso brutal. Teriam feito melhor com um machado. Minhas previsões foram confirmadas. O público colocará a culpa em quem merece, e não seremos nós. Considero essa maneira de executar condenados uma completa justificativa de nossas afirmações".[5] O próprio Tesla, ainda preocupado com o assunto da cadeira elétrica cerca de quarenta anos depois, declarou ser "um aparelho monstruosamente inadequado, pois os pobres coitados não são despachados de maneira misericordiosa, mas literalmente torrados vivos. Um indivíduo sob tais condições, embora totalmente desprovido da consciência do lapso de tempo, retém uma aguda sensação de dor, e um minuto de agonia é equivalente a toda uma eternidade".[6]

CIDADE DE NOVA YORK, EUA, 1891

No fim de 1890, a riqueza dos Estados Unidos da América havia disparado além da imaginação de qualquer pessoa, e as promessas de uma nova era de comércio estavam sendo cumpridas em grande estilo. No pós-guerra, as fortunas norte-americanas excederam a riqueza total de todos os aristocratas e mercadores da Grã-Bretanha, da Alemanha e da Rússia combinados. Àquela altura, o próprio Tesla estava desfrutando de seu suado sucesso financeiro, que se traduziu em um Tesla que era o epítome da elegância da indumentária europeia, de ternos sob medida, luvas de pelica e lenços de seda (usados apenas por uma semana cada) aos melhores sapatos, polainas e sobretudos. Ele até fixou residência no Astor House, em Nova York, o hotel mais sofisticado do país, e jantava todas as noites na grande sala de jantar do famoso Delmonico's, em meio à louça importada, aos aromas da requintada cozinha francesa, ao buquê dos melhores vinhos da Borgonha e à sua famosa e infame clientela.[7] Mas, apesar do novo estilo de vida de Tesla, sua paixão constante permaneceu: realizar seus sonhos de eletrificar o mundo com a corrente alternada. No entanto, seu estilo de vida invejado enfrentou um breve período crítico quando, sem aviso, espalhou-se pelo oceano Atlântico a notícia de que a Baring Brothers & Company, a maior casa bancária do mundo, estava à beira de um colapso total.

A queda livre financeira causou pânico, e os credores da Westinghouse foram forçados a cobrar os muitos empréstimos concedidos a ele enquanto seu negócio estava se expandindo a uma taxa exponencial. Como uma reestruturação financeira da Westinghouse Company estava em andamento para retirá-la da concordata, os investidores exigiram que George Westinghouse rescindisse o lucrativo contrato de Tesla, que pesava muito no balanço patrimonial da empresa. Esse contrato com a Tesla (do qual não existe uma cópia impressa) equivale ao pagamento de 2,50 dólares por cavalo de potência produzido por cada gerador instalado — que foram acumulados em favor de Tesla na casa dos milhões de dólares.[8] Além disso, a propensão da Westinghouse para financiar jovens inovadores, comprar outras empresas e gastar somas assombrosas em litígios e a rivalidade em curso com Edison provaram ser um coquetel financeiro mortal.[9] Westinghouse estava em um beco sem saída. O que piorou as coisas foi que ele sabia que Tesla era o maior dos inventores e um homem de caráter inquestionável. Além disso, as patentes de Tesla eram seu próprio pote de ouro no fim do arco-íris. Todos esses fatores o fizeram hesitar no começo. Mas Westinghouse conhecia a dura realidade. Ele teve de confrontar Tesla e expor os detalhes.

O encontro — que não aparece na biografia oficial de Westinghouse — do gigante científico e do gigante da manufatura ocorreu no laboratório de Tesla no quarto andar da Quinta Avenida, onde Westinghouse adquirira as patentes quatro anos antes.[10] A câmara do mago foi misteriosamente iluminada por protolâmpadas fluorescentes de sua própria invenção. Elas não exigiam filamentos, apenas gases, e produziam luz ao reagir em uma atmosfera elétrica altamente carregada que não exigia fios elétricos.[11] É preciso admitir que mesmo um habitante do século XXI de uma grande cidade americana ficaria maravilhado ao entrar na câmara do mago e ver o laboratório iluminado por lâmpadas sem fio não conectadas a qualquer fonte de alimentação externa.

Em 1891, Tesla estava ciente das dificuldades financeiras que Westinghouse enfrentava em seu negócio, então ele tinha alguma expectativa de que as coisas mudariam até certo ponto; portanto, a visão do corpulento George Westinghouse, vestido com o traje formal escuro da época, deixou claro para Tesla que algo estava errado. Westinghouse, um homem que nunca se importou muito com preâmbulos, começou a explicar sem rodeios a Tesla o que estava enfrentando.

Tesla descreveu a seu primeiro biógrafo o evento decisivo da seguinte forma:

> — Sua decisão determina o destino da Westinghouse Company — disse o magnata de Pittsburgh.
>
> — Suponha que eu me recusasse a desistir do meu contrato. O que o senhor faria então?
>
> — Nesse caso, o senhor seria obrigado a lidar com os banqueiros, pois eu não teria mais qualquer ingerência em tal situação — respondeu Westinghouse.
>
> — Se eu desistir do contrato, o senhor salvará sua empresa e manterá o controle para que possa prosseguir com seus planos de dar meu sistema polifásico ao mundo?
>
> — Acredito que seu sistema polifásico seja a maior descoberta no campo da eletricidade — explicou Westinghouse. — Foram meus esforços para dá-lo ao mundo que me colocaram na dificuldade atual, mas

pretendo continuar, não importa o que aconteça, e prosseguir com meus planos originais de colocar o país em uma base de corrente alternada.

— Senhor Westinghouse — disse Tesla, erguendo-se até a altura total de seu metro e noventa e cinco centímetros e sorrindo para o magnata de Pittsburgh, que era ele mesmo um grande homem —, o senhor tem sido meu amigo, acreditou em mim quando outros não tinham fé, foi corajoso o suficiente para ir em frente e me pagar quando outros não tinham coragem; o senhor me apoiou mesmo quando seus engenheiros não conseguiram enxergar as grandes coisas que nós dois vislumbramos no futuro, o senhor me apoiou como amigo. Os benefícios que virão para a civilização com meu sistema polifásico significam mais para mim do que o dinheiro envolvido. Senhor Westinghouse, o senhor salvará sua empresa para que possa desenvolver minhas invenções. Aqui está o seu contrato e aqui está o meu contrato. Vou despedaçá-los, e o senhor não terá mais problemas com meus royalties. Isso é suficiente?[12]

E assim continua a história, pois Tesla, em um grande floreio, de fato rasgou os contratos e, com esse gesto, fez desaparecer milhões e milhões de dólares devidos a ele naquele momento e no futuro.

A magnanimidade do momento não pode ser exagerada. Embora Tesla tivesse uma lealdade para com a Westinghouse, tinha uma lealdade maior para consigo mesmo e sua crença de que sempre colocaria "o princípio acima do lucro". Como ele afirmou inúmeras vezes em sua longa vida, não se tratava de dinheiro, nunca fora o dinheiro, nunca seria o dinheiro. Essa, simplesmente, foi sua maneira de agir em todos os dias de sua vida e foi o que separou Tesla de Edison e de todos os outros, incluindo Westinghouse, pois todos eram movidos pelo lucro e apenas pelo lucro!

Tentando desesperadamente deixar a negatividade para trás, Tesla estava ansioso para expandir seus horizontes e começou vários experimentos com um esforço concentrado. Procurou aumentar as frequências de seu transformador oscilante e outros fenômenos. Também desenvolveu uma lâmpada esférica de botão de carbono que iluminava quando posicionada na extremidade de um fio conectado a um terminal de seu transformador oscilante (mais tarde chamado de bobina de Tesla). A corrente de alta frequência e alta voltagem iluminava sua lâmpada de botão de carbono com um brilho incandescente. Quando comparada à lâmpada incandescente de Edison, a lâmpada de botão de carbono de Tesla amplificava a luz em vinte vezes com o mesmo consumo de corrente. Era uma lâmpada de botão de carbono de alta frequência, um "raio direcionado" se você quiser chamar assim, que Tesla descreveu como uma linha de luz fina como um lápis — o precursor do feixe de laser, capaz de vaporizar substâncias de zircônia a diamantes e a várias distâncias. Mesmo os metais duros não estavam fora do alcance de seu raio direcionado, sendo que ele poderia aquecer e moldar tais substâncias e, assim, revolucionar o campo da metalurgia.[13] Tesla reconheceu o valor comercial de sua lâmpada de botão de carbono, visto que exigia apenas uma conexão com a fonte de alimentação, reduzindo pela metade a fiação necessária para sua vida elétrica.[14] Seguindo a mesma estratégia de negócios ensinada a ele por seu ex-advogado Peck — patente, promoção, venda —, Tesla imediatamente procurou as patentes necessárias para proteger sua invenção.[15]

Mas, conforme o trabalho progredia, ele foi pego de surpresa, como se tivesse sido atingido por um pugilista, quando Szigeti, seu amigo mais próximo de quase dez anos, decidiu deixá-lo e desenvolver suas próprias invenções, uma das quais era uma bússola avançada para navios do governo. Após cerca de cinco a seis meses longe, Szigeti voltou apenas para saber como ia Tesla, que atipicamente o atacou e disse que sua invenção já havia sido criada por sir William Thomson (mais tarde, Lorde Kelvin). Essa notícia entregue por um Tesla enfurecido fez com que Szigeti partisse uma segunda vez, em 1891, presumivelmente para a América do Sul, para nunca mais voltar.[16] Mas, então, antes que Tesla pudesse tentar salvar a amizade, ele soube que Szigeti havia falecido repentinamente, ainda que fosse jovem. Sentindo-se abandonado, Tesla imediatamente escreveu para sua família — especificamente para o tio Pajo —, algo que ele raramente fazia, para dizer: "Eu me sinto afastado de tudo e é difícil [viver o estilo de vida americano]".[17] Os dois homens compartilharam muitas coisas boas como amigos, bem como empregador e empregado, tanto em Budapeste como nos seus primeiros anos em Nova York. No entanto, Tesla via o relacionamento dele com Szigeti como algo maior do que um arranjo comercial. Ele via Szigeti como "o único que me apoiou durante minhas primeiras tentativas e a quem amei profundamente por causa de suas virtudes e de seu respeito". Cerca de duas décadas depois, ele expressou o que considerava uma grande perda quando disse: "Eu teria desejado muito vê-lo, porque eu o queria".[18]

É nesse ponto da vida impressionante e atribulada de Tesla que alguns biógrafos aproveitaram a frase anterior como se fosse um testamento de sua (presumida) homossexualidade. Não há como negar sua proximidade com Anton Szigeti; afinal, como sabemos, ele foi a única pessoa presente na "criação".[19] Além disso, é costume de muitos europeus, tanto homens como mulheres, especialmente os criados no Leste Europeu, demonstrar grande companheirismo uns para os outros, o que raramente é visto nos Estados Unidos. Dito isso, não há realmente evidência plausível para provar ou refutar a alegação desses biógrafos, exceto o fato de que ele era um germófobo e não gostava de ter contato físico com pessoas de qualquer sexo.[20] Portanto, sugerir que Tesla fosse homossexual é, na melhor das hipóteses, uma suposição. Houve outras ocasiões em sua vida em que essa questão surgiu sem nenhuma evidência sólida, apenas o que outros presumiram. Suas relações com alguns homens podem ser entendidas como profundas e platônicas, porque ele estava engajado em pesquisas e experimentações científicas que excediam o que a maioria poderia compreender.

Com a Guerra das Correntes cobrando seu preço e a morte repentina de Szigeti, bem como a morte de um de seus maiores apoiadores e promotores, o advogado Charles Peck, no verão de 1890, Tesla se sentiu desafiado.[21] Essa confluência de eventos pessoais, somada a perdas financeiras devido à reestruturação da Westinghouse Electric and Manufacturing Company, provou ser um ponto de inflexão para o inventor sitiado. Ele precisava curar suas feridas emocionais, então fez a única coisa que sabia fazer melhor do que ninguém — inventar. Ao mesmo tempo, começou a enviar quantias consideráveis para a mãe, as irmãs e os parentes. Essa filantropia continuou ao longo da década de 1890 e além.[22] Não era comum Tesla se comunicar com a família, mas ele sabia que ajudá-los financeiramente, agora que era um homem de recursos significativos, pelo menos mostrava algum nível de preocupação.

Tesla continuou sua busca por novos horizontes na ciência da eletricidade, aventurando-se mais profundamente nos mistérios da energia de alta frequência. Ainda em seu estágio inicial, sabia que a eletricidade era o futuro, que sua corrente alternada iluminaria o caminho e que ele estaria entre seus maiores exploradores.[23] Foi nesse ponto que T. C. Martin e o professor William Anthony, dois dos fervorosos devotos do cientista, souberam que Tesla era realmente o homem em quem apostar. T. C. Martin o incentivou a publicar sua pesquisa e, em seguida, apresentar seus resultados em outra palestra.[24]

Enquanto furiosamente inventava e depois patenteava, promovia e vendia, Tesla simultaneamente escreveu artigos para várias revistas e decidiu, com certa relutância, dar outra palestra. Afinal, foi sua primeira palestra no Instituto Americano de Engenheiros Eletricistas que o catapultara para a fama internacional, fazendo com que todos os participantes, incluindo Edison, sentassem e prestassem muita atenção. Ele ainda estava em uma batalha campal após a outra com Edison a respeito do que a corrente alternada poderia fazer — isto é, enviar energia a grandes distâncias de maneira segura, o que a corrente contínua não podia. Na verdade, Tesla também começou a escrever sobre seu progresso (impulsos intelectuais) na edição de fevereiro de 1891 da revista *The Electrical Engineer*. Edison defendeu-se produzindo textos ásperos para diferentes veículos da área.[25] Ao mesmo tempo, outro antagonista de Tesla, Elihu Thomson, a quem Tesla havia humilhado durante sua primeira palestra no instituto, em 1888, estava em seus calcanhares. Thomson reclamou que nem sempre observou os mesmos efeitos com correntes de alta frequência que Tesla testemunhou. Motivo: seus experimentos estavam abaixo de 10 mil ciclos. Por sua vez, os dois se enfrentaram, ambos trocando socos verbais em publicações especializadas em engenharia elétrica — especialmente na *The Electrical Engineer* — ao longo de março e abril de 1891.[26] Além disso, Thomson admite em um de seus artigos dirigidos a Tesla que parte de sua antipatia pelo jovem inventor superstar foi "provocada pelo sr. Tesla ter, em uma ocasião anterior, entendido mal meus motivos".[27]

Aparentemente, o palco estava montado, ou melhor, o ringue para a luta principal. O que estava para acontecer naquela noite se tornaria histórico antes do nascer do sol na manhã seguinte. Não se poderia medir o quão histórica e impactante a palestra de Tesla se tornaria para o mundo da ciência e para ele pessoalmente. Mas, mais uma vez, a que custo para a delicada psique de Tesla?

Na primavera de 1890, Thomson fez um discurso de abertura no instituto no qual discutiu seu trabalho com os fenômenos da CA. Que melhor lugar para uma revanche com Thomson e, ao mesmo tempo, indiretamente com Edison, do que a Universidade Columbia, o mesmo lugar onde apresentara ao mundo seu motor de campo magnético rotativo, em maio de 1888? Os dois treinadores no canto do ringue de Tesla eram T. C. Martin e William Anthony (presidente). Ambos ocupavam cargos de importância no Instituto Americano de Engenheiros Eletricistas naquele ano, de modo que marcaram uma data para a palestra sobre "Fenômenos de alta frequência". A palestra de Tesla mais uma vez incendiaria o mundo científico e seria proferida durante o simpósio de três dias do instituto, em 20 de maio de 1891, no auditório Theodore W. Dwight, na Universidade Columbia, localizada entre as avenidas Park e Madison — uma audiência de notáveis havia sido convidada.[28] Além disso, os professores Francis B. Crocker e Michael Pupin serviram como anfitriões da recém-formada Escola de Engenharia da Universidade Columbia (School of Mines)* e ficaram satisfeitos que Tesla pudesse trazer tanta atenção para eles e sua instituição.[29] Mas, antes que ele se comprometesse com a segunda palestra na Universidade Columbia, Tesla fez o que havia feito da última vez que falou diante daquele augusto corpo de engenheiros

* A Columbia College School of Mines foi uma instituição criada em 1864 pela Universidade Columbia. Foi a primeira escola de mineração e metalurgia dos Estados Unidos e lançou as bases da Columbia's Engineering School [Escola de Engenharia da Universidade Columbia]. (N. T.)

eletricistas. Ele sabia que não poderia proteger muito seu gênio e seu trabalho, então começou a solicitar várias patentes para iluminação incandescente de alta frequência e depositou pedidos adicionais de proteção legal na Grã-Bretanha, na França, na Alemanha e na Itália.[30]

A magia de Tesla para a palestra e a demonstração da noite exigiu grandes quantidades de energia elétrica, então ele simplesmente instalou seu alternador de alta frequência na oficina da universidade e forneceu energia por um motor elétrico projetado por ele mesmo. Quando necessário, ele poderia facilmente ajustar a potência por meio de um controle, um botão que ele havia anexado à sua mesa de demonstração no palco. Isso lhe permitiu ajustar a velocidade do motor e, assim, ter controle sobre a frequência elétrica produzida por seu alternador.[31]

Jornalistas de várias publicações tomaram o auditório, assim como uma miríade dos cientistas eletricistas mais importantes da época — muitos dos quais viram a primeira palestra inovadora de Tesla em 1888 — e curiosos membros do público, composto de investidores, aspirantes a inventores e interessados no assunto. Um jornalista em particular, Joseph Wetzler, relatou o evento para a revista *Electrical World*. Curiosamente, ele intuíra que algo milagroso estava prestes a acontecer e, achando que sua publicação era muito limitada tanto em interesse como em circulação, ofereceu a história até que a altamente respeitada *Harper's Weekly** decidiu cobrir o evento em grande estilo — acreditando que aquele acontecimento merecia um relato empolgante de página inteira.[32]

Quase uma década se passaria antes que Tesla começasse a comercializar seu "Sistema Mundial" de transmissão sem fio que compreendia o Transformador Tesla (bobina de Tesla), o Transmissor de Ampliação, o Sistema Sem Fio Tesla, a Arte da Individualização e as Ondas Estacionárias Terrestres.[33] Embora tivesse visualizado e criado esses milagres da eletricidade trabalhando neles por anos, Tesla sabia que tudo tinha seu tempo.

* Com sede em Nova York, a *Harper's Weekly* foi uma revista que circulou entre 1857 e 1916 e apresentava notícias políticas e gerais, ensaios e textos ficcionais. (N. T.)

Era hora de dar o próximo passo no campo da ciência elétrica, que ele agora dominava.

Com o porte físico e o semblante do inventor sérvio atraindo os olhos de todos para ele, no centro do palco, Tesla começou a falar. Vale a pena lembrar o relato em primeira mão de Joseph Wetzler sobre o que Tesla alcançou com sua segunda palestra na Universidade Columbia:

> Com um movimento, ele se colocou ao lado de homens como Edison, Brush, Elihu Thomson e Alexander Graham Bell. No entanto, apenas quatro ou cinco anos atrás, após um período de luta na França, este jovem da obscura região montanhosa da fronteira austro-húngara pousou em nossa costa, inteiramente desconhecido e pobre de todas as maneiras, exceto em gênio, experiência e coragem herdada de muitos guerreiros sérvios que se livraram e verteram sangue na guerra incessante contra os indescritíveis turcos. Suas primeiras invenções lidam com os difíceis problemas da utilização de correntes alternadas para a força motriz e são, em si mesmas, fundamentais e de longo alcance. O sr. Tesla, porém, agora os eclipsou totalmente com seus experimentos e métodos para obter a luz elétrica eletrostaticamente. Em uma palavra, sua palestra na Columbia mostrou duas coisas muito claramente. Mostrou não só que ele tinha ido muito além dos distintos cientistas europeus, o dr. Lodge e o professor Hertz, na compreensão da teoria eletromagnética da luz, mas que realmente tinha produzido aparelhos pelos quais ondas eletrostáticas ou "impulsos" dariam luz para uso comum do dia a dia.[34]

Resumindo, Tesla não apenas descreveu, mas demonstrou da maneira mais dramática as muitas manifestações de seu gênio no trabalho. O auditório foi iluminado novamente por Tesla, por lâmpadas tubulares cheias de gás, algumas fosforescentes e outras ainda feitas de vidro de urânio formando o nome de seus cientistas e poetas favoritos.[35] Ninguém poderia negar o fato de que Tesla, ao contrário de Edison ou qualquer um de seus contemporâneos, era um verdadeiro homem de letras em todos os sentidos, que rendia homenagem aos poetas. Ele apareceu, então, no centro do palco em um espelho, exibindo "os tubos de vácuo, que pareciam uma espada luminosa empunhada por um arcanjo representando a Justiça".[36] Essas foram as palavras entusiasmadas de um dos muitos repórteres presentes. Até mesmo os famosos que compareceram à palestra, entre eles o professor Anthony, Elmer Sperry, Alfred S. Brown, William Stanley, Elihu Thomson (outro desafeto de Tesla), Francis Upton e outros, disseram que nunca esqueceriam o que experimentaram naquela noite de maio em um auditório da Universidade Columbia. Robert Millikan, um estudante de pós-graduação na época e futuro ganhador do Prêmio Nobel por seu trabalho com raios cósmicos, expressou o que experimentou na palestra de Tesla quando disse: "Pude realizar uma pequena fração do meu trabalho de pesquisa com ajuda dos princípios que aprendi naquela noite".[37]

Agora, com seu corpo alto envolto em uma casaca de cauda de andorinha feita sob medida e seus longos braços balançando para frente e para trás, como se estivesse convocando os espíritos da ciência, Tesla continuou a mostrar aos presentes suas lâmpadas de filamento de carbono, e todos puderam notar que, acesas, não tinham conexão física com qualquer espécie de fornecimento de energia! Não havia fios, nenhuma fonte de fornecimento que alimentasse o calor que passava pelos bulbos e tubos cheios de gás entre o campo eletrostático gerado por placas de zinco carregadas em ambos os lados do palco — desmentindo a acusação infundada de Edison de que a CA era mortal.[38] A bobina de frequência permaneceu como sentinela nas proximidades, sem dar nenhuma indicação ao público de que era a fonte secreta de energia, muitas vezes produzindo 250 mil volts, e Tesla afirmou que tinha alcançado 100 milhões de volts até aquele momento.

Tesla entendeu que havia uma oposição organizada ao que estava fazendo liderada por Edison e executada por homens a seu soldo, outros inventores e qualquer pessoa que buscasse lucro com seu trabalho. Como um verdadeiro visionário, ele era uma ameaça direta ao status quo representado por Edison e muitos dos cientistas presentes naquela noite. De uma só vez, sua palestra tornou a realização mais orgulhosa de Edison (a lâmpada incandescente) tecnologicamente ultrapassada e mostrou que ela precisaria ser substituída sem demora.[39]

Enquanto Tesla continuava a executar sua mágica diante da multidão de espectadores prostrados em adoração na Universidade Columbia, só podemos imaginar no que ele estava pensando. Mas, felizmente, na verdade sabemos o que geralmente lhe ocorria quando dava palestras e fazia suas espetaculares demonstrações, porque ele escreveu sobre isso em sua autobiografia:

> Ao investigar o comportamento das correntes de alta frequência, me convenci de que um campo elétrico de intensidade suficiente poderia ser produzido em uma sala para acender tubos de vácuo sem eletrodos. Consequentemente, um transformador foi construído para testar a teoria, e o primeiro teste foi um sucesso maravilhoso.
>
> É difícil avaliar o que esses fenômenos estranhos significavam naquela época. Ansiamos por novas sensações, mas logo nos tornamos indiferentes a elas. As maravilhas de ontem são ocorrências comuns hoje. Quando meus tubos foram exibidos publicamente pela primeira vez, eles foram vistos com um espanto impossível de descrever. Recebi convites urgentes de todas as partes do mundo, e inúmeras homenagens e outros incentivos lisonjeiros foram oferecidos a mim, mas eu os declinei.[40]

De repente, para grande surpresa do público, muitos deles bastante instruídos, centenas de milhares de volts de correntes de alta frequência produzidas por uma das unidades oscilantes estavam percorrendo o corpo ereto de Tesla. Com a audiência aparentemente silenciosa, exceto pelo zumbido e pelos sons crepitantes de eletricidade, a agora surreal figura de Tesla pôde ser vista segurando em uma das mãos uma de suas lâmpadas de "filamento de carbono". A energia agora contida em seu corpo fez com que as moléculas de gás na lâmpada de vidro bombardeassem uma pequena quantidade de carborundum fazendo-o brilhar até a incandescência, produzindo assim uma luz cerca de vinte vezes mais luminosa do que qualquer outra lâmpada então em uso, incluindo a lâmpada produzida por Thomas Alva Edison.[41]

Tesla, confortável no ambiente que agora controlava, completou seu tour de force de quase três horas expressando seus pensamentos sobre o futuro da eletricidade. Ele disse:

> Estamos girando através do espaço infinito com velocidade inconcebível. Tudo ao nosso redor está girando, tudo está se movendo, em toda parte há energia. Deve haver alguma maneira de nos aproveitarmos dessa energia diretamente. Então, com a luz obtida através do meio, com a potência derivada dali, com toda forma de energia obtida sem esforço, de estoques para sempre inesgotáveis, a humanidade avançará a passos largos. A mera contemplação dessas magníficas possibilidades expande nossas mentes, fortalece nossas esperanças e enche nossos corações com supremo deleite.[42]

Tesla, então, levantou-se e recebeu cortesmente a imensa demonstração de aprovação enquanto centenas de pessoas aplaudiam e gritavam "bravo" em uníssono. Outras permaneceram sentadas, em silêncio, sideradas pelo que tinham acabado de ver e vivenciar.

O dispositivo de alta frequência de Tesla, que ele simplesmente chamou de transformador ressonante, logo alcançaria sua própria fama mundial, e hoje nós o chamamos de "bobina de Tesla". Tesla sabia que era outro salto quântico à frente na ciência da eletricidade. "Este aparelho", disse ele, "é, para a produção de vibrações elétricas, tão revolucionário quanto a pólvora foi para a indústria da guerra."[43]

Tesla encerrou seu muito produtivo ano de 1891 respondendo a pedidos intermináveis de dinheiro ou investimentos de todos os tipos de parentes, alguns dos quais nem sequer ouvira falar. Outros ainda pediram empregos no laboratório do grande inventor. Mas Tesla tinha um problema que lhe ocupava todos os cantos da mente: obter a cidadania norte-americana. Ele recebeu o que considerou a maior das honras no fim de julho de 1891. Sua felicidade e a profunda gratidão por se tornar um cidadão dos Estados Unidos da América eram mais preciosas para ele — e Tesla afirmou isso pelo resto de sua vida — do que "minhas comendas, meus diplomas, títulos, medalhas de ouro e outras distinções guardadas em velhos baús".[44] Alguns anos depois, Tesla foi questionado se ele se considerava um bom americano. Encarou incrédulo seu interlocutor e respondeu: "Eu sou um bom americano?", perguntou. "Eu era um bom americano antes de conhecer este país. Eu estudei seu governo e conheci alguns de seus cidadãos. Eu admirava a

América. No fundo, eu era um americano antes de pensar em vir morar aqui. Quantas oportunidades este país oferece a um homem. Seu povo está mil anos, sim, mil anos à frente dos povos de qualquer outra nação do mundo."[45] Ele sempre manteve seus documentos de cidadania bem guardados em um cofre até sua morte.

Dito isso, é preciso esclarecer que Nikola Tesla nunca abandonou seu orgulho e o prazer em ter nascido sérvio e assim ter sido criado. Considerava que seu título mais importante era o de "Grande Oficial da Ordem de São Sava", que seria conferido a ele pelo rei Alexandre I Obrenović, em Belgrado (atual Sérvia), poucos meses depois, durante sua bem-sucedida viagem pelo continente europeu.[46] Além disso, o célebre poeta sérvio Jovan Jovanović Zmaj compôs um poema em homenagem a Tesla intitulado *Pozdrav Nikoli Tesli* [Saudações a Nikola Tesla] que foi lido em voz alta para a multidão de simpatizantes presente no retorno do filho heroico para casa.

Agora parecia a Tesla que, depois de sua segunda palestra triunfante para o Instituto Americano de Engenheiros Eletricistas — certamente uma demonstração de força —, o mundo se curvava diante dele e de suas grandes visões. A ávida Europa de 1892 aguardava ansiosamente sua chegada.

8
Tour de force

Triunfo, tragédia

LONDRES, INGLATERRA, 1892

Nos meses imediatamente posteriores à palestra de Tesla em Columbia, ele foi inundado de pedidos, desde solicitações para participar de discussões com outros cientistas e com todo tipo de oportunista até eventos dos mais variados, como jantares, apresentações e prêmios em sua honra e outras reuniões com investidores e celebridades que apenas queriam estar em sua presença. Apesar de Tesla ter feito o máximo para se manter focado no trabalho, seus experimentos com alta frequência e eventos na Europa fizeram com que ele se preparasse para uma viagem de volta ao continente, tanto para apresentar palestras sobre suas invenções e descobertas como para defendê-las contra inúmeros aspirantes ao trono.[1] O entusiasmo de Tesla para ir à Europa e falar perante cientistas, jornalistas, sicofantas e cortesãos era palpável. O *Electrical World*, um dos muitos periódicos técnicos famosos na época, publicou em dezembro de 1891 um artigo que dizia:

> Durante os últimos seis meses, o sr. Tesla esteve trabalhando incessantemente no desenvolvimento dos belos princípios enunciados em

> sua impressionante palestra perante o Instituto Americano de Engenheiros Eletricistas. Sob suas mãos habilidosas, os experimentos estenderam-se muito além de sua mera importância teórica na direção de importantes aplicações práticas. Parte dos frutos de seus esforços já apareceu em suas patentes metodológicas de lâmpadas incandescentes, outra patente de condensadores e vários outros depósitos no Escritório de Patentes. Enquanto isso, a transmissão de energia não foi esquecida, e alguns avanços interessantes nessa área podem ser esperados para breve, especialmente porque o uso de métodos descritos em patentes anteriores do sr. Tesla fez recentemente muito sucesso no estrangeiro. Ali pelo meio de janeiro, o sr. Tesla espera embarcar para a Europa para apresentar, por pedido urgente de seus colegas ingleses, uma palestra sobre suas pesquisas com alta frequência e para supervisionar seus interesses no estrangeiro. A viagem será rápida, de apenas uns dois meses, já que a pressão do trabalho no laboratório impede uma ausência prolongada. Na sua volta, alguns dos últimos desenvolvimentos comerciais de seu trabalho devem surgir tão rápido quanto as circunstâncias permitirem. A natureza revolucionária de seus métodos faz com que qualquer aplicação mais extensa deles seja de interesse ímpar.[2]

É digno de nota que em fevereiro de 1891, meses antes de sua viagem à Europa, Tesla tenha dado entrada na primeira de três patentes fundamentais, assegurando sua primazia quanto à conversão e à distribuição de energia.

Essas solicitações constantes causavam a ele grande angústia, mas, após ter recusado convites da melhor forma possível pelo tempo que conseguiu, ele sabia que era um exercício fútil. Ainda assim tentou colocar-se no estado mental correto para o inevitável que se aproximava. Tesla sabia que Londres era, já desde muito tempo, um centro de ciência tanto quanto de negócios e ele estaria lá para fazer os dois. Afinal, a famosa Sociedade Real de Londres para o Progresso do Conhecimento Natural,* fundada em 1660,

* No original, Royal Society. (N. E.)

ficava em Londres e, entre seus membros, estavam os maiores praticantes da ciência, assim como a Royal Institution,* onde ele faria sua palestra.[3]

Em referência aos constantes convites que tomavam seu tempo, ele escreveu mais tarde:

> Se não me falha a memória, foi em novembro de 1890 que realizei uma experiência de laboratório [ver capítulo 7] que foi uma das mais extraordinárias e espetaculares jamais registradas nos anais da ciência. Mas, em 1892, as demandas tornaram-se irresistíveis, e fui a Londres, onde apresentei uma palestra perante o Instituto de Engenheiros Eletricistas. Era minha intenção partir imediatamente para Paris, a fim de atender a um compromisso similar, mas sir James Dewar [1842-1923, inventor da garrafa Dewar, ou garrafa térmica] insistiu para que eu me apresentasse na Royal Institution. Eu era um homem resoluto, mas cedi facilmente aos vigorosos argumentos daquele grande escocês. Ele me acomodou numa poltrona e me serviu meio copo de um maravilhoso líquido marrom, que emitia toda sorte de cores brilhantes e tinha gosto de néctar. "Agora", disse ele, "você está sentado na poltrona de Faraday e bebendo o uísque que ele costumava beber." Em ambos os aspectos, era uma experiência de fazer inveja. Na noite seguinte, fiz uma demonstração naquela instituição, ao fim da qual Lorde Rayleigh [Prêmio Nobel de Física] falou à audiência, e suas palavras generosas me deram um primeiro incentivo para seguir com esses empreendimentos. Eu fugi de Londres e depois de Paris para escapar dos favores que choviam sobre mim e voltei para minha casa, onde atravessei um período de grande provação e doença. Após recuperar minha saúde, comecei a formular planos para o reinício dos trabalhos na América. Até aquele momento eu nunca tinha percebido que possuía qualquer dom para a descoberta, mas Lorde Rayleigh, que eu sempre considerei um homem da ciência ideal, ele mesmo disse isso, e, se fosse esse o caso, eu sentia que precisava me concentrar em algumas grandes ideias.[4]

* A Royal Institution of Great Britain, mais conhecida como Royal Institution, é uma organização dedicada à educação e investigação científicas situada em Londres. (N. E.)

Será que a menção de Tesla a voltar para casa referia-se à sua terra natal — então no Império Austro-Húngaro (antes Império Austríaco)? Ainda, será que sua referência a "um período de grande provação e doença" era um eufemismo para a ocorrência de outro episódio de desordem bipolar, na forma de uma grande depressão causada pelas pressões sofridas devido à sua fama, à sua fortuna e ao seu sucesso como cientista? Ou talvez ele tenha tido uma premonição de que a morte de sua mãe estava próxima?

Vale notar que seu trabalho árduo e sua fama e as pressões decorrentes são muitas vezes apontados como culpados por sua depressão, mas o trabalho árduo e as pressões também acompanhavam suas fases de mania, justamente quando ele florescia. Então, talvez Tesla e outros estejam tentando achar razões para a depressão em vez de aceitar que ela muitas vezes tem seu próprio curso e decide por si quando chegar e quando partir. É bem possível que ele não tenha tido qualquer episódio maior de depressão até sua mãe morrer, e esse evento tenha disparado não apenas o luto, mas um grande episódio depressivo, mais severo que o esperado, como reação ao luto.

À medida que os desafios na Europa de seus consideráveis feitos começavam a ganhar força — como acontece tantas vezes com muitos daqueles que ousam ir além —, até mesmo os periódicos sobre eletricidade britânicos eventualmente questionavam se Ferraris havia desenvolvido um motor elétrico usando o campo magnético rotativo de Tesla ou não — as patentes de Tesla mostraram que ele fora o primeiro. Então havia também o alemão F. A. Haselwander, que fez a reivindicação enganadora de ter desenvolvido o motor de indução de três fases, que gerava dez cavalos de potência, no verão de 1887. Entretanto, ele não produziu um motor funcional até depois de Tesla ter demonstrado seu campo magnético rotativo com grande sucesso e depositado as patentes apropriadas antes de qualquer ação por parte de Haselwander.[5]

As falsas alegações multiplicaram-se na Feira Eletrotécnica de Frankfurt, na Alemanha, quando, durante o ameno verão de 1891, Tesla foi confrontado com uma situação para ele muito perturbadora. Foi ali que outros pretendentes ao trono buscaram afirmar sua primazia como inventores da corrente alternada de três fases. Uma vez decidido que os motores elétricos usariam corrente alternada em vez de corrente contínua, Michael von Dolivo-Dobrowolsky, russo de nascimento, da empresa alemã Allgemeine Elektricitäts-Gesellschaft, foi encarregado de construir motores de corrente alternada com o inglês Charles E. L. Brown, da empresa suíça Maschinenfabrik Oerlikon, para o Sistema Postal Imperial da Alemanha a fim de transmitir energia por 180 quilômetros, de Lauffen para Frankfurt.[6] O argumento que pode ser defendido é que Dolivo-Dobrowolsky convenientemente desviou do problema das patentes de Tesla ao nomear seu sistema *drehstrom*, que, em alemão, significa "corrente rotacional de três fases".[7] Desnecessário dizer, Tesla ficou perturbado e confuso quando soube que Dolivo-Dobrowolsky e Brown receberam crédito da parte de jornalistas pelo conceito da corrente elétrica alternada de três fases. Estranhamente, entretanto, Brown, em um momento de honestidade, encontrou em si a força para fazer a coisa certa e admitiu que foi o trabalho de Tesla que tornou seu trabalho e de Dolivo-Dobrowolsky possível. Mas, como é frequentemente o caso, os infratores estavam por todo lado, apesar das proteções dadas pelas patentes de Tesla em inúmeros países da Europa, incluindo a Inglaterra e a Alemanha.[8]

Com o grande sucesso da configuração de Dolivo-Dobrowolsky e Brown para usinas de energia, a Guerra das Correntes foi posta de lado na Europa, com os engenheiros usando os fundamentos do sistema de corrente alternada de Tesla e até seguindo sua sugestão de que "petróleo" deveria ser usado como isolante. Especificamente, a energia produzida na usina de Frankfurt era tanta que mil lâmpadas incandescentes iluminavam uma imensa placa de propaganda.[9]

O palco estava armado. Tesla daria uma palestra longamente aguardada no Instituto dos Engenheiros Eletricistas, em 3 de fevereiro de 1892, em Londres. Na sala de conferências do instituto, cabiam apenas quatrocentas pessoas. Esperando uma audiência muito maior, foi prudentemente decidido que o evento deveria ser transferido para a Royal Institution, que podia acomodar quase oitocentas pessoas. Entretanto, a Royal Institution, que cordialmente ofereceu suas instalações para a palestra, pediu em troca um favor. Ela queria que seus próprios e extremamente eruditos membros beneficiassem-se do gênio revolucionário de Tesla. Então, uma segunda palestra foi marcada. Quando Tesla soube do pedido, ele se recusou, como lemos na descrição anterior, mas James Dewar, professor fulleriano de química da Royal Institution, conseguiu convencê-lo de que ele seria beneficiado com uma palestra adicional. Ele falaria do mesmo palco onde o cientista inglês Michael Faraday (1791-1867) havia enunciado os fundamentos da indução eletromagnética nos anos 1830.[10]

Então, era hora do show. O mago elétrico surgiu no palco e encarou a plateia, que estava sentada em uma configuração ao estilo de um anfiteatro. Os grandes cientistas na plateia incluíam Joseph Swan, J. J. Thompson, sir James Dewar, sir William Preece, sir Oliver Lodge e Lorde Kelvin. Mas um espectador em particular capturou o olhar perspicaz de Tesla. Era sir William Crookes, o famoso químico conhecido por conduzir alguns dos primeiros experimentos com radiação.[11] Tesla admitiu que, quando estava na faculdade, havia lido um pequeno livro (um artigo) intitulado "Sobre a matéria radiante", escrito por Crookes e que havia instigado seu interesse pela eletricidade. Além disso, ele acrescentou que havia começado a entrar no mesmo "mundo nebuloso que o professor Crookes tão brilhantemente explorou" antes dele.[12]

Podemos facilmente supor que Tesla tenha se sentido intimidado pelo encontro de tantos cientistas brilhantes, reunidos em pé em uma sala para ouvi-lo falar e demonstrar suas invenções. Mas ele não os desapontou. A palestra de Tesla foi apropriadamente intitulada "Experimentos com correntes alternadas de alta tensão e alta frequência". Ele demonstraria lâmpadas que acendiam sem fio; tubos tão sensíveis que podiam ser alimentados por um impulso eletrônico emitido do outro lado do Atlântico; e mesmo um motor que era capaz de ser alimentado por uma conexão com o chão e uma antena básica. Tesla, suas emoções queimando de intensidade, estava em seu domínio. A audiência, agora hipnotizada pelo seu gênio brilhante — muitos até pensando que ele era a personificação de Prometeu —, seguia cada uma de suas palavras:

> É bem possível que tais motores "sem fio", como eles poderiam ser chamados, possam operar pela condução através do ar rarefeito por distâncias consideráveis. Correntes alternadas, especialmente em altas frequências, atravessam com uma liberdade impressionante até mesmo gases levemente rarefeitos. A camada superior do ar é rarefeita. Atingir um certo número de quilômetros espaço adentro requer superar dificuldades de natureza meramente mecânica. Não há dúvidas de que, com os enormes potenciais do uso de altas frequências e isolamento a óleo, descargas luminosas podem atravessar muitos quilômetros de ar rarefeito, e assim, dirigindo uma energia de muitas centenas ou muitos milhares de cavalos de potência, motores ou lâmpadas poderiam ser operados a distâncias consideráveis a partir de fontes estacionárias.[13]

A palestra já durava quase duas horas quando Tesla parou e respirou. Ele havia afirmado à audiência que quase todos os seus experimentos eram novos, não uma mera repetição das duas bem-sucedidas palestras nos Estados Unidos.[14] Durante seu tour de force, ele fez uma pergunta retórica: "Existe, eu pergunto, pode existir um estudo mais interessante que aquele da corrente alternada?".[15] A pergunta foi feita após uma parte de sua apresentação ser realizada. Então, para dar ao leitor uma experiência contextual mais completa, vamos escutar Tesla apresentar uma parte de sua inovadora palestra:

> Podemos escolher aleatoriamente qualquer um dos experimentos que podem ser executados com correntes alternadas; alguns deles apenas, e de forma alguma os mais surpreendentes, são o objeto das demonstrações desta noite; são todos igualmente interessantes, incitam igualmente o pensamento.
>
> Aqui está um simples tubo de vidro, do qual o ar foi parcialmente retirado. Eu o pego na mão, faço meu corpo tocar um fio transmitindo correntes alternadas de alta tensão e o tubo em minha mão se ilumina e brilha. Qualquer que seja a posição em que o ponha, qualquer que seja a forma como o movo pelo espaço, tão longe quanto consigo alcançar, sua luz suave e prazerosa persiste sem perder o brilho.

> Aqui está uma lâmpada, sem ar dentro, suspensa por um único fio. Em pé em um suporte isolado, eu a pego, e o botão de platina montado na lâmpada torna-se vividamente incandescente.
>
> Presa a um fio condutor, está outra lâmpada, e, quando eu a toco, seu soquete metálico se enche das cores magníficas da luz fosforescente.
>
> Aqui ainda outra, que ao toque de meus dedos lança uma sombra — a sombra de Crookes — da haste em seu interior.
>
> Novamente, enquanto isolado nesta plataforma, eu trago meu corpo ao contato com um dos terminais secundários dessa bobina de indução com a ponta de um fio com muitos quilômetros de comprimento, e vocês veem raios de luz aparecerem na ponta distante, que vibra violentamente.
>
> Aqui, novamente, eu ligo estes dois pratos de tela de arame aos terminais de uma bobina; os afasto um pouco e faço funcionar a bobina. Vocês podem ver uma pequena faísca passando entre os pratos. Insiro um prato grosso de um dos melhores materiais dielétricos entre eles e, em vez de isso tornar a passagem totalmente impossível, como estamos acostumados a esperar, isso auxilia a passagem da descarga, que, quando insiro o prato, simplesmente muda de aparência e assume a forma de raios luminosos.[16]

Parte de um cabograma, enviado por um observador em 3 de fevereiro de 1892 para um dos mais respeitados periódicos técnicos da época, afirmava o seguinte:

> Após uma pequena introdução sobre a teoria que o levou à sua nova linha de trabalho envolvendo a aplicação de potências muito altas e frequências excedendo em muito aquelas empregadas até hoje, o sr. Tesla começou suas demonstrações experimentais com a exibição de várias formas de descargas. Ele primeiro mostrou uma bobina de indução operada por descarga de condensador. Com essa bobina, ele produziu vários fenômenos notáveis de descarga. Entre outros, ele imitou a faísca de uma máquina Holtz e mostrou a descarga de uma escova cobrindo uma área de cerca de 1,5 metro quadrado e também um fio luminoso traçando o nome de William Thomson. O sr. Tesla, então, passou para alguns

fenômenos novos e extremamente interessantes descobertos por ele há algum tempo. Consistia em uma escova girando dentro de um globo sem ar. Ele mostrou que a escova era afetada eletrostática e magneticamente (mesmo pelo magnetismo da Terra) e que o estudo desses fenômenos poderia levar a importantes descobertas sobre a natureza dos campos eletrostáticos ou eletromagnéticos.[17]

Não podemos subestimar a força das apresentações de Tesla e a importância de seu trabalho. O carisma estava no comando. Sua persona "magnética" fez com que alguns dissessem que ele falava como um feiticeiro, um alquimista, um mago, mas era tudo real. Dizem que mesmo o grande sir Isaac Newton algumas vezes exibia as mesmas características. Ele sabia como extrair conhecimento de todas as possibilidades, fazendo seu método parecer, por vezes, muito variado.[18] Foi mesmo sugerido que Tesla tinha o conhecimento e a capacidade de animar o inanimado.

> Talvez uma razão pela qual esse ramo da ciência esteja se desenvolvendo tão rápido seja encontrada no interesse dado a seu estudo experimental. Nós encapamos um anel de ferro com fios; estabelecemos as conexões com o gerador e, maravilhados e encantados, notamos os efeitos das estranhas forças que fizemos aparecer, permitindo a nós transformar, transmitir e direcionar energia segundo nossa vontade. Arrumamos os circuitos da forma correta e vemos uma massa de ferro e fios comportar-se como se estivesse cheia de vida, girando uma pesada carapaça, por meio de conexões invisíveis, a grandes velocidades e acionadas por energia possivelmente trazida de grandes distâncias.[19]

Tesla, então, acrescentou:

> Observamos como a energia de uma corrente alternada atravessando o fio manifesta-se não tanto no fio, mas no espaço circundante de forma muito surpreendente, tomando as formas de calor, luz, energia mecânica e a mais surpreendente de todas, até mesmo afinidade química. Todas essas observações nos fascinam e nos enchem de um desejo intenso de

> saber mais sobre a natureza desses fenômenos. A cada dia vamos para o trabalho na esperança de descobrir, na esperança de que alguém, não importa quem, possa encontrar a solução para algum dos grandes problemas pendentes, e a cada dia retornamos à nossa tarefa com ardor renovado e, mesmo se fracassarmos, nosso trabalho não terá sido em vão, pois nessas tentativas, nesses esforços, encontramos horas de prazer indescritível e dirigimos nossas energias para o benefício da humanidade.[20]

Mais uma vez somos lembrados que o tema central da vida de Tesla é mais bem demonstrado pelas palavras "aliviar o fardo dos ombros da humanidade". Nelas, ele encontrou seu propósito — era mais altruísta quando em estado maníaco, sentindo-se grandioso e capaz de qualquer coisa. Assim, está claro que ele estava em período de mania durante sua palestra.

As palavras de Tesla e as demonstrações continuavam em um ritmo vertiginoso enquanto a terceira hora aproximava-se. Uma apresentação hipnótica após outra. Conforme a palestra aprofundava-se em seu trabalho e na fria noite londrina, mesmo os mais sofisticados na audiência ficaram emocionalmente abalados e entusiasmados por sua genialidade original. O registro em um periódico nova-iorquino sobre eletricidade altamente respeitado em 19 de março de 1892 trazia a manchete: "O sr. Tesla perante a Royal Institution, Londres". O autor descreveu o evento assim:

> O sr. Tesla é o leão dos círculos elétricos, sem qualquer dúvida, e merece todas as honras concedidas a ele. A palestra do sr. Tesla na quarta-feira da semana passada perante o Instituto dos Engenheiros Eletricistas e repetida na quinta-feira perante a Royal Institution viverá para sempre na imaginação de cada pessoa nas brilhantes audiências científicas que o ouviram, abrindo, para muitos deles pela primeira vez, as aparentemente ilimitadas possibilidades da aplicação e do controle da eletricidade. Raramente aconteceu tal encontro das mais importantes autoridades atuais no campo da eletricidade, todas ansiosas na expectativa de teste-

munhar os experimentos, cujos detalhes já nos haviam sido dados deste lado do Atlântico, mas dos quais nenhuma descrição escrita poderia transmitir a verdadeira importância e beleza.[21]

Naquele tempo, Tesla já tinha aprendido que, em algumas situações, a "palestra" era a língua franca da ciência. Aquela foi uma dessas situações. Afinal, não havia internet para espalhar a palavra, não havia banners para anunciar as invenções, as descobertas e os produtos de alguém para investidores e compradores em potencial. Havia poucos meios de fazer-se notar e dizer ao mundo o que ele estava fazendo e como isso poderia beneficiá-los (CA sobre CC), além de jornais, palestras e demonstrações pessoais. A consequência é que ele precisava se tornar um showman brilhante. Precisava fazer do drama parte de sua apresentação e precisava tocar tanto a imaginação como a mente e as emoções da audiência.[22]

Não há dúvida de que o "espetáculo" precisava ser o ponto central de tal exibição. Ele se tornava uma força demiúrgica quando entrava no palco e apresentava-se para a audiência com movimentos físicos largos, em seu costumeiro fraque, cartola e botas de borracha, enquanto ligava os aparatos tecnológicos que o cercavam. Ali, Tesla já sabia exatamente como atingir um crescendo em sua performance, guardando o melhor para o final. Muitas vezes sua apresentação terminava com dezenas de milhares de volts de eletricidade selvagem passando por seu corpo, enquanto lâmpadas eram acesas e faíscas azuis de eletricidade partiam como raios de seus longos dedos.[23] Ele vivenciava a eletricidade de todas as formas.

Mentalmente fraco e fisicamente exausto, Tesla triunfou em Londres de inúmeras formas. Ele havia conseguido reimaginar o mundo e torná-lo real perante as mais brilhantes mentes que a Inglaterra podia oferecer. Ele de fato tornou-se o "imaginador" de sua época e era o ponto fora da curva consumado da ciência. Para tanto, ele havia rejeitado o conhecimento herdado daquele tempo e entendido, de forma similar a Newton e Einstein, que a beleza está dentro da natureza, ela é a luz que ilumina o caminho para a verdade.

Além disso, ele também tinha a consciência dos antigos, que entendiam tal beleza da forma que ela se expressava em *prisca sapientia* (o conhecimento antigo).[24]

Após a segunda palestra, Lorde Rayleigh, o físico mundialmente famoso, quebrou a tradição do instituto de não fazer comentários ao fim de uma palestra, dizendo:

> O sr. Tesla não trabalhou às cegas ou aleatoriamente, mas foi guiado pelo uso correto da imaginação científica. Sem usar tal guia, pouco podemos esperar conseguir que seja de valor real. Não acho que preciso acrescentar mais, não é preciso qualquer capacidade maior para ver que o sr. Tesla possui a genialidade de um descobridor e que podemos esperar dele uma longa carreira de descobertas.[25]

Naquele momento, a imprensa de Londres estava apaixonada pelo jovem que trazia a mágica, o mago que impressionava a todos.[26] As palestras geraram muitos outros convites para reuniões, jantares e discussões sobre questões científicas com colegas pesquisadores, e ele os aceitou.

Após a palestra, Tesla foi convidado a visitar o laboratório de sir William Crookes, e, como uma gentileza para seu anfitrião, montou uma "bobina de Tesla" e ensinou o colega cientista a construir suas próprias bobinas. Como era seu estilo, Tesla insistiu em brincar no laboratório até cansar-se. Depois, houve um jantar suntuoso, e então os dois relaxaram e conversaram animadamente sobre uma gama de tópicos, desde seu próprio trabalho científico até comunicação sem fio, teologia, espiritualismo, metafísica e mesmo a terra natal de Tesla.[27]

Quando a conversa começou a se aprofundar no tema da pesquisa de fenômenos sobrenaturais, Tesla recuou, pois nunca realmente acreditou na vida após a morte. Mas, quando sir Crookes mostrou a ele pilhas de documentos e o apoio de outros a quem Tesla admirava, este último começou a pensar sobre a ideia. Ele tinha mesmo o desejo de tornar-se imortal, mas sempre achou que isso seria fruto de seu trabalho.[28] De repente, sua mente começou a mover-se em várias direções. Começou a ter dificuldade de manter a conversa, e sir Crookes olhou para ele com a preocupação de um pai. Tesla havia deixado para trás as convicções e superstições do Velho Mundo para fazer sua vida no Novo Mundo, e agora ele sentia como se nunca tivesse saído de casa. Sua visão de mundo foi novamente desafiada, e ele não gostou.

Claro, Tesla estava sob enorme pressão, com seu cronograma de viagem rigoroso, e agora tinha que processar as palavras de sir Crookes. Este podia sentir que o jovem cientista precisava muito de descanso. Mais tarde, ele escreveu para Tesla: "Espero que consiga visitar as montanhas de sua terra natal logo que possível. Você está sofrendo de excesso de trabalho e, se não se cuidar, vai logo desabar".[29] Tesla achou o conselho sábio, mas sabia que não tinha controle do seu tempo. A excitação, as palestras e os jantares em Londres precisavam acabar, pois Paris chamava. Ele tivera experiências anteriores na Cidade Luz — tanto boas como ruins. Com a trepidação tomando sua mente, ele queria voltar a Nova York, mas tinha se comprometido, e era sempre um homem de palavra.

Talvez sir Crookes tenha notado, em sua própria análise científica, o paradoxo de Tesla movendo-se de uma mania para outra, misturada com características de depressão — um prenúncio, para Tesla, de que ele estava prestes a cair em uma depressão profunda. Crookes parece ter percebido a melancolia de Tesla e o fato de sua comunicação já não parecer fácil, apesar de continuar a prodigiosa apresentação sobre energia na palestra.

PARIS, FRANÇA, 1892

Pintores impressionistas, alguns famosos, outros tentando atingir a fama, outros ainda nada mais que impostores, haviam fincado seus cavaletes por toda a cidade e esfregavam tinta em telas recicladas, em um esforço de revelar o que seus olhos tinham visto, na esperança de que outros gostassem o bastante de seus quadros para comprá-los. Cafés apinhados em todos os passeios públicos, as grandes avenidas recebiam multidões de turistas, bêbados do esplendor da cidade. Paris, como Florença, muitas vezes enfeitiça aqueles que vão experimentar sua beleza. De fato, muitos chamam isso de síndrome de Stendhal, enquanto outros se referem à síndrome de Paris.[30] É uma condição psicológica na qual os indivíduos são dominados pela beleza de uma cidade magnífica ou por uma obra de arte magistral, ou mesmo por uma elegante fórmula matemática, teoria ou máquina.

Deixando o clima horrível da Inglaterra no meio de fevereiro, Tesla cruzou o Canal da Mancha sem maiores problemas. Ele imediatamente se dirigiu ao Hotel de la Paix, refugiando-se das demandas que o incomodavam — sua palestra de 19 de fevereiro perante um encontro conjunto da Société de Physique e da Société International des Electriciens* aproximava-se rapidamente, e ele sentia-se ansioso e sobrecarregado. Apesar disso, achou prudente procurar um dos pioneiros dos campos da eletrofisiologia e da diatermia, assim ele encontrou-se com Jacques-Arsène d'Arsonval (1851-1940), um médico e físico francês. Recordando o encontro, Tesla escreveu:

> Quando o dr. D'Arsonval declarou que havia feito a mesma descoberta [relativa aos efeitos físicos da passagem de frequências extremamente altas pelo corpo], uma acalorada discussão concernente à prioridade começou. Os franceses, ansiosos para honrar seu conterrâneo, fizeram dele um membro da Academia, ignorando completamente minhas publicações anteriores. Decidido a tomar providências para reivindicar meus direitos, eu me encontrei [com] o dr. D'Arsonval. Seu charme pessoal me desarmou, e eu abandonei minha intenção, satisfeito em ter tudo em registro. Ele mostra que minha revelação antecede a dele e também que ele usou meu aparato para suas demonstrações.

O julgamento final fica para a posteridade. Tesla escreveu:

> Desde o início, o crescimento da nova técnica [de eletroterapia] e da indústria tem sido fenomenal, com alguns fabricantes produzindo centenas de conjuntos por dia. Muitos milhões estão agora em uso por todo o mundo. As correntes fornecidas por eles provaram ser o tônico ideal para o sistema nervoso humano. Eles promovem a ação do coração, a digestão, induzem um sono saudável, removem as exsudações destruti-

*No original, Sociedade de Física e Sociedade Internacional de Eletricistas, respectivamente. (N. E.)

vas da pele e, com o calor que criam, curam gripes e febres. Eles vivificam partes atrofiadas ou paralisadas do corpo, aliviam todo tipo de sofrimento e salvam milhares de vidas anualmente. Líderes da profissão me asseguraram que eu fiz mais pela humanidade com esse tratamento médico que todas as minhas outras invenções e descobertas. Seja como for, tenho certeza de que a TERAPIA MECÂNICA, que estou prestes a dar ao mundo, trará benefícios incomparavelmente maiores.[31]

Nesse ensaio, Tesla reafirma, mais uma vez, sua crença de que é seu dever moral fazer tudo o que puder em benefício da humanidade. Além disso, seu trabalho com a "terapia mecânica" provou ser importante e benéfico.

Como esperado, a palestra de Tesla e suas demonstrações na noite de 19 de fevereiro em Paris causaram furor. Entretanto, como reportado, Tesla repetiu alguns de seus experimentos antigos, indicando assim que o circuito de palestras estava cobrando seu preço, tanto física como mentalmente. No entanto, o eletricista francês Édouard Hospitalier escreveu que Tesla apresentou experimentos com "a marca da novidade". Ele acrescentou:

> O sr. Tesla, com seus memoráveis experimentos, mostrou a todos que, se variarmos um campo eletrostático com frequências muito altas, é possível colocar ali aparatos de grande simplicidade, tais como tubos de gás rarefeito, e estes coletarem parte da energia e a tornarem luminosa. Para ele, a luz do futuro reside na incandescência de sólidos, gases e corpos fluorescentes. O jovem cientista está convencido disso como um precursor e quase como um profeta. Ele incute tanto calor e tanta sinceridade em suas explicações e seus experimentos que sua fé nos ganha e, apesar de nós mesmos, acabamos por acreditar que estamos testemunhando o alvorecer de uma revolução próxima nos processos de iluminação atuais.[32]

Um periódico norte-americano escreveu que a palestra de Tesla em Paris estabeleceu sua reputação científica de um só golpe.[33] Outro jornalista disse da performance de Tesla naquela noite: "Os olhos de Tesla brilhavam quando ele descrevia seu trabalho. Inclinando-se para a frente, olhando em quase todos os momentos nos olhos de sua [audiência] para assegurar-se de que havia sido entendido, ele provou ser um palestrante de cuja linha de raciocínio era impossível escapar enquanto o interlocutor estivesse sob sua influência".[34]

Entretanto, como a maioria dos grandes inventores pode confirmar, sempre existem aqueles que duvidam. Sim, Edison havia surgido novamente, um vigarista em busca de sua próxima vítima, e ele continuava a mascatear seu sistema inferior de corrente contínua e temia que Tesla pudesse tirar proveito de seu sistema de corrente alternada na Europa — a Guerra das Correntes ainda era problemática para Tesla. Havia outros que zombavam das alegações de Tesla, insistindo que seu motor não poderia nunca funcionar, e até mesmo um americano desavergonhado que insistia que havia inventado um sistema de corrente alternada.[35] Esse tipo de negatividade só servia para exacerbar um período já difícil para Tesla, dificuldade causada pela temporada de palestras, por dúvidas a respeito de si mesmo e os curiosos pensamentos que continuavam a infectar sua mente. Para contrapor tamanha negatividade, Tesla encontrou-se com vários dignatários e presidentes de empresas, tanto na França como na Alemanha, com o objetivo de obter rendimentos de suas patentes no estrangeiro. Foi nesse período que o estresse físico e a exaustão mental chegaram próximos de se derramar sobre um caldeirão de emoções em ebulição.

Em meio a todo esse triunfo em Londres e Paris, Tesla logo experimentaria sua maior tragédia. Ele percebeu que seus problemas estavam acumulando-se, e, em sua autobiografia, nos dá algumas pistas sobre seus sentimentos após a palestra de Paris. Como ele escreveu:

> Eu achei muito ruim abandonar o laboratório, e vários meses passaram-se durante os quais eu consegui reviver todas as impressões de meu passado até a primavera de 1892. No próximo quadro que emergiu da névoa do esquecimento, eu me vi no Hotel de la Paix, em Paris, saindo de um dos meus surtos de sono, que havia sido causado por um esforço cerebral prolongado. Imagine a dor e a angústia que senti quando veio à minha mente que, naquele exato momento, chegou para mim um des-

> pacho trazendo a triste notícia de que minha mãe estava à beira da morte. Lembro como empreendi a longa viagem para casa sem descansar sequer uma hora e como ela morreu após semanas de agonia. Foi especialmente notável que, durante todo esse período de memória parcialmente obliterada, eu estava completamente atento a tudo que dissesse respeito à minha pesquisa. Eu podia lembrar dos menores detalhes e das mais insignificantes observações de meus experimentos e mesmo recitar páginas de texto e de fórmulas matemáticas complexas.[36]

O que podemos deduzir desses comentários de Tesla? A amnésia que o fez esquecer de sua vida passada era um mecanismo de defesa? Talvez, mas, apesar de sua grande perda — sua mãe havia sido a fonte original de suas habilidades como inventor —, ele ainda era capaz de concentrar-se no trabalho de sua vida e no seu propósito.

Tesla passou muito de seu tempo nesses anos em um estado maníaco/hipomaníaco no qual, como ocorre em muitos casos, tinha pouca necessidade de sono. Quando a mania passa, não há apenas a necessidade de sono normal, mas muitas vezes ocorre hipersonia, com muito mais que sono normal, um sono que não é refrescante ou restaurador, algo que deve ter parecido muito peculiar para ele, já que estava definitivamente deprimido.

GOSPIĆ, IMPÉRIO AUSTRO-HÚNGARO, 1892

A notícia da morte iminente de sua mãe atingiu Tesla como um raio, uma reminiscência da noite de seu nascimento — ele se viu confrontado com a vida que termina na morte, independentemente de sua crença de que seu trabalho lhe concederia "imortalidade". Retornando a Gospić após quase uma década e vendo quão pouco tinha mudado, exceto pelas lâmpadas "elétricas" nas ruas, ele foi recebido pelas três irmãs, todas casadas com padres da Igreja Ortodoxa Sérvia. Seu tio Petar, o bispo local, também estava lá para confortá-lo, pois ele estava em um estado mental terrível. Foi imediatamente levado por seus familiares à cama da mãe. Ao ver o filho com os olhos molhados, ela invocou palavras maternais: "Você chegou, Nidzo, meu orgulho".[37]

Apesar de não ser dado a exibir suas emoções, Tesla chorou ao ver sua querida mãe, sua maior inspiração, enquanto ela passava pelos últimos espasmos de vida — seu corpo frágil, seu rosto abatido com a extinção gradual da luz que a morte traz para todos. Tesla nos diz que ele estava em um estado de sonho premonitório, controlado pelas emoções do momento e pelo espiritualismo, quando sua mãe deu o último suspiro:[38]

> Desde então me foi dito, por alguns dos maiores homens da época, líderes da ciência cujos nomes são imortais, que possuo uma mente ímpar, que concentro todo o meu poder mental na solução dos grandes problemas, independentemente do sacrifício. Por muitos anos tenho me esforçado para resolver o enigma da morte e procurado com afinco todo tipo de indicação espiritual. Mas apenas uma vez no curso de minha existência tive uma experiência que momentaneamente me impressionou como algo sobrenatural. Foi quando minha mãe morreu. Eu estava completamente exaurido pela dor e pela longa vigília, e uma noite fui carregado para um prédio a dois quarteirões de nossa casa. Deitado ali, desamparado, pensei que, se minha mãe morresse enquanto eu estava longe de sua cama, ela com certeza me daria um sinal. Dois ou três meses antes eu estava em Londres, na companhia de meu amigo, sir William Crookes, discutindo o espiritualismo, e eu estava sob uma forte influência dessas ideias. A outros homens eu poderia não ter dado atenção, mas estava suscetível aos seus argumentos, pois ele desenvolvera um trabalho crucial sobre a matéria radiante, que havia lido quando estudante e que me fizera abraçar a carreira na eletricidade. Refleti que as condições para um exame do além eram as mais favoráveis, pois minha mãe era uma mulher de gênio e particularmente excelente nos poderes de intuição. Durante toda a noite, cada fibra de meu cérebro estava tensa com a expectativa, mas nada aconteceu até o início da manhã, quando caí no sono, ou talvez tenha desmaiado, e vi uma nuvem carregando formas angelicais de beleza maravilhosa e uma delas me olhou com amor e gradualmente assumiu as feições de minha mãe. A aparição flutuou lentamente pelo quarto e desapareceu, e eu fui acordado por uma canção indescritivelmente

doce, cantada por muitas vozes. Naquele instante me veio uma certeza que nenhuma palavra consegue expressar, de que minha mãe tinha acabado de morrer. Era verdade, e fui incapaz de compreender o tremendo peso do doloroso conhecimento que recebera com antecedência. Escrevi uma carta para sir William Crookes enquanto ainda estava sob o domínio daquelas impressões e com a saúde física abalada. Quando me recuperei, procurei por muito tempo a causa externa para essa estranha manifestação e, para meu alívio, encontrei-a após muitos meses de esforços infrutíferos. Eu havia visto um quadro de um famoso pintor representando alegoricamente uma das estações do ano na forma de uma nuvem com um grupo de anjos, que pareciam realmente flutuar no ar, e tal quadro me impressionara muito. Era exatamente o que me apareceu em sonho, exceto pela semelhança com minha mãe. A música vinha do coro de uma igreja próxima, em uma missa de manhã de Páscoa, explicando tudo satisfatoriamente, em conformidade com os fatos científicos.[39]

Esse tipo de pensamento compulsivo, experimentado quase como visões e alucinações, é uma parte comum da reação ao luto. Tesla, na época, estava transitando da mania para um estado mais difuso de mania enquanto palestrava em Londres, em antecipação aos problemas da mãe, e depois para uma reação de luto disparando um episódio depressivo completo, acompanhado por surtos de sono intenso.

Dezenove de abril marca o dia em que Djouka (Đuka — Georgina) Mandić Tesla morreu, aos setenta anos.[40] Era domingo de Páscoa. Ela foi enterrada junto a seu amado marido, Milutin, no cemitério Jasikovac, em Divoselo. Por causa da longa história de envolvimento das famílias Tesla e Mandić com a Igreja Cristã Ortodoxa Sérvia, seu funeral foi oficiado por não menos que seis padres. Tesla encomendou e pagou duas lápides em forma de obeliscos, erguidos sobre seu pai e sua mãe.[41] As lápides, desgastadas pelo tempo, ainda se erguem hoje no cemitério, com cruzes ortodoxas sérvias ocupando os dois terços superiores de cada uma delas.

Após refletir, Tesla escreveu de forma muito emotiva para um parente: "Não preciso dizer a você que estou muito triste e recolhido. Antes tinha medo desse evento, mas o golpe foi pesado". Mesmo anos depois, a morte da mãe ainda assombrava seus pensamentos, da mesma maneira que a morte do irmão, Dane, assombrava-o desde a infância.[42] A capacidade de premonição de Tesla apareceu outra vez, tristemente, anos mais tarde, quando ele teve pensamentos sobre a morte iminente de sua irmã, Angelina. Ele, rapidamente, enviou um telegrama para casa, apenas para receber um telegrama em resposta confirmando a morte dela. Durante sua vida, essas experiências de tragédia próxima não foram incomuns.[43]

Após o funeral, sentindo-se emocionalmente ferido, Tesla passou as quatro ou seis semanas seguintes em Gospić reconectando-se com amigos e familiares. Viajou a Plaski para visitar a irmã Marića e depois a Varazdin para ver o tio Pajo e, então, a Zagreb para apresentar uma palestra na universidade. Fez uma viagem secundária na volta, a Budapeste, para prestar consultoria à Gans & Company a respeito do motor de mil cavalos de potência da empresa. Em maio, ele até foi a Belgrado, onde recebeu honorários e coisas assim. Ali, Tesla era festejado pelo rei e ouvia recitais do maior poeta sérvio honrando Tesla e seus feitos. Tesla disse à multidão de adoradores: "Se eu fosse suficientemente afortunado para concretizar ao menos algumas de minhas ideias, seria em benefício de toda a humanidade". E concluiu: "Se essas esperanças um dia tornarem-se realidade, minha maior alegria virá do fato de que esse feito terá sido obra de um sérvio".[44] Novamente, na sua hora mais escura, Tesla estava sempre pensando em como poderia aliviar o fardo dos ombros da humanidade — ele nunca vacilou nesse nobre desejo.

Quando Tesla finalmente decidiu que era hora de ir para casa, para seu laboratório e para seu hotel em Nova York, fez ainda outra viagem para a Alemanha, encontrando-se com luminares da ciência alemã, tal como Heinrich Rudolf Hertz (1857-1894), com quem teve um grande desentendimento a respeito de ele ter tornado os resultados matemáticos e o aparelho de Hertz tanto obsoletos como primitivos. Hertz irritou-se com os comentários de Tesla, mas, ironicamente, as frequências sem fio atuais são incorretamente chamadas de ondas hertzianas, quando na verdade são ondas "teslianas" — geradas por osciladores de onda contínua de alta frequência projetados por Tesla.[45] Não é de estranhar, então, que Hertz não tenha mencionado em seu diário o encontro com Tesla.[46]

Durante sua viagem de volta para Nova York, Tesla caminhava pelo convés do navio como se flutuasse sem esforço algum enquanto pensava, ponderava, calculava. Então, subitamente, lembrou-se de uma excursão pelas montanhas de sua terra natal durante sua viagem pela Europa. Uma forte tempestade de raios havia caído, mas por sorte ele havia sido capaz de encontrar abrigo antes do dilúvio. Percebeu, então, que a razão pela qual tivera tempo para abrigar-se foi que a chuva não começou até que ele viu um relâmpago que pareceu perfurar os céus e assim soltar a chuva de proporções bíblicas. Como Tesla escreveu em sua autobiografia:

> Essa observação me fez pensar. Era manifesto que os dois fenômenos estavam intimamente ligados, como causa e efeito, e alguma reflexão me levou à conclusão de que a energia elétrica envolvida na precipitação era irrelevante, sendo a função do relâmpago um gatilho sensível.
>
> Aqui estava uma estupenda oportunidade de realização. Se conseguíssemos produzir efeitos elétricos da qualidade requerida, todo o planeta e as condições de existência nele poderiam ser transformados. O sol eleva a água dos oceanos e os ventos a levam a regiões distantes, onde ela permanece em um estado de delicado equilíbrio. Se estivesse ao nosso alcance perturbar tal equilíbrio quando e onde fosse desejado, esse majestoso ciclo de sustentação da vida poderia ser controlado à vontade. Poderíamos irrigar desertos áridos, criar rios e lagos e produzir energia em quantidades ilimitadas. Esse seria o modo mais eficiente de domar o sol para os usos do homem. A consumação [dessa teoria] depende de nossa habilidade em desenvolver forças elétricas da magnitude daquelas da natureza. Parecia um empreendimento sem esperança de sucesso, mas decidi tentar, e, imediatamente após minha volta para os Estados Unidos, no verão de 1892, o trabalho começou e ele me era muito atrativo, pois um meio do mesmo tipo era necessário para uma bem-sucedida transmissão sem fio de energia.[47]

Com o tempo, a viagem de Tesla à Europa para apresentar palestras e licenciar suas patentes, visitar a mãe à beira da morte e estar presente para seu funeral e discutir tópicos de grande importância com colegas cientistas provaria ser muito benéfica para ele, pois deu-lhe um maior entendimento e uma maior clareza sobre seu trabalho. Em agosto de 1892, Tesla navegou de volta através do oceano Atlântico para Nova York partindo de Hamburgo, na Alemanha, no luxuoso *August Victoria*, como havia feito em 1884. Dessa vez, ele era rico e famoso, mas nem esse entendimento aliviou sua sensação de desespero emocional, perda e exaustão, tanto mental como física. Mas ele estava em casa e pronto para continuar sua busca perene de formas de mudar o mundo para melhor.

Tesla aos 23 anos.

Tesla aos 40 anos.

Tesla em seu laboratório.

A lâmpada de Tesla,
acesa sem fios.

O motor de indução de corrente alternada de Tesla.

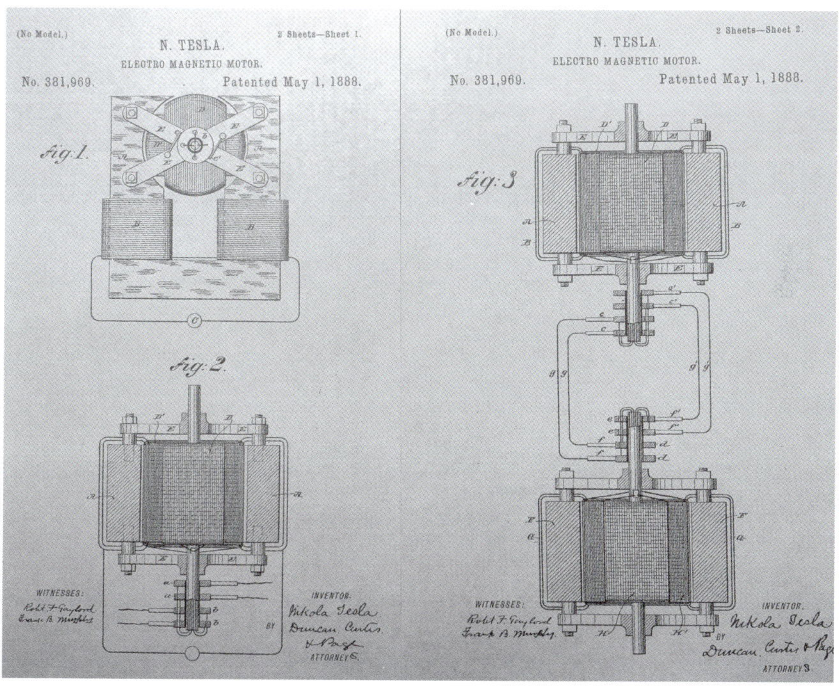

A patente do motor de indução.

Mark Twain no laboratório de Tesla, em 1894
(com Tesla ao fundo).

O memorial de Tesla na cidade natal do cientista.

Estátua de Tesla em bronze, nas Cataratas do Niágara.

Demonstração dos aparelhos de Tesla na Feira Mundial de Chicago de 1893.

Ovo de Colombo de Tesla na Feira Mundial de Chicago de 1893.

Thomas A. Edison.

Tesla com sua lâmpada fria,
acesa sem fios.

Bobina de Tesla, Colorado Springs, 1899.

Laboratório de Tesla em Colorado Springs, 1899.

George Westinghouse.

Robert U. Johnson.

Katharine Johnson.

Projeto da Torre Wardenclyffe, 1901-1917.

Guglielmo Marconi.

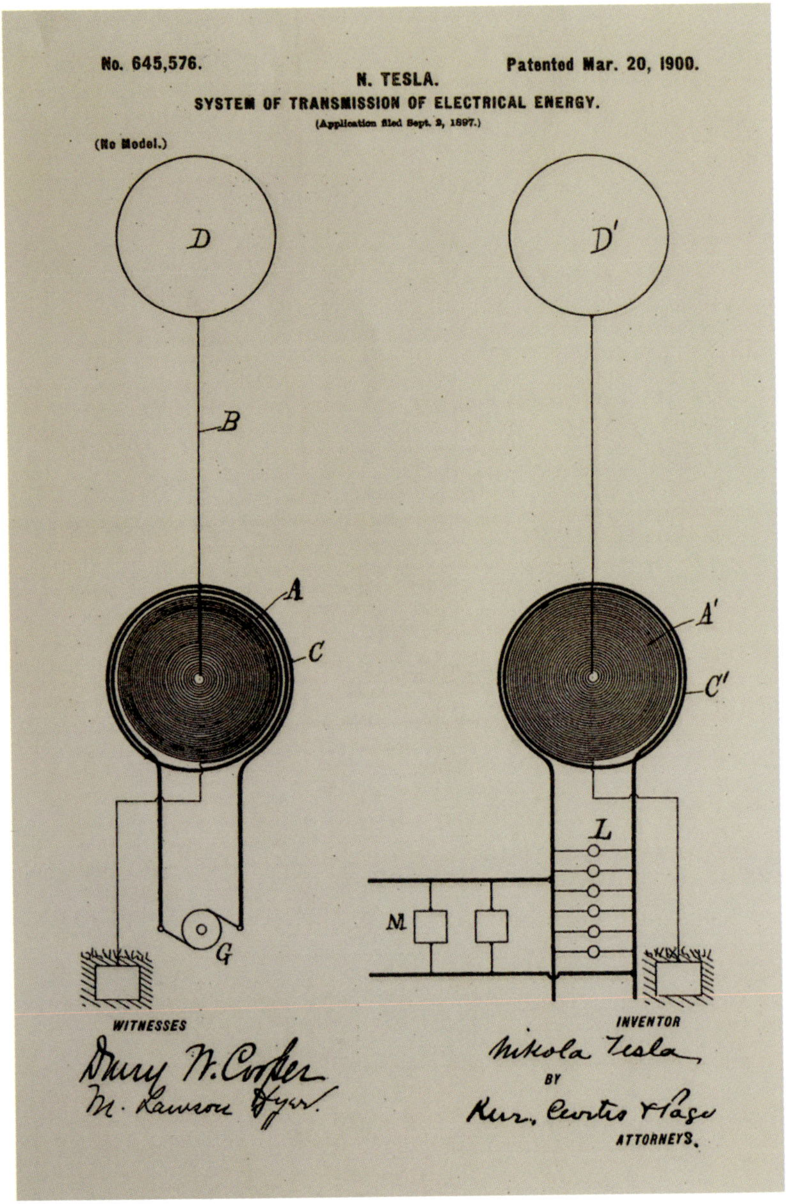

Patente para comunicação sem fio.

Barco radiocontrolado de Tesla.

Motor da turbina sem lâminas de Tesla.

Tesla em seu aniversário de 75 anos,
capa da revista *Time*.

Museu Nikola Tesla, Belgrado, Sérvia.

Urna dourada contendo as cinzas de Nikola Tesla.

9
O SHOW TEM DE CONTINUAR

A glória da corrente alternada

CIDADE DE NOVA YORK, NOVA YORK, 1893

O AMANHECER DO SÉCULO XX estava prestes a despontar no horizonte, e a cidade de Nova York era o lugar para se estar. A oportunidade estava lá para ser aproveitada se você estivesse disposto a encarar trabalho árduo e tivesse espírito empreendedor. Nikola Tesla voltou para Nova York no fim de agosto. Mesmo que fisicamente acabado e mentalmente exausto de suas palestras e da perda inesperada de sua querida mãe, ainda era jovem, a vibração estava em seus ossos e estava determinado a continuar expandindo suas invenções e descobertas. Para fazer isso, após sua longa e bem-sucedida viagem pela Europa, era necessário um novo começo, por isso Tesla resolveu mudar de endereço.

Ainda que pudesse pagar para ter sua própria casa, depois de três anos no Astor House, ele se mudou para o luxuoso Gerlach Hotel, o primeiro hotel de luxo construído em Nova York, que contava com onze andares e ocupava os números 49, 51, 53 e 55 da rua 27, entre a Sexta Avenida e a Broadway.[1] Esse foi mais um exemplo da necessidade de Tesla de ficar sozinho, onde poderia se refugiar dos conhecidos e suas necessidades pessoais serem atendidas.

O hotel combinava com seu estilo, e ninguém pode negar a magnificência da estrutura. Situado ao sul da Washington Square, o prédio foi construído no estilo rainha Ana a um custo de 1 milhão de dólares em 1888. Os primeiros três andares eram cobertos com pedra bruta, e os oito andares tinham suas paredes recobertas de tijolos vermelhos. Sacadas arqueadas adicionavam elegância e permitiam que uma suave brisa circulasse nos aposentos dos hóspedes durante os meses quentes de verão. Baixos-relevos conferiam à estrutura certo charme do Velho Mundo. Era um edifício à frente de seu tempo, com elevadores, e as elegantes salas de jantar conferiam à coisa toda um ar muito europeu. O lugar também era atraente para Tesla porque todo o prédio era à prova de fogo — uma dádiva de Deus para a época. Ao contrário da maioria dos apartamentos urbanos daquele tempo, os aposentos pessoais de Tesla tinham uma estrutura bastante francesa — o Gerlach Hotel oferecia aposentos de padrão europeu ou americano, bem como acomodações permanentes e transitórias para os hóspedes. Ali, Tesla faria experiências com algumas das primeiras transmissões de "rádio" de e para seu laboratório no centro da cidade. Uma vantagem adicional do lugar era que estava localizado a poucos quarteirões da moderna galeria de lojas, teatros e restaurantes do Madison Square Garden.[2] Em uma gentil homenagem a Nikola Tesla, o hotel atualmente chama-se Radio Wave Building — desde 1977, uma placa de latão brilhante tece loas ao reconhecer o gênio do grande inventor e descobridor que viveu ali por muitos anos.

Ansioso para continuar seu importante trabalho com invenções de alta frequência e sentindo necessidade de melhorar constantemente seus motores polifásicos de CA e seu sistema de energia, Tesla mudou seu laboratório da Grand Street para um espaço de trabalho maior no quarto andar de um edifício comum localizado nos números 33 e 35 da Quinta Avenida Sul (hoje conhecido como LaGuardia Place). Os primeiros andares abrigavam uma fábrica de corte de tubos e uma empresa de lavagem a seco que produzia gases nocivos que ofendiam a hipersensibilidade de Tesla. No entanto, ele sempre sorria para todos por quem passava. Uma vez no quarto andar, destrancava a porta de seu novo laboratório e entrava em seu santuário.[3]

Ali, Tesla encontrava privacidade, apesar da atenção mundial que recebia em todos os lugares a que ia. Era o retiro particular de um bruxo moderno, onde passava a maior parte de seus dias vestido com um jaleco escuro. Nos dias quentes, uma camisa social branca — sempre imaculada —, com as mangas arregaçadas, serviria ao propósito. Como um repórter empolgado escreveu após uma entrevista com Tesla: "Enquanto esperava minha oportunidade em uma antessala, dei uma espiadela no escritório adjacente e na biblioteca do próprio laboratório misterioso que, como descobri mais tarde, era uma imensa sala repleta de máquinas, com cerca de cinquenta metros quadrados".[4] O repórter tinha essencialmente perseguido Tesla para uma entrevista, como um grande caçador, até obter sucesso. Fora do prédio, as ruas estavam inflamadas com todo tipo de atividades humanas — os ruídos e o caos da vida, que Tesla tentava evitar a todo custo.

Nesse ponto, a fama de Tesla estava em ascendência e era bem evidente que ele se tornara mais enigmático, mais recluso, mais carregado emocionalmente. O intrépido repórter acrescentou, ao encontrar pela primeira vez o muito reservado inventor:

> Posso declarar francamente que fiquei chocado na primeira vez que vi Nikola Tesla. Ele apareceu de repente diante de mim e afundou em uma cadeira em aparente estado de abatimento. Alto, aprumado, magro e musculoso como um verdadeiro eslavo, com olhos azuis-claros e boca pequena, franjada por um bigode de menino, ele parecia mais jovem do que seus 37 anos. Mas o que prendeu minha atenção naquele momento foi a aparência pálida e abatida do rosto. Ao examiná-lo de perto, vi indícios de excesso de trabalho e de tremenda tensão mental que logo deve atingir os limites da resistência de qualquer ser humano.

Tesla afirmou com ênfase, mas educação: "Eu gostaria de falar com você, meu caro senhor, mas não me sinto bem hoje. Estou completamente exausto, na verdade, mas não consigo parar meu trabalho. Essas minhas experiências são tão fascinantes, que mal consigo me afastar delas para comer e, quando tento dormir, penso nelas o tempo todo. Espero continuar até que eu tenha um colapso total".[5]

Esses comentários sobre a exaustão absoluta de Tesla são a descrição de um estado misto. Ele ainda estava maníaco, motivado, criativo e fascinado, mas permitir-se chegar ao ponto do esgotamento era provavelmente um prenúncio do maior episódio depressivo que Tesla vivenciaria, que aconteceu entre o fim daquele ano de 1893 e ao longo de 1894. Isso é sustentado pelo fato de que, durante um longo período com uma enxurrada de patentes todos os anos, Tesla não depositou nenhum pedido em 1895, muito provavelmente devido à falta de produtividade no início do ano, quando a mania mista e a depressão levaram-no a um episódio depressivo enorme.

É desnecessário dizer que o repórter de olhos arregalados estava esperando para testemunhar o famoso inventor demonstrar o motivo de todo o alarido desde sua chegada a Nova York, em 1884. O gentil Tesla — sempre o mestre de cerimônias — começou a mover-se pela sala repleta de todos os tipos de máquinas, desde dínamos que giravam e bobinas de Tesla disparando longos raios branco-azulados até cabos que cercavam os dois como cobras em uma história de ficção científica, gritando ordens para os funcionários depois que "sinais luminosos de uma beleza primorosa e dispositivos de origem incerta começaram a piscar ao meu redor com frequência surpreendente". O repórter observou:

> O que mais me impressionou, mas me deixou também bastante aliviado, foi que permaneci ileso enquanto raios me bombardeavam vindos de todos os lados. Curiosamente, as correntes polifásicas de alta frequência e alta tensão, de digamos 200 mil volts, não têm, como o sr. Tesla demonstrou várias vezes na plataforma, nenhum efeito prejudicial ao corpo humano, embora uma energia semelhante exercida em correntes individuais provasse ser fatal.[6]

O repórter foi dominado por alguns dos muitos milagres elétricos de Tesla.

É fundamental compreender a importância da entrevista desse repórter e suas observações. Embora Tesla tivesse acabado de retornar de sua viagem pela Europa e estivesse se reajustando à vida em Nova York, tinha reservado um tempo para agradar o repórter porque sabia que sua vida tinha um propósito. O repórter escreveu: "O sr. Tesla não se gaba, mas está disposto a usar bem seu tempo. Ao longo da entrevista, fiquei bastante impressionado com a grandeza de propósito do homem, a modéstia inata e a total indiferença ao aplauso público. 'Eu preferiria que não escrevessem sobre isso', observou ele. 'Mas, se tiver de ser feito, acredito que você fará o possível para me citar com correção'".[7]

O repórter observou ainda: "O sr. Tesla fala nossa língua com a variedade vocabular e a dicção de um nativo que também é um estudioso e um falante treinado, com o sotaque gutural eslavo, é claro, ligeiramente perceptível. Ele me disse que se sentia igualmente em casa em seis idiomas, sem mencionar o mesmo número de dialetos". O repórter concluiu:

> Antes de me despedir com pesar desse bruxo gentil de Washington Square, ele me confidenciou que estava envolvido em vários experimentos secretos dos mais promissores, mas sua natureza não pode ser mencionada aqui. No entanto, tenho a permissão do sr. Tesla para dizer que algum dia ele propõe-se a transmitir vibrações elétricas através da Terra; em outras palavras, será possível enviar uma mensagem de um navio a vapor oceânico para uma cidade, por mais distante que seja, sem o uso de qualquer espécie de fio.[8]

Em 1893, antecipando as primeiras tentativas de telegrafia por ondas hertz em cerca de três anos, Tesla primeiro explicou seu sistema sem fio exclusivo e tirou as patentes de suporte de uma série de dispositivos inovadores que eram até então mal compreendidos — se é que eram compreendidos de todo. Até mesmo o nicho dos engenheiros eletricistas ridicularizou essas patentes, considerando os seus objetos fraudes. Ainda assim, grandes empresas de comunicação sem fio tiveram de pagar Tesla com dinheiro de verdade, porque suas patentes "idiotas" foram reconhecidas como fundamentais. Na verdade, Tesla antecedeu todas as invenções sem fio importantes até então.[9]

Naquele dia, como era quase sempre o caso, Tesla deixou seu hotel sofisticado para se deslocar a pé cerca de trinta quarteirões até uma área no centro de Greenwich Village até seu novo laboratório, considerado imaculado em todos os sentidos — nada fora de lugar, livre de poeira e organizado —, assim como Tesla.[10] Ele já havia se levantado horas antes, ingerido um café da manhã simples, realizado alguns exercícios físicos, vestido sua casaca preta de cauda de andorinha e camisa de colarinho apertado, e se preparado para o dia. Enquanto caminhava, passou pela arena recém-concluída do Madison Square Garden, projetada pelo famoso arquiteto Stanford White, que anos mais tarde figuraria como um amigo na vida de Tesla, assim como Augustus Saint-Gaudens, o celebrado escultor, designer de uma das mais belas moedas de ouro da história — a moeda de ouro de 20 dólares de Saint-Gaudens (águia dupla), procurada por numismatas em todo o mundo. Ele também viu carruagens douradas na elegante Quinta Avenida e carroças puxadas por cavalos que transportavam produtos para o mercado, enquanto todos os tipos de vendedores ambulantes e mendigos faziam seus negócios. A essa altura, as justaposições em sua vida tornaram-se óbvias, pois sua jornada diária para o trabalho começava na porta da frente de um hotel luxuoso e terminava em uma vila cheia de prédios de tijolos antigos que datavam da Guerra Civil.[11]

Depois de ter contratado vários trabalhadores e uma secretária para cuidar de sua correspondência durante as primeiras semanas de volta à cidade, Tesla tinha duas coisas em mente. Primeiro, seu foco principal era permitir o avanço do progresso que já fizera em iluminação fluorescente e transmissão de energia sem fio, e, em segundo lugar, ditar a sério um ensaio sobre seus experimentos recentes com frequências hertzianas e sua relação com o meio circundante.[12] Ele achou necessário ajustar seus osciladores e depois planejou um experimento: "Suponha que uma fonte de correntes alternadas seja conectada por um de seus terminais à terra (convenientemente à rede de água) e, com o outro, a um corpo de grande superfície".[13] Documentou então vibrações elétricas em vários pontos na cidade, após o que ele concluiu:

> Creio firmemente, para além de qualquer dúvida, que seja possível operar dispositivos elétricos em uma cidade através do solo ou um sistema

de tubulação por ressonância de um oscilador elétrico localizado em um ponto central. Mas a solução prática desse problema seria de benefício incomparavelmente menor para o homem do que a realização do esquema de transmissão de inteligência, ou talvez de energia, a qualquer distância através da terra ou do meio ambiente. Se isso for possível, a distância não significará nada. Deve-se, primeiro, produzir um aparato adequado, por meio do qual o problema possa ser atacado, e tenho me dedicado muito a esse assunto. Estou firmemente convencido de que isso pode ser feito e espero que vivamos para testemunhar tal realização.[14]

Seu laboratório rapidamente tornou-se uma colmeia de atividade, e, no fim de setembro, Tesla estava recebendo muitos convidados, nenhum mais importante para ele naquele momento do que George Westinghouse, que fez uma aparição com o engenheiro eletricista suíço Albert Schmid para discutir o futuro do sistema polifásico CA de Tesla. A Guerra das Correntes ainda era uma ameaça para Tesla e Westinghouse, e decisões precisavam ser tomadas — tudo estava em jogo. Ironicamente, cada homem tinha seus motivos: Westinghouse precisava melhorar sua imagem decadente entre o público e seus concorrentes devido a problemas financeiros divulgados pela imprensa. Ao mesmo tempo, alimentava uma grande antipatia pelo diretor da General Electric, Charles Coffin. Estava disposto mesmo a diminuir suas taxas de serviço para ganhar a concorrência e ter certeza de que Edison e Coffin perderiam o contrato para iluminar a Feira Mundial de Chicago. Concentrado em vencer — aliás, convencido de que iria —, Westinghouse não estava prestando atenção nos motores de indução ou no sistema polifásico de Tesla, nem planejava exibi-los na feira internacional. Não, ele estava mais preocupado em projetar o equipamento de energia e as lâmpadas que iluminariam o evento, que duraria meses.[15] Precisava completar aquela tarefa, e se houvesse outra maneira, menos cara e complicada, é o que faria. Aquilo tudo, para ele, eram negócios. Tesla não estava satisfeito com a visão atual de Westinghouse de seu sistema polifásico — o conhecimento e a análise provaram muitas vezes que suas invenções eram essenciais para um sistema polifásico de sucesso.[16]

Na primavera de 1892, os funcionários da Feira Mundial, liderados pelo coronel George R. Davis, diretor-geral da feira, enviaram notícias de que as licitações estavam sendo atendidas por interessados no contrato da Feira Mundial da Cidade de Chicago. O investidor J. P. Morgan estava ansioso para fazer uma oferta, porque via montanhas de dinheiro a serem ganhas se controlasse o setor de energia elétrica. Assim, assumiu a missão de adquirir a Edison Company, a Thompson-Houston Company e quaisquer outras empresas que ficassem em seu caminho quando formou o que seria conhecido como a nova General Electric Company. Na verdade, a GE ofereceu mais de 1 milhão de dólares — a maior parte desse valor seria gasta com o custo dos fios de cobre que a eletricidade CC (corrente contínua) exigia — pelo contrato. Em contraposição à oferta de Morgan, o sistema CA, da Westinghouse, usando patentes de Tesla, atraiu a atenção ao propor que seu sistema poderia acender a exposição pela metade do preço. Além disso, o sistema Westinghouse alimentaria motores elétricos e luzes simultaneamente. Para desgosto de Edison, o sistema CA economizava centenas de milhares de dólares apenas em custos de fio de cobre.[17] O problema do fio de cobre associado ao sistema CC de Edison foi uma das inúmeras razões pelas quais o sistema CA de Tesla era superior em termos de custos, fabricação, geração de energia e confiabilidade.

Felizmente, em maio de 1892, Westinghouse finalmente conseguiu o cobiçado contrato para fornecer energia e iluminar a Exposição Universal de 1893, a Feira Mundial da Cidade de Chicago, a um custo de 399 mil dólares. A oferta ultrajante de Edison provou ser o resultado de sua arrogância e do fato de que ele acreditava que venceria com sua lâmpada incandescente, dando-lhe assim o monopólio na fabricação de tais lâmpadas.[18] Quando Westinghouse reduziu o custo de cada ponto de luz (lâmpada) para apenas seis dólares por unidade, foi o fim do jogo. Houve ainda um lance abaixo de todos os outros, de C. F. Locksteadt, um empreiteiro local, que ofereceu 335 mil dólares. Esse lance, porém, foi descartado, porque ninguém acreditou que ele pudesse levar a tarefa a cabo.[19] Francamente, Westinghouse arriscou tudo, colocou sua empresa à beira da falência, com o país em recessão e várias outras companhias lutando suas próprias guerras de patentes diante de juízes em todo o país.[20]

Era esse o golpe fatal que Tesla e Westinghouse esperavam desferir em Edison?

CHICAGO, ILLINOIS, 1893

A grande exposição mundial estava programada para ser realizada em Chicago de 1º de maio a 30 de outubro de 1893 para comemorar o quadringentésimo aniversário da descoberta da América por Colombo — com um ano de atraso.[21] A obtenção de um contrato tão importante provou ser outra vitória na Guerra das Correntes. Ao saber do sucesso da Westinghouse contra Edison e Morgan, Tesla ficou animado, pois ele e Westinghouse teriam sua melhor oportunidade de matar o dragão — Edison. Como sabemos agora, Westinghouse reconheceu o erro de seus caminhos e deu-se conta de que o sistema polifásico de Tesla era a resposta. Embora a motivação de Westinghouse fosse diferente da de Tesla, ambos buscavam o mesmo resultado: vencer a Guerra das Correntes.

Com o lucrativo contrato em mãos, Westinghouse pediu a ajuda de Tesla na construção de sua exposição na Feira Mundial de Chicago para produzir toda a energia e luz para o recinto. Em troca, Tesla recebeu a promessa de uma exibição de sua autoria sob o nome de Westinghouse. Aparentemente, não havia meses suficientes para realizar a tarefa gigantesca, mas, ainda assim, ela precisava ser terminada. Tesla fez inúmeras viagens a Pittsburgh durante esse período caótico para dirigir a construção de dínamos e, em outras ocasiões, recebeu vários engenheiros da Westinghouse em seu laboratório de Nova York para fornecer assistência técnica.[22]

Enquanto Tesla labutava no projeto da feira mundial, seus motivos eram bem diferentes dos de seu parceiro Westinghouse. Como descobridor do "campo magnético rotativo" e o inventor do motor de indução e do subsequente sistema de energia polifásico de corrente alternada, sua guerra, como lembramos, foi apenas em parte com Edison; mais precisamente, foi uma guerra dentro de si mesmo. Tesla sabia que seu sistema polifásico era superior ao de Edison em todos os sentidos — ainda é, até hoje. Sabendo que seus demônios mentais o perseguiam desde a infância, uma vitória sobre o ameaçador Edison ajudaria muito a melhorar o que o incomodava. Pelo menos por um tempo. Tesla esperava que a luta com Edison estivesse prestes a chegar ao fim.

É verdade que pode parecer que Tesla disparou "sem saber" o primeiro tiro na Guerra das Correntes quando deu as palestras inovadoras sobre seu sistema polifásico de corrente alternada, em 1891, na Universidade Columbia, em Nova York. No entanto, o campo de batalha final poderia muito bem ser a Feira Mundial, onde Tesla e Westinghouse demonstrariam a superioridade da corrente alternada sobre o sistema de corrente contínua de Edison. Portanto, ganhar o contrato poderia muito bem colocar a questão CA contra CC de lado para sempre.

Morgan e Edison ficaram furiosos com o resultado, mas, para citar o velho ditado, "o show deve continuar". Em retaliação, a GE proibiu a Westinghouse de usar a tecnologia da "lâmpada de Edison de peça única" (o tribunal federal manteve a patente), o que levou Westinghouse a criar uma solução alternativa — ele e sua equipe inventaram uma nova *stopper lamp*.[23] Poucos dias depois que a patente de Edison foi mantida, Westinghouse enviou uma circular informando que estava preparado para fornecer novas lâmpadas que não infringissem tal patente. Com o possível problema de violação resolvido, Westinghouse sabia que concluiria o projeto de energia e iluminação no prazo.[24]

A Feira Mundial de Chicago (oficialmente Exposição Mundial de Colombo) foi um empreendimento gigantesco que compreendeu quase 250 hectares de pântano transformado em um parque de diversões e tecnologia por uma legião de engenheiros e trabalhadores. Quando concluída, a feira mundial atraiu um total de 27,3 milhões visitantes — 100 mil no primeiro dia. Os visitantes foram brindados com inúmeros expositores e diversões. Os promotores do grande show lucraram 2,25 milhões de dólares. Uma série interminável de eventos atormentou os olhos e energizou o espírito no que ficou conhecido como a "Cidade Branca". O arquiteto local Daniel H. Burnham e outros planejadores inspiraram seu projeto na cidade de Veneza e em seus diversos canais. Uma informação adicional interessante: em 9 de outubro de 1893, designado como o Dia de Chicago, a exposição estabeleceu um recorde mundial de participação em um evento ao ar livre, atraindo 751.026 pessoas.

O recinto da feira abrigava edifícios neoclássicos reluzentes — formando o Tribunal de Honra — em cada esquina. O Pavilhão Indústria e Artes Liberais, então o maior edifício do mundo, estendia-se por meio quilômetro de comprimento e quase três campos de futebol de largura. O prédio ocupava mais de doze hectares e tinha capacidade para 75 mil visitantes. Depois, havia o Pavilhão da Eletricidade, uma construção impressionante em tamanho e o centro das exposições mais importantes da feira. Essas mostras apresentavam um conjunto de empresas científicas e seus produtos, porém o mais surpreendente para todos foi que, no Pavilhão da Eletricidade, fora erguido um monumento de mais de treze metros que proclamava ao mundo quem era o "verdadeiro inventor" da corrente alternada. A proclamação dizia: *Westinghouse Electric & Manufacturing Co. Tesla Polyphase System*. No momento em que o monumento foi inaugurado diante de todos os presentes no Salão de Máquinas, Westinghouse deu a ordem, e o interruptor foi ligado, dando vida a 250 mil lâmpadas Sawyer-Man, ou as *stopper lamps*, o que era mais de três vezes a energia elétrica que estava sendo utilizada na própria cidade de Chicago.[25]

O entretenimento foi o foco da feira, com o show *Buffalo Bill's Wild West* sendo apresentado pelo menos 318 vezes. As últimas fotos de Edison foram exibidas, assim como o cinetoscópio — um dispositivo para exibir fotografias que reproduziam movimento. A American Bell Telephone impressionou os espectadores com a primeira ligação de longa distância da cidade de Nova York para Chicago. O primeiro automóvel construído na América (Duryea Brothers) e a roda-gigante (Chicago Wheel) estavam em exibição, assim como o revolucionário zíper. Mas nada igualou o impacto visual e o espetáculo criado na noite de estreia, quando o presidente dos Estados Unidos, Grover Cleveland, apertou o botão que acendeu 100 mil lâmpadas incandescentes, como se fossem um novo sol nascendo no leste. Com bandeiras de todas as nações tremulando na brisa, uma orquestra completa tocou *Aleluia*, de Handel. Como se isso não bastasse, fontes operadas eletronicamente lançaram água na direção do céu e canhões rugiram pelo espaço da feira. Isso mostrou que Chicago havia se tornado a verdadeira Cidade da Luz (inspiração para a Cidade das Esmeraldas, em *O Mágico de Oz*), e todo o crédito era devido a Nikola Tesla e seu parceiro George Westinghouse, assim como aos alternadores Tesla CA de 12 mil cavalos de potência (60 c/s, monofásicos, cabeados para tensão bifásica) alojados no Salão de Máquinas, que forneceram "toda" a energia e luz à feira durante sua duração — seis meses. O momento mais marcante do evento acontecia no Grande Pavilhão da Eletricidade. Foi lá que a maioria dos visitantes teve seu primeiro contato com o sistema polifásico CA de Tesla para geração e distribuição de energia. O resultado: daquele dia em diante, 80% de todos os dispositivos elétricos comprados nos Estados Unidos eram alimentados por corrente alternada.[26]

Felizmente, Tesla pôde brilhar diante de todos quando sua área de exibição foi iluminada por sua última invenção: a luz neon. Ele também demonstrou, com a precisão e o domínio do público pelos quais era conhecido, o princípio de sua descoberta do magnífico "campo magnético rotativo", assim como quando recriou sua demonstração do Ovo de Colombo, com a qual o leitor está familiarizado. As maravilhas apresentadas também contaram com várias de suas primeiras tentativas de geração de energia CA, que incluíam motores de indução, geradores e placas fosforescentes formando o nome de célebres engenheiros eletricistas. O mago elétrico também impressionou o público ao iluminar tubos de vácuo sem fios, acender luzes neon sobrenaturais formando as expressões "Westinghouse" e "Bem-vindos, eletricistas", e fazer soar sons penetrantes de descargas de alta frequência entre duas placas isoladas que irradiavam hastes explosivas de luz que lembravam a noite do seu nascimento.[27] As maravilhas pareciam não mais acabar, já que ele tinha todos os olhos sobre si na câmara do mago, mas o grande ato final de Tesla estava além do incrível. Com a multidão alucinada, perdida em aplausos, Tesla ficou em pé no palco, orgulhoso e confiante. Enquanto calçava sapatos com sola de borracha, deu ordem para ligar o dínamo. Sem aviso, o dínamo fez 2 milhões de volts de eletricidade percorrerem seu corpo, o que produziu um halo de chamas elétricas que emolduraram sua figura.[28]

A palavra "impressionada" é incapaz de descrever o estado em que a plateia se encontrava. Cada membro do público ficou sem palavras ao testemunhar os milhões de volts de eletricidade que passavam pelo corpo ileso de Tesla. Sobre esse evento, o próprio cientista declarou:

> A quantidade de energia que pode percorrer o corpo de uma pessoa depende da frequência e da tensão das correntes, e, tornando ambas muito altas, uma vasta quantidade de energia pode ser passada para o corpo sem causar qualquer desconforto, exceto talvez no braço, que é atravessado por uma verdadeira corrente de condução. A razão pela

> qual nenhuma dor no corpo é sentida e nenhum efeito prejudicial pode ser notado é que, em toda parte, se uma corrente for imaginada fluindo através de um corpo, a direção de seu fluxo seria perpendicular à superfície, portanto o corpo do experimentador oferece uma seção enorme para a corrente, e a densidade é muito pequena, com exceção do braço, talvez onde a densidade possa ser considerável. Mas, se apenas uma pequena fração dessa energia fosse aplicada de tal forma que uma corrente atravessasse o corpo da mesma maneira que uma corrente de baixa frequência, seria recebido um choque possivelmente fatal. Uma corrente alternada direta ou de baixa frequência é fatal, creio, em especial, porque sua distribuição pelo corpo não é uniforme, pois deve dividir-se em pequenos fluxos de grande densidade, por meio dos quais alguns órgãos são vitalmente danificados. Não tenho a menor dúvida de que tal processo ocorre, embora nenhuma evidência possa aparentemente existir ou ser encontrada no exame. O mais certo para ferir e destruir a vida é uma corrente contínua, porém o mais doloroso é uma corrente alternada de muito baixa frequência. A expressão dessas visões, que são o resultado de experimentação e uma atenta e longa observação com correntes contínua e alternada, é suscitada pelo interesse que atualmente temos por essa questão e pelas ideias errôneas que são diariamente propostas em periódicos diários sobre o assunto.[29]

O desfecho da história fantástica que foi a Feira Mundial de Chicago — reconhecida por muitos como a maior de todas as feiras mundiais — foi que Tesla venceu Edison. A mensagem foi enviada a todo o mundo: a Guerra das Correntes foi vencida, e o vencedor era Tesla, porque o futuro da geração e da distribuição de energia era seu sistema polifásico CA. Mas ainda havia outra guerra para Tesla lutar?

Neste ponto da ascensão de Tesla, é importante entender que ele nunca se desviou do único propósito de sua existência: tornar mais fácil a vida da humanidade. Até então, ele dera várias palestras inovadoras que foram, por si mesmas, momentos decisivos na ciência da eletricidade. Ele continuou esses esforços porque sua vida tinha um propósito e porque se tornou óbvio para todos que a guerra com Edison acabara. No entanto, Tesla sabia que ainda havia muito trabalho a ser feito para que seu sistema de energia elétrica tivesse sucesso como entidade comercial em todas as frentes. Para tanto, na noite de 25 de agosto de 1893 durante a grande feira, ele proferiu outra palestra simplesmente surpreendente diante de cerca de mil engenheiros eletricistas — que eram conhecidos coletivamente como Congresso Internacional de Eletricidade* — no Salão das Assembleias Agrícolas. Foi um evento exclusivo, com multidões de visitantes curiosos buscando admissão para ver o homem apresentado pelo presidente do Congresso, dr. Elisha Gray (um inventor que conhecia a decepção de não receber crédito por uma grande invenção: o telefone), desta forma: "Eu lhes apresento o Mago da Física". Conforme relatado no *Chicago Tribune*, pode-se sentir o momento:

> Aqueles que o conheciam sabiam que seria totalmente impossível prever qual seria o assunto de sua palestra, pois Tesla é um homem de surpresas. Ele não usa anotações, não prepara nada com antecedência; na verdade é a originalidade personificada. As pessoas aglomeravam-se nas portas e clamavam por ingressos. Dez dólares foram oferecidos por um único assento, e em vão. Apenas membros do Congresso Internacional de Eletricidade, com suas esposas, foram admitidos, e até mesmo eles tiveram de receber credenciais. Na pequena plataforma na extremidade sul do corredor estavam as curiosas máquinas, pequenos cilindros de aço pesado montados em pedestais do mesmo material dispostos em bases de madeira isoladas. Uma mesa à direita estava cheia de aparelhos mecânicos complexos, enquanto o chão estava coberto de fios, tubos de borracha, ferramentas e tudo o mais. Da parede projetava-se um cano de cinco centímetros com uma válvula e um medidor.

* O Congresso Internacional de Eletricidade (International Electrical Congress) foi uma série de encontros internacionais realizados de 1881 a 1904 com o intuito de que profissionais da área da engenharia elétrica e cientistas estabelecessem padrões confiáveis para aparelhos que fizessem uso de energia elétrica. (N. T.)

> De um lado, havia interruptores elétricos, reostatos e fios. Homens como Silvanus Thompson, o professor Carhart e o professor W. H. Preece olharam maravilhados e confessaram que não podiam adivinhar o que era aquele curioso aparelho. Eles agruparam o lote inteiro sob o termo genérico de "animais de Tesla".[30]

Então, aconteceu. Tesla surgiu diante da multidão parecendo magro e fisicamente exausto. Os olhos baixos e cansados, porém, estavam estranhamente animados, cheios da vivacidade de um homem excitado pelas possibilidades de seu trabalho. Ele ergueu-se em um casaco imaculado de quatro botões cinza-amarronzado diante da multidão, que o adorava. Um amigo que jantou com ele uma semana antes relatou que Tesla mal podia ser ouvido do outro lado da mesa. Dizia-se que ele estava exausto de sua necessidade incessante de inventar e aproximava-se de um estado de decadência completa, mas ele não cederia.[31]

Tesla conseguiu invocar sua magia, como se Merlin estivesse olhando por cima de seu ombro largo dando-lhe uma ajuda. Ele demonstrou novos osciladores mecânicos e elétricos, bem como geradores de vapor e um transmissor de onda contínua. Em seguida, exibiu um relógio que parecia ser de natureza elétrica e marcava a hora de forma perfeita. Passou a mostrar novas aplicações de sua "corrente alternada" na forma de vários motores CA.[32] Tesla até demonstrou um "dínamo de bolso". Estava preso a um oscilador, que alguém poderia facilmente carregar dentro do chapéu, que desenvolvia meio cavalo de potência, e os cientistas e eletricistas aplaudiram novamente — ele revolucionou a construção do dínamo, pois havia antecipado as dificuldades presentes na inércia rotativa.[33]

Em suma, apesar de seu estado mental e do fato de estar exausto, Tesla mais uma vez não decepcionou a audiência de especialistas, que pediam por mais.

CATARATAS DO NIÁGARA, NOVA YORK, 1893

Com a retumbante vitória em Chicago fortalecendo-os, Tesla e Westinghouse esperavam seu maior desafio até o momento: ganhar outro grande contrato com as patentes de Tesla. Dessa vez, miravam as vastas oportunidades hidrelétricas que aguardavam qualquer um que pudesse aproveitar a energia das Cataratas do Niágara. Engenheiros e sonhadores por décadas refletiram sobre o que parecia ser impossível — captar a energia da catarata, que caía por três quedas, num total de cinquenta metros, e transmiti-la a longas distâncias da fonte. Parecia uma fantasia inatingível, mas não para Tesla. Lembre-se de que, quando menino, Tesla disse a um tio que um dia iria para a América e aproveitaria o poder das Cataratas do Niágara, tendo se inspirado no conceito da roda d'água com que brincara com seus amigos durante um derretimento de neve na primavera. Hoje, duas enormes estátuas de bronze de Nikola Tesla estão situadas nos lados americano e canadense das cataratas em homenagem à criação da usina hidrelétrica (que utiliza suas turbinas) nas Cataratas do Niágara. Mas como surgiu essa maravilha da engenharia?

Tudo começou para valer depois que as demonstrações na Feira Mundial de Chicago provaram a eficácia, a confiabilidade e as vantagens técnicas do sistema polifásico CA de Tesla. Agora era a escolha óbvia de gerar e transmitir energia elétrica por longas distâncias. Nesse ponto, Westinghouse, graças a seu sucesso, queria mais. Ele ansiava pelo contrato para fabricar o equipamento necessário para aproveitar a água infindável, constantemente renovável e uniforme das Cataratas do Niágara (o rio Niágara é o canal para a drenagem dos Grandes Lagos) e transformá-las em energia elétrica. No início, Westinghouse entendeu nos termos mais claros possíveis que "energia", e portanto "poder", em todas as suas formas, era a pedra angular — o recurso fundamental — da indústria americana e da economia em crescimento dos Estados Unidos. Esse fato é tão verdadeiro hoje quanto era em 1893, à medida que países em todo o mundo estão convertendo a energia elétrica da indústria para os automóveis e muito mais em um ritmo impressionante.

Tesla e Westinghouse sabiam que o aproveitamento da energia do Niágara não poderia ser feito de maneira eficiente e confiável sem o sistema polifásico de corrente alternada de Tesla e que as Cataratas do Niágara estavam idealmente localizadas perto de centros industriais e rotas comerciais dos Estados Unidos e do Canadá. Além disso, em 1890, pelo menos um quinto de todos os americanos residia a menos de seiscentos quilômetros das cataratas.[34] No entanto, eles enfrentaram inúmeras dificuldades de engenharia, bem como protestos de ambientalistas que se opuseram ao projeto. Além disso, as quedas, na verdade, tinham muita água em relação ao terreno disponível para permitir a transmissão por corda ou correia das rodas d'água. Qualquer esforço para utilizar toda a força e a quantidade do fluxo do Niágara exigiria, portanto, um capital astronômico.[35]

É aí que entra na história o ganancioso empresário e banqueiro John Pierpont Morgan (1837-1913). O nome de Morgan era sinônimo de capital, e ele faria o que fosse preciso para ganhar dinheiro. Por isso, vamos dar um passo atrás por um momento e considerar um exemplo. A General Electric tinha sido, ironicamente, ideia de Sam Insull, ninguém menos que o confidente mais próximo de Edison e oficial-geral de operações. Ele, de maneira hesitante, aconselhara seu chefe a fundir-se com J. P. Morgan. Sua motivação: ajudar Edison a proteger sua reputação e seu legado até certo ponto, porque era óbvio para todos que o sistema de energia CC de Edison não poderia vencer a Guerra das Correntes. Simples assim. Além disso, para grande constrangimento de Edison, J. P. Morgan, o principal sócio da Cataract Construction Company, já havia rejeitado seus esforços de fornecer fiação e transmissão de energia para a cidade de Nova York.[36]

No fim, Edison chegou à dolorosa conclusão de que seu tempo no topo da montanha das ciências elétricas havia acabado, e J. P. Morgan teve um papel em sua queda. Sim, Edison continuou como diretor da recém-formada General Electric Company; sim, ele recebeu milhões em certificados de ações; e, sim, a empresa iria financiar seus remendos sem objetivo em seus muitos laboratórios, mas seu nome estava fora do negócio. Os melhores dias de Edison ficaram para trás, embora alguns de seus amigos famosos, como Henry Ford, tentassem em vão preservar sua reputação decadente.[37] Tesla vencera, de novo! Mas ele recebera o que desejava? Era a solução de que precisava tão desesperadamente? Veremos.

Desde meados do século XIX, os esforços para aproveitar o poder das Cataratas do Niágara sempre chegavam a um beco sem saída, fosse por questões de design, custos ou falta de imaginação. Em 1886, Thomas Evershed, um engenheiro empregado pelo Canal Erie, propôs o plano mais factível. Mas os milhões de dólares necessários para lançar o projeto nunca se materializaram. Então, em 1889, um grupo de nova-iorquinos endinheirados e influentes decidiu tentar a sorte. Eles formaram a Cataract Construction Company, resultando em um capital social avaliado em 174 mil dólares, com um total de 308.500 dólares pagos por terras e direitos de travessia. O valor geral investido chegou a 482.500 dólares (cerca de 14,4 milhões de dólares em valores atuais.). Desse montante, pouco mais de 100 mil foram pagos em dinheiro, e o restante, em títulos da Companhia de Energia das Cataratas do Niágara.[38]

Mas os problemas estavam apenas começando a revelar-se. Na verdade, ninguém sabia por onde começar. Eles precisavam de uma direção e de um plano genuíno. Pareceu a alguns que o projeto era semelhante a tentar alcançar o cume do Monte Everest sem um guia. Foi sugerido que era necessário contratar um administrador diário, assim como um estudo de viabilidade, afinal não se tratava de um projeto de curto prazo ou de um empreendimento simples. O escolhido para liderar a iniciativa foi o respeitado banqueiro Edward Dean Adams, que tinha formação em engenharia pela Universidade de Norwich e pelo MIT.*

Adams percebeu logo no início que as oportunidades reais residiam em enviar energia às fábricas em Buffalo, a cerca de trinta quilômetros de distância, e depois para cidades com populações ainda maiores, que exigiam maior potência diária para operar suas fábricas, depósitos e áreas residenciais. Estranhamente, Adams ainda não havia decidido o melhor método para transmitir energia a grandes distâncias. Ele até consultou Edison, que, como seria previsível, recomendara sua corrente contínua. O próprio Westinghouse havia sugerido que o ar comprimido poderia ser usado para alimentar os motores a vapor existentes.[39] Aturdido com tudo isso, Adams pediu a formação de um comitê de especialistas. A Comissão Internacional do Niágara foi fundada em 1890, com sede em Londres.[40]

A comissão pediu a cerca de 28 empresas nos Estados Unidos e na

* Instituto de Tecnologia de Massachusetts (Massachusetts Institute of Technology) fundado em 1861, em Cambridge. (N. T.)

Europa que apresentassem suas propostas. Para acelerar o processo, eles ofereceram 20 mil dólares em prêmios em dinheiro. Westinghouse recusou-se a jogar, convencido de que seu conselho valia muitas vezes o valor do prêmio. Ele comentou: "Essas pessoas estão tentando garantir 100 mil dólares em informações oferecendo prêmios, o maior dos quais é 3 mil. Quando o pessoal do Niágara estiver pronto para fazer negócio, faremos uma proposta a eles".[41] O cauteloso Westinghouse sabia como funcionava o processo, e um homem de sua estatura não estava interessado em concursos ou jogos de qualquer tipo. Ainda que os prêmios do concurso tivessem sido entregues no ano seguinte, no fim nenhuma das catorze propostas foi considerada abrangente ou viável o suficiente para ser levada em conta.

Enquanto se fazia progresso em relação à construção do túnel, ao canal de entrada e ao fosso das pás para a casa de força, o verão de 1891 apresentou aos funcionários da Cataract Construction Company sua questão mais central: qual seria o projeto das turbinas de água e o tipo de transmissão de energia? No verão de 1892, os projetos básicos foram aceitos para turbinas de 5 mil cavalos de potência. Mas qual era o método de transmissão de energia? Depois que todas as possibilidades foram estudadas ao ponto da exaustão, o óbvio tornou-se ainda mais óbvio: o sistema de energia polifásico CA de Tesla era a escolha óbvia e a única opção lógica. Lembre-se: houve opositores, como Lorde Kelvin, da Inglaterra. Ele foi citado como tendo dito em 1º de maio de 1893: "Confio que será evitado o erro gigantesco da corrente alternada". Sua advertência não foi ouvida por ninguém, pois mais tarde naquele mesmo mês a Cataract Construction Company havia entendido que, além do uso da corrente alternada em seu projeto, nada mais fazia sentido. Seria usado o sistema polifásico de corrente alternada de Tesla de geração e distribuição de energia. Como era de esperar, em dezembro, a Westinghouse Electric Corporation estava preparada para apresentar sua proposta completa.[42]

A liderança de Adams estava provando ser exatamente do que a Cataract Construction Company precisava, mas ele ainda tinha de buscar o conselho do próprio Tesla em relação aos mais recentes desenvolvimentos no campo da eletricidade. Por exemplo, ele expressou a preocupação de que as nações europeias estivessem mudando do sistema de CA polifásico para o sistema de CA monofásico. A resposta de Tesla foi simples: "Não tenho a menor dúvida de que todas as companhias, exceto a Helios, que adquiriu os direitos de minha empresa, terão de interromper a fabricação de motores [poli]fásicos. É por essa razão que nossos desafetos são levados ao sistema de fase única e mudanças rápidas de opinião".[43]

Agora, as especificações técnicas tinham de ser negociadas, com a Westinghouse e a General Electric disputando uma posição favorável e cada uma delas querendo uma parte do enorme projeto. Foi finalmente decidido que, por causa do maior conhecimento e experiência da Westinghouse — seus engenheiros melhoravam os produtos de CA todos os dias —, valendo-se do sistema polifásico de corrente alternada de Tesla e tendo provado que tinha os recursos para concluir grandes projetos, que incluíam a iluminação e a energia da Feira Mundial de Chicago, ele havia ganhado o contrato. Afinal, a divisão de Edison da General Electric nunca poderia realizar esses feitos.[44] O resultado sugere que a perda do contrato pela General Electric também pode ter sido prevista por Adams quando ele vendeu sua participação financeira na Edison Illuminating Company no fim de 1889. Além disso, os financiadores por trás da General Electric estavam com medo de contrariar o julgamento dos consultores de engenharia com os quais contavam para dar-lhes as respostas certas, considerando o enorme investimento que enfrentariam caso ganhassem o contrato.[45] Reconhecendo que a experiência observável de Tesla era inigualável, Adams frequentemente pedia que ele revisasse e desse sua opinião sobre vários artigos a respeito da corrente alternada em revistas técnicas. Tesla frequentemente descartava, com razão, os planos propostos por não terem o design e a função necessários, pois seu sistema CA daria conta da tarefa.[46] Ele já estava trabalhando em seu conceito de transmissão de energia sem fio e achava tudo aquilo uma distração desnecessária.

É certo que a relação dos dois homens era simbiótica. Tesla tinha uma linha direta com Adams, que, em última análise, seria o único a decidir qual sistema usar, enquanto Adams precisava mostrar suas ideias para Tesla e lhe fazer perguntas técnicas quando necessário. No fim, a Westinghouse precisou compartilhar alguns dos negócios da construção com a General Electric, mantendo e controlando os aspectos mais críticos do projeto, começando pelas turbinas, porque Adams sentiu que precisava manter um bom relacionamento com a empresa, considerando o tamanho do projeto.

Muitos executivos da Westinghouse estavam perfeitamente cientes de que, se não fosse por Nikola Tesla, eles não teriam conseguido o contrato principal. Um executivo da Westinghouse colocou de forma simples e precisa: "Certamente deve ser gratificante para você pensar que o maior projeto de energia hídrica do mundo utilizará um sistema que existe graças à sua engenhosidade. Seus sucessos estão gradualmente avançando. Que o bom trabalho prossiga".[47] O *The New York Times* publicou um artigo sobre o projeto das Cataratas do Niágara em 16 de julho de 1895, no qual relatava o seguinte: "Atraindo pouca atenção, exceto nos artigos científicos, tem acontecido lá por vários anos uma obra que hoje encontra-se concluída em seus detalhes e que é o triunfo da incomparável engenharia do século XIX". O artigo continuou:

> Mesmo agora, o mundo está mais apto a considerá-lo um produtor de estranhos efeitos experimentais do que um inventor prático e útil. O mesmo não ocorre com o público científico ou com os homens de negócios. Tesla é devidamente apreciado por eles, honrado e talvez até invejado, pois ofereceu ao mundo uma solução completa do problema que sobrecarregou os cérebros e ocupou o tempo dos maiores eletrocientistas das últimas duas décadas — a saber, a adaptação bem-sucedida da energia elétrica transmitida por longas distâncias para diversos usos no trabalho comercial.

O artigo prosseguia:

> A Tesla pertence a honra indiscutível de ser o homem cujo trabalho tornou possível esse empreendimento no Niágara, pois, sem a possibilidade de transmissão de longa distância com serviço motorizado prático, nenhum meio de utilizar lucrativamente a potência quase ilimitada da grande cachoeira poderia ser encontrado. Dentro de alguns anos, os motores Tesla estarão conduzindo ferramentas em todas as fábricas no mundo civilizado.[48]

Entre 1893 e 1896, o projeto das Cataratas do Niágara foi supervisionado por Adams e seu confidente, o advogado William Rankine. Os dois deram ao famoso arquiteto Stanford White a responsabilidade de projetar o prédio da casa de força e também confiaram a ele a criação das acomodações para os trabalhadores. Percebendo que a nova casa de força produziria quatro vezes a quantidade de energia elétrica que qualquer outro edifício produzia até o momento, mais uma vez, a escolha lógica era empregar o sistema polifásico CA de Tesla. Na verdade, os dois homens estavam tão convencidos da "ousada promessa de Nikola Tesla" que até o ajudaram a fundar uma empresa para promover suas invenções de energia sem fio em 1895.[49]

Em novembro de 1896, a usina das Cataratas do Niágara começou a transmitir energia elétrica para Buffalo, Nova York, e, nos dez anos seguintes, a energia gerada na estação do Niágara alimentou máquinas em todo o estado de Nova York. Rankine, inspirado pelo sucesso do Projeto Niágara, formou uma segunda empresa para construir uma usina de energia semelhante no lado canadense das cataratas. Como sabemos agora, os serviços públicos americanos e europeus reconheceram o sucesso da usina de força das Cataratas do Niágara e mudaram imediatamente para o sistema polifásico CA inventado por Tesla. Hoje, esse sistema é o padrão-ouro de geração e distribuição de energia elétrica na maior parte do globo e marcou uma mudança radical na história da humanidade, de energia mecânica para energia elétrica.[50] Junto com a Cataract Construction Company, Tesla tornou possível a primeira grande usina hidrelétrica do mundo: a Adams Station Power House nº 1. Assim começou a eletrificação do planeta. Pense em mais uma coisa: Tesla ainda não havia atingido os quarenta anos.

Até o homem mesquinho que tinha começado a Guerra das Correntes, que admitiu roubar o crédito pelas realizações de outros e que foi essencialmente excomungado de sua própria empresa, Thomas Alva Edison, precisou tirar o chapéu para Tesla.[51] Em uma reunião da Exposição Nacional de Eletricidade, em Nova York, durante maio de 1895, Edison foi citado como tendo dito: "Na minha opinião, a CA resolve uma das questões mais importantes associadas ao desenvolvimento elétrico". Alexander Graham Bell apoiou o comentário, acrescentando: "Essa transmissão de energia elétrica a longa distância foi a descoberta mais importante da ciência elétrica feita em muitos anos".[52]

Como agora sabemos, foi o desejo de Tesla de desafogar as pessoas comuns de suas lidas enfadonhas que inspirou seu trabalho. Infelizmente, sua luta constante com seu estado mental sempre foi um obstáculo para esse objetivo, e ele sabia disso. Mais ainda, apesar do sucesso das Cataratas do Niágara, essa empreitada também teve consequências negativas. Ele não gostava do tempo que precisava passar longe de seu laboratório — seu santuário — e de seus experimentos, da exploração de suas muitas visões e dos confins reconfortantes de seu quarto de hotel. Como o ano que tinha passado na fábrica da Westinghouse em Pittsburgh, considerado um ano "perdido" para ele, viver a vida corporativa e até mesmo gravitar em torno das máquinas gigantes das usinas de energia das Cataratas do Niágara poderia ser cansativo. Em uma celebração da estação de energia das Cataratas do Niágara, com Westinghouse e outros diretores presentes, um repórter ansioso perguntou a Tesla se era realmente verdade o que ele tinha ouvido: que aquela era a primeira vez que ele estivera nas cataratas durante os quatro anos de construção, embora se sentisse satisfeito com as muitas aplicações de suas invenções. Tesla respondeu: "Sim. Eu vim apenas para ver como estão as coisas. Estou um tanto interessado no funcionamento de algumas máquinas. Mas esse é um fato curioso sobre mim, não posso ficar muito tempo perto de grandes máquinas. Isso me afeta muito. A vibração das máquinas curiosamente afeta minha espinha, e não suporto a tensão".[53]

Parece estranho que ele nunca tivesse visitado sua criação nas Cataratas do Niágara durante a construção para ver seu sonho de infância tornar-se realidade em tempo real. Mas isso talvez possa ser explicado desta forma: se você souber que o resultado de um projeto terá uma conclusão esperável, ver isso acontecer não será interessante, mas previsível e enfadonho. O gênio quer seguir para o próximo projeto. Além disso, Tesla pode ter tido dificuldades ao lutar contra a depressão ora sim ora não desde 1892 e a morte de sua mãe.

Hoje, as usinas de energia das Cataratas do Niágara em ambos os lados da queda d'água geram cerca de 5 milhões de quilowatts. Isso é energia elétrica suficiente para iluminar quase 4 milhões de casas, enquanto quase três milhões de litros de água por segundo acionam as colossais turbinas de Tesla. Tendo cumprido seus objetivos nesse projeto, o cientista queria esconder-se novamente em seu laboratório e continuar seu trabalho de pesquisa, produzindo tensões e frequências extremamente altas e utilizando a terra para transmitir informações e energia sem fio. Ele ainda tinha sonhos maiores e mais caros do que qualquer outra pessoa na área, e o dinheiro se tornaria um problema.[54] Mas, enquanto seu trabalho e seus sonhos continuavam, o outono de 1893 tinha um imprevisto esperando por ele.

10
Os protetores

Ingenuidade

CIDADE DE NOVA YORK, NOVA YORK, 1894

Agora Tesla já havia destruído Edison, primeiro com suas patentes revolucionárias, segundo ao iluminar a Feira Mundial de Chicago e, em terceiro, ao realizar seu sonho de infância — domar a energia infindável das Cataratas do Niágara. Esse foi o primeiro sistema de geração de energia de água para a rede em larga escala no mundo. Sua reputação se estenderia pelas eras. Ele estava no ponto mais alto de sua criatividade, imerso na glória, e todos queriam a sua atenção. Nem o dinheiro era uma preocupação — ele jantava regularmente no Delmonico's, o restaurante preferido da elite de Nova York. Além disso, Tesla estava em um ponto no qual pensou ter atingido o invejável estado de equilíbrio — algo que nunca pensou ser possível em sua vida. Mas ele havia mesmo atingido tal condição?

Como vimos, Thomas C. Martin, um respeitado escritor de vários periódicos técnicos e editor da revista *The Electrical Engineer*, havia se tornado o maior defensor de Tesla e, de várias formas, o administrador de seus assuntos pessoais. Ele tinha imediatamente reconhecido os talentos do jovem inventor. Depois de Tesla ser elevado ao status de objeto de culto, T. C. Martin decidiu que era hora de apresentá-lo a uma audiência ainda maior — os poderosos da cultura e das finanças. Por sorte, nos anos 1880, T. C. Martin tinha travado um relacionamento útil com Robert Underwood Johnson, editor-associado depois editor-chefe da *The Century Magazine*. Johnson, educado e fino da cabeça aos pés — algo que Tesla considerava essencial —, já tivera sucesso editorial, tendo convencido, com a ajuda de Mark Twain, Ulysses S. Grant a escrever suas memórias, um grande sucesso de vendas.[1]

Agora era a vez de T. C. Martin fazer sua jogada.

T. C. Martin já tinha colaborado com Tesla em seu livro *The Inventions, Researches and Writings of Nikola Tesla* [Invenções, pesquisas e escritos de Nikola Tesla], uma impressionante compilação de textos com quase quinhentas páginas que explicava os motores de corrente alternada, os cabos magnéticos rotativos, os motores polifásicos e outras maravilhas modernas. Como escreveu um jornalista:

> Há três meses foi publicado um livro que conta a história, e que é também uma contribuição excepcional para a literatura da eletricidade atual, apresentando uma descrição detalhada de tudo aquilo que o sr. Tesla ofereceu até o momento ao público por meio de suas patentes e suas palestras. O volume inclui não apenas descrições de suas numerosas invenções, como também anotações pessoais sobre sua linha de raciocínio e os experimentos que ele realizou, oferecendo assim a oportunidade para uma breve revisão daquilo que Tesla produziu.
>
> Tanto do ponto de vista literário como do ponto de vista tipográfico, a obra é uma excelente adição à biblioteca da eletricidade. O livro vem em uma encadernação de ótimo gosto e demonstra cuidado e habilidade literária na edição; as ilustrações, inúmeras, são boas, bem como o retrato de frontispício do sr. Tesla, o que para muitos dará ainda mais valor ao livro.[2]

Com certeza um enorme sucesso, outro jornalista escreveu entusiasmado que o livro era "uma verdadeira bíblia para todos os engenheiros da área".[3] O livro era, de certa forma, um hino a Tesla, apesar de ele ainda ser, naquele momento, um homem muito jovem.

Agora T. C. Martin decidira apresentar Tesla a Robert Underwood Johnson e à sua esposa Katharine, dois dos mais proeminentes socialites de Nova York. Em 1876, Johnson casou-se com a atraente Katharine McMahon, uma mulher de personalidade impetuosa e ascendência irlandesa. T. C. Martin pediu a Johnson para escrever um artigo sobre o guru da eletrônica em sua revista. Inicialmente, a revista publicava artigos voltados para a comunidade cristã evangélica, mas com o tempo mudou seu foco para atingir uma audiência mais educada enquanto crescia até se tornar a maior revista do país — e só abandonou o posto ao deixar de ser publicada, em 1931. Johnson tinha alguma familiaridade com inventores, tendo visitado o laboratório de Edison na década de 1880 como repórter da *Scribner's Monthly Magazine*, antecessora da *The Century Magazine*, e Martin tinha certeza de que Johnson era o homem certo para ajudá-lo a promover Tesla.

Então, o entusiasmado e charmoso T. C. Martin marchou para o escritório editorial de Robert Underwood Johnson, na Union Square, onde os dois trocaram gentilezas entre pilhas instáveis de manuscritos amontoados na mesa de Johnson, a maioria ainda por ler. Uma coleção de bugigangas, incluindo uma foto de Johnson com o presidente Harrison, cobria a mesinha atrás do editor. Johnson havia sido selecionado para compor um soneto original para celebrar a inauguração do arco monumental na Washington Square, na qual o presidente Harrison e outros notáveis estavam presentes. O arco foi projetado pelo arquiteto Stanford White, que mais tarde se tornaria amigo de Tesla. Apesar de conhecer vários inventores, Johnson nunca havia estado com Tesla. Após o eloquente perfil de Tesla escrito por T. C. Martin chamar sua atenção, o editor o convidou para jantar em sua elegante casa na avenida Lexington, número 327. Na casa de Johnson, os dois discutiriam melhor os detalhes do artigo que T. C. Martin escreveria para a revista. Na época do Natal de 1893, uma data foi acordada, e Johnson sugeriu que Martin levasse o "mago" para uma reunião em sua casa, pensando que talvez houvesse um artigo adicional para ser escrito.[4]

Os educados Johnson tinham conseguido construir um estilo de vida que fazia inveja à alta sociedade.[5] Os jantares eram detalhadamente organizados, com cartões com nomes nos lugares de cada um e jogos de talheres de prata adornando a longa mesa da sala de jantar, mas ainda assim havia uma espécie de informalidade em tudo. Em uma noite qualquer, o jantar poderia ser com Theodore Roosevelt, Mark Twain, Rudyard Kipling, o escultor Augustus Saint-Gaudens, a editora e autora Mary Mapes Dodge, a atriz Eleonora Duse, ou o famoso pianista Ignacy Paderewski, entre outros compositores e músicos famosos. Agora Tesla estava prestes a ser convidado a se juntar a esse grupo.[6]

Apesar dos Johnson serem muito conhecidos por seus jantares, de tempos em tempos Katharine exibia o lado mais sombrio de sua personalidade, escondendo-se em seu quarto e recusando-se a sair mesmo para as refeições com a família ou amigos. Sua filha, Agnes, comentou, anos depois, que talvez sua mãe ficasse meramente entediada do marido. Comparado ao Tesla que ela conheceria — um homem de grande capacidade intelectual, visão de mundo e realizações —, seu marido parecia pequeno. Como a idade muitas vezes traz novas perspectivas, talvez Katharine tenha começado a ver a vida de forma diferente. Ela parecia até sentir ciúmes quando Robert ocupava o tempo de Tesla sem que ela participasse.[7]

Na noite em que Tesla e T. C. Martin foram à casa dos Johnson, os dois foram recebidos na porta da frente por Katharine, Robert e seus dois filhos, a adolescente Agnes e o jovem Owen, obedientemente postados ao lado dos pais. Era aparente que a saúde de Tesla não estava boa. Seu rosto fatigado apresentava uma expressão de completa exaustão. Ainda assim, Tesla caiu nas graças de Katharine. Os olhos dela projetavam uma alegria de viver e uma graça que atraíam todos que a conheciam. Mesmo para Tesla, sua beleza física era óbvia, apesar do desejo do cientista de estar sempre sozinho com seu trabalho. Relutante, ele aceitou o fato de que precisava socializar com pessoas importantes, tal como os Johnson, pois estava ficando difícil obter financiamento para seus projetos mais ambiciosos. Além disso, era uma forma de tornar seu trabalho conhecido para um público mais amplo. Naquela noite, Tesla contou sobre seus grandes progressos na Europa e respondeu a toda sorte de pergunta dos outros convidados.

A crescente fama de Tesla já havia atraído boa parte da alta sociedade de Nova York, incluindo J. P. Morgan, Edward H. Harriman, Thomas F. Ryan, John D. Rockefeller, Jay Gould, o herói de guerra Richmond Person Hobson e uma manada de Astors e Vanderbilts, com o desconcertante e poderoso Henry Ford aparecendo ocasionalmente. Tesla entendia a necessidade de promover seu trabalho, e, como seu estilo de vida de solteiro não o permitia receber pessoas em sua casa, o laboratório era o lugar óbvio para entreter os convidados e ainda assim manter o controle. Havia também uma grande quantidade de atores, atrizes e músicos famosos que lotavam a câmara do mago, e Tesla os impressionava com todo tipo de mágica elétrica — com a diferença de que era tudo de verdade! Possivelmente, o mais famoso e assíduo convidado de Tesla era Mark Twain (Samuel Langhorne Clemens), a quem, o leitor deve lembrar-se, Tesla agradeceu por ter salvado sua vida.

> Um dia, chegaram a mim alguns volumes de uma literatura nova, diferente de tudo o que jamais havia lido e tão cativante, que me fizeram esquecer completamente meu estado lastimável. Eram as primeiras obras de Mark Twain e talvez elas tenham sido responsáveis pela recuperação milagrosa que se seguiu. Vinte e cinco anos mais tarde, quando conheci o sr. Clemens e travamos uma amizade, contei a ele sobre essa experiência e fiquei maravilhado ao ver aquele homem tão dado a gargalhadas cair no choro.[8]

Certa noite, Twain, que havia conhecido Tesla no elegante Players' Club, do ator Edwin Booth, foi à câmara do mago, como fazia regularmente. Mas naquela noite Tesla descreveu o estado de Twain: "Ele chegou ao laboratório na pior forma, sofrendo de uma variedade de aflições perturbadoras e perigosas".[9] Lá, Twain percorreu o bizarro laboratório, procurando algo novo, e viu que Tesla estava trabalhando com um aparelho que produzia intensas vibrações — as vibrações mecânicas ainda estavam por ser suficientemente exploradas, e Tesla sabia que estava na trilha de algo novo e útil. Os movimentos do oscilador atraíram a atenção de Twain. De repente, uma ideia lhe ocorreu e ele perguntou a Tesla se poderia inventar um aparelho de eletroterapia de alta frequência, que ele venderia a ricas viúvas em sua próxima viagem à Europa.[10] Imagine isso: Twain, vendedor de Tesla. Mas era exatamente o que ele era, afinal sempre foi um investidor das novas tecnologias — Twain estava convencido de que o motor de indução por corrente alternada de Tesla era a maior invenção desde o telefone.[11]

Sabendo que Twain gostava de um alívio cômico de vez em quando, Tesla disse a ele que já tinha inventado tal aparelho e que a máquina iria resolver facilmente os problemas digestivos e outras questões de saúde, pois vibrava em sincronia com as ondas peristálticas que movem a comida pelos canais alimentares. Twain imediatamente pediu uma demonstração a Tesla. O escritor, então, ficou em pé em uma plataforma, e o oscilador foi ligado. Inicialmente, ele foi inundado de alegria, afirmando: "Isso dá vigor e vitalidade". Tesla sabia o que aconteceria se Twain ficasse na plataforma vibratória por tempo demais, então insistiu para que o escritor descesse, mas ele se recusou, estava se divertindo muito e disse a Tesla que essa invenção seria um presente de Deus para a humanidade. Após mais alguns minutos, o corpo de Twain ficou tenso e ele olhou para Tesla, que sorria, sabendo o que estava acontecendo com o amigo. Twain pediu a ele que desligasse a máquina, e Tesla hesitou por um momento, propositalmente, antes de desligar. Twain desceu cuidadosamente da plataforma, parecendo aflito, e Tesla apontou para uma pequena porta no canto da sala. Vários dos funcionários de Tesla riram enquanto Twain corria para o banheiro: o aparelho de eletroterapia havia funcionado perfeitamente.[12] Apesar do evento embaraçoso, Twain continuou usando moderadamente a plataforma vibratória e, após alguns meses, declarou que seus benefícios terapêuticos valiam a pena.[13] Até os empregados de Tesla ofereceram-se para testar a nova terapia, sob sua observação: "Alguns de nós, que passamos mais tempo na plataforma (vibratória), sentimos uma necessidade indescritível e urgente, que precisava ser prontamente satisfeita".[14] Tesla batizou seu gerador elétrico de "oscilador eletromecânico", mas aqueles familiarizados com seus efeitos muitas vezes o chamavam de "máquina de terremoto de Tesla".[15] (Mais adiante vamos revisitar o oscilador eletromecânico ímpar e seu potencial para gerar terremotos.)

Era época de Natal, e, para agradecer a hospitalidade dos Johnson, Tesla os convidou para a estreia da *Sinfonia do Novo Mundo*, de Antonín Dvořák. Ele conseguiu os melhores lugares disponíveis para a performance noturna de um sábado — a 15ª fileira. Tesla sugeriu que aqueles lugares seriam ideais para a imaginação ativa da sra. Johnson. Ele também os convidou para jantar no Delmonico's após a apresentação. Katharine enviou flores a Tesla no dia 7 de janeiro, quando os cristãos ortodoxos comemoram o Natal.[16] Tesla, por sua vez, escreveu a Robert agradecendo a Katharine pelas flores espetaculares. Ele admitiu que nunca antes havia recebido flores e que havia gostado de como elas o fizeram sentir-se. Tesla, então, enviou a Katharine um radiômetro de Crookes, ou "moinho de luz", que mede a intensidade do eletromagnetismo. Tesla simplesmente achava que aquela era uma das invenções mais bonitas já produzidas.[17] Essa troca de correspondência entre Tesla e os Johnson continuou por muitos e muitos anos.[18] Especificamente, existe uma vasta coleção de cartas trocadas entre os três, demonstrando o interesse profundo que eles nutriam uns pelos outros. Tesla também gostava de dar seu cartão de visita a amigos e conhecidos. Um deles dizia: "Nikola Tesla, consultor de engenharia e eletricista, Waldorf-Astoria, Nova York".[19] Tanto quanto suas vestes impecáveis, ele acreditava que sua apresentação pessoal em todos os níveis deveria refletir sua crença inabalável na ordem, na limpeza e na retidão.

Como se pode deduzir, a época de Natal mostrou-se particularmente ativa socialmente para Tesla, quando ele era convencido a comparecer a compromissos. Ele nunca gostou de reuniões formais, mas achava que as visitas à casa dos Johnson eram o mais próximo que estivera da experiência de uma vida familiar na América. As visitas às vezes duravam muitas horas, indo até meados da noite, enquanto a carruagem alugada de Tesla esperava pacientemente do lado de fora para levá-lo de volta ao hotel, apenas a alguns quarteirões dali. Quando os filhos dos Johnson estavam presentes, Tesla encarnava o tio amoroso e instruía o condutor a levar Agnes e Owen para um passeio pelo Central Park enquanto continuava sua conversa com os pais e com qualquer outro luminar que estivesse presente naquele dia.[20]

Curiosamente, os Johnson e o magnata das ferrovias William "Willie" Vanderbilt tornaram-se para Tesla uma espécie de família adotiva e eram as únicas pessoas que o tratavam pelo primeiro nome. Isso foi bastante incomum, pois Tesla em geral fazia grandes esforços para manter uma distância emocional de outras pessoas. Os três homens — Nick, Bob e Willie — passavam horas em conversas profundas sobre uma série de assuntos sérios.[21] Apesar de Tesla gostar da Metropolitan Opera House, uma cortesia de Vanderbilt, e até de dar uma ou outra risada quando assistia a comédias no teatro, com o tempo ele abandonaria os dois tipos de evento; em vez disso, ele optou pelo cinema — onde podia ficar sozinho. Novamente, Tesla prezava tanto sua privacidade que evitava a maioria das aparições públicas, a menos que fossem relativas a negócios.[22]

Os Johnson organizavam jantares com investidores em potencial, referindo-se jocosamente a eles como "os milionários". Esforços também foram feitos para apresentar Tesla a mulheres solteiras, mas, apesar de ele gostar da companhia, nada mais sério nasceu dessas ligações sociais.[23] Tesla sempre encontrava alguma forma de desvencilhar-se quando a relação tornava-se pessoal demais, muitas vezes usando alguma versão de: "Eu temo que, se me afastar demais de meus hábitos simples [do trabalho diário no laboratório], eu vá me arrepender".[24] Tesla chegou a gostar de uma mulher inglesa chamada Marguerite Merrington, uma talentosa pianista e escritora, que aguçava seus interesses intelectuais nas artes. Mas qualquer esforço para conectar Tesla a uma mulher de qualquer forma mais séria sempre fracassava, pois seu interesse era apenas na ciência — sua amante. Como disse um de seus colegas: "Temo que ele continuará iludido em sua impressão de que toda mulher é, em geral, uma Dalila que iria cortar seus cabelos".[25] Curiosamente, quando Tesla encontrou Swami Vivekananda — que havia falado na Exposição Universal de 1893 sobre a intercessão entre a força vital, o éter e a ciência moderna —, ele se convenceu de que as práticas budistas eram o caminho para a iluminação e para a clareza de ideias em geral e que a castidade era necessária para atingir um nível alto de iluminação pessoal.[26] Além disso, ele afirmou, quando perguntado por um repórter, que o casamento era uma distração para o trabalho do inventor ou do pensador ou de qualquer pessoa com temperamento artístico. Mas admitiu que tal estilo de vida era acompanhado de uma grande "solidão".[27] Ele chegou mesmo a insinuar a um entrevistador, astutamente, que os dois casamentos de Edison provavam seu argumento.[28]

A atração e a admiração de Katharine Johnson pelo homem que ela via como um super-herói continuaram a crescer dia após dia. Além disso, os Johnson também se sentiam compelidos a protegê-lo, como se ele fosse seu filho. Em uma ocasião, Robert recordou como pessoas ignorantes de todas as classes socioeconômicas às vezes tratavam Tesla como se não soubessem quem ele era. Ele introduziu o exemplo dizendo:

> O caráter imaginativo do trabalho de Tesla o tornava uma presa da imprensa sensacionalista, que, como no caso de Hobson, fazia tudo para explorá-lo para seus propósitos cruéis e sórdidos, fazendo-o parecer ridículo àqueles que não tinham nem o conhecimento nem a responsabilidade de um julgamento sóbrio, mas o público em geral continuava ignorante a respeito dos princípios nos quais ele era um mestre absoluto e que estavam tecnicamente além da sua compreensão. Ouvi uma escritora inglesa, uma senhora, dizer a ele: "E o senhor, sr. Tesla, o que faz da vida?". Demonstrando sua humildade e uma abordagem cavalheiresca em relação àquela senhora, ele respondeu educadamente: "Oh, eu mexo um pouco com eletricidade". Sem qualquer noção, a senhora rebateu: "Verdade? Continue e não se deixe desencorajar. Talvez algum dia você consiga fazer algo".[29]

Robert concluiu:

> Isso para o homem que havia vendido as invenções usadas em Niágara pela Westinghouse Company por um milhão de dólares e vivido para lamentar a pechincha! Honesto como é, Tesla usou sua fortuna e os recursos vindos de suas outras patentes no aprimoramento de suas invenções científicas e na construção de novos laboratórios para substituir e aumentar aquele que foi destruído pelo fogo. Se alguma vez um cientista mereceu ser financiado em nome do interesse público, esse homem é ele.[30]

Já vimos que o tema central da vida de Tesla era "aliviar o fardo dos ombros da humanidade", e novamente isso é reconhecido por Robert Johnson, que o conhecia melhor que a maioria das pessoas.

Robert, um poeta talentoso bem como um editor, regularmente compartilhava com Tesla os prazeres da poesia. Em certa ocasião, Tesla começou a recitar "Luka Filipov", do famoso poeta sérvio Jovan Jovanović Zmaj. Traduzindo o poema simultaneamente, ele ficou tomado pela glória ali expressa. O poema de Zmaj fala dos feitos heroicos de Luka e de sua inevitável morte na Guerra de Montenegro (1876-1878) ao lutar contra os agressores turcos.

Luka Filipov

Mais um herói a tomar parte
da grande glória dos sérvios!
De luta em luta, de coração em coração,
Recontar a história caseira:
Que os muçulmanos correm envergonhados,
Tremendo como a presa do falcão,
Pensando no nome do falcão —
Luka Filipov.

A batalha continua, e Luka captura um paxá e o leva até seu príncipe. No fim, o príncipe fica satisfeito, mas Luka perde sua vida.

Nós teríamos atirado, mas a mão
de Luka ergueu-se em protesto,
enquanto o comando silencioso
de sua pistola não pedia tradução:
Pelo turco refez seu caminho,
ajoelhou-se e o ergueu em suas costas
(como um mascate ergue sua carga)
Luka Filipov!

Como gritamos quando ele passou
Pelas linhas, cambaleando,
Revólver e pistola — sangrando rápido —
Triste — mas cantando alto:

"Sorte minha encontrar um garanhão
Bom de oferecer ao Príncipe, veloz!
Rédea ou sela nem será preciso
Luka Filipov!"

E ele o fez entrar na tenda
onde o Príncipe descansava —
Levou seu prisioneiro, envergonhado e
cansado, para completar sua oferta sincera.
E, quando os mensageiros vieram avisar
Que nossos amigos haviam ganhado o dia,
Quem aliviado deixou-se desmaiar?
Luka Filipov.[31]

Daquele momento memorável em diante, Tesla sempre se referiria a Robert como "Caro Luka" e a Katharine como "Sra. Filipov".[32] Além disso, Robert ficou tão tocado pela recitação floreada de Tesla do poema e pela sua história que o incluiu em sua antologia, *Songs of Liberty and Other Poems* [Canções de liberdade e outros poemas]. Robert também rogou a Tesla que este pedisse permissão a Jovanović, conhecido como o "companheiro de longa data daquele país", para que sua poesia fosse republicada na *The Century Magazine*.[33] A permissão foi concedida.

Conforme a relação entre o trio amadurecia, Katharine, em particular, era enfática em sua conexão com Tesla. O número de convites, tanto formais como informais, era muito maior que o tempo e a psique de Tesla podiam suportar. Uma das súplicas dela dizia: "Venha e lance a luz de seu semblante alegre sobre todos nós, especialmente os Johnson".[34] Tesla implorava perdão dizendo que não podia ser distraído de seu propósito principal e que por isso precisava ficar no laboratório. Ele ignorou até convites para passar férias com os Johnson, apesar de saber que alguns dias de folga lhe fariam bem. Após algum tempo, suas recusas aos incessantes convites tornaram-se motivo de piada. Em certa ocasião, Robert repreendeu Tesla de forma jocosa por não largar o trabalho para relaxar na casa de veraneio deles em Hampton, dizendo que o cientista estava "grudado a seus ídolos de cobre e aço".[35] A resposta de Tesla foi:

> Eu recebo todo o sustento de que preciso de meu laboratório. Sei que estou totalmente exausto, mas não consigo largar meu trabalho. Esses meus experimentos são tão importantes, tão bonitos, tão fascinantes que mal consigo me afastar deles para comer e, quando tento dormir, penso neles constantemente. Espero continuar assim até me desfazer completamente.[36]

Mas ainda assim os convites continuaram, pois, para Katharine, Tesla tinha um significado histórico global, e sua tenacidade não permitia que ela desistisse; queria que todos o conhecessem. Era provavelmente uma mulher muito motivada e, portanto, muito egoísta, que sabia que podia excitar os homens com facilidade. Seu alto status social e sua beleza física de tirar o fôlego lhe davam permissão para fazer coisas que outros simplesmente não podiam fazer e sentia-se justificada. Katharine tinha fixado o olhar em Tesla e estava determinada a dominar aquele gênio recluso. Sempre que via uma oportunidade, tentava aproveitar-se dela. Por exemplo, em 1897, ela fez o mais simples dos pedidos a Tesla: "Venha logo". Novamente, em 1898, ela disse em uma carta para ele: "Você virá me ver amanhã à noite e chegará um pouco mais cedo? Quero muito ver você e ficarei realmente desapontada se você não achar meu pedido digno de consideração".[37] Pelo menos até novembro de 1898, as cartas de Tesla para ela começavam com a saudação íntima: "Minha querida Kate".[38]

Hoje nos perguntamos se Katharine alguma vez teve seus desejos atendidos por Tesla. A partir da correspondência pessoal do cientista, mantida fechada em arquivo por décadas, conseguimos ter uma ideia da proximidade de Katharine com Tesla. Uma carta de amor enviada por ela da Itália a Tesla lança luz sobre seus sentimentos por ele:

> O que você está fazendo? Queria ter notícias, boas ou más, de meu sempre querido e sempre silencioso amigo. Mas, se você não for me

> enviar sequer uma linha, me envie então um pensamento, e eu o receberei com um aparelho bem calibrado. Não sei por que estou tão triste: sinto como se tudo na vida tivesse me escapado. Talvez eu tenha ficado muito tempo sozinha e só precise de companhia. Acho que ficaria mais feliz se soubesse algo de você. Você, que permanece inconsciente de tudo, exceto de seu trabalho, e que não tem qualquer necessidade humana. Não é isso que eu quero dizer, e então sou sinceramente sua, KJ.

E ela acrescentou: "P.S. Você se lembra daquele dólar de ouro que circulou entre você e Robert? Eu o estou usando neste verão como um talismã para todos nós. Venha, por um momento que seja. Não vejo você há séculos, apesar de sempre estar a par de sua trajetória". Outra carta, enquanto isso, demonstra o óbvio: "Fiquei em casa no último sábado e domingo esperando que você viesse. Estou cansada de esperar pela sua resposta. É tão estranho, não conseguimos ficar sem você".[39]

Katharine era obviamente apaixonada por Tesla e, ao longo dos anos, mostrou-se muito sensível aos seus estados depressivos. Ela era capaz de, intuitivamente, sentir quando ele estava passando da mania para a mania misturada com depressão e exaustão, e sabia que ele iria sofrer quando estivesse deprimido, mesmo se não sofresse quando maníaco. Tesla pode ter encorajado sua companhia quando estava depressivo apenas para demonstrar que não tinha qualquer necessidade de amigos ou amor quando voltava ao estado maníaco.

Não foram apenas Katharine e Robert Johnson os dominados pelo feitiço elétrico do poder carismático de Tesla. Muitos, muitos outros sentiram o mesmo. Inúmeros cronistas sugeriram que o homem que descobriu Tesla, o talentoso escritor Thomas Commerford Martin, também estava enamorado do inventor e, por extensão, acabou enamorado dos Johnson para proteger seu amigo comum. De toda forma, eles mostravam-se muito preocupados com Tesla de uma forma realmente carinhosa. Tanto, que acreditavam que a perda do cientista seria uma perda para a humanidade. Apesar de entender que o artigo que estava escrevendo para a *Century Magazine* certamente ajudaria a alavancar a carreira de Tesla e fazer sua pessoa e suas realizações conhecidas das massas, T. C. Martin estava também constantemente preocupado com a saúde frágil do inventor. Ele escreveu para Katharine sobre Tesla em um tom alarmado: "Eu não acredito que ele vá desistir de trabalhar em qualquer futuro próximo". T. C. Martin escreveu também: "Falando com ele sobre a Califórnia, em tom casual, soube que recebeu alguns convites para palestras lá, então não quero enfiar a cabeça dele na boca daquele leão. Acredito que cuidará melhor de si, e você pode ter contribuído muito com suas palavras oportunas. Mesmo assim, apesar disso", acrescentou ele, "se você conseguir, acredito que seria um bom esquema que aquele médico cuidasse dele. Minha recomendação é uma palestra semanal da sra. RUJ [Katharine]".[40]

Naturalmente, Tesla apenas ignorou todas as conversas sobre descanso ou diminuição do ritmo de trabalho ou relacionamento com mulheres. Na verdade, ele aumentou sua dedicação acreditando que isso era necessário para cumprir seu propósito de vida. Ele propositalmente sacrificou as alegrias do casamento e dos filhos por seu trabalho. Sempre excitado pelo que vinha depois, ele declarou a Katharine que, entre as últimas invenções que desenvolvia, estava a transmissão sem fio de dados e voz. Como descrito pelo marido de Katharine, Robert, ele disse a ela: "Chegará o tempo quando, ao cruzar o oceano em um navio, será possível ter um jornal do dia a bordo com todas as notícias importantes do mundo, e quando, por meio de um instrumento de bolso [o telefone celular] e um cabo no chão, você poderá comunicar-se de qualquer distância com seus amigos em casa por meio de um instrumento similarmente sincronizado".[41] Johnson acrescentou que Tesla estava convencido de que era possível guiar os movimentos de um avião ou torpedo sem usar fios.[42] O inventor sabia que a comunicação sem fio era sua próxima fronteira. Parar não era uma opção para ele. Ele persistiria até o último suspiro.

Com o sucesso do perfil em prosa inteligente de Tesla escrito por T. C. Martin, que recebeu críticas muito elogiosas, Robert estava animado com a ideia de escrever um segundo artigo, concentrado no trabalho de laboratório de Tesla. Como descreveu Robert em seu livro *Remembered Yesterdays* [Lembranças de ontem], publicado em 1923, Tesla havia produzido uma nova forma de luz chamada por ele de "luz fria" — na qual uma lâmpada de vidro cheia de gás brilhava com luz branca virtual quando havia eletricidade presente.

> Quando o encontramos pela primeira vez, seu laboratório, na Quinta Avenida Sul, era um lugar de atração. Nós éramos frequentemente convidados a testemunhar seus experimentos, que incluíam demonstrações do campo magnético rotativo e a produção de vibrações elétricas em intensidades nunca antes alcançadas. Lampejos parecidos com raios de línguas de fogo elétricas de cinco metros de comprimento eram ocorrências diárias, e seus tubos de luz elétrica eram usados para tirar fotografias de muitos de seus amigos como souvenir para os visitantes. Ele foi a primeira pessoa a usar luz fosforescente para propósitos fotográficos — por si só uma grande invenção. Eu estava em um grupo junto com Mark Twain, Joseph Jefferson, Marion Crawford, entre outros, que tiveram a experiência única de serem fotografados assim. Em outra ocasião, o grupo consistia no Quarteto Kneisel, Gericke, maestro da Orquestra Sinfônica de Boston, madame Milka Ternina, a grande prima-dona, e nós. Levamos muitos de nossos amigos ao laboratório, incluindo John Muir, o capitão Hobson e Maurice Boutet de Monvel, o pintor francês. Fui eu mesmo, certa vez, o meio de passagem de uma corrente elétrica de 1 milhão de volts do sistema de alta frequência de Tesla, e acredito que 2.500 volts de uma corrente comum sejam suficientes para matar. Lâmpadas foram, então, acesas e brilharam por todo o meu corpo.[43]

Nesse momento a conexão estava completa, Katharine estava inteiramente absorta ante a essência de Tesla e ele verdadeiramente gostava de sua companhia e de conversar com ela. Como sabemos, ao longo dos anos as saudações de Tesla, ao escrever para Katharine, tornaram-se mais íntimas — usando algumas vezes até seu primeiro nome. Ele até escreveu para ela em francês usando as palavras "Cher mademoiselle Johnson" [Querida senhorita Johnson]. Ao mesmo tempo, a conexão com Robert havia se aprofundado e fortalecido. Ele até publicou um poema em louvor a seu querido amigo:

No laboratório de Tesla

Aqui na escuridão quais vultos fantasmagóricos vagam!
— Nenhum fantasma do Passado, ou sinistro, ou triste;
Nenhum espírito de lamento e aflição; nenhum espectro, vestido
de branco e vagando nebuloso, cujo sofrimento tolo
é que seus crimes ele nunca poderá confessar;
Nenhuma forma do mar disperso; nem aqueles que velam
pela ligação da Vida e da Morte — o louco sem lágrimas,
que nem vive nem morre em seu sombrio vazio:
Mas espíritos abençoados esperando para nascer —
Pensamentos para desfazer as correntes que prendem as Coisas;
O Tempo Melhor; o Bem Universal.
Seus sorrisos como o alegre irromper da manhã;
Quão belos, quão próximos, quão melancolicamente eles chocam!
Ouçam! É o murmúrio das asas de anjos.[44]

Como vimos, Tesla achava que não podia receber os Johnson e outros luminares em sua suíte de hotel no Waldorf-Astoria e, então, o fazia em seu laboratório, onde seu trabalho era um entretenimento maravilhoso para os não iniciados. Relutantemente, ele muitas vezes forçava-se a conversar com os Johnson bem como com repórteres e investidores em potencial, declarando que lucros de milhões eram agora iminentes. Deve ter sido muito difícil para ele fazer isso, pois, como sérvio, tinha sido educado a sempre colocar "os princípios acima do lucro", mesmo em seu próprio detrimento. Cortejar a imprensa quando o assunto era financeiro não fazia seu estilo, mas a verdade é que seu trabalho exigia grandes somas de dinheiro, e ele precisava fazer o que fosse necessário para seguir adiante com seus experimentos científicos, que eram críticos para a humanidade. Ele ficava tão perturbado com esse dilema que escreveu a um repórter de jornal: "É embaraçoso para mim que meu trabalho tenha atraído tanta atenção, [em parte] porque acredito que um homem honesto e amante da ciência deveria acima de tudo deixar seu trabalho falar por si".[45]

Com o fim de 1894 aproximando-se rapidamente, a imagem de Tesla ainda brilhava forte — ele foi retratado em muitos dos jornais mais lidos do país, tal como *The New York Times*, *The New York World*, *The New York Herald* e *Savannah Morning Times*. Os muitos prêmios chegavam sem cessar, incluindo a medalha de ouro Elliott Cresson, do Instituto Franklin, pela invenção de uma nova e significativa forma de luz, que abriu caminho para o campo inexplorado da luz artificial. Vieram, também, títulos honorários da Inglaterra e da França, bem como de Columbia e de Yale.[46] Como sua imagem extravagante estava ainda na curva ascendente e as demandas por seu tempo eram infindáveis, a maioria dos repórteres nunca tinha chance de entrevistá-lo. Então, o que faziam? Eles recorriam ao expediente simples de inventar histórias, algumas muito criativas, mas ainda assim falsas. Eles até usaram seu perfil para tentar dar às histórias inventadas um ar de autenticidade. Eles perseguiam o esquivo inventor da mesma forma que atletas e ídolos da música são perseguidos hoje em dia. Quando Tesla estava no palco, apresentando uma de suas palestras ou demonstrações, ele tinha de fato o comando da audiência. Tesla foi algumas vezes acusado de exibir-se para a imprensa, mas o fazia quando precisava — era parte do jogo. Como o mais importante pensador de seu campo, algumas vezes era difícil para ele equilibrar-se na corda bamba entre a arrogância e a modéstia.[47] Mas considere uma visita à câmara do mago:

> O sr. Tesla passa seus dias no quarto andar de uma oficina na Quinta Avenida Sul, número 33. Seu nome não aparece em lugar algum do prédio [ao contrário de Edison] e não há nada no local indicando que aquele é um dos centros mundiais de interesse elétrico. O andar inteiro é ocupado pelo laboratório do sr. Tesla, exceto um canto, dividido em pequenos escritórios dos mais simples, contendo principalmente uma modesta mesa para seu contador, uma estante devotada especialmente à *Official Gazette of the Patent Office* [Gazeta Oficial do Escritório de Patentes] e um pequeno quadro-negro, pendurado na parede, com marcas de uso contínuo. Em vários pontos, o negro do quadro está desbotado, e o restante da superfície está coberto de números e símbolos cabalísticos. Sem dúvida a ciência da eletricidade seria notavelmente mais pobre

> se não fossem alguns dos problemas resolvidos naquele humilde quadro-negro, pois, quando o inventor está confuso, ele vai até ali e trabalha nervoso no quadro com um grosso pedaço de giz.
>
> O laboratório em si parece comum ao não iniciado. Está cheio de máquinas e aparelhos elétricos, e um estranho vagando pelo prédio certamente tomaria o quarto andar por parte das oficinas abaixo dele. Alguém que não fosse um eletricista não encontraria, na oficina de Tesla, nenhuma das maravilhas que tornam o laboratório de Edison melhor que um circo para o visitante. Um eletricista, entretanto, encontraria ali segredos com os quais poderia ganhar e perder enormes fortunas no mercado de ações, por motivos que ficarão claros mais adiante.
>
> Raramente encontra-se alguém menos afetado e despreocupado com as aparências que Nikola Tesla. Ele não gosta de falar de si mesmo e, quando o assunto vem à baila, ele faz questão de mudar de tema o mais rápido possível.[48]

Mas Tesla estava olhando para seu trabalho atual com comunicação sem fio — ele permanecia concentrado na busca de respostas. Ao mesmo tempo, Robert Johnson e T. C. Martin o fizeram jurar manter segredo, pois estavam trabalhando duro para orquestrar o lançamento de raras fotografias que seriam incluídas no segundo artigo de T. C. Martin para a *The Century Magazine*. Eles queriam o máximo de impacto, já que tais fotografias seriam as primeiras tiradas sob a mais nova invenção de Tesla — a luz fria por fosforescência. Os dois homens decidiram que "segredo" deveria ser a palavra de ordem, e Tesla precisava aderir a isso. Fotografias tiradas com a nova fonte de luz certamente vazariam para a imprensa, diminuindo assim seu impacto. As novas fotografias trariam Mark Twain, o ator Joseph Jefferson, o novelista Francis Marion Crawford e o próprio Tesla (naquela que somente pode ser descrita como a primeira "selfie", junto com Mark Twain). A data de lançamento da revista seria abril de 1895.[49]

O encontro de Tesla com os Johnson foi dos mais fortuitos e provou-se ser um ponto crucial em sua ainda curta vida. Os Johnson se provariam, ao longo do tempo, os maiores protetores de Tesla contra oportunistas de todo o mundo. Entretanto, apesar de os Johnson desejarem ser amigos constantes e para a vida toda, e talvez Katharine desejasse ter um caso amoroso, Tesla só precisava deles quando estava deprimido. A estranha recompensa que recebiam por acudi-lo quando ele precisava era sua negligência quando estava maníaco e não precisava mais deles. Era a maneira de Tesla de evitar a intimidade. Ter amigos de conveniência não é uma forma verdadeira de amizade, algo que Tesla não era capaz de manter, especialmente durante um estado maníaco, quando ele se tornava completamente autocentrado.

O ano de 1895 seria um ano crucial para Tesla. Traria grande glória e uma tristeza ainda maior.

11
A grande conflagração

Espírito alquebrado

CIDADE DE NOVA YORK, NOVA YORK, 1895

A MANCHETE DO JORNAL anunciava "Frutos do gênio foram varridos — Invenções em ruínas — Anos de trabalho perdidos". Assim disse o *The New York Herald*, em 14 de março de 1895. O relato completo da tragédia começava assim:

> Totalmente desanimado e com o espírito alquebrado, Nicola [*sic*] Tesla, um dos maiores eletricistas do mundo, voltou para seus aposentos no Gerlach Hotel ontem de manhã e se deitou. Ele não ressuscitou desde então. Fica deitado meio dormindo, meio acordado. Completamente prostrado.
>
> Em uma única noite, os frutos de dez anos de labuta e pesquisa foram varridos. A teia de mil fios que, a seu pedido, vibrou com vida foi torcida pelo fogo em uma confusão emaranhada. Máquinas cuja perfeição lhe custou tudo o que havia de melhor em uma mente genial agora são coisas sem forma, e os recipientes que continham os resultados de experimentos demorados e cuidadosos não passam de entulho.

> Com o incêndio, que varreu o edifício que ocupava os números 33 e 35 da Quinta Avenida Sul nas primeiras horas da manhã de ontem (cerca de duas e meia da madrugada), um dos laboratórios mais valiosos do mundo foi destruído. Era o ambiente de trabalho de Nicola [*sic*] Tesla, o eletricista sérvio. Naqueles aposentos havia aparelhos que revolucionaram a ciência elétrica.[1]

O relatório terminava afirmando: "As experiências que Tesla vinha realizando ali nos últimos meses foram conduzidas em sigilo. Ele falava muito pouco sobre seus experimentos, além do fato de que esperava resolver em breve uma intrincada questão envolvendo a engenharia elétrica".[2] Quais eram os experimentos? Algum dia saberemos? Tesla não manteve nenhum registro oficial. O sigilo envolvendo seu trabalho exigia isso. Nenhuma nota, das poucas que podem ter existido, sobreviveu. Nenhum esboço, além de um possível desenho a lápis aqui e ali, sobreviveu. Nem mesmo o quadro-negro, tão usado por ele, sobreviveu. Só Tesla conhecia a totalidade de sua obra e o que se perdeu na história.

Depois de ficar incomunicável por vários dias, enquanto amigos o procuravam desesperadamente por toda a cidade, foi sua "protetora", Katharine Johnson, que pôde contatá-lo e informá-lo de sua preocupação: "Hoje, com a compreensão aprofundada acerca do desastre e, consequentemente, com a crescente ansiedade de seu estado, meu caro amigo, estou ainda mais pobre em lágrimas, e elas não podem ser enviadas em cartas. Por que você não vem até nós? Talvez possamos ajudá-lo, temos muito a oferecer-lhe em solidariedade".[3]

No fim, o incêndio destruiu seu laboratório deixando apenas "quatro paredes rachadas e enegrecidas".[4] Já era ruim o suficiente que a cidade de Nova York estivesse saindo de um inverno rigoroso, que as economias mundiais estivessem lutando para sobreviver às garras do Pânico de 1893 e o fato de que a América estava à beira da falência.[5] Mas o custo financeiro para Tesla foi um grande revés, enquanto o custo psicológico, possivelmente, era intransponível. Ele admitiu para um amigo que estava exausto, que não tinha mais nada para dar.[6] Mas essa pode ter sido sua maneira de se proteger contra si mesmo, já que no fim se recuperaria mais uma vez e estaria "trabalhando de novo com firme determinação enquanto as cinzas de suas esperanças permaneciam quentes".[7]

Mas o que causou a grande conflagração? O *The New York Times* noticiou no dia seguinte ao trágico evento que

> Gillis & Geoghegan, fabricantes de suprimentos para máquinas a vapor, ocupavam os andares inferiores do prédio em que o sr. Tesla tinha seu laboratório. O vigia noturno [John] Mahoney foi contratado para cuidar do prédio. Ele disse que estava fazendo sua ronda, como de costume, pouco antes das três horas da manhã de ontem, quando descobriu o incêndio. Tudo começou no andar térreo, mas de qual causa precisamente não se sabe. O vigia tentou em vão apagá-lo com baldes d'água.[8]

Quando o chefe Reilly chegou com o carro de bombeiros, o fogo já havia alcançado os dois primeiros andares e estava se espalhando rapidamente. É preciso considerar, também, que as máquinas encharcadas de óleo do laboratório e dos demais andares se mostraram um grande obstáculo a qualquer tentativa de apagar o incêndio, que acabou consumindo todos os seis andares do prédio.[9]

Mas havia mais no incêndio do que a perda total da busca do inventor por respostas aos segredos de Deus. Foi um evento cataclísmico. O amigo de Tesla, T. C. Martin, escreveu:

> Do famoso observatório de Tycho Brahe, em Uraniburg, permanecem hoje apenas um monte de terra e alguns buracos. O mesmo inventário se aplicaria apropriadamente a tudo o que resta do andar superior, onde Nikola Tesla nos últimos anos vem realizando suas belas e sugestivas demonstrações de eletricidade.
>
> Duas paredes de tijolos instáveis e as mandíbulas escancaradas de uma cavidade sombria nadando em água negra e óleo eram tudo o que se via na manhã de 13 de março de um laboratório que, para todos os que o haviam visitado, era um dos locais mais interessantes da Terra. Acossado pela miséria e pelo clamor da plebeia Quinta Avenida Sul, o prédio era despretensioso, e seus andares mais baixos foram entregues

aos detalhes prosaicos de uma empresa de corte de tubos de ferro. O lugar comum também foi a origem do desastre. Um jato de gás em chamas, pisos encharcados de óleo e um "vigia" eram encarados na época como uma combinação eficaz para incêndios noturnos.

O laboratório de Tesla era, em certo sentido, um museu privado. O proprietário guardava no local muitas lembranças de trabalhos e experiências passadas e uma parte importante de seus registros. Durante os últimos dez anos, o sr. Tesla fez uma enorme quantidade de experimentos originais, e tudo fazia parte do conteúdo do laboratório.[10]

O relatório de T. C. Martin sobre o desastre serviu apenas para confirmar que a perda do laboratório de Tesla teve implicações internacionais que são difíceis de entender completamente até hoje. Isso impediu os esforços de Tesla em continuar com sua pesquisa de comunicação sem fio e deu a Guglielmo Marconi uma vantagem inicial até certo ponto e, ainda, deu a outros a esperança de que Tesla nunca mais fosse ele mesmo. O editor-chefe do *The New York Times* escreveu:

> A destruição da oficina de Nikola Tesla, com seu conteúdo maravilhoso, é mais do que uma calamidade privada. É uma desgraça para o mundo inteiro. Não é em nenhum grau exagero dizer que os homens que vivem nesta época e que são mais importantes para a raça humana do que esses jovens cavalheiros podem ser contados nos dedos de uma mão, talvez no polegar de apenas uma.[11]

Como sabemos agora, apesar dos contratempos de Tesla no passado, ele sempre conseguiu superá-los, porém não se podia prever quanto tempo ele demoraria para se reerguer, dado seu estado de depressão na manhã de 13 de março de 1895, que causou uma incapacidade física e mental que ele nunca havia experimentado antes. No entanto, como não queria ficar estagnado e em uma prisão mental por medo de nunca mais sair, Tesla decidiu empregar seus próprios métodos de pesquisa de eletroterapia para se curar.

Tudo começou com o extenso trabalho de Tesla com correntes de alta frequência, em que ele observara que o efeito de aquecimento dessas correntes poderia ter benefícios para a saúde no tratamento de artrite e outras doenças. Em 1893, Tesla referiu-se a tal tratamento como diatermia médica — fogo frio —, que poderia excitar o cérebro.[12] Assim, ele passou os meses seguintes aplicando em si mesmo tratamentos de "terapia mecânica" que ele mesmo inventou e prescreveu a si mesmo. Tesla explicou por que estava convencido de que esses tratamentos o curariam:

> Ao investigar correntes de alta frequência, observei que produziam certos efeitos fisiológicos que ofereciam novas e grandes possibilidades no tratamento médico. As correntes fornecidas pelos aparelhos provaram ser um tônico ideal para o sistema nervoso humano. Elas promovem a ação do coração e a digestão, induzem um sono saudável, livram a pele de exsudações destrutivas e curam resfriados e febre com o calor que criam. Elas vivificam partes atrofiadas ou paralisadas do corpo.[13]

Ele também acreditava que a "eletricidade" era o melhor de todos os médicos e estava convencido de que as altas frequências produziam reações antigermicidas.[14] Tesla disse ser responsável pelo desenvolvimento e pela eventual popularidade da prática quando afirmou: "Líderes na profissão garantiram-me que fiz mais pela humanidade com esse tratamento médico do que com todas as minhas outras descobertas e invenções".[15]

Mas exatamente no momento em que Tesla começou a acreditar que um recomeço era possível, outras más notícias o pegaram de surpresa. Ele soube que o homem que pensava ser seu amigo e sócio o abandonara em um momento de necessidade. Fora apenas no mês anterior que o engenheiro e investidor Edward Dean Adams havia firmado uma parceria comercial com ele, bem como Alfred S. Brown, outro engenheiro de destaque, junto com William Rankine, promotor das Cataratas do Niágara, e outros para formar a Nikola Tesla Company com o objetivo de produzir e vender todos os tipos de máquinas e aparelhos elétricos inventados por Tesla.

Adams conhecera Tesla durante o projeto das Cataratas do Niágara, no qual ele reuniu os bancos necessários para viabilizar o projeto. Tudo parecia perfeito para Tesla. Adams se sentiu mais do que capaz de fazer as coisas acontecerem, mas então ele se viu muito ocupado para segurar a mão de Tesla e guiá-lo pelos campos minados financeiros da época. Tesla precisava de alguém para moderar seus voos de fantasia enquanto lentamente se libertava da realidade. Adams também entendeu que, por causa da psique instável de Tesla e de seu desejo constante de sonhar, muitas de suas ideias seriam difíceis de comercializar. Além disso, por causa do Pânico de 1893, anos depois o país ainda estava passando por uma recessão, e, como sabemos, muitas das maiores empresas de serviço público lutavam para permanecer solventes, portanto a demanda por novos produtos estava em declínio.[16] Um observador sugeriu que a tendência de Tesla era ver o todo, tendo, às vezes, dificuldade de se concentrar em um problema específico.

Como Tesla não tinha seguro de todo o equipamento perdido no incêndio, o valor geral de seu prejuízo ainda era desconhecido. Mesmo assim, em poucos dias ele estava nas ruas da cidade de Nova York em busca de um novo lugar para abrir um laboratório e começar de novo. Ironicamente, ninguém menos que o maior inimigo de Tesla, Thomas Edison, fez uma oferta — aparentemente reconhecendo sua derrota na Guerra das Correntes — de deixá-lo usar seu laboratório de Nova Jersey nesse ínterim, enquanto buscava o equipamento necessário para ocupar um novo laboratório. Tesla aceitou a oferta, mas o que é mais irônico é que seu ex-parceiro, George Westinghouse, o homem que ele tornara mundialmente famoso e rico, começou a enviar-lhe contas de equipamentos perdidos no incêndio e de novas máquinas que encomendou. Nos meses seguintes, os esforços de Tesla para montar um novo espaço de trabalho continuaram inabaláveis. Mas, então, abril chegou, e as coisas mudaram.[17]

O mais novo jovem repórter do *The New York World*, Arthur Brisbane, havia anunciado anteriormente que Tesla era "maior do que Edison", reativando assim a Guerra das Correntes — pelo menos na imprensa, porque o conflito vendia jornais.[18] Brisbane muito rapidamente conquistou a reputação de entrevistar pessoas importantes, de primeiros-ministros e potentados a atores e atletas. As pessoas constantemente lhe diziam que era obrigatório entrevistar o jovem inventor que fazia barulho em todo o mundo: Nikola Tesla.[19] Mas onde encontrá-lo? O lugar que frequentava diariamente era o famoso restaurante Delmonico's, na Madison Square, em Manhattan. Brisbane disse que viu o inventor enigmático pela primeira vez enquanto lia um jornal em uma mesa perto da janela, no quente verão de 1894. Tesla, escreveu ele, "é sério e em todos os sentidos impõe respeito".[20] Brisbane então observou: "Nikola Tesla é quase o mais alto, quase o mais magro e, certamente, o homem mais sério que vai diariamente ao Delmonico's".[21] Não passou despercebido ao jovem Brisbane que aquela foi a entrevista mais significativa de sua vida:

> Seu rosto não pode ser estudado e julgado como o de outros homens, pois ele não atua no mundo prático. Tesla vive sua vida dentro de sua cabeça, onde as ideias nascem, e ali ele tem muito espaço. Seu cabelo é preto-azeviche e cacheado. Tesla se inclina — a maioria dos homens o faz quando não está tomado pela soberba. Vive dentro de si mesmo. Ele se interessa profundamente por seu próprio trabalho. Tem aquele suprimento de amor-próprio e autoconfiança que geralmente vem com o sucesso. Tesla se difere da maioria dos homens a respeito dos quais se escreve e se fala porque realmente tem algo a dizer.[22]

Deve-se notar que ninguém, incluindo Tesla, sabia que ele havia alcançado o zênite (ver: "Linha do tempo de eventos psiquiátricos") de sua capacidade após sua ascensão meteórica sem paralelo na história científica.[23] Outro repórter sugeriu: "Agora que a marcha rápida dos eventos no desenvolvimento elétrico trouxe a tecnologia de ponta (da corrente alternada) a par dos tempos, Tesla se viu em destaque, não tanto pelo que é hoje, mas pelo árduo e quase inigualável trabalho que realizou na última década".[24]

A interessante entrevista de Brisbane com Tesla terminou com estas palavras: "Um homem sábio que conheci costumava dizer que os cientistas, com seu amontoado de leis que governam o universo, eram ignorantes e que não havia mais do que meia dúzia de leis fundamentais ao todo. Perguntei ao sr. Tesla o que ele pensava sobre isso. Sua resposta foi profética: 'Acho que todas elas poderiam ser reduzidas a uma'".[25] Albert Einstein,

Richard Feynman, Stephen Hawking e outros perseguiram uma "teoria de tudo"![26] A caçada continua ainda hoje, mas Tesla previu sua existência há mais de 125 anos.

No processo de reconstrução de seu laboratório, Tesla achou melhor apertar a mão de Westinghouse de novo, afinal os bárbaros das finanças esmurravam as portas en busca do sangue de Westinghouse e de qualquer outra pessoa em sua órbita que devia dinheiro a eles — os banqueiros. Tesla precisava de amigos, dinheiro e espaço para continuar seu trabalho. Por causa da escassez de dinheiro em 1893, empresas como a Westinghouse e a General Electric descobriram que contratos eram difíceis de negócios.[27] Como consequência, a Westinghouse em particular enfrentava problemas financeiros e seu futuro era incerto. Finalmente, entretanto, equipamento suficiente chegou ao novo laboratório para Tesla começar a trabalhar num imóvel de dois andares que ocupava os números 46 e 48 da East Houston Street — situada a leste de Greenwich Village, perto de Chinatown. Ele estava exultante de estar de volta à cidade de Nova York e em seu próprio laboratório permanente. Embora sua mente estivesse decidida a continuar suas pesquisas de transmissão sem fio, ele, no entanto, procurou em todas as direções, perseguindo qualquer nova perspectiva que fizesse sentido para ele.[28] O dinheiro agora era um tema central, o que o deixava sempre vigilante em busca de potenciais investidores. Isso era um anátema para Tesla e para o que ele acreditava, mas era necessário se desejava realizar seus sonhos para o futuro da humanidade.

Como seu sistema de iluminação sem fio e oscilador não atraía a atenção que esperava, Tesla fez o que sempre fez: rejeitou o senso comum e seguiu seu próprio caminho. O que isso significa? Ele não olhou para Hertz, Lodge e Marconi, que acreditavam que transmitir ondas eletromagnéticas pelo ar era o caminho a seguir. Em vez disso, expandiria sua pesquisa com CA de alta frequência e tentaria aplicar sua energia ao solo. Ele procurou transmitir energia não por meio de ondas eletromagnéticas perfurando a atmosfera ou o ar intangível, mas pelo solo, conectando seu transmissor a uma antena e ao chão (correntes).[29] Seu primeiro experimento com correntes terrestres resultou em uma inundação de serpentinas elétricas. Tesla sabia que estava indo na direção certa. Seguindo seu próprio caminho mais uma vez, ele nunca voltou o olhar para o trabalho alheio. Ele se sentia extremamente confiante de que poderia transmitir energia e mensagens ao redor do mundo.[30]

Vamos fazer uma pausa em nossa história e considerar o que uma das autoridades contemporâneas de Tesla, T. C. Martin, pensou dessa pesquisa de ponta:

> Parte do trabalho mais recente do sr. Tesla foi na direção aqui indicada, pois em seu oscilador ele não tem simplesmente um novo dispositivo prático, mas um novo implemento de pesquisa científica. Com o oscilador, se ele ainda não determinou realmente a carga elétrica ou a "capacidade" da terra, ele obteve efeitos notáveis que demonstram conclusivamente que conseguiu perturbá-la. Ele conecta à terra, por uma de suas extremidades, uma bobina em que correntes de vibração rápida são produzidas, com a outra extremidade livre no espaço. Com essa bobina, ele faz realmente o que se faria com uma bomba que força o ar para dentro de uma bola de futebol elástica. A cada golpe alternado, a bola se expandia e se contraía. Mas é evidente que a bola, se preenchida com ar, quando repentinamente expandida ou contraída, vibraria em seu próprio ritmo. Agora, se os golpes da bomba forem sincronizados de forma que estejam em harmonia com as vibrações individuais da bola, uma vibração ou onda intensa será obtida. Os raios roxos de eletricidade assim eliciados da terra e despejados no ar são maravilhosos. Essa exibição é vista onde a coroa da bobina, afinando para cima em um pico de Tenerife, arde com a explosão de uma fotosfera solar.
>
> Depois de pesquisar pacientemente por dois ou três anos após um resultado calculado com antecedência, a compensação de Tesla é poder testemunhar uma exibição magnífica de correntes de fogo e descargas de relâmpagos saindo da ponta do fio com o rugido de um gás. Além de sua profunda importância científica e de seu maravilhoso fascínio como espetáculo, tais efeitos apontam para muitas novas realizações que

> contribuem para o bem-estar da raça humana. A transmissão de energia e inteligência é uma coisa; a modificação das condições climáticas pode ser outra. Talvez algum dia "liguemos para" Marte dessa maneira, com a carga elétrica de ambos os planetas sendo utilizada em sinais. Aqui temos resultados importantes, objetivos elevados e ideais nobres, e, no entanto, eles são apenas uma fração dos resultados aos quais o sr. Tesla, com seu trabalho simples e modesto, associou seu nome durante os últimos anos.[31]

Marte! Imagine só!

Sim, houve um grande incêndio que destruiu o laboratório de Tesla. Mas houve uma agitação psicológica ainda maior que pode ter destruído a psique de Tesla. A crise foi tamanha que ele talvez nunca venha a se recuperar.

12
Da Terra a Marte

Confuso, traído, mas triunfante

CIDADE DE NOVA YORK, NOVA YORK, 1895

Em 18 de fevereiro de 2021, a sonda *Perseverance* aterrissou em Marte em busca de assinaturas químicas orgânicas de vida microbiana. Desde seu lançamento até sua aterrissagem final, uns oito meses depois, ela esteve em constante contato com a NASA por meio de "comunicação sem fio" — a comunicação sem fio de Tesla, para ser específico.

Em abril de 1896, pouco mais de um ano após Tesla sofrer sua tremenda perda no laboratório da Quinta Avenida, ele ainda estava em um estado de confusão, atirando em todas as direções para aprumar-se e pronto para trabalhar em seu novo laboratório, localizado na East Houston Street. Apesar de ter passado por estados mentais mistos, ele ainda assim estava fazendo progressos com seus experimentos, encontrando horizontes futuristas, mas também buscando a solidão, pois sentia-se mais confortável sozinho naquelas circunstâncias. Sua criação de sérvio orgulhoso não permitiria que ele mostrasse fraqueza ou dúvida na frente dos outros. Ele iria internalizar seus pensamentos desafiadores, mas precisava continuar, e continuaria. Seu foco principal era a transmissão sem fio de ondas elétricas, assunto que estava na mente de muitas pessoas, como escritores de ficção científica e vários cientistas que ponderavam sobre as possibilidades de comunicação com outros planetas. Até Lorde Kelvin estava hipnotizado com tal ideia fantasmagórica. Chegando a Nova York, procurou Tesla para discutir o assunto. Os dois conversaram sobre o trabalho de Tesla com comunicação sem fio, e Lorde Kelvin desejava enviar um sinal de Nova York para Marte, na tentativa de fazer os "marcianos" saberem que os terráqueos eram reais. Edison também foi contagiado pela excitação, mas sua ideia tinha a ver com contatar entes queridos já falecidos.[1] Mas Tesla estava falando sério e pretendia atingir o universo. Afinal, seu desenvolvimento da transmissão sem fio estava progredindo muito bem e com certeza lhe dava razões para estar entusiasmado com o empreendimento. Até mesmo vários jornais diários de Nova York buscavam suas palavras a respeito do assunto e sobre quase todo o resto. Sim, os "caçadores de leões" estavam à espreita. Eles queriam uma história. Então, Tesla deu a eles o que queriam, outra vez. As entrevistas traziam manchetes como: "Será que Tesla vai enviar sinais para as estrelas?" e "Podemos mandar sinais para Marte". O que se segue é um excerto de uma entrevista com Tesla a respeito do provocativo tema do envio de sinais a Marte:

> Eu venho considerando essa questão há cinço ou seis anos e estou cada dia mais convencido de que ela está baseada em princípios científicos e é plenamente factível. Sabemos que as perturbações elétricas no Sol produzem perturbações similares na Terra na forma de tempestades elétricas. Então, por que não seria igualmente concebível que uma perturbação na superfície da Terra produzisse algum efeito tangível em outro planeta? A transmissão de perturbações no Sol mostra, para além de qualquer dúvida, que ondas de eletricidade propagam-se por todo o espaço.
>
> Mas, se existirem habitantes inteligentes em Marte ou em qualquer outro planeta, parece-me que podemos fazer algo para atrair sua atenção. Isso, claro, é uma aplicação extrema desse princípio da propagação

de ondas elétricas. O mesmo princípio pode ser empregado, com um efeito benéfico, para propagar notícias a todas as partes do planeta. Antes acreditava-se que, para conseguir qualquer energia da eletricidade, era necessário que existisse um circuito condutor, mas foi demonstrado que os mesmos resultados podem ser obtidos com um único fio. É perfeitamente possível operar um motor ou uma luz elétrica com apenas um único fio chegando ao aparelho. Ocorreu-me naturalmente que, como a Terra é um condutor, uma perturbação elétrica em um ponto que causa uma mudança no equilíbrio da eletricidade da Terra deveria ser sentida em todos os pontos da superfície do planeta e poderia ser medida com os instrumentos corretos. As possibilidades de tal transmissão de inteligência não podem ser exageradas. Cada cidade do globo poderia estar em um grande circuito de comunicação, e uma mensagem enviada de Nova York estaria na Inglaterra, na África e na Austrália em um instante. Imagine a importância disso em tempos de guerra, epidemia ou de pânico no mercado financeiro![2]

O jornal também informou que "o sr. Tesla está atualmente trabalhando para terminar seus cálculos e aperfeiçoar o aparelho necessário para conduzir experimentos nesse seu novo campo de investigação, e espera logo ser capaz de mostrar que seu plano é factível".[3]

Como podemos observar hoje, a febre "marciana" estava na moda. Dois anos antes, Tesla havia descrito sua visão, convencido das possibilidades, em uma conversa com seu assistente, o sr. Moore, de que, uma vez que ele tivesse enviado um sinal de qualquer ponto da Terra para qualquer outro ponto, o próximo passo lógico seria fazer o mesmo da Terra para outros planetas.[4] Até o famoso astrônomo Percival Lowell estava interessado nos "canais" de Marte. Ele posteriormente elaborou um estudo muito detalhado desses canais marcianos, que foi publicado na *Nature*. Até o magnata dos negócios americano, o milionário John Jacob Astor IV, autor de um thriller de ficção científica chamado *A Journey to Other Worlds* [Uma jornada a outros mundos], pegou a febre marciana. Ele até deu a seu amigo Tesla uma cópia de seu livro.[5]

Com a febre de Marte ainda queimando alta e excitantemente no fim dos anos 1890, alguns dos investidores de Tesla estavam preocupados que suas novas teorias e a pesquisa sobre oscilação o estivessem afastando do trabalho que dava dinheiro, isto é, seu sistema de iluminação de arco voltaico.[6] Em certa ocasião, sua pesquisa com oscilação produziu um resultado muito peculiar e perturbador: um "terremoto artificial". Para entender melhor a ressonância, ele construiu uma versão menor, portátil, de seu oscilador eletromecânico. Alguns o chamaram de "máquina de terremoto de Tesla".[7] Anos depois, o cientista recordou aquele evento em particular, que aconteceu em seu laboratório na Houston Street:

> Eu estava conduzindo experiências com vibrações. Uma das máquinas [presa a um pilar] estava ligada, e eu queria testar se conseguia fazê-la afinar-se com a vibração do prédio. Aumentei pouco a pouco a vibração, e ouviu-se um som de rachadura peculiar.
>
> Perguntei a meus assistentes de onde o som tinha vindo. Eles não sabiam. Aumentei um pouco mais a potência da máquina. Houve um som ainda mais alto de rachadura. Eu sabia que estava me aproximando da vibração do prédio de aço. Aumentei um pouco mais a potência.
>
> De repente, todas as máquinas pesadas do lugar estavam voando, e eu peguei um martelo e quebrei a máquina de vibração. O prédio teria desabado sobre nós em mais alguns minutos. Do lado de fora, a rua estava em pandemônio. A polícia e as ambulâncias chegaram. Disse a meus assistentes para não dizerem nada. Dissemos à polícia que devia ter sido um terremoto. Foi tudo o que eles souberam sobre o caso.[8]

O evento bizarro causou caos nas ruas quando prédios começaram a oscilar, janelas explodiram e as pessoas correram para as ruas das comunidades chinesa e italiana vizinhas em busca de segurança.[9]

Um repórter esperto perguntou ao dr. Tesla o que seria necessário para destruir o Empire State Building, e o doutor respondeu:

> Cinco libras de pressão de ar. Se eu ligar a máquina de oscilação adequada a uma viga mestra, isso é tudo de que eu precisaria, cinco libras.

> A vibração é capaz de tudo. Bastaria aumentar as vibrações da máquina até que elas se encaixassem na vibração natural do prédio, e tudo viria abaixo. É por isso que soldados sempre marcham desencontrados quando estão cruzando uma ponte.

Seus primeiros experimentos com a vibração, explicou ele, levaram à sua invenção da "máquina de vibração da Terra".[10]

Outra vez, investidores e muitos oportunistas não eram capazes de entender o modo de trabalhar de Tesla: de experimentos mentais para experimentos tangíveis. Mesmo sua breve excursão à possibilidade de comunicar-se com Marte, algo frívolo para muitos, era parte de um contexto maior que lhe parecia bastante claro e, hoje, está bastante claro para a maioria de nós. Ele estava no caminho certo e nunca se desviou de sua rejeição à sabedoria convencional, pois sabia que esta estava muitas vezes errada. Desde o trabalho de Tesla sobre chegar ao espaço, cientistas até hoje têm aceitado o desafio que ele lançou há mais de um século e mantido vivo seu sonho.

Com a corrida pela comunicação sem fio a todo vapor, Tesla seguiu concentrado — até Wilhelm Roentgen tornar pública sua suposta descoberta dos raios X em 28 de dezembro de 1895. Michael Pupin, físico e também sérvio, que se tornou um pequeno inimigo de Tesla, descreveu a situação dizendo que todos os físicos que tinham alguma curiosidade "abandonaram suas próprias pesquisas e lançaram-se de cabeça", ignorando qualquer perigo.[11]

Vamos contemplar por um momento o fato de, com o decorrer do tempo, Michael Pupin passar a achar difícil suportar a fama de Tesla, tendo ele um doutorado em física pela Universidade de Berlim enquanto Tesla não tinha nenhum título acadêmico. Ele foi incialmente um admirador do trabalho de Tesla, mas logo juntou-se a Elihu Thomson, que, como o leitor deve lembrar, alegava ter sido o inventor da corrente alternada, assim como outros pretendentes. Tristemente, Pupin acabou fazendo os amigos errados e entrou em conflito com Tesla, que acabou triunfando — Thomson finalmente admitiu que Tesla detinha uma clara vantagem.

Pupin passou a maior parte do resto de sua vida como antagonista, sem nunca atingir o nível de sucesso de Tesla.[12] Ele reconheceu que Tesla seria, de alguma forma, parte desse evento impressionante, então tomou a dianteira e considerou que qualquer conexão entre Tesla e os raios X era inexistente.[13] Pupin havia alegado ter trazido o primeiro raio X para a América, em 2 de janeiro de 1896, querendo uma parte da glória. Entretanto, sua alegação e as alegações de outros provaram-se ilusórias, pois Tesla havia precedido todos eles.[14] Para acrescentar um pouco mais de absurdo à alegação infundada de Pupin, um artigo foi publicado na *The Electrical Review* na época, no qual lia-se:

> Que haveria uma disputa pela honra de ter inventado algo tão maravilhoso como o tubo de Röntgen, seria de esperar, e um bom exemplo das discussões sobre essa questão entre o dr. Pupin e o dr. Morton pode ser lido nas páginas de nossa contemporânea *Electricity*. O dr. Morton, de Nova York, acusa o dr. Pupin de ter visto o tubo em seu (do dr. Morton) laboratório e de depois tê-lo descrito como seu.[15]

É verdade que o anúncio de Roentgen foi impressionante para a maioria. Mas, de forma interessante, logo antes daquela grande revelação, Tesla havia trabalhado duro em seu laboratório na East Houston Street. Ali, ele sempre mantinha sua antena levantada, em busca do "novo", quando notou os efeitos de uma descarga elétrica sobre o filme. Mas deu pouca atenção ao novo fenômeno. Depois, em retrospecto, ele sabia que tinha perdido uma oportunidade ali. "Então, tarde demais, percebi que meu guia espiritual havia novamente me dado uma pista, e eu não tinha conseguido compreender seus misteriosos sinais."[16] E acrescentou:

> Mas, apesar de eu ter falhado em ver algo que outros, em meu lugar, talvez tivessem percebido, sempre foi minha convicção, e ela continua mais firme que nunca, de que não fui abandonado por meu gentil espírito que então comunicou-se comigo, mas que, ao contrário, ele me

guiou mais firmemente e diretamente para a compreensão da natureza daquelas manifestações.[17]

Aqui vemos novamente a aderência e a confiança de Tesla em sua intuição. Ele sempre fez questão de estar aberto a novas ideias, certo de que sua bússola interna sabia a direção final de seus esforços.

Mas fica a questão: foi Tesla realmente o primeiro a descobrir e utilizar os raios X? Há aqueles que sugerem que sua imagem em raios X da mão de Mark Twain foi de fato a primeira imagem. Em um artigo de revista publicado em 1946, foi sugerido que "nem Tesla nem Hewitt [um pesquisador norte-americano] perceberam, até algumas semanas depois, quando Roentgen anunciou a descoberta dos raios X, que a fotografia de Twain era de fato um exemplo de fotografia em raios X, a primeira produzida na América".[18] É verdade que isso não resolve a questão de quem foi o primeiro, mas certamente demonstra quão avançada estava a pesquisa de Tesla em relação às outras. Dito isso, Tesla nunca buscou créditos de outros. Nunca alegou ter se antecipado a Roentgen, mas após ouvir o anúncio ele imediatamente enviou "fotos de sombra" para Roentgen. A resposta de Roentgen foi curiosa: "As imagens são muito interessantes. Se for possível, você poderia revelar como as obteve?".[19] Para o espanto de Roentgen, Tesla estava produzindo "sombras fortes a distâncias de mais de doze metros".[20] Ele descreveu os resultados de um dos experimentos com as "fotos de sombras" assim: "Um contorno do crânio facilmente obtido com uma exposição de vinte a quarenta minutos. Em uma ocasião, uma exposição de quarenta minutos resultou claramente não apenas no contorno, mas também na cavidade do olho, a mandíbula inferior e as conexões com a superior, a coluna vertebral e conexões com o crânio, a pele e mesmo o cabelo".[21] Tesla até desconsiderou a prudência e expôs-se, e a um assistente, à radiação. Ele observou os efeitos bizarros da força misteriosa: "Uma tendência a dormir e o tempo parece passar mais rápido. Há um efeito tranquilizante generalizado, e senti uma sensação de calor na parte superior da cabeça. Um assistente confirmou de maneira independente a tendência ao sono e uma passagem mais rápida do tempo".[22] Inicialmente, Tesla não acreditava que a exposição à radiação fosse deletéria, mas uma exposição prolongada tinha como resultado dores de cabeça notáveis, bolhas severas na pele e uma eventual inflamação das camadas externas da pele.[23]

Uma vez que se conscientizou dos efeitos indesejáveis da exposição à radiação, Tesla começou a pensar sobre outros possíveis usos para uma força tão dinâmica. Ele postulou, de forma bastante perspicaz, que esses poderosos raios de energia continham propriedades tanto de ondas como de partículas. Então concluiu que os raios X eram, por extensão, "uma arma maravilhosa, de fato, lançando mísseis de um poder de penetração mil vezes maior que uma bala de canhão e os levando provavelmente a muitos quilômetros de distância, a velocidades que não podem ser produzidas de nenhuma outra forma conhecida".[24]

Em paralelo e de forma pouco surpreendente, Edison havia tentado fazer uso da nova descoberta dos raios X acreditando que eles poderiam produzir "visão" nos "cegos." Tesla imediatamente rejeitou tal tolice e declarou: "Não é cruel provocar essas esperanças quando há tão pouca base para isso? Que bem pode resultar daí?".[25] Os repórteres tinham esperança de que a resposta irritada de Tesla reacendesse a guerra entre os dois titãs, mas isso não aconteceu. Afinal, aquela guerra já havia sido decidida: Tesla vencera!

BUFFALO, NOVA YORK, 1897

Com a ascensão da pesquisa dos raios X ganhando impulso e uma grande quantidade de investidores e empresas juntando-se a ela, Tesla decidiu que aquela área estava saturada para ele e resolveu continuar sua busca pela transmissão sem fio. Era ali que seu foco deveria estar. Afinal, sua pesquisa já tinha dado resultados. Na verdade, foi nos meses finais de 1896 e no início de 1897 que o orgulhoso George Westinghouse tinha ligado a energia na estação de geração das Cataratas do Niágara — a Estação de Energia nº 1 do Niágara —, pela qual Tesla, com justiça, recebeu muitos elogios no Ellicott Club, em Buffalo.[26] Era o mesmo clube onde Tesla, o homem da hora, foi festejado e discursou de forma muito curiosa e confusa, no chamado "Discurso do banquete da energia".

Em pé, as costas eretas, vestido de forma impecável em smoking preto, ele discursou para quatrocentas das mais importantes pessoas do país, de engenheiros e inventores a industriais e investidores. O conteúdo foi algumas vezes confuso, outras, profético, e outras ainda, apologético. Pense nisto: apenas dois meses antes de janeiro de 1897, Tesla havia conseguido usar seu sistema de corrente alternada polifásico para transmitir energia a partir das Cataratas do Niágara — um feito gigantesco de genialidade. O *New York Tribune* o considerou "um dos triunfos do século".[27]

Entretanto, o discurso de Tesla foi uma inesperada catarata de emoções. Eis um exemplo:

> Eu quase não tive coragem suficiente para me dirigir a uma audiência nas poucas ocasiões em que isso foi inevitável, e a experiência desta noite, mesmo tão desconectada da causa de nosso encontro, é bastante nova para mim. Apesar de, naquelas poucas oportunidades, das quais retive uma lembrança agradável, minhas palavras terem sido recebidas com generosidade, eu nunca me enganei e sempre soube que meu sucesso não foi devido a alguma excelência nas artes da retórica ou da demonstração. Entretanto, meu senso de dever em responder ao pedido com o qual fui agraciado alguns dias atrás foi forte o bastante para superar minhas sérias apreensões quanto à minha habilidade de fazer justiça ao tópico que me foi designado. É verdade que às vezes — mesmo agora, enquanto falo — minha mente sente-se repleta do assunto, mas sei que, no instante em que eu tentar expressá-lo, os conceitos fugidios vão desaparecer, e eu experimentarei uma certa sensação bem conhecida de abandono, frieza e silêncio. Já posso até antever suas expressões de desapontamento e ler nelas o doloroso arrependimento pelo erro de sua escolha.[28]

O que causou esse inexplicável senso de inferioridade em um homem que, durante sua própria vida, estava mudando o mundo para melhor, dando à humanidade os confortos que ela não pode dispensar, hoje ou então? Nenhum homem havia feito tanto, de forma tão dramática. Nem Da Vinci, nem Edison, nem Einstein. Então, por quê? Não era esse momento sua oportunidade de dizer ao mundo que "eu fiz, eu expiei a morte de meu irmão, paguei minha dívida com minha família e, por fim, sou mais que um inventor, sou um criador"? Será que Tesla havia caído no buraco escuro da desordem bipolar naquela noite? Já havia acontecido com ele antes.

Lembremos que a maior motivação de Tesla para suas grandes invenções e descobertas era "aliviar o fardo dos ombros da humanidade", mesmo que custasse sua sanidade. Isso ele conseguiu. As palavras finais de seu discurso ressoam com esse objetivo:

> Senhores, algumas das ideias que expressei podem parecer, para muitos de vocês, quase impossíveis de concretizar, entretanto elas são o resultado de longos e continuados pensamentos e trabalhos. Vocês poderiam julgá-las melhor se tivessem dedicado a vida a elas, como eu fiz. Com ideias, trata-se de escalar alturas vertiginosas: primeiro, elas causam desconforto, e você fica ansioso para descer, desconfiado de suas próprias forças, mas logo a distância da turbulência da vida cotidiana e a influência inspiradora da altitude acalmam seu sangue, seus passos ficam mais firmes e seguros, e você começa a procurar alturas mais vertiginosas. Eu tentei falar com vocês sobre "eletricidade", seu desenvolvimento e sua influência, mas temo ter feito isso como um menino tentando desenhar um retrato com algumas poucas linhas retas. Mas me esforcei para destacar uma característica, para falar a vocês de uma perspectiva em que tinha certeza de que encontraria resposta em todos os seus corações, a única dimensão digna dessa ocasião — a humanitária.[29]

Apesar de seu discurso ter sido perturbador para muitos, pois não parecia em nada com Tesla, um homem que apreciava transformar seu trabalho em espetáculo, ele ainda assim falou sobre suas últimas motivações:

> Fico feliz em dizer que, também nessa última direção [energia], meus esforços não foram malsucedidos, pois projetei os meios que nos permitirão usar, na transmissão de energia de forças eletromotoras, [frequências] muito maiores que aquelas praticáveis com aparelhos normais. De fato, o progresso nesse campo me deu novas esperanças de ver a realização de um de meus sonhos mais caros, isto é, a transmissão de energia de uma estação para outra sem o uso de fios que as conectem.[30]

Novamente, seu sonho do "sem fio" estava na linha de frente.

O discurso de Tesla foi uma espécie de "aviso". Indicava que, apesar de certamente não estar maníaco, ele exibia, entretanto, alguma dúvida a respeito de si mesmo, sinal de um estado de depressão — mas ele não estava em seu ponto mais baixo. Ele possivelmente estava em um estado misto, afetado adversamente e "para baixo" devido a críticas, traições e competição, mas ainda assim era capaz de continuar inovando e depositando patentes. No fim desse período, ele possivelmente ficou hipomaníaco novamente, quando então criou e demonstrou o barco radiocontrolado.

BAR HABOR, MAINE, 1896

Em 6 de agosto de 1896, os protetores de Tesla, os Johnson, estavam de férias em Bar Habor, no Maine. Em um momento de irritação, Katharine escreveu para Tesla querendo mais que nunca que ele fosse visitá-la:

> Caro sr. Tesla,
>
> Estou tão preocupada com você, ouvi que está doente. Largue o trabalho por algum tempo, estou assombrada com o medo de que sucumba ao calor. Busque um clima ameno. Não fique em Nova York. Ali você irá todos os dias ao laboratório.
>
> Você está cometendo um erro, meu querido amigo, um erro quase fatal. Acha que não precisa mudar e descansar. Você está tão cansado que não sabe do que precisa. Talvez seja necessário que alguém o carregue à força. Eu nem sei o que espero ganhar escrevendo para você. Minhas palavras não têm efeito, talvez sejam esquecidas assim que lidas.
>
> Mas preciso e vou falar. Você não vai me escrever? Como eu ficaria feliz se recebesse uma carta vinda de um endereço desconhecido.
>
> Sinceramente sua,
>
> Katharine Johnson[31]

Não era segredo que o "amor" de Katharine por Tesla era real para ela. Também não era segredo que Tesla agora tinha outro plano de voo. Sua fama era inquestionável. As demandas por seu tempo haviam se tornado demasiadas — ele até deixara de escrever para as irmãs. Seu desejo de trabalhar intensificara-se. Afinal, ele tinha competidores. Marconi estava batendo à sua porta, próximo de demonstrar seu próprio aparelho de comunicação sem fio. Havia outros pretendentes ao trono. Tesla lembrava-se de seu traiçoeiro compatriota, Michael Pupin, então sabia que eles existiam.

CIDADE DE NOVA YORK, NOVA YORK, 1897

Naquele momento, os esforços de Tesla estavam concentrados na robótica, embora ele a chamasse de "telautomática". Estava convencido de que aparelhos eletromecânicos poderiam ser operados a várias distâncias, completamente sem fio, sem qualquer conexão física. Ele também achava que tais aparelhos poderiam pensar por si mesmos.[32]

A ânsia de Tesla em transformar seus experimentos mentais com seu sistema de comunicação sem fio em experimentos físicos reais resultou na concessão de oito patentes em 1896 para osciladores, comunicação por rádio e aparelhos de controle remoto. No total, durante os cinco anos seguintes, essas importantes patentes desdobraram-se em 33 patentes fundamentais, que cobriam praticamente todos os tópicos essenciais para a transmissão sem fio de energia elétrica.[33]

Era hora de mostrar ao mundo seu trabalho recente.

Seu primeiro projeto foi demonstrar a comunicação sem fio usando sua originalidade sem par e seu pensamento complexo. O resultado foi um modelo de barco radiocontrolado, com cerca de 1,2 metro de comprimento e noventa centímetros de altura. Era uma importante invenção, que estreou na Exposição Elétrica realizada no Madison Square Garden durante a Guerra Hispano-Americana, em maio de 1898. Ele já havia, entretanto, mostrado exemplos anteriores dessa tecnologia no Instituto de Engenheiros Eletricistas, em 1892.[34]

Essa ousada invenção estabeleceu as bases do que seria conhecido, poucos anos depois, como "rádio". Também foi a fundação da qual vieram o telefone sem fio, o controle remoto de garagem, os drones, o rádio automotivo, a televisão, o fax, o conversor de TV a cabo, o rádio e a TV via satélite, e, sim, os robôs remotamente controlados que estão rapidamente dominando a indústria moderna.[35] Mas havia ainda outra razão, talvez muito mais importante para Tesla, para buscar desenvolver essa tecnologia revolucionária. Em um artigo para a *The Electrical Review* de 16 de novembro de 1898, ele expressou bem seus pensamentos, explicitados já no título do artigo: "A última invenção de Tesla: detalhes de uma invenção que pode assegurar a paz do mundo". Ele seguia dizendo que:

> Navios ou veículos de qualquer tipo adequado poderão ser usados como botes salva-vidas, barcos de transporte ou de comunicação ou para carregar cartas, pacotes, provisões, instrumentos, objetos ou materiais de qualquer tipo, para estabelecer comunicação com regiões inacessíveis e explorar as condições ali existentes, para pescar ou capturar baleias ou outros animais marinhos e para muitos outros propósitos científicos, de engenharia ou comerciais. Mas o maior valor de minha invenção será seu efeito sobre a guerra e os armamentos, pois, por sua certa e ilimitada capacidade de destruição, ela tenderá a trazer e manter a paz permanente entre as nações.[36]

Como Tesla chegou a essa ideia revolucionária? Afinal, ela teve implicações enormes na vida cotidiana moderna, e sua importância continua a crescer todos os dias. Voltando ao início de sua vida, encontramos respostas. Como o leitor já viu, Tesla sofreu com pesadelos, visões que o aterrorizavam quando era criança. Ele, por fim, desenvolveu um método para combater seu medo. Sua capacidade de percepção, desde muito jovem, deu a ele a possibilidade de enfrentar tal medo. Ele descreveu assim sua crença na relação dos homens com os autômatos:

> Enquanto fracassei em obter qualquer evidência que sustentasse as alegações de psicólogos e espiritualistas, provei para mim de forma satisfatória o automatismo da vida, não apenas pela observação contínua de ações individuais, mas também de forma mais conclusiva, por meio de certas ge-

> neralizações. Estas resultam em uma descoberta, que eu considero o maior momento da sociedade humana e sobre a qual vou discorrer brevemente. Tive a primeira intuição dessa verdade espantosa quando era ainda um menino muito jovem, mas por muitos anos interpretei o que vira simplesmente como coincidências. Isto é, sempre que eu ou uma pessoa a quem eu estava ligado, ou uma causa à qual eu estava devotado, era ferido por outros de uma maneira particular, que poderia ser mais popularmente caracterizada como a maneira mais injusta possível, eu experimentava uma dor particular e indefinível que, na falta de termo melhor, qualifiquei como "cósmica", e imediatamente depois, invariavelmente, aqueles que haviam infligido aquela dor lamentavam-se. Após vários casos assim, confidenciei isso a um certo número de amigos, que tiveram a oportunidade de convencer-se da verdade da teoria que formulei gradualmente e que pode ser descrita nas seguintes poucas palavras.

Ele continuou:

> Nossos corpos são todos similares e expostos às mesmas influências externas. Isso resulta na semelhança de respostas e na concordância das atividades gerais nas quais todas as nossas regras sociais e nossas leis estão baseadas. Somos autômatos controlados integralmente por forças do meio, jogados de um lado para o outro como rolhas na superfície da água, mas confundindo o resultado de tais impulsos com livre-arbítrio. Os movimentos e as outras ações que realizamos são sempre para preservar a vida, e, apesar de parecermos independentes uns dos outros, estamos conectados por ligações invisíveis. Enquanto o organismo está em perfeita ordem, ele responde com precisão aos agentes que o estimulam, mas, no momento em que ocorre algum defeito em qualquer indivíduo, seu poder de autopreservação é comprometido.[37]

Ao contrário da maioria dos outros físicos, que definhavam na arena dos experimentos mentais, incapazes de aventurar-se para fora daquela fronteira, as habilidades de Tesla com a engenharia permitiam que ele de fato construísse aquilo que concebia.

> A ideia de construir um autômato, de demonstrar minha teoria, apresentou-se a mim mais cedo, mas não comecei a trabalhar ativamente nisso até 1893, quando iniciei minhas investigações sobre comunicação sem fio. Durante os dois ou três anos seguintes, vários mecanismos automáticos, que podiam ser controlados à distância, foram por mim construídos e exibidos a visitantes de meu laboratório. Em 1896, entretanto, eu desenvolvi uma máquina completa, capaz de múltiplas operações, mas a consumação de meus esforços foi atrasada até o fim de 1897.[38]

Em 1898, o trabalho de Tesla com barcos controlados via rádio estava bastante adiantado quando ele escreveu um artigo para o jornal *The Sun*, de Nova York:

> Sobre minha última invenção, queria destacar um ponto que tem sido desconsiderado. Como foi dito, cheguei à ideia por meio de especulações abstratas sobre o organismo humano, que eu concebia como uma máquina autoimpulsionada, cujos movimentos são governados por impressões recebidas através do olho. A fim de construir um modelo mecânico que copiasse, na essência, as características materiais do corpo humano, fui levado a combinar um mecanismo de controle, ou um órgão, sensível a determinadas ondas, como um corpo provido de mecanismos de propulsão e direção, e o resto seguiu-se naturalmente.[39]

Apesar de seu mecanismo de controle poder ser adaptado para praticamente qualquer aparelho, ele decidiu construir um barco para os Estados Unidos, em resposta direta à corrida armamentista que acontecia na Europa. Seu barco torpedeiro autônomo poderia carregar uma carga explosiva e ser controlado por sinais eletromagnéticos.[40]

A cena estava montada no imenso Madison Square Garden. Tesla havia erguido, com a ajuda do arquiteto Stanford White, uma sala arco-íris inundada de luzes neon na entrada, incentivando todos a entrarem na "câmara do mago". O famoso espetáculo de Tesla iria começar — ele estava pronto para invocar seu carisma a qualquer momento. Várias celebridades foram convidadas para a extravagância elétrica. Entre os famosos presentes, estavam o vice-presidente Garret Hobart e o filho de Thomas Edison, Thomas Edison Jr., representante das empresas de Marconi e de Edison — o contato tendo sido organizado por T. C. Martin.[41] Sim, havia outros cientistas e a manada de investidores e jornalistas que sempre apareciam em qualquer apresentação de Tesla. Conforme as demonstrações cresciam em complexidade, a plateia testemunhava o barco movido a bateria, de casco de ferro e com a antena lançando-se para o alto, dançar pelo lago artificial construído dentro do auditório privado. Usando uma quantidade de transmissores e frequências, o barco foi comandado a andar, parar, mover-se, virar e operar outras funções, como ligar e desligar luzes. Todos ficaram perplexos. Acharam que seus olhos os estavam enganando. Então, Tesla deu um passo além na demonstração das capacidades do barco e deixou que um membro da audiência fizesse uma pergunta: qual é a raiz cúbica de 64? Tesla imediatamente manipulou as alavancas em uma pequena caixa ao seu lado. A resposta: as luzes do barco piscaram quatro vezes.[42] Em uma época em que apenas um punhado de pessoas sabia algo sobre ondas de rádio, alguns pensaram que Tesla estava controlando o barco com a mente.[43] Na verdade, a demonstração marcou o início das aplicações de controle remoto, da robótica e de um rádio transmissor capaz de operar em múltiplos canais.[44]

Imagine-se no ano de 1898 testemunhando esse espantoso evento. Você também estaria sem fôlego, como todos na audiência — mesmo Tesla até certo ponto. Ele disse alegremente:

> Aquilo criou uma sensação que nenhuma de minhas outras invenções jamais produzira. Em novembro de 1898, uma patente básica daquela nova tecnologia me foi concedida, mas somente após o investigador-chefe do Escritório de Patentes ter vindo a Nova York e testemunhado a performance, pois o que eu alegava parecia impossível. Lembro-me de mais tarde ter ligado para um funcionário em Washington com a ideia de oferecer a invenção ao governo e que o homem caiu na gargalhada quando contei o que tinha feito. Ninguém naquele tempo achava que havia a menor chance de tal aparelho ser desenvolvido.[45]

A patente U. S. 0.613.809 ("Método e aparelho para um mecanismo de controle de veículo ou veículos automotores") foi concedida a ele em 8 de novembro de 1898 — vale notar que há patentes e patentes derivadas. No sentido técnico moderno, o primeiro barco de Tesla não era controlado por "controle remoto", mas sim "radiocontrolado", pois a primeira expressão descreve situações em que sinais diferentes são enviados para executar funções diferentes. Mesmo assim, foi um feito impressionante de maestria técnica e de engenharia.[46]

Adicionalmente, poucos engenheiros de computação sabem hoje, recorda o engenheiro Leland Anderson, que quando os fabricantes de computador tentaram patentear as portas lógicas após a Segunda Guerra Mundial, o Escritório de Patentes dos EUA os informou de que a prioridade de Tesla na implementação elétrica dessas portas para comunicações seguras, sistemas de controle e robótica já havia sido estabelecida pelas patentes do inventor. Assim, nenhuma nova patente podia ser concedida, e a tecnologia para portas lógicas digitais permaneceu em domínio público.[47]

A presença de Tesla na Exposição Elétrica foi um grande sucesso para ele. Tal sucesso elevou seu humor, e ele foi em busca de um uso ainda mais amplo de sua invenção miraculosa, o teleautômato, em um esforço para acabar com todas as guerras. Sobre isso, o *New York Herald* de 8 de novembro de 1898 estampava várias manchetes, de vários tamanhos: "Tesla declara que vai abolir a guerra", "Mago da eletricidade anuncia que desenvolveu uma aplicação de correntes que tornará possível destruir navios de guerra a qualquer distância sem uso de fios", "Projetos para controlar impulsos através da atmosfera", "Exibição de um modelo funcional, o mecanismo de propulsão, navegação e explosão que é controlado livremente à distância sem intervenção de cabos", "Tesla declara que as Marinhas de todo o mundo se tornarão inúteis" e "Na exposição de Paris, o inventor quer exibir um modelo de barco, cujas manobras serão dirigidas a partir de seu escritório em Nova York".[48]

Tesla era bastante claro em seu desejo de proteger seu país adotivo, que tanto amava, mas declarou com bastante ênfase: "Não desejo que minha fama esteja apoiada na invenção de um meio de destruição, não importa quão terrível. Prefiro ser lembrado como o inventor que conseguiu abolir a guerra. Esse seria meu maior orgulho".[49] O trabalho naquilo que ele às vezes chamava de "autômato do demônio" continuava a todo vapor.[50] Ele ficou ainda mais animado com o fracasso de Marconi com seu próprio sistema de detonação sem fio. Na mesma exposição, em uma piscina separada, Marconi colocou um modelo de fragata que deveria explodir quando se aproximasse de um navio espanhol. Infelizmente, ele não tinha entendido como enviar mensagens separadas por frequências diferentes. O problema ficou ainda pior, pois seu assistente, Thomas Edison Jr., subitamente apertou um botão em seu aparelho de controle, causando uma explosão que destruiu a sala de armazenamento onde Marconi guardava suas bombas em miniatura.[51] Nem é preciso dizer que o constrangimento de Marconi fez Tesla sorrir.

O que para alguns parecia fanfarronice de Tesla não foi bem recebido por certos grupos. Eles duvidavam de sua crença de acabar com todas as guerras ou que ele pudesse de fato prevenir guerras futuras. Infelizmente, tal crença causou uma tempestade de agressões verbais contra ele. O *The New York Journal* publicou um artigo de Tesla, e uma parte do texto irritou ainda mais muitos cientistas e outros de seus detratores:

> Meu barco submarino, carregado com seus torpedos, pode partir de uma baía protegida ou ser lançado de um navio, percorrer seu caminho tortuoso muito abaixo da superfície, atravessando perigosos canais minados, até chegar a portos protegidos e atacar a frota ancorada ou navegar pelo oceano, circulando, esperando sua presa, e atacar em momento favorável. Aproximar-se rapidamente até trinta metros de distância, se necessário, lançar suas armas letais e voltar para a mão que o lançou. Assim, ele estaria sob controle humano absoluto e instantâneo, em um promontório remoto ou em um navio de guerra além da linha do horizonte, invisível para o inimigo.
>
> Eu sei que isso soa quase inacreditável e evitei tornar essa invenção pública até ter desenvolvido todos os seus detalhes práticos. Em meu laboratório, agora tenho esse modelo, e meus planos e a descrição apre-

sentados no Escritório de Patentes em Washington mostram todas as suas especificações.[52]

T. C. Martin, um amigo e apoiador de Tesla, juntou-se à disputa ao permitir que um editorial condenando seu "amigo" fosse publicado em seu periódico, o *The Electrical Engineer*. O editorial zombava de Tesla, chamando-o de um sonhador que pouco tinha realizado nos últimos dez anos, e louvava Marconi pelo feito de telegrafar de um balão para outro sem usar fios, também desacreditando o torpedo sem fio. O tiroteio de abuso verbal cáustico continuou quando, tristemente, seu amigo Mark Twain questionou o desejo de Tesla de vender sua invenção para outros países.[53] Na cabeça de Tesla, alguma forma de "destruição mútua assegurada" poderia ser obtida, diminuindo assim a possibilidade de guerras. Mas, antes que essa confusão maluca terminasse, T. C. Martin alvejou novamente seu amigo declarando que Tesla não tinha criado nada novo nem terminado suas invenções "em andamento". Colocando o dedo nas feridas de Tesla, ele também rapidamente publicou um artigo que o inventor havia apresentado na Associação Eletroterapêutica Americana* sem a permissão do autor. Nem era tanto o problema de a permissão não ter sido dada, mas sim seu amigo ter questionado sua honestidade. Como sérvio, que sempre colocou os princípios acima do lucro, esse ataque foi uma chamada para a luta, a luta verbal. Então, em resposta, Tesla contra-atacou:

> Seu comentário editorial não me traria a mínima preocupação se não fosse meu dever notá-lo. Em mais de uma ocasião você me ofendeu, mas, como um cristão e um filósofo, eu sempre o perdoei e apenas tive pena de você por seus erros. Dessa vez, entretanto, sua ofensa foi mais grave que as anteriores, pois você ousou colocar em dúvida minha honra.
>
> Sem dúvida você deve ter em sua posse, vindas dos homens ilustres que você cita [os professores Brackett e Dolbear], provas tangíveis que apoiem sua afirmação sobre minha honestidade. Tendo recebido grandes honrarias de várias universidades americanas, é meu dever, devido às

* No original, American Electro-Therapeutic Association. (N. E.)

> calúnias a elas dirigidas, exigir que você publique tais provas em sua próxima edição junto com esta carta, que para minha proteção estou enviando a outros periódicos de eletricidade. Na ausência dessas provas, que me colocariam na posição de buscar reparação em outro lugar, requeiro que, junto com o anteriormente dito, você publique em vez das provas um humilde pedido de desculpas pelo insulto que atingiu tanto a mim quanto àqueles que me dispensaram honrarias.
>
> Nessas condições eu novamente perdoarei você, mas aconselho que se limite, em ataques futuros, a afirmações pelas quais você não possa ser processado na forma da lei.[54]

Tesla tinha dado a T. C. Martin a oportunidade de fazer a coisa certa, mas foi inútil. O ciúme parecia não ter fim, não apenas de seu amigo e de fato gerente de assuntos pessoais, mas também de muitos outros que estavam tomados de uma inveja maligna de Tesla. Aparentemente muitos estavam desinformados e motivados por sua própria incapacidade de entender e apreciar tal criação revolucionária. Os ataques continuaram criticando seu caráter por ser um grande sonhador, capaz de transformar seus sonhos em realidade durante sua própria vida, enquanto os outros olhavam espantados. Como hoje podemos apreciar, ele não buscava vender suas invenções para outros países pelo lucro; não, ele buscava tais acordos na esperança de prevenir guerras. Talvez seus contemporâneos científicos não tivessem o que vender e esse fosse o único caminho para se juntarem ao coro de pessoas pequenas e incorrigíveis de poucas realizações para sentirem-se valiosos.

T. C. Martin permitiu que várias críticas adicionais a Tesla aparecessem em seu periódico, alimentando o ódio e a inveja. O questionamento de sua originalidade foi o que mais enraiveceu Tesla. O ataque mais indesculpável aconteceu quando o seguinte texto apareceu no *The Electrical Engineer*:

> Um dos mais importantes inventores deste país [possivelmente Elihu Thomson], cujo nome é conhecido no mundo todo, foi gentil o bastante de declarar que o *The Electrical Engineer* criou o sr. Tesla. Nós naturalmente desconsideramos tal atribuição, pois é o trabalho de cada homem que o faz ou desfaz, mas nos declaramos culpados pelo fato de, pelos

> últimos dez anos, termos feito o que foi humanamente possível para ajudar o sr. Tesla e assegurar o reconhecimento que ele merecia. Não apenas em colunas neste e em outros periódicos, mas em revistas e livros, tentamos com toda a nossa capacidade explicar as ideias do sr. Tesla. O registro está disponível para todos. Há ali uma linha ou palavra que busque "ofender seriamente" o sr. Tesla? Mente quem diz que nós alguma vez, por palavras, atos ou pensamentos, tentamos lançar qualquer tipo de ofensa contra o sr. Tesla.
>
> No último ano ou desde o anterior, o sr. Tesla, parece-nos, foi muito além do possível nas ideias que apresentou e ele tem hoje atrás de si uma longa fila de invenções lindas, mas incompletas. Com leves críticas e gracejos mais suaves, incapazes de continuar estendendo ao sr. Tesla o apoio cordial dos primeiros anos de realizações concretas, apenas recentemente começamos a expressar nossas dúvidas e instigá-lo a completar alguma das muitas coisas desejáveis ou novas prometidas. Acreditamos na amizade verdadeira.[55]

É interessante observar que a *The Electrical Review*, competidora direta de T. C. Martin e do *The Electrical Engineer*, para quem Tesla estava enviando artigos, elogiou seu barco radiocontrolado como uma das mais significativas contribuições para o avanço da civilização.[56]

Mas o criador, o imaginador, ele não seria intimidado. Mesmo enquanto ainda envolvido em uma guerra de palavras com T. C. Martin, Tesla conseguiu começar a trabalhar em um barco radiocontrolado ainda maior (de quase dois metros), achando que o barco deveria responder a estímulos externos de forma mais precisa, como uma pessoa responderia. No fim, as críticas construtivas vindas de seus amigos não eram o que ele queria ouvir, e talvez não fossem assim tão construtivas mesmo; talvez fossem apenas inveja disfarçada. O imbróglio terminou com Tesla e T. C. Martin se separando.[57] Devemos lembrar que o maior feito de T. C. Martin, o livro *The Inventions, Researches, and Writings of Nikola Tesla with Special Reference to His Work in Polyphase Currents and High Potential Lighting* [As invenções, pesquisas e escritos de Nikola Tesla, com especial referência a seu trabalho com correntes polifásicas e eletricidade de alta tensão], só foi possível devido a

Tesla ter provado ser um grande sucesso. A entrevista exclusiva concedida a T. C. Martin sobre o livro e os numerosos artigos de Tesla publicados no *The Electrical Engineer* também ajudaram a criar uma competição pouco saudável entre jornalistas, bem como ressentimentos contra os dois homens. Sem Tesla, não haveria T. C. Martin como ele ficou conhecido no mundo da ciência.

É preciso enfatizar que a visão de Tesla de seu barco radiocontrolado era diferente da de todas as outras pessoas. Ele o considerava quase humano, senão a primeira forma de vida não biológica na Terra, e sua capacidade de "pensar" era o que separava o barco de todas as outras invenções.[58] Ele escreveu de forma eloquente em defesa de sua nova criação:

> Os autômatos construídos até hoje tinham "mentes emprestadas", por assim dizer, já que cada um deles era meramente parte do operador distante, que lhes dava suas ordens inteligentes, mas essa técnica está apenas começando. Proponho-me a mostrar que, apesar de hoje parecer impossível, um autômato com uma "mente própria" pode ser desenvolvido, e com isso quero dizer que, independentemente de qualquer operador, deixado inteiramente por sua própria conta, ele será capaz de realizar, em resposta a influências externas que afetem seus órgãos sensíveis, uma grande variedade de ações e operações, como se fosse inteligente. Será capaz de seguir um curso estabelecido ou obedecer a ordens dadas antecipadamente; será capaz de distinguir o que deve ou não deve fazer e de realizar experiências ou, como dito em outra parte, registrar impressões que vão influenciar ações subsequentes. Na verdade, eu já concebi tal plano. Apesar de ter pensado nessa invenção há muitos anos e com frequência tê-la demonstrado a meus visitantes em meu laboratório, foi somente muito depois, após tê-la aperfeiçoado, que ela se tornou conhecida, quando, muito naturalmente, deu margem a muita discussão e sensacionalismo. Mas o verdadeiro significado dessa nova técnica não foi compreendido pela maioria, nem a grande força do princípio subjacente foi reconhecida. Até onde pude julgar, pelos co-

> mentários que surgiram, os resultados que obtive foram considerados totalmente impossíveis. Mesmo aqueles poucos que se dispuseram a admitir a viabilidade da invenção viram nela apenas um torpedo automotivo, que seria usado com o propósito de explodir navios de guerra, com sucesso dúbio. A impressão geral era de que eu desejava apenas manobrar tais barcos por meio de raios hertzianos ou de outro tipo. Existem torpedos controlados eletricamente com cabos e existem formas de comunicação sem fio, e isso era, claro, uma inferência óbvia. Se eu não tivesse produzido nada além disso, teria certamente feito um avanço muito pequeno. Mas a técnica que desenvolvi não envolve apenas a mudança de direção de um navio em movimento, ela dá os meios para controlar completamente, sob todos os aspectos, todos os inumeráveis movimentos de translação, bem como as operações de todos os órgãos internos, não importa quantos, de um autômato individualizado. Críticas sobre o fato de o controle do autômato poder sofrer interferências foram feitas por pessoas que nem sequer sonham com os resultados maravilhosos que podem ser obtidos com o uso de vibrações elétricas. O mundo move-se lentamente, e as novas verdades são difíceis de ver.[59]

Como conclusão do trabalho original de Tesla com sua invenção de aparelhos controlados remotamente, o governo dos EUA não levou aquela série de patentes a sério até 1918, quando as patentes de Tesla já haviam expirado.[60]

Nas semanas finais de 1898, uma longa lista de acontecimentos acabou por levar Tesla novamente para um lugar sombrio. Ele havia sido verbalmente atacado sem piedade por amigos, o que lhe causou grande desapontamento. Sua conta bancária tinha encolhido até meros centavos após anos de pesquisas caras sobre rádio e robótica e gastos legais constantes, tanto para defender as patentes existentes como para registrar novas patentes e proteger suas invenções. Mas tudo tinha um único propósito para ele, que disse: "Dinheiro não representa o valor que os homens dão a ele. Todo o meu dinheiro foi investido em experimentos com os quais eu fiz novas descobertas, permitindo que a humanidade tenha uma vida um pouco mais fácil".[61] Com esse objetivo, ele nunca pararia.

Sim, o propósito central de sua vida tinha sido reafirmado mais uma vez: aliviar o fardo dos ombros da humanidade!

Ele estava completamente exausto, física e mentalmente, após alguns anos muito complicados e ainda estava lutando contra surtos de melancolia. Na verdade, isso vinha acontecendo havia anos. Muitas vezes eram causados pela exaustão, mas às vezes apareciam sem aviso. Talvez ele estivesse sinalizando a si mesmo que precisava de um tempo longe de tudo. No fim do verão de 1896, ele fez sua primeira visita às Cataratas do Niágara para ver as obras em andamento e foi ali, ao som do rugido da queda d'água, que foi entrevistado por um repórter ansioso por uma exclusiva. "Eu vim às Cataratas do Niágara", disse Tesla,

> para inspecionar a grande usina de energia e porque achei que uma mudança de ares me traria um necessário descanso. Minha saúde não estava boa, estava quase esgotado, e agora estou tentando me afastar um pouco de meu trabalho por um curto período e ao mesmo tempo ver os grandes resultados do desenvolvimento da eletricidade nos últimos anos. Esses resultados foram maravilhosos, ultrapassaram muito a expectativa das pessoas em geral, mas eles são aquilo que os que fizeram da eletricidade seu campo de estudo por anos e o trabalho de suas vidas esperam e trabalharam tão duro para conseguir.[62]

Talvez ele estivesse esperando obter a simpatia do repórter ou revelar seus sentimentos na esperança de aliviar sua carga mental.

Não demorou para o correspondente de um jornal encontrá-lo tarde da noite em um café. Ali, ele novamente parecia estar física e psicologicamente esgotado. Então, do nada, o intrépido correspondente fez uma pergunta impertinente sobre casamento e sobre por que ele não estava com uma mulher. Tesla respondeu dizendo que havia conseguido obter com sucesso, muito como seu super-homem, o amor e o romance a partir de uma vida importante. Em uma entrevista de 1932, Tesla declarou enfaticamente: "Eu destruí minha sexualidade aos 33 anos, porque certa atriz francesa ficava me procurando e tornando impossível que eu me concentrasse".[63] Como acontece com várias características específicas de Tesla, incluindo a sexualidade, nada é claro... nem sua voz de tenor, nem a cor de seus olhos, nem o tom de seus cabelos. Como muitas coisas sobre esse homem, mesmo os fundamentos de sua humanidade eram vistos de forma diferente por aqueles que o conheciam.

Entretanto, vários biógrafos são da opinião de que homens bonitos chamavam a atenção de Tesla. Primeiro houve sua atração por seu primeiro assistente, Szigeti, depois um jovem graduando da universidade chamado Emile Smith, que morreu antes que qualquer relacionamento pudesse acontecer. O que não se sabe, além de conjecturas pessoais, é se a atração de Tesla por homens era apenas platônica ou se era platônica e física. No centésimo aniversário de nascimento de Tesla, o Instituto Americano de Engenheiros Eletricistas o homenageou. Foi dito que vários dos membros mais velhos ficaram agradecidos pela homenagem não ter feito referência ao fato de Tesla nunca ter se casado, que ele evitava mulheres de qualquer maneira mais séria e que tinha uma propensão ao voyeurismo, algo que se viesse a público poderia envergonhar o instituto.[64]

É preciso entender que, dado o temperamento da época, o que hoje seria considerada uma tendência homossexual não era visto da mesma forma há um século. Não há nada na literatura sobre Tesla que o ligue a seu velho amigo Szigeti, mas o sr. Richmond P. Hobson, um herói da Guerra Hispano-Americana muito belo, talvez seja uma exceção. Foi Robert Johnson que apresentou Tesla ao sr. Hobson, então casado. Pelos próximos meses, os dois se encontrariam novamente em uma das muitas festinhas dos Johnson. Era óbvio que o gênio inventor tinha gostado do audacioso oficial naval, achando que ele era "um belo companheiro".[65] Então, no fim de 1898, Hobson foi chamado para servir em Hong Kong, e os encontros entre os dois homens terminaram por algum tempo, apesar de eles continuarem trocando correspondência. De volta aos Estados Unidos, os dois mantiveram contato social nas festas e reuniões dos Johnson, e em certo momento Hobson sugeriu que a Marinha deveria analisar o barco radiocontrolado de Tesla. Por causa de diferenças pessoais entre os oficiais que estariam envolvidos em qualquer compra do barco de Tesla, os esforços de Hobson a favor do inventor foram inúteis.[66]

Então, qual é a verdade sobre a sexualidade de Tesla? Como a cor de seus olhos ou o timbre de sua voz, tudo depende de interpretações pessoais. Entretanto, um dos primeiros biógrafos de Tesla disse isto sobre a sexualidade do inventor:

> O super-homem que Tesla projetou é um santo científico. O super-homem de Tesla foi uma invenção maravilhosamente bem-sucedida — para Tesla —, que parecia, até onde o mundo podia observar, funcionar de forma satisfatória. Ele eliminou o amor de sua vida, eliminou as mulheres até de seus pensamentos. Ele foi além de Platão, que concebeu uma comunhão espiritual entre homem e mulher livre de desejos sexuais; Tesla eliminou até a comunhão espiritual. Ele projetou a vida de isolamento na qual nenhuma mulher e nenhum homem podia entrar; a individualidade autossuficiente da qual todas as considerações sexuais são eliminadas; o gênio que viveria inteiramente como uma máquina de pensar e trabalhar.[67]

Quando deixamos Tesla no complicado meio da vida nova-iorquina em 1896, ele preparava-se para uma mudança drástica que ninguém havia corretamente antecipado. Ela provaria ser uma mudança fundamental em sua vida muito produtiva, que estava sendo abalada de todos os lados por amigos, inimigos e por ele mesmo. Era preciso mudar de cenário.

13
O RETORNO DOS RELÂMPAGOS E TROVÕES

Explosões na mente

COLORADO SPRINGS, COLORADO, 1899

COMO SABEMOS, OS ÚLTIMOS anos de Tesla na década de 1890 foram produtivos e profundamente intensos. Ele depositou a maior quantidade de patentes de sua carreira entre 1896 e 1901. Embora precisasse de uma mudança, também precisava manter-se concentrado em suas transmissões sem fio e, para isso, estava convencido de que o melhor método para enviar energia e mensagens era por meio de forças eletrostáticas, de maneira otimizada através da terra, acreditando que era o "método ideal de transmissão".[1] Ele comparou, sem hesitação, seu método de transmissão ao sistema de ondas hertzianas:

> Será interessante comparar meu sistema como descrito pela primeira vez em uma patente belga de 1897 com o sistema de ondas hertz daquele período. As diferenças significativas entre eles serão observadas de relance. O primeiro nos permite transmitir economicamente energia a qualquer distância e tem valor inestimável; o último é capaz de produzir um raio de uns poucos quilômetros e não tem valor.[2]

O sucesso final do sistema de transmissão sem fio de Tesla foi baseado em tensões e frequências cada vez mais altas de suas magníficas bobinas. A certa altura, em seu laboratório da Houston Street, ele gerou uma produção de cerca de 4 milhões de volts que produziu exibições cinematográficas de tirar o fôlego, em que faíscas eletrificadas ultrapassavam cinco metros em todas as direções. Mas isso não era suficiente, ele precisava sair dos confins do laboratório e alcançar os amplos espaços abertos da América; ele precisou expandir-se para construir um sistema maior.[3] Isso custaria mais dinheiro do que Tesla tinha. Mas ele não desanimou, pois havia se convencido de que o financiamento viria em sua direção. Afinal, tinha amigos, amigos muito ricos, e eles viriam em sua ajuda — tinham que fazer isso pelo bem da humanidade. Mas por que as pessoas investiriam no que muitos pensavam ser seus esquemas mais recentes? Homens com dinheiro para investir não adquiriram riqueza sendo estúpidos ou perdulários. No entanto, sim, eles investiam em visionários como Tesla, e aqueles eram caçadores de leões que podiam agir de acordo com seus impulsos. Tesla por muito tempo manteve um "status de culto" e usava seu carisma a seu favor. Esses homens eram realistas e sabiam que nenhuma riqueza poderia comprar genialidade, boa aparência ou carisma. Ou você nasceu com um ou mais desses fatores, ou não. Então, como alguém entra na órbita de uma pessoa de grande importância como Tesla? Invista em seus sonhos e tenha um assento dianteiro para vê-los tornarem-se realidade. Ainda que Tesla tivesse encontrado dificuldade em levantar fundos nos últimos anos para seus vários projetos por meio da Nikola Tesla Company, ele tinha outras opções, mais especificamente aquelas pessoas ricas que queriam entrar, que queriam associar-se ao homem que realizara mais em prol do avanço da condição humana do que qualquer outra pessoa até aquele momento.

Visto que Tesla teve uma aversão ao longo da vida a acumular riquezas apenas por acumular, ter de vender-se, por assim dizer, era um anátema para ele. No entanto, ele prendeu a respiração e voltou sua atenção para o coronel John Jacob Astor IV (1864-1912), herdeiro de uma fortuna de 100 milhões de dólares (aproximadamente 3,12 bilhões de dólares hoje), membro do Rough Riders de Teddy Roosevelt e autor de um romance de ficção científica — do qual Tesla possuía uma cópia autografada.[4] Como membro da alta sociedade de Nova York, Astor tornou-se um bem-sucedido incorporador e investidor imobiliário, como muitos em sua família. Com o tempo, ele juntou-se a seu primo William Waldorf Astor, que construiu o Astor, um hotel de luxo. Ele seguiu o exemplo e ergueu seu próprio hotel de luxo em 1897, batizando-o de Astoria. Pouco tempo depois, os dois hotéis fundiram-se e formaram o Waldorf-Astoria, o maior hotel do mundo. Ele também se imaginava como uma espécie de inventor, além de autor e aficionado por ciência e tecnologia. Assim, parecia lógico que Astor e Tesla se associassem.[5]

Após uma série de complicadas recompras de ações e outras manobras e maquinações contábeis, Tesla conseguiu recuperar o controle de sua empresa. Ciente de que ainda havia uma "camarilha poderosa" que se opunha a ele, revelou a Astor que sua amizade e seu apoio financeiro contribuiriam muito para gerar grandes lucros à sua empresa. Ele afirmou que, no passado, várias de suas patentes anteriores haviam pagado cerca de 1.500 dólares para cada cem dólares investidos. Ele agora acreditava que o retorno sobre os fundos investidos ultrapassaria em muito esse número.[6] Por exemplo, ele havia produzido uma luz melhor do que a lâmpada incandescente, que exigia menos energia e praticamente zero manutenção, durando assim para sempre.[7]

Tesla pensou que poderia atrair mais rapidamente Astor — depois de ter falhado em trazê-lo como um investidor três anos antes — se explorasse seu passado militar dizendo a ele que seus osciladores, autômatos e outras invenções poderiam neutralizar grandes canhões e tornar desnecessária a construção de navios de guerra, proporcionando assim paz ao mundo. Essa ideia nem foi considerada, pois ameaçava muitas indústrias, e Astor não ambicionava trazer para si a ira de seus contemporâneos como Tesla tinha feito com seus colegas cientistas. Ele estava satisfeito com a produção de osciladores e com a luz fria e queria deixar a salvação do mundo para outros. Tesla, então, tentou trazer Astor para o rebanho informando-o de que ele já havia assinado contratos com a Creusot Works, na França, a Ganz and Company, na Áustria, a Helios Company, na Alemanha, e várias outras empresas.[8]

Tesla continuou a lisonjear Astor de todas as maneiras que podia fazer, chamando-o de príncipe entre os homens ricos e um patriota que entregaria sua vida por seu país e cuja palavra era seu vínculo. Afinal, conseguiu. Ele prometeu a Astor reduzir o preço das ações, manter o foco no que já estava gerando lucros e trazer Westinghouse e Adams como investidores menores. Para isso, em 10 de janeiro de 1899, Astor finalmente comprometeu-se com um investimento de 100 mil dólares (equivalente a aproximadamente 3 milhões de dólares hoje), e contratos foram assinados, dando a Astor quinhentas ações da Tesla Electric Company e um assento no conselho de administração.[9] Entretanto, quando Astor soube que Tesla havia redirecionado fundos para seu projeto de energia sem fio, ele interrompeu os pagamentos adicionais após o primeiro pagamento de 30 mil.[10] Tesla ainda não havia completado 43 anos.

As peças de xadrez foram movidas para seus quadrados apropriados, permitindo a Tesla fazer seu movimento final e dando um xeque-mate em Marconi, na imprensa e em outros cientistas que rejeitaram suas visões científicas heterodoxas. Agora Colorado Springs seria sua base, onde Tesla poderia elaborar seus planos em grande escala. Ele tinha o financiamento necessário no banco, patentes básicas de suas invenções de comunicação sem fio e controle de rádio concedidas e sabia que tipo de energia era necessário para alterar as condições elétricas da Terra, estando, inclusive, em negociação com a Marinha dos Estados Unidos. Ah, sim, Tesla até mesmo mudou-se para o impressionante Waldorf-Astoria Hotel, onde a elite reuniria-se.[11]

No trem para o Colorado, Tesla fez uma parada em Chicago para falar perante os membros do Clube Comercial de Chicago,* uma organização conservadora composta por sessenta dos empresários mais influentes da cidade. A noite de sábado em que Tesla falou representou o 150º evento do clube em seus 32 anos — um dia de festa na história da sociedade.[12] Os membros presentes ficaram entusiasmados com a chance de Tesla falar sobre eletricidade, e o presidente do clube, Cyrus McCormick, fez uma apresentação empolgada do grande inventor: "Estaremos muito interessados em ouvir o sr. Tesla falar sobre o reino [da eletricidade] em que ele habita, o que nos parece tão incompreensível". O sr. McCormick, então, previu que Tesla tinha muito mais a realizar, alcançando resultados ainda maiores.

* No original, Chicago Commercial Club. (N. E.)

Tesla ousadamente subiu ao pódio e começou com o inesperado: "Não há quem não especule sobre as questões de sua existência, perguntando de onde vem, para onde vai e o que é a realidade. Alma e matéria e suas relações geram interesse eterno para os seres humanos. Por outro lado, há sempre o desejo de compreender as maravilhosas manifestações da natureza em todas as suas facetas. Vamos falar sobre isso".[13] A plateia de empresários observou, maravilhada, a performance e o discurso extraordinários proferido por um homem que ainda era um mistério para eles e outras pessoas. Foi relatado que Tesla se desviou do tópico da eletricidade várias vezes para áreas do divino, da natureza e do que os gregos antigos chamavam de episteme. Sua palestra foi às vezes confusa, outras vezes, esclarecedora, e outras vezes, possivelmente egoísta e até mesmo incoerente para o público. Ironicamente, apenas alguns anos antes e na mesma cidade, Tesla fizera história durante a Feira Mundial de 1893, iluminada por sua corrente alternada.

Ele falou em utilizar as forças do ar, que chamou de sua maior invenção. Ele disse: "O ar, que é um isolante, torna-se um condutor por meio dos milhões de volts que sou capaz de produzir. Isso implica o uso do ar para todos os fins e usos dos homens. Não apenas para a transmissão de mensagens sem fio, mas para a transmissão de energia em qualquer quantidade e a qualquer distância através da superfície da Terra".[14] Ele continuou falando sobre a distinção entre vivos e mortos, afirmando que não havia tal diferença, e passou a criticar a definição comum de vida, pois dizia crer que "ele não era nada mais do que um autômato em todos os atos e sentidos".[15] Tesla até mesmo abordou o assunto sensível da comunicação com Marte. Pode-se facilmente entender a reação dos empresários muito conservadores que careciam de qualquer nível de imaginação ou conhecimento científico que se aproximasse, ainda que remotamente, da capacidade mental de Tesla. Eles ficaram perplexos com quase cada palavra que ele disse, entendendo pouco da palestra.

Tesla encerrou a palestra desejando tornar conhecido o fato de que a invenção do sistema de "telegrafia sem fio" foi dele apesar de ser erroneamente atribuída a Marconi (isso mudaria). O italiano Guglielmo Marconi (1874-1937) estava fazendo um grande progresso com o sistema sem fio de Tesla, que sabia que tinha de mover-se rápido para interceptar Marconi antes que fosse tarde demais. A situação tornou-se mais existencial quando Marconi começou a demonstrar seu sistema sem fio perante o público, obtendo assim o que é chamado hoje no jargão moderno dos negócios de "vantagem do pioneirismo". Foi dito na imprensa da Inglaterra e dos Estados Unidos que Tesla estava preocupado com Marconi, e um colunista de fofocas até sugeriu que, enquanto Tesla falava a respeito da transmissão sem fio, Marconi a estava demonstrando. Parecia que Tesla havia mais uma vez sido alvo de algumas palavras duras da imprensa e de outros cientistas.[16] Mas a história ainda não havia acabado, e Tesla sabia disso.

Tesla terminou sua peculiar palestra afirmando: "Vou aperfeiçoar as ideias de transmissão de energia que encontrei no novo e incomensurável oceano da atmosfera ao nosso redor. Distância, neste novo método de transmissão, equivale a pouco ou nada".[17]

A palestra bastante confusa de Tesla perante o Clube Comercial de Chicago o levou a deixar a Cidade dos Ventos de mãos vazias. Ele havia desperdiçado uma oportunidade de adquirir financiamento adicional e precisava saber disso. Próxima parada, quarto 207 (222) no Alta Vista Hotel, a apenas uma curta caminhada de seu laboratório recém-construído em Colorado Springs. A janela do seu quarto de hotel dava para uma vista poética das Rocky Mountains — com uma visão desobstruída do pico Pikes —, onde ele sentiu-se livre e capaz de começar a desfazer sua mala emocional e trabalhar. Também deu a ele a oportunidade de fazer suas caminhadas de treze a dezesseis quilômetros em espaços abertos para ruminar quando o tempo permitisse.

Em 18 de maio de 1899, um jornal local anunciou sua chegada ao meio-dia na cidade situada a uma altitude de quase 2 mil metros acima do nível do mar, onde ele estava para "aproveitar o poder dos nossos vastos céus".[18] Foi relatado, ainda, que ele estava em Colorado Springs para conduzir "extensas investigações no domínio de sua área científica de eleição, com o objetivo de resolver o problema de enviar uma mensagem telegráfica ao redor do mundo".[19] Questionado sobre o motivo de ter escolhido Colorado Springs, Tesla respondeu: "Acho que devo dizer a verdade. Vim aqui para realizar uma série de experiências exaustivas com relação à telegrafia sem fio. Permanecerei aqui por vários meses talvez. Vim para trabalhar".[20] Tesla seria acompanhado por dois assistentes (Kolman Czito e Fritz Lowenstein) e uma remessa de seus instrumentos e outros equipamentos, enquanto George Scherff, que atuava como assistente e contador da empresa, foi deixado para trás no escritório de Nova York para supervisionar os artesãos. Os dois homens trabalharam em conjunto, comunicando-se por meio de cartas ou telegramas diariamente — os comunicados frequentemente continham instruções detalhadas, esquemas técnicos perfeitamente definidos e os cálculos complexos de Tesla. Mas havia aqueles momentos em que a comunicação entre os dois envolvia finanças — que muitas vezes eram apertadas — e, às vezes, questões pessoais. Mas a maior parte da correspondência envolvia assuntos de negócios.[21]

Tesla instruiria Scherff em termos do que ele esperava ser o fim de sua operação em Nova York e tudo tinha de ser feito direito. Sem exceções.[22] A coisa toda foi providenciada pelo advogado de patentes de Tesla, Leonard E. Curtis, um conselheiro e amigo de longa data que o tinha apoiado durante os anos da guerra com Edison.[23] Na verdade, ele também providenciara o laboratório que Tesla usava no momento (um celeiro que media 18 × 21 metros, tinha escadas de acesso no telhado e dois pequenos escritórios próximos à sala principal de experimentos), localizado em Knob Hill em um pasto de vacas. Havia também uma escola para surdos e cegos logo a leste da imensa estrutura de madeira e pregos. Carpinteiros locais, liderados por Joseph Dozier, construíram um mastro telescópico que poderia subir até mais de 43 metros e acrescentaram no topo uma bola coberta de cobre com quase oitenta centímetros de diâmetro. Para dar suporte funcional à estrutura alta e delgada, foi adicionada uma torre de pouco menos de oito metros que tinha um teto retrátil caso o trabalho de Tesla criasse serpentinas de fogo que ameaçassem consumir o laboratório. Havia, também, uma torre auxiliar menor com uma esfera para calcular como a capacitância mudava com a distância da Terra. Todo o laboratório do mago — especialmente a bobina de Tesla — e tudo o que acontecia com seus experimentos seria fotografado por Dickenson Alley, um funcionário do estúdio fotográfico Tonnele & Company. Além disso, tudo era orquestrado por Tesla e Charles W. Price, editor da *Electrical Review*, o concorrente direto da publicação de T. C. Martin, *The Electrical Engineer*.[24]

Um periódico do oeste, algumas décadas depois, relatou outros itens que o laboratório continha:

> A maior parte do interior era ocupada por uma variedade de inovações de Tesla. O mago elétrico foi pioneiro em campos virgens, e seu aparato, ainda não testado e exibindo todas as características peculiares a uma fantasia de H. G. Wells, teve de ser enviado do leste e construído por técnicos altamente treinados. Transformadores de alta tensão, dínamos, dispositivos de sintonia ressonante, aparelhos de descarga de capacitores, capacitores isolados a óleo (uma invenção de Tesla) e um grande painel de controle estavam entre os itens bem espaçados no corredor.
>
> Em uma extremidade do laboratório estava a bobina secundária de um transformador de Tesla gigante, que o inventor chamou de "transmissor de ampliação". Sua bobina primária (enterrada no chão) tinha quinze metros de diâmetro e era coberta com pesadas barras de cobre. No centro da secundária, havia outra bobina com um diâmetro de três metros. Carregava cem voltas de fio e funcionava como extensão da bobina secundária. O mastro de 43 metros estendia-se pelo centro e suportava um grande cabo de cobre que se conectava à esfera de cobre de um metro. Usando esses dispositivos, Tesla pretendia determinar se a Terra possuía uma carga elétrica (tem) e instituir experimentos que alterariam sua magnitude (ele fez isso). Quem senão Tesla seria tão ousado a ponto de empreender uma investigação científica de tais proporções?[25]

O toque final nas instalações era uma grande placa que dizia: "Fique longe. Grande perigo".[26] Curtis, um morador da cidade, também conseguiu convencer a El Paso Power Company a fornecer energia gratuita ao famoso inventor durante a noite.[27] Afinal, Tesla informou Curtis em termos inequívocos que os testes seriam secretos e ocorreriam sob a cobertura da noite.[28]

A mudança de Tesla para um local tão remoto para trabalhar também deu a ele um maior nível de sigilo, protegendo-o da bisbilhotice de jornalistas e concorrentes. Tesla tinha ali uma vista da cordilheira rochosa de tirar o fôlego e, lá, poderia livrar-se de distrações e detratores. No entanto, os residentes estavam curiosos para saber o que um homem tão famoso fazia em sua humilde cidade. Ele falou em enviar uma mensagem do pico Pikes para Paris.[29] Isso o tornou imediatamente querido pelos habitantes locais, pensando que sua cidade se tornaria famosa. No entanto, a declaração, mais uma vez, chamou a atenção de seus detratores. Felizmente, ele não lhes deu atenção e começou a trabalhar.

Aquele foi um momento emocionante para o inventor. Deixando o campo magnético rotativo de lado, a comunicação sem fio de dados e energia foi o foco central de sua vida por muitos anos. Com o pensamento de que Marconi estava espreitando em cada esquina, Tesla foi empurrado para o sucesso. Além disso, esse foi um momento crucial na história das ciências elétricas, pois, em última análise, inauguraria grande parte da era moderna, e Tesla sabia disso. Desde reduzir a carga colocada sobre o trabalhador comum até aumentar a distribuição de dados (conhecimento). Isso era o futuro!

O objetivo de Tesla era determinar se a Terra continha uma carga elétrica inata. Alguns anos depois de seus experimentos em Colorado Springs, ele lembrou a um repórter:

> Em meados de junho, enquanto os preparativos para outro trabalho estavam acontecendo, arranjei um de meus transformadores de recepção com o objetivo de determinar de uma maneira nova, experimentalmente, o potencial elétrico do globo estudando suas flutuações periódicas e casuais. Isso fazia parte de um plano cuidadosamente mapeado com antecedência. Um dispositivo autorrestaurador de alta sensibilidade, controlando um instrumento de registro, foi incluído no circuito secundário, enquanto o primário foi conectado ao solo e a um terminal elevado de capacidade ajustável. As variações de potencial deram origem a surtos elétricos no primário; estes geravam correntes secundárias, que, por sua vez, afetavam o dispositivo sensível e o gravador na proporção de sua intensidade. Descobriu-se que a Terra estava, literalmente, viva com vibrações elétricas, e logo eu estava profundamente absorvido na interessante investigação.[30]

Geralmente, Tesla começava cada dia com uma caminhada pela vizinhança, com as gloriosas Rocky Mountains à vista. Ele refletia sobre as características únicas da área que se adequavam a seus experimentos: "Descargas de relâmpagos são, portanto, muito frequentes e, às vezes, de violência inconcebível".[31] Ele, inclusive, dedicou-se a calcular cerca de 12 mil descargas em duas horas e em um raio de cinquenta quilômetros do laboratório.[32] Embora nunca tenha visto bolas de fogo, "eu consegui mais tarde determinar o modo de sua formação e produzi-las artificialmente".[33]

A noite de 3 de julho de 1899 foi um momento inesquecível em Colorado Springs para o inventor. Durante uma violenta tempestade nas montanhas a oeste que acabou movendo-se sobre Colorado Springs e, de repente, rugiu para o leste, ele observou uma miríade de descargas em rápida sucessão. Tesla relembrou o evento formativo alguns anos depois:

> Foi no dia 3 de julho — a data que nunca esquecerei — quando obtive a primeira evidência experimental decisiva de uma verdade de suprema importância para o avanço da humanidade. Uma densa massa de nuvens fortemente carregadas juntou-se a oeste e, ao anoitecer, uma violenta tempestade desabou. Depois de descarregar grande parte de sua fúria nas montanhas, dirigiu-se com grande velocidade para as planícies. Observei arcos persistentes, pesados e longos formados quase em intervalos de tempo regulares. Minhas elucubrações foram, agora, grandemente facilitadas e tornadas mais precisas pelas experiências já adquiridas.[34]

Depois que o momento decisivo passou, ele declarou: "Posteriormente, observações semelhantes também foram feitas por meu assistente, o sr. Fritz Lowenstein, e logo depois várias admiráveis oportunidades apresentaram-se, que revelaram, ainda mais vigorosa e inequivocamente, a verdadeira natureza do maravilhoso fenômeno. Não havia espaço para dúvida: eu estava observando ondas estacionárias".[35] As ondas estacionárias são o resultado de duas ondas da mesma frequência, mas que se movem em direções opostas e interferem uma na outra. Com as vibrações elétricas inatas da Terra, Tesla percebeu que suas descargas terrestres na forma de relâmpagos artificiais resultaram em ondas estacionárias.[36]

Qual foi a importância dessas ondas estacionárias? Ele escreveu para Scherff: "Por mais impossível que pareça, este planeta, apesar de sua vasta extensão, comporta-se como um condutor de dimensões limitadas". Ele prosseguiu dizendo com imensa alegria:

> Quando a grande verdade acidentalmente revelada e experimentalmente confirmada for reconhecida por completo, de que este planeta, com toda a sua imensidão apavorante, é para as correntes elétricas não mais do que uma pequena bola de metal e que, por esse fato, muitas possibilidades, hipóteses desconcertantes e de consequências incalculáveis tornam-se absolutamente seguras de realização; quando o primeiro maquinário for estabelecido e ficar provado que uma mensagem telegráfica, quase tão secreta e intransponível quanto um pensamento, pode ser transmitida a qualquer distância terrestre, ao som da voz humana, com todas as suas entonações e inflexões, com fidelidade e reproduzida no mesmo instante em qualquer outro ponto do globo, a energia de uma cachoeira disponibilizada para fornecer luz, calor ou força motriz, em qualquer lugar — no mar, na terra ou no ar intangível —, a humanidade será como um formigueiro agitado com uma vara e seremos tomados por uma imensa excitação![37]

Tesla convenceu-se de que, com a ajuda da ressonância, qualquer um poderia conectar-se ao planeta e usar algumas das ondas pulsantes desencadeadas por seus osciladores para acionar máquinas ou lâmpadas. Em uma ocasião em seus primeiros experimentos, quando ligou seu oscilador — enquanto um terminal da bobina estava aterrado e o outro estava solto no ar para oscilar livremente —, ele testemunhou o que só pode ser chamado de serpentinas elétricas vindas do solo, como se um dragão mítico tivesse soprado fogo no ar. Mas o que causara esse resultado maravilhoso? Ele estava explorando o que a Terra tinha a oferecer? Era ressonância. Ele a descreveu usando uma metáfora estranha: ao injetar oscilações elétricas no solo na frequência ressonante precisa da Terra, Tesla chegou à surpreendente conclusão de que poderia ser capaz de transmitir energia e mensagens ao redor de todo o planeta com bastante facilidade. De acordo com T. C. Martin, Tesla descreveu esse plano ambicioso usando uma analogia um tanto estranha:

> Com esta bobina, [Tesla] faz realmente o que alguém faria com uma bomba que força o ar em uma bola de futebol elástica. A cada golpe alternado, a bola se expandia e se contraía. Mas é evidente que a bola, se preenchida com ar, quando repentinamente expandida ou contraída, vibraria em seu próprio ritmo. Agora, se os golpes da bomba forem sincronizados de forma que estejam em harmonia com as vibrações individuais da bola, uma vibração ou onda intensa será obtida.

Aqui Tesla entendeu, da maneira mais simples, a ideia de um "mecanismo de gatilho oculto" que lhe ocorreu durante seu tempo em Lika, enquanto ele brincava com bolas de neve na encosta de uma montanha — uma vez lançadas, observava-as progredir, ganhando velocidade à medida que continuavam a rolar morro abaixo. Demonstrou que uma pequena força, devidamente utilizada com precisão, poderia ser usada para controlar as forças ilimitadas da Terra. Tesla acreditava que não precisaria bombear grandes quantidades de energia elétrica para o solo. Ele estava convencido de que apenas uma quantidade mínima era necessária, na frequência precisa, para servir como mecanismo de disparo, e o princípio da ressonância faria o resto. Com a Terra inteira pulsando como sua bola de futebol metafórica, Tesla sabia que poderia eliminar a distância entre o ponto A e o ponto B, enviando energia e mensagens ao redor do mundo.[38]

Não podemos esquecer que, embora o evento tenha sido crítico para o trabalho de Tesla, mais uma vez, o leitor deve tomar nota: sua referência à "humanidade". Seria necessário examinar uma miríade de livros sobre outros cientistas para encontrar até mesmo uma única citação de um cientista que trabalhe para a humanidade em vez de para si mesmo. Esse era o propósito primordial de Tesla na vida. Era uma das muitas características que o separavam de outros cientistas. Sua busca de ajuda para a humanidade era o que no fim o definiria.

Ele passava um tempo todas as manhãs em seu escritório enviando instruções para Scherff na cidade de Nova York enquanto Czito e Lowenstein trabalhavam na construção do enorme transmissor de ampliação (cuja foto é a mais famosa já tirada de Tesla e sua famosa bobina), que extrairia sua energia de corrente alternada da linha de bonde nos confins da pradaria de Knob Hill. Enquanto o laboratório ia enchendo-se com todo tipo de equipamento — alguns da Westinghouse —, Tesla às vezes jantava com Lowenstein, um ex--combatente de 25 anos da Tchecoslováquia. Os dois discutiam ideias. Mas um dia, em setembro de 1899, tiveram um grande desentendimento. Alguns biógrafos disseram que foi devido ao fato de Lowenstein sentir falta de casa, outros especularam que Tesla o via como mais do que um assistente, e ainda outros afirmam que foi o desejo de Lowenstein de se casar que perturbou Tesla. Seja qual for o motivo, Lowenstein, no outono de 1899, havia deixado o projeto de Colorado Springs. Estranhamente, ele voltou por alguns anos, mas Tesla nunca o chamou como testemunha em qualquer processo legal (patente).[39] Seu livro *Nikola Tesla: Colorado Springs Notes 1899-1900* [Nikola Tesla: notas de Colorado Springs 1899-1900], que traz as abrangentes anotações de Tesla sobre seu período em Colorado Springs, indica o seguinte em relação à saída de Lowenstein: "Lowenstein ficou até o fim de setembro, quando questões familiares o obrigaram a voltar para a Alemanha. Tesla ficou satisfeito com ele como assistente e pediu-lhe que voltasse mais tarde, o que ele fez, tornando-se novamente assistente de Tesla em fevereiro de 1902".[40]

Grande parte da experimentação começou no fim da tarde. Quando a energia elétrica atingiu o laboratório, faíscas dispararam, ruídos horrendos perturbaram os presentes — apesar dos ouvidos cheios de algodão — e sons de batidas ecoaram. Uma cacofonia geral tomou conta da instalação. Como suas anotações detalhadas mostraram,

> Tesla dedicou a maior parte de seu tempo [no projeto Colorado Springs] (cerca de 56%) ao transmissor, ou seja, o gerador de alta frequência e tensão, cerca de 21% para desenvolver receptores para pequenos sinais, cerca de 16% para medir a capacidade da antena vertical e cerca de 6% para outras pesquisas diversas. Ele desenvolveu um grande oscilador de alta frequência com três circuitos oscilatórios com os quais gerou ten-

sões da ordem de 10 milhões de volts. Ele tentou fazer várias modificações no receptor, com um ou dois coesores e circuitos de pré-tratamento especiais. Fez medições das radiações eletromagnéticas geradas por descargas elétricas naturais, desenvolveu métodos de medição de rádio e trabalhou no projeto de moduladores, antenas etc.[41]

O intenso calor do verão em muitos dias causou estragos em seu equipamento, mas ele sempre pensou que a "pureza do ar" era uma troca justa, e os arredores forneciam o ambiente ideal para pesquisas científicas. Em outros dias, os acidentes serviam como distrações desnecessárias, fazendo com que o laboratório às vezes pegasse fogo, destruindo equipamentos especiais, e também perdesse dinheiro. Tesla, porém, estava disposto a lidar com todo tipo de situação porque tinha um propósito específico e não hesitaria em fazer o que fosse preciso para alcançá-lo. Muito estava em jogo — sua integridade e o futuro da humanidade. Conforme indicado em um relatório técnico de autoria de Tesla, ele estava em Colorado Springs para cumprir três objetivos:

> Perto do fim de 1898, uma pesquisa sistemática, realizada por vários anos com o objetivo de aperfeiçoar um método de transmissão de energia elétrica por intermédio do meio natural, levou-me a reconhecer três necessidades importantes: primeira, desenvolver um transmissor de grande potência; segunda, aperfeiçoar meios para individualizar e isolar a energia transmitida; e, terceira, averiguar as leis de propagação das correntes através da terra e da atmosfera.[42]

Todos os seus experimentos levaram à "telegrafia sem fio", mais tarde chamada de "comunicação sem fio". Não era uma visão panglossiana, não era uma quimera, era real.

O que era necessário agora era uma bobina de Tesla mais forte e precisa. Seu laboratório na cidade de Nova York já estava gerando por volta de 4 milhões de volts. No entanto, isso simplesmente não era suficiente para alimentar seus experimentos no Colorado. Tesla encarou de bom grado a mistura de equipamentos elétricos, fios e coisas do gênero e começou a tomar muitas providências: ajustar o equipamento, desligar vários condensadores e bobinas, aumentar a altura do terminal esférico na cobertura do laboratório e elevar a potência do transformador externo.[43] Assim que as regulagens foram concluídas, era hora de testar suas teorias com o experimento de maior tensão até aquele momento.

Tesla instruiu Kolman Czito, seu assistente, a operar o painel especial por meio do qual a corrente era fornecida ao laboratório da El Paso Power Company, de Colorado Springs, usando uma linha de transmissão elevada que se estendia por cerca de três quilômetros. Para um evento tão auspicioso, Tesla estava apropriadamente vestido com um casaco príncipe Albert primorosamente talhado sobre seu corpo alto e magro. Suas luvas de linho formais estavam à vista, e um chapéu-coco preto servia para completar o conjunto — o orgulhoso sérvio estava pronto para fazer história novamente.

Tesla olhou para Czito, que estava preparado. "Quando eu der a ordem, você aciona a chave por um segundo — não mais do que isso."[44]

Tesla estava perto da grande porta do laboratório com sua bobina gigante à vista de todos, posicionada no centro do laboratório dentro do celeiro de madeira. Ele fez questão de manter distância para que um raio perdido não encontrasse seu corpo. Para evitar uma descarga indesejada de eletricidade, calçava sapatos com sola de dez centímetros de espessura. Então, Tesla olhou para o topo do mastro telescópico de 43 metros de altura onde a bola de cobre de oitenta centímetros de diâmetro estava presa. Satisfeito com o que viu, deu a ordem: "Agora". Czito acionou a grande chave, enviando a corrente impressionante — a bobina secundária faiscou e rachou, e um halo azul se formou em torno dela. Tesla ergueu os olhos novamente para ver seu experimento produzir raios artificiais de fogo elétrico, disparados a cerca de 41 metros a partir do topo do mastro. Enormes arcos elétricos explodiram com sons de crepitação, alguns lembrando o estalar de galhos de árvores, ecoando por todo o laboratório. Vapores nocivos flutuaram pelo laboratório. Foi tudo uma festa para os olhos. Tinha funcionado. Ele havia criado seu próprio raio.[45] Todas as mudanças técnicas realmente resultaram em fitas elétricas mais longas que pareciam deslizar através do espaço cada vez maior entre as bobinas e alcançar o ar intangível em todas as direções.

Ele ficou radiante e ordenou a Czito que tentasse novamente, mas desta vez Tesla deixaria o laboratório para ter uma visão melhor do que iria acontecer no topo do mastro onde a bola de cobre estava presa. "Quando eu der o sinal, quero que você feche a chave e a deixe fechada até eu dar o sinal para abri-la." Czito estava pronto. Ele repetiu o processo até que Tesla disse: "Czito, feche a chave — agora!". Czito obedeceu, sem saber o que aconteceria a seguir.[46] A princípio, não houve resposta enquanto o dispositivo aumentava sua carga elétrica. Czito previra que um curto-circuito poderia ser o resultado do forte aumento da corrente. Mas nada. Os estalidos, sons brutais e chamas cessaram. Tesla, irado, gritou para Czito, em pânico: "Czito! Czito! Czito! Por que você fez isso? Eu não disse para você abrir o interruptor. Feche de novo rapidamente!". Czito gesticulou para que seu chefe observasse que o interruptor ainda estava fechado.[47]

Ambos acreditaram que a empresa de energia havia desligado a energia do laboratório. Não está claro se foi Tesla quem ligou para a empresa de energia ou se foi Czito, mas o resultado foi: "Cortamos a energia de vocês coisa nenhuma", veio a resposta rude do outro lado da linha. "Vocês causaram um curto-circuito em nossa linha com seus experimentos [aqui os experimentos do sr. Tesla foram qualificados com uma série de palavrões] e destruíram nossa estação. Vocês desligaram nosso gerador, que agora está pegando fogo. Nunca mais vamos fornecer energia para vocês!"

Tesla realmente não obteria mais energia a menos que mandasse consertar o gerador queimado. Bem, esse era um problema fácil de resolver. Menos de uma semana depois, o dínamo (gerador) reparado estava funcionando novamente.[48]

Enquanto as apresentações espetaculares orquestradas por Tesla em seu laboratório produziam os resultados esperados, ainda havia outros resultados acontecendo do lado de fora que ele não esperava — fenômenos visuais de todos os tipos. Felizmente, ele havia calçado seus sapatos de sola grossa de cortiça, assim como seus assistentes, mas a natureza reagiu de forma diferente. Tesla notou que o chão abaixo dele estava tão carregado que fazia sons de rachaduras quando ele andava. Conforme registrado em suas anotações em Colorado Springs, ele disse: "Uma observação curiosa é que todos os cavalos estão frenéticos. É devido ao som ou possivelmente à ação da corrente através do solo, à qual os cavalos são altamente sensíveis, seja devido à maior suscetibilidade dos nervos ou talvez apenas porque suas ferraduras estabeleçam conexão com a corrente elétrica que percorre o chão".[49]

Foi observado que os cavalos trotando ou simplesmente pastando no campo ficavam repentinamente frenéticos, empinando, desesperados, com relâmpagos saindo de suas ferraduras. Borboletas foram atraídas involuntariamente para o redemoinho da bobina transmissora. Até mesmo espectadores distantes afirmaram ter visto pequenas faíscas voarem entre os grãos de areia e seus sapatos e testemunharam que o solo estava eletrificado quando andaram pelas redondezas.[50] Até mesmo os para-raios em edifícios brilhavam a cada descarga da bobina e as torneiras de água cuspiam pequenas faíscas — minirrelâmpagos. Mas o que parecia mais impressionante é que três lâmpadas posicionadas a cerca de dezoito metros do laboratório brilharam.[51]

Depois de compreender a complexidade de sua descoberta das "ondas estacionárias", Tesla disse a respeito de uma observação tão importante:

> As ondas estacionárias na Terra significam algo mais do que mera telegrafia sem fios a qualquer distância. Elas nos permitirão atingir resultados específicos muito importantes, que seriam impossíveis de alcançar de outra maneira. Por exemplo, por seu uso, poderemos produzir à vontade, de uma estação emissora, um efeito elétrico em qualquer região particular do globo, poderemos determinar a posição relativa ou o curso de um objeto em movimento, como um navio no mar, a distância percorrida por ele ou sua velocidade; ou poderemos fazer viajar sobre a Terra uma onda de eletricidade na velocidade que desejarmos, desde o passo de uma tartaruga até a velocidade da luz.[52]

Como informação adicional, em uma noite de verão em Colorado Springs, Tesla notou estranhos "sinais estáticos repetitivos" vindos de seu receptor de rádio de baixa frequência. Ele posteriormente anotou a respeito do evento: "Minhas primeiras observações me apavoraram positivamente, pois havia algo misterioso ali, para não dizer sobrenatural, e eu estava sozinho em meu laboratório à noite". Não acreditando que fosse coincidência, ele acrescentou: "Está constantemente crescendo em mim a sensação de que fui o primeiro a ouvir a saudação de um planeta para outro. Havia um propósito por trás desses sinais elétricos".[53] Os jornais imediatamente aproveitaram a oportunidade para especular sobre o que ficou conhecido como as "mensagens marcianas". As observações de Tesla de sinais do espaço sideral pareciam ridiculamente absurdas para a maioria das pessoas em 1899, mas os cientistas modernos pensam o contrário. Na verdade, o projeto "busca por inteligência extraterrestre" (*search for extraterrestrial intelligence* — SETI) lista Nikola Tesla como um pioneiro.[54]

Com a maior parte de seu trabalho experimental concluído em seu laboratório de Colorado Springs, Tesla agora tinha certeza de que seu sistema sem fio iria além de qualquer coisa que Marconi pudesse oferecer, apesar de Marconi ter transmitido uma mensagem (usando um oscilador Tesla) através do Canal da Mancha, de Wimereux, na França, ao farol de South Foreland, na Inglaterra, em março de 1899. Sobre tal feito, Tesla comentou:

> O povo de Nova York pode ter sua comunicação sem fio privada com amigos e conhecidos em várias partes do mundo. Não será maior surpresa ter uma torre de cabos [com um balão amarrado a ela] do que é agora ter um telefone em sua casa. Você poderá enviar uma nota de 2 mil palavras de Nova York para Londres, Paris, Viena, Constantinopla, Bombaim, Cingapura, Tóquio ou Manila em menos tempo do que leva agora para ligar para a "central".[55]

Enquanto o último inimigo de Tesla pisava em seus calcanhares, ele orgulhosamente autodenominava-se "pai da comunicação sem fio", porque seu trabalho em telegrafia sem fio começara quase uma década antes de Marconi ter feito algo importante — Tesla havia realizado um grande número de melhorias revolucionárias nessa área. Ele declarou:

> Eu dei ao mundo um sistema sem fio de potencialidades muito além de qualquer coisa antes concebida. Fiz afirmações explícitas e repetidas que contemplavam a transmissão, absolutamente ilimitada quanto à distância terrestre e à quantidade de energia. Mas, embora eu tenha superado todos os obstáculos que no início pareciam intransponíveis e encontrado soluções elegantes para todos os problemas que me confrontavam, ainda assim, mesmo hoje, a maioria dos especialistas ainda está cega para as possibilidades que são fáceis de alcançar.[56]

Tesla estava tão convencido do que afirmava que chegou a desafiar qualquer um a negar o óbvio:

> Primeiro, meu método de conversão oscilatória por meio de condensadores; em segundo lugar, o chamado "transformador Tesla"; em terceiro, meu aparelho para a transmissão de energia sem fio, compreendendo circuitos ressonantes aterrados; em quarto, meus métodos e aparelhos para individualizar sinais e, em quinto, minha descoberta das ondas estacionárias.[57]

Ninguém se atreveu.

Para Tesla, era a Guerra das Correntes revisitada, mas dessa vez contra o jovem Marconi. Tesla já havia solicitado suas patentes básicas de rádio nos Estados Unidos em 1897 e obteve proteção de patente três anos depois, exatamente quando o primeiro pedido de patente de Marconi nos Estados Unidos foi rejeitado. Marconi tentou enviar várias solicitações revisadas nos três anos seguintes, mas todas foram rejeitadas por causa da primazia de Tesla e de outros inventores. Na verdade, em 1903, o Escritório de Patentes dos Estados Unidos estava tão exausto dos esforços de Marconi que fez um comentário muito revelador sobre seu desejo de obter uma patente:

> Muitas das reivindicações não são patenteáveis sobre os números registrados de patente de Tesla 645.576 e 649.621, a alteração para superar as referidas referências bem como a pretensa ignorância de Marconi sobre a natureza de um "oscilador de Tesla" são um pouco absurdas. O termo "oscilador de Tesla" se tornou uma palavra familiar em ambos os continentes [Europa e América do Norte].[58]

O título da patente nos EUA — uma das mais importantes da história — para o "Sistema de Transmissão de Energia Elétrica" de Tesla é o seguinte:

> ESCRITÓRIO DE PATENTES DOS ESTADOS UNIDOS.
>
> NIKOLA TESLA, DE NOVA YORK, N.Y.
>
> SISTEMA DE TRANSMISSÃO DE ENERGIA ELÉTRICA.
>
> ESPECIFICAÇÕES que fazem parte da Carta-Patente nº 645.576, datada de 20 de março de 1900.
>
> Pedido depositado em 2 de setembro de 1897.
>
> Número de série 650.343. (Sem modelo.)[59]

Curiosamente, um assistente de Marconi admitiu algum tempo depois que o italiano "também" não compreendia o papel significativo da Terra no transporte de energia elétrica. "Não sabíamos coisa alguma", afirmou ele, "sobre o efeito do comprimento de uma onda transmitida que governa a distância em que a comunicação pode ser afetada."[60] No entanto, como acontece com frequência, isso não importava. Marconi conseguiu, por causa de suas apresentações dramáticas, de conexões sociais de sua família com ingleses ricos e influentes e do movimento inexplicável dos mercados de ações que elevaram o valor das ações da Marconi Wireless Telegraph Company, voltar para si os holofotes. A reação irracional ao exibicionismo de Marconi e ao que os outros pensavam que ele havia realizado parecia imitar o evento da "mania das tulipas"* (1634-1637).[61] Marconi também atraiu o investimento de industriais americanos e recebeu, até mesmo, alguns conselhos do próprio

* O que hoje chamamos de "bolha especulativa". (N. T.)

Thomas Edison. Por razões desconhecidas, em 1904, o Escritório de Patentes dos EUA reverteu sua decisão original de rejeitar os pedidos de patente de Marconi e, no mesmo ano, concedeu-lhe uma patente de rádio.[62] Isso aconteceu quatro anos depois de serem concedidas as patentes de rádio de Tesla.

Tesla havia vencido Edison em uma guerra tecnológica anterior e ainda estava lutando contra si mesmo, tentando permanecer focado e não ir para seu lugar escuro. Então, Marconi entra em cena e parece ao guerreiro Tesla que a última década de sua vida seria uma repetição. Acrescente à sua situação de então o estranho fato de que nessa história até o próprio Edison desempenhara um papel, um papel menor, mas um papel, apesar de tudo. No entanto, Tesla sabia que a guerra não havia acabado; ele sabia que era de fato o "pai da comunicação sem fio" e, como um sérvio, lutaria até o fim.

Como a fama de Marconi crescia, Tesla se recusou a dizer qualquer coisa negativa sobre o italiano, que usou o oscilador Tesla para fazer sua primeira transmissão sem fio através do Canal da Mancha. Tesla até mesmo teve tempo de encontrar-se com o cientista em ascensão para explicar como seu transformador homônimo facilitara o envio de energia a grandes distâncias. Mas, com o tempo, Tesla deixou bem claro que tinha uma posição elevada quando se tratava de transmissão de energia sem fio. Não importava que a moeda de Marconi tivesse subido exponencialmente em pouco tempo, Tesla passou a vê-lo como "aquele burro".[63]

Em 1901, o sistema de transmissão sem fio de Marconi deixava claro que não tinha a segurança exigida pela indústria e pelos militares dos EUA. Suas transmissões de rádio podiam ser facilmente interceptadas, e isso era inaceitável, enquanto, por outro lado, Tesla promoveu seus avanços de "individualização" que alcançou enquanto estava envolvido em suas pesquisas e nos experimentos com barcos robóticos. Em virtude da complexidade de seu transmissor — a engenhoca não era simples —, apenas um receptor correspondente poderia responder à sua comunicação.[64]

A "experiência" de Marconi estava agora em pleno andamento, enquanto Tesla ainda estava escondido em Colorado Springs, onde fazer contatos era praticamente impossível. Seu afastamento resultou em muito pouca comunicação com jornais técnicos que elogiavam sua mente genial, jornais que antes o saudavam como "o salvador", e amigos, especialmente os Johnson

— exceto por meio de algumas cartas. Houve também aqueles que se lembraram dos últimos anos de Tesla na cidade de Nova York, quando ele era atacado, visto mais como um sonhador do que como um realizador, sem que qualquer um se importasse com a imensa quantidade de feitos maravilhosos que ele havia alcançado na época do incêndio no laboratório na Quinta Avenida, em 1895. Como o leitor sabe, Tesla também foi ridicularizado por ter afirmado que havia recebido algum tipo de comunicação de fora da Terra, talvez de Marte. Em um artigo escrito por Tesla em 1901 para uma revista semanal, um trecho servirá para explicar seus pensamentos sobre um assunto que tantos evitaram:

> A ideia de estabelecer comunicação com os habitantes de outros mundos é antiga. Por muito tempo, foi considerada apenas o sonho de um poeta, para sempre irrealizável. Com a invenção e a perfeição do telescópio e o conhecimento cada vez maior dos céus, seu domínio sobre nossa imaginação aumentou, e as realizações científicas durante a última parte do século XIX, junto com a intensificação do ideal de Goethe, mostram que ela estava destinada a se tornar a ideia dominante do século que apenas começou. O desejo de conhecer algo próximo nas imensas profundezas do espaço não nasce da curiosidade ociosa nem da sede de saber, mas de uma causa mais profunda. É um sentimento firmemente enraizado no coração de todo ser humano capaz de pensar em todos [mesmo que não o admitam].[65]

Deve-se notar que Marconi fez as mesmas afirmações cerca de 25 anos depois. Edison, ainda, alegou que havia inventado um "telefone espiritual" para se comunicar com os mortos.[66]

Então, como é possível saber, com precisão, sobre o tempo que Nikola Tesla passou em Colorado Springs? Você começa com seu propósito original: (1) desenvolver um transmissor de grande potência; (2) aperfeiçoar os meios de individualização e isolamento da energia transmitida; e (3) entender as leis de propagação das correntes através do solo e da atmosfera. Para desenvolver um transmissor de maior potência, ele fez exatamente isso construindo uma bobina de Tesla que produzia 50 milhões de volts. Tesla criou "raios artificiais" que puderam ser ouvidos a quilômetros de distância. Ele também mostrou o poder das transmissões de alta tensão, mas havia mais a fazer. Cerca de 68 imagens, as mais espetaculares no que representavam, especialmente a foto mais incrível, tirada em dupla exposição, de Tesla sentado com um livro nas mãos enquanto raios fantásticos de eletricidade selvagem explodiam no topo da bobina de Tesla. Essa imagem é facilmente a imagem mais reproduzida de Tesla. Visto que a fotografia foi o resultado de um experimento, permitam que Tesla explique a astúcia fotográfica que envolveu a produção de uma fotografia tão famosa:

> Algumas faíscas atingiram também o telhado causando, como sempre, uma preocupação considerável, apesar da pintura à prova de fogo. Algumas correntes elétricas, nas mesmas posições que outras em relação à câmera, são muito fracas, provavelmente devido à sua cor vermelha. Muitas correntes elétricas mostram claramente o fenômeno de divisão ou ramificação, e as faíscas, onde atingem o chão, alcançam maior luminosidade. A característica de "respingar" no chão ao bater nele também é bem ilustrada. Para dar uma ideia da magnitude da descarga, o experimentador está sentado um pouco atrás da "bobina extra". Não gostei da ideia, mas algumas pessoas acham essas fotografias interessantes. Claro, a descarga não estava acontecendo quando o cientista foi fotografado, como se poderia imaginar. As correntes elétricas foram primeiro impressas na placa com luz escura ou fraca, então o cientista se colocou na cadeira e uma exposição à luz de arco foi feita, e, finalmente, para realçar as características e outros detalhes, um pequeno flash em pó foi acionado. Verificou-se a necessidade de que ele estivesse na cadeira durante a exposição ao arco de luz, pois, caso contrário, a estrutura da cadeira se manifestaria através de seu corpo caso ela fosse exposta apenas à luz ou ao pó do flash. Como a temperatura durante esses experimentos, que foram realizados tarde da noite, estava geralmente muito abaixo de zero, tentei superar a necessidade acima, mas nem eu nem o sr. Alley conseguimos encontrar uma solução prática.[67]

Tesla também afirmou ter colocado duzentas lâmpadas incandescentes de cinquenta watts no solo carregadas com uma corrente de alta frequência a cerca de cinquenta quilômetros de seu laboratório nas montanhas. Ele havia feito esse experimento de maneira limitada em seu laboratório, mas não há nenhuma evidência documentada de que tenha acontecido em outro lugar. Alguns o consideraram apócrifo, enquanto outros fariam ou diriam qualquer coisa para diminuir suas lendárias realizações.

Tal evento levanta a questão: por que nenhuma testemunha? Alguns argumentaram que foi porque Tesla ainda não havia realizado seu sonho de transmissão de energia completamente sem fio. No entanto, Tesla acreditava que suas anotações e fotografias eram as melhores testemunhas, e não seus assistentes, pois pelo menos as fotografias eram constantes, ao contrário de uma testemunha, que, com o tempo, pode mudar a versão do que viu: as memórias desvanecem-se com o tempo. Outros ainda postulam que Tesla estava ficando cansado. Tinha viajado uma distância muito longa em um tempo muito curto, pois ainda não estava com 45 anos e realizara mais do que mil outros cientistas no avanço da condição humana. Uma explicação ainda mais simples era possível: Tesla talvez estivesse tão concentrado em seus experimentos, possivelmente em um estado zen, que não tinha enxergado a necessidade de testemunhas ou não a tivesse considerado tão importante. Além disso, mais uma vez, pode ser que o processo de invenção de Tesla, que começou quando ele era criança, não dependesse de ninguém para lhe dar a confirmação de que estava no caminho certo para resolver um problema enquanto inventava novos dispositivos e aprendia mais a respeito das leis da natureza. Depois de obter as respostas de que precisava, ele deixou de preocupar-se com os investidores que desejavam evidências concretas; queria que a alegria da invenção e da descoberta fosse sua remuneração.[68] A verdade nunca será conhecida.

Tesla também inventou seu próprio raio, chamando-o dos céus por meio de seus dispositivos e fazendo-o dançar sob seu comando e produzir shows de luzes caleidoscópicos. Injetou energia na terra e a usou como um equipamento experimental. Havia criado sua bobina de Tesla, um instrumento de ciência inigualável. O comentário de Aleksandar Marinčić sobre o fim da aventura de Tesla (7 de janeiro de 1900) em *Colorado Springs Notes* observa que o inventor estava perfeitamente ciente de que nem tudo havia sido concluído, pois havia muito mais a fazer:

> Esta é a última anotação no diário. Além da descrição usual de fotografias, Tesla escreve sobre experimentos que pretende realizar em seu retorno (para onde?). Ele qualificou os experimentos até o momento como satisfatórios, considerando que seu objetivo era "aperfeiçoar o aparelho e fazer observações gerais". O aparelho que estava imaginando para experimentos futuros deveria ser um oscilador aprimorado que permitiria melhores resultados do que qualquer outro que ele tivesse obtido até o momento.[69]

Como o ano de 1899 estava chegando ao fim rapidamente, Tesla preparou-se para voltar para casa. Estivera ausente por quase oito meses. Estava mental e fisicamente exausto, já que muitas vezes atuara numa explosão de produtividade hipomaníaca, mas, felizmente, uma carta de 22 de dezembro de 1899 conseguiu colocar um sorriso em seu rosto desamparado:

> Caro sr. Tesla,
>
> Vamos mantê-lo em nossos corações no dia de Natal. Que adorável seria se o senhor, de repente, aparecesse em nosso lar para passar esse dia entre nós.
>
> Às vezes me pergunto se o senhor poderia me fazer feliz de novo, só com sua presença, já que faz tanto tempo que a alegria não faz parte de meus dias. Tudo o que existia desapareceu. É como se alguém tivesse adormecido ao luar suave e ancorado fora do lugar e do tempo para encontrar-se na Idade da Pedra, tal pessoa, ela mesma, transformada em uma pedra.
>
> O que tudo isso significa?
>
> Às vezes, tenho alguma notícia sua por meio do escritório de Robert. Espero que o Ano-Novo possa trazer a você o que mais deseja e que possa trazê-lo para nós, meu querido amigo.
>
> Fielmente sua,
>
> Katharine Johnson[70]

Os Johnson estavam prestes a entrar novamente na vida de Tesla, e ninguém estava mais satisfeito do que Katharine. Não que o trio não tivesse estado em contato durante a ausência de Tesla, pois ocasionalmente trocavam cartas, com Tesla escrevendo do novo Alta Vista Hotel, sua residência enquanto esteve em Colorado Springs. Mas não haveria jantares, festas ou saraus nas horas mais avançadas da noite até que ele estivesse mais uma vez em Nova York. Em um esforço de sentir-se próximo de seus amigos, seus protetores, ele dirigia-se a eles com suas saudações regulares: meu querido Luka e minha querida sra. Filipov. As cartas eram sua única maneira de entrar em contato com a cidade de Nova York. Raramente concedia entrevistas a revistas científicas ou jornais enquanto esteve em Colorado Springs.

Era chegada a hora de voltar para casa. Ainda que Tesla tivesse esperança de que um dia encontraria o caminho de volta para Colorado Springs, não foi o que aconteceu. O laboratório secreto foi fechado para sempre!

14
A Torre de Tesla

Narcisismo, hipomania, vaidade

CIDADE DE NOVA YORK, NOVA YORK, 1900

No fundo de seu ser, Nikola Tesla, muito exausto, estava sendo testado pela ideia sombria de que nunca voltaria a Colorado Springs. Sim, ele tinha esperança; mas não, não era uma esperança realista, na verdade nada mais era que um capricho — seu investimento de 100 mil dólares seria perdido. Além disso, nos anos subsequentes ele seria perseguido por credores querendo somas que iam desde uma conta de energia de 180 dólares pela eletricidade usada em seu laboratório de Colorado Springs até um processo movido pelo chefe da vigilância de seu laboratório, C. J. Duffner, e um segundo vigia, a quem Tesla disse que retornaria e que mantivessem as coisas como estavam: em 1905, o caso foi julgado e C. J. Duffner recebeu 928,27 dólares, pagos a ele com a venda de aparelhos e objetos do laboratório de Tesla,[1] que negava a existência de qualquer dívida.

É importante entender que, nesse momento da vida de Tesla, suas dívidas de 1.108,57 dólares (quase 35 mil dólares em valores atuais) não eram uma grande preocupação, mas um triste indicador em sua jornada até a falência final. Tais problemas pecuniários tornaram-se uma questão cotidiana pelo resto de sua vida. Alguns vão desprezar esse dado como algo que acontece a cientistas malucos e distraídos, mas Tesla não era nada disso, era um cientista brilhante, e ninguém pode racionalmente dizer o contrário. Entretanto, conforme seus experimentos tornaram-se cada vez maiores e mais complicados, também cresceu a necessidade de financiamento. Todavia, para proteger-se, ele entrou em um estado de negação a respeito de tais problemas, o que lhe permitiu conquistar a cidade onde ele já havia experimentado tanto sucesso — Tesla estava, naquele momento, no ápice da ciência da eletricidade. Como um grande periódico de eletricidade publicou na época: "Nikola Tesla foi ao topo da alta montanha no Colorado para realizar experiências não apenas com telegrafia sem fio, mas também com a transmissão sem fio de energia a longas distâncias".[2] Tesla afirmou no mesmo artigo: "Meus experimentos foram muito bem-sucedidos e estou convencido de que conseguirei me comunicar por telegrafia sem fio não apenas com Paris durante a exposição, mas também, muito em breve, com qualquer cidade do mundo".[3] Foi dito que em Colorado Springs ele produziu "a maior descarga elétrica de ponto a ponto jamais vista — com centelhas de mais de trinta metros de comprimento".[4]

Outro fator contribuía para a crescente dívida de Tesla e sua incapacidade de obter financiamento para projetos com o mesmo sucesso que havia alcançado no passado: estava ficando aparente que Tesla estava aproximando-se do fim de seus anos produtivos (isto é, de 1886 até 1894 e de 1896 até 1901), quando ele não apenas criou e recebeu quase todas as suas patentes, mas também quando passou a maior parte do tempo em um estado maníaco ou hipomaníaco. Após 1901, enquanto suas dívidas cresciam, seu carisma desapareceu gradualmente, sua habilidade de extrair fundos de patronos entrou em colapso e ele estava entrando na era final de mais de quarenta anos durante a qual ele não apresentava qualquer sinal convincente daquela mania infecciosa, atrativa e inspiradora de confiança — apenas depressão e negatividade, isolamento e estranheza. Apesar de as ideias continuarem fluindo, o dinheiro desapareceu e também as patentes. O ano de 1900 foi crucial, pressagiando o fim de sua vida científica produtiva e o fim do Tesla como gostamos de lembrar.

Como ele sempre morou em hotéis, por suas próprias e peculiares razões, como agora sabemos, parecia adequado que Tesla fosse descansar a cabeça no Waldorf-Astoria após vários meses difíceis, mas excitantes, em Colorado Springs. Afinal, um de seus investidores era o dono do hotel, localizado entre a Quinta Avenida e a rua 34. Era o hotel mais alto do mundo — com a primeira torre de rádio —, e seu luxo exalava classe, sendo também o primeiro a oferecer quartos com instalações de banho privativas. Além disso, ele era inteiramente eletrificado e tinha quase mil funcionários. Nada era deixado ao acaso, sendo sua missão fornecer a mais alta qualidade em tudo o que um hotel poderia oferecer, fosse serviço, comida, bebida, talheres, decoração e funcionários — especialmente os da administração. Além disso, sendo ele mesmo um elitista, Tesla sentia-se em casa em um lugar que atraía as pessoas mais realizadas e celebradas do mundo; afinal, ele era uma delas. Então, quando Tesla assinou o contrato de investimento com John Jacob Astor IV para ajudar a financiar o projeto de Colorado Springs, parte do acordo previa que Tesla viveria de graça no hotel de Astor pelos próximos vinte anos.[5]

Desde sua volta, em 7 de janeiro de 1900, ele podia contar com o apoio do Waldorf-Astoria, do Delmonico's e dos Johnson — Tesla agora tinha tudo que precisava para ficar confortável na cidade. Não há dúvidas de que, independentemente de sua situação financeira, fosse de festa ou de fome, ele era um especialista na boa vida. Ele reencontrou amigos em casas noturnas tais como o Players' Club; foi novamente celebrado pelos "Quatrocentos";* e suas mesas privadas, tanto no Delmonico's como no Palm Garden do Waldorf-Astoria, voltaram a ser lugares onde indivíduos tentavam encontrar o solitário inventor.[6] Ele normalmente jantava só e nunca sozinho com uma mulher. Até o acesso a essas mesas nesses restaurantes permitia que ele entrasse sem tornar-se o centro de todos os olhares.[7] Com o básico resolvido, Tesla pôs-se a montar um plano de relações públicas com vários objetivos, entre eles reafirmar para si e para o público que suas teorias e seus experimentos estavam no caminho certo; atrair novos investidores e defender-se de qualquer ataque adicional, especialmente de Marconi, que contestasse

* Lista com os mais proeminentes membros da alta sociedade nova-iorquina, mantida por Caroline Schermerhorn Astor. (N. T.)

sua primazia na telegrafia sem fio. De fato, quando foi publicado um artigo, escrito para a *The Century Magazine*, abordando o mais recente transmissor sintonizado de Marconi, Tesla escreveu comentários nas margens de sua cópia da revista apontando as flagrantes violações, por Marconi, das patentes de Tesla de 1896-1897.[8] Imediatamente Robert Johnson foi em seu auxílio, sugerindo que ele escrevesse um ensaio sobre seus feitos mais recentes e seus planos para o futuro. Ao mesmo tempo, Marconi também estava em Nova York tentando atrair investidores e possivelmente para falar também sobre suas últimas experiências com comunicação sem fio. Tesla soube disso e respondeu: "Quando enviei ondas elétricas para o outro lado do mundo de meu laboratório no Colorado, o sr. Marconi estava fazendo experiências malsucedidas no mar com meu aparelho".[9]

O ensaio de Tesla para a *The Century Magazine* causou muita consternação em todos os envolvidos: Tesla como autor; Robert Johnson como editor-assistente; e Robert Gilder como editor-chefe. Tesla insistiu em escrever a partir de um ponto de vista metafísico, com o qual Johnson não estava satisfeito. Apesar de seu grande apreço por Tesla, ele sabia o que o público queria. Tesla resistiu a todas as tentativas de fazê-lo mudar de ideia. Ele teimou em escrever sobre assuntos que iam desde o metafísico até o científico: raça, inteligência artificial, higiene pessoal, humanos robotizados, "telautomática", energia verde, comunicação sem fio e a ideia de mundos paralelos. Tesla não recuaria. No fim, ele apresentou uma obra-prima da prosa com 12 mil palavras que demonstrava a erudição de Tesla em todos os níveis do pensamento humano. Mais ainda, já foi postulado que esse ensaio, escrito de forma tão eloquente e expresso em uma prosa magistral, era um indicador de algo além de um escritor talentoso. O mesmo poderia ser dito de algumas das cartas de Tesla para os Johnson. Era tudo expressão de uma mudança inconsciente e notável em seu estado mental quando contrastado com seu estilo de escrita normal. Grafologistas afirmam que "o papel frequentemente é tratado como objeto substituto, [assim] os [escritores] graficamente expansivos normalmente são as mesmas pessoas que dominam não apenas o papel, mas também seu ambiente".[10]

Johnson e Gilder decidiram pegar o magnífico e original ensaio e fazer Tesla explicar com mais detalhes suas invenções; eles também adicionaram fotos cativantes dos experimentos de Colorado Springs (em especial uma mostrando Tesla calmamente sentado próximo a uma gigantesca bobina de Tesla, lendo tranquilamente enquanto longos raios mortais de eletricidade cruzavam o ar à sua volta); e resolveram usar subtítulos para tornar o ensaio mais digerível para o leitor.[11] O resultado final do esforço foi "The Problem of Increasing Human Energy" [O problema de aumentar a energia da humanidade], que foi publicado na edição de junho de 1900 da *The Century Magazine*.

Inspirado na obra *History of the Intellectual Development of Europe* [História do desenvolvimento intelectual da Europa], de John William Draper, o ensaio tornou-se um sucesso estrondoso imediato, e as credenciais intelectuais de Tesla foram novamente solidificadas, apesar de ele continuar tendo seus detratores usuais, incluindo seu ex-amigo T. C. Martin.[12] Cientistas, jornais e periódicos científicos atacaram Tesla, como haviam feito antes, alegando que ele era excessivamente sonhador, que estava fora de rumo. Ironicamente, aquilo que tais detratores consideraram absurdo hoje é realidade — robótica, a atenção a Marte, a inteligência artificial, a internet etc.

O sucesso do ensaio da *The Century Magazine* seguiu-se ao depósito, por Tesla, de três patentes envolvendo a comunicação sem fio (685.012; 787.412; 725.605) apenas alguns meses antes. Adicionalmente, mais tarde no mesmo ano ele receberia notícias ainda melhores: sua primazia como o único inventor da corrente alternada foi reconhecida após anos de violações de patentes tanto nos Estados Unidos como na Europa. Westinghouse havia gastado incontáveis milhares de dólares defendendo as patentes que comprara de Tesla anos antes, e agora esse esforço tinha dado frutos na forma de uma decisão do Tribunal Federal do Distrito de Connecticut. O tribunal sustentou três patentes abrangentes de Tesla: 381.968; 382.279; e 382.280, todas de 1º de maio de 1888. A decisão provou-se um triunfo tanto para Tesla como para Westinghouse. O juiz Townsend escreveu de forma muito clara:

> Restou ao gênio de Tesla capturar os elementos rebeldes, desenfreados e até então contraditórios nos campos da natureza e da técnica e domá-los para projetar máquinas humanas. Foi ele quem primeiro mostrou como transformar o brinquedo de Arago em uma máquina de energia; o

> "experimento de laboratório" de Bailey em um motor bem-sucedido na prática; o indicador em um impulso; foi ele quem primeiro concebeu a ideia de que os próprios empecilhos da mudança de direção, as contraindicações de alterações, poderiam ser transformados em rotações produtoras de energia, em um campo de força rotativo. O que outros viram apenas como barreiras invencíveis, correntes intransponíveis e forças contraditórias, ele tomou e, ao harmonizar suas direções, utilizou a energia do Niágara em motores funcionais em cidades distantes.[13]

O ensaio seguiu criando tamanho rebuliço que, quase um século depois, um famoso historiador foi citado dizendo:

> Aqui está um homem movendo-se para fora do reino convencional da invenção para um lugar mais dramático, mais heroico e, de certa maneira, mais trágico; onde ele está brincando com o fogo dos deuses, quase um Prometeu tentando roubar o fogo deles. Por causa disso, ele perdeu seu rumo como inventor. Tornou-se um experimentador heroico em busca do desconhecido.[14]

Enquanto Marconi continuou ocupando bastante espaço nos jornais, gabando-se de seus feitos, Tesla o ignorou e seguiu lutando. Em novembro de 1900, a *The Century Magazine* continuava dando frutos, pois o ensaio de Tesla chamou a atenção dos olhos perspicazes de John Pierpont Morgan (1837-1913), indiscutivelmente o maior peso-pesado das finanças em Wall Street. Morgan, filho de um proeminente financista, estava sofrendo para criar uma bilionária indústria do aço, já tendo comprado a Carnegie Steel, bem como transportadoras navais e jazidas de ferro de John D. Rockefeller. Como um investidor experiente, Morgan tinha apreciado o sucesso do projeto de geração de energia no Niágara, então presumiu que, se Marconi fracassasse na luta pelo controle da comunicação e da transmissão de energia sem fio, ele acreditava honestamente que Tesla tomaria a liderança.

Logo Tesla viu-se aceitando um convite para o jantar do Dia de Ação de Graças na mansão de Morgan. Felizmente para Tesla, ele foi convidado para o jantar pós-feriado, no dia seguinte. Foi após o jantar que os dois homens se reuniram sozinhos. Apesar de não haver registro completo do que foi tratado, sabemos que Tesla propôs um esquema de "sistema global" sem fio, que incluiria todos os aspectos da comunicação. Tesla escreveu:

> Quando o sistema sem fios for aplicado integralmente, o planeta inteiro será convertido em um imenso cérebro, o que de fato ele é, já que todas as coisas são partículas de um todo real e rítmico. Seremos capazes de nos comunicar uns com os outros de forma instantânea, independentemente da distância. Não só isso, mas com a televisão e o telefone poderemos ver e ouvir uns aos outros tão bem quanto se estivéssemos face a face.

Apesar de estar além da capacidade de compreensão de Morgan, isso despertou seu interesse. Ele acreditava que seria muito vantajoso para si ter acesso mais rápido aos mercados de ações, poder se comunicar com navios em alto-mar e falar com bancos de todo o mundo. Essa possibilidade de estar à frente de seus competidores o levou a negociar com o inventor.[15] Além disso, Morgan entendia que o sucesso do projeto de geração de energia das Cataratas do Niágara era devido às patentes superiores de corrente alternada de Tesla.[16] E, se Tesla estava prometendo telegrafia global, ele iria apostar no sonhador.

Um dia, durante a gélida época de Natal, Tesla pegou um táxi para o escritório de Morgan, no número 23 da Wall Street, e ali o negócio foi posto no papel. Morgan informou a Tesla que não tinha muito amor pela desagradável capacidade do inventor de atrair publicidade negativa, nem de seus notórios custos excessivos em projetos. Morgan foi enfático e disse que o acordo não mudaria, o que significava que fundos adicionais não estariam disponíveis. No fim, a House of Morgan emitiria um cheque no valor de 150 mil dólares (o equivalente hoje a 4,7 milhões de dólares), e a divisão das ações seria o que Tesla havia posposto em favor de Morgan; portanto, no fim, Morgan ficou com 51%, e Tesla, com 49%.[17] Infelizmente, como era de esperar de um malandro inescrupuloso, Morgan havia ocultado nas letras miúdas do contrato que, após a assinatura de Tesla, ele, Morgan, controlaria as patentes fundamentais e o negócio de distribuição também — esse controle absoluto foi o que muitos chamaram de "morganização".[18] Theodore Roosevelt chamou esse homem de um dos "malfeitores de grande fortuna".[19] Isso colocava Tesla em uma posição muito delicada com seu financiador original, John Jacob Astor IV. Entretanto, ele tinha presumido que Astor se interessaria por seu novo projeto, mas não foi o caso. Com o dinheiro de Morgan, Tesla pôde começar o projeto Wardenclyffe e pagar um empréstimo de 3.045 dólares a Westinghouse. Agora ele estava livre de dívidas — por enquanto.[20]

Apesar de Tesla não ter ficado satisfeito com o acordo final, ao mesmo tempo intimidado pelo poderoso Morgan e agradecido pelo que considerou uma espécie de filantropia, ele ficou calado. Afinal, seu último sonho ganharia vida! Seria uma nova performance para uma vida vivida de forma verdadeiramente magnífica.

WARDENCLYFFE, SHOREHAM, NOVA YORK, 1901

As instalações da Torre Wardenclyffe seriam o centro da pesquisa de comunicação sem fio de Tesla em Long Island. Seu nome vinha de James S. Warden, um advogado e banqueiro que achou que Tesla seria um atrativo para aqueles que queriam estar próximos daquele grande homem e também do ramo norte da ferrovia de Long Island. Warden comprou ali 650 hectares acreditando em uma valorização imobiliária, já que a região estava localizada a apenas cem quilômetros de Nova York, na costa do Atlântico. Ele chamou seu investimento de terras de Wardenclyffe, mas em 1906 o nome foi mudado para Shoreham. Warden então procurou Tesla e ofereceu a ele um terreno de oitenta hectares de floresta para seu laboratório, próximo à estação de trem. A hipoteca de baixo custo foi aceita e a construção começou em agosto de 1901 nos bosques da costa norte de Long Island.[21]

O imenso centro de pesquisa teria uma torre que rasgaria os céus, uma usina, um grande laboratório e outros prédios de apoio. O amigo de Tesla, o famoso arquiteto, provocador e infiel Stanford White, ofereceu seus serviços sem custo. Ele projetaria o laboratório do centro de pesquisa, que teria uns novecentos metros quadros. Ele estimou que custaria cerca de 14 mil dólares. Seria uma estrutura térrea, forrada de tijolos vermelhos, com uma chaminé no centro, terminando em uma plataforma de ferro fundido.[22] A estrutura de madeira da torre foi projetada de forma que, se uma parte precisasse ser substituída, isso poderia ser feito sem afetar o resto dela. Com 57 metros de altura, a torre terminava em um domo de ferro com vinte metros de diâmetro. Originalmente Tesla queria que a torre tivesse mais de 180 metros de altura, mas os custos proibitivos (450 mil dólares) deram fim a tal ideia. Esse desejo não satisfeito por uma torre mais alta era mais um indicador de que Tesla estava se desconectando da realidade e lutando contra paroxismos enquanto buscava expressões cada vez mais grandiosas de seu sonho final. A cúpula do globo, que pesava 55 toneladas, poderia ser problemática sob ventos fortes — ela poderia comportar-se como uma vela —, então White projetou a estrutura de forma inteligente, com oito lados, em forma de treliça, que se afinava lentamente conforme subia acima do chão da floresta. Todas as vigas da torre foram produzidas com tábuas grosseiras de pinho para assegurar que fossem não condutoras.[23] O oscilador eletromagnético podia ser ajustado para emitir desde frequências muito baixas até as mais altas, e o globo tinha o propósito de armazenar energia elétrica para uso sob demanda, de forma parecida com um capacitor. A torre e a casa de força eram ligadas por dois canais separados: um levava ar comprimido e água diretamente para a torre, e o outro era dedicado à rede elétrica.[24]

Tesla queria que o sistema transmitisse energia através do solo, então ele precisava de uma conexão especial com a terra. Como ele disse:

> Veja, o trabalho subterrâneo é uma das partes mais caras da torre. Neste sistema que eu inventei, é necessário que a máquina tenha um contato com a terra, senão ela não pode sacudir a terra. Tem que ter um contato com o chão para que todo este globo possa tremer, e para fazer isso é necessário empreender uma construção muito cara. Eu de fato inventei máquinas especiais. Mas quero dizer que este trabalho subterrâneo é parte da torre.[25]

Havia também um curioso tubo, acessível por uma escada em espiral, que atingia cerca de 35 metros para dentro do solo, com dezesseis canos de ferro que atingiam noventa metros de profundidade, para permitir que as correntes passassem por eles e chegassem ao solo.[26] Sob a terra também foi construída uma rede extensa e complexa de túneis forrados de pedra, com traçado seguindo direções específicas, cada um terminando a cerca de trinta metros com uma saída parecida a um iglu se abrindo para a superfície. Não se sabe o propósito desses túneis.[27] Adicionalmente, o complexo tinha várias outras curiosidades para as quais não há respostas. Era o Tesla clássico.

O laboratório foi dividido em quatro áreas separadas: uma oficina completamente equipada, uma sala de máquinas e dínamo, uma sala de caldeira e uma sala elétrica. A energia era fornecida por uma máquina a vapor Westinghouse de quatrocentos cavalos de potência conectada a um dínamo especialmente projetado. Cada sala estava sempre imaculada, e o acabamento era de madeira polida e tratada.[28] Tesla também se deu a tarefa de fotografar cada aspecto do complexo meticulosamente.[29] O resto do centro de pesquisa continha cinco prédios adicionais e uma área residencial chamada Radio City, onde centenas dos trabalhadores de Wardenclyffe iriam morar.[30] A maioria do equipamento exigido por Tesla precisava ser fabricado sob medida; assim, o preço do projeto seguiu aumentando. Até mesmo os tubos especiais usados para transmitir e receber programas radiofônicos precisavam ser feitos à mão. O tubo especial de Tesla é anterior à invenção do tubo de rádio de Lee de Forest, que só entrou em uso mais de uma década depois. Tesla levou o segredo de seus tubos especiais para o túmulo.[31]

Em setembro de 1902, a torre chegou à sua altura final, mas os fundos de Tesla estavam em seu ponto mais baixo! Milhares de dólares gastos sem qualquer preocupação com o futuro. Mais uma vez os gastos extravagantes de Tesla eram, infelizmente, muito consistentes e poderiam levar ao encerramento do projeto — um fato inelutável — em algum momento, a menos que ele pudesse obter uma nova injeção de capital. Tesla tinha se lançado em um projeto de proporções monumentais sem os fundos adequados ou a mania carismática para obter os fundos necessários.

Para começar esse processo, ele demitiu a maioria de seus vinte empregados altamente qualificados e também vendeu algumas terras por 35 mil dólares. Apesar de não ser suficiente para manter tudo funcionando como ele gostaria, Tesla conseguiu manter uma pequena equipe de trabalho. Para exacerbar uma situação já difícil, a guerra entre Tesla e Marconi ainda era uma grande distração para ele. Tesla logo ficou sabendo do doloroso fato: Marconi também estava planejando uma torre rival, mais alta que a Torre Wardenclyffe. Um jornal local registrou o seguinte anúncio:

> Em 22 de fevereiro de 1902, o *The [Port Jefferson] Echo* publicou o seguinte anúncio: "A imensa estação de telegrafia sem fio em construção em Wardenclyffe marca o início da verdadeira guerra entre Marconi e Nikola Tesla. Marconi até o momento descobriu apenas uma maneira de enviar mensagens por telégrafo sem fio — pelo ar. Tesla vai tentar dois métodos. Com sua imensa torre, vai enviar mensagens pelo ar. Com seu grande poço, vai enviar mensagens pelo solo. É este último método que Tesla acha que dará o melhor resultado".[32]

O financiamento de Tesla tinha voltado a um estágio de gotejamento, mas ele nunca se privou do estilo de vida suntuoso durante o desenvolvimento do projeto Wardenclyffe. Durante o fim da primavera e o verão, ele fez viagens diárias, aconchegado em um vagão de luxo, do elegante Waldorf-Astoria até Wardenclyffe. Era acompanhado por um criado sérvio, que carregava uma grande cesta contendo um magnífico almoço preparado por alguns dos muitos chefs do hotel. A cada manhã, aproximadamente às onze horas, o trem chegava a Shoreham — ele voltava à cidade no meio de cada tarde. Mas, assim que as instalações ficaram minimamente funcionais, Tesla rapidamente alugou uma casa no litoral da ilha. Ele passaria o ano seguinte ali.[33]

Em 12 de dezembro de 1901, o inventor italiano Guglielmo Marconi e seus assistentes ficaram espantados ao receber uma mensagem em código Morse para a letra S. A mensagem havia sido enviada durante uma pausa em outra tempestade de granizo de Poldhu, na Cornualha, Inglaterra, para Signal Hill, em St. John's, Terra Nova. Apesar da ausência de "qualquer" testemunha independente, o astuto Marconi relatou o evento dois dias depois e recebeu aclamação internacional — era a primeira comunicação transatlântica por meio de telegrafia sem fio. O *The New York Times* publicou a notícia alguns dias depois, com a manchete "SINAIS SEM FIO ATRAVÉS DO OCEANO; Marconi diz que os recebeu da Inglaterra. Letra previamente combinada repetida a intervalos no código Marconi. O inventor italiano então vai sair de St. John's, TN, e viajar para a Cornualha a fim de continuar as experiências transatlânticas de sua estação naquela localidade".[34]

Naquele momento, Marconi cimentou seu status de celebridade e, em 1909, foi agraciado com o Prêmio Nobel de Física.[35] Tal fato desencadearia a "Guerra do Rádio". Na verdade, havia muitos céticos que duvidaram das alegações de Marconi. Entretanto, o ex-amigo de Tesla, T. C. Martin, providenciou para que uma festa em homenagem a Marconi fosse realizada no Instituto Americano de Engenheiros Eletricistas. Tesla não compareceu, mas seu nome foi mencionado, e ele fez saber de seu desapontamento.[36] Martin de novo atacou Tesla sutilmente dizendo: "Eu apenas lamento que o sr. Tesla, que dedicou muitos pensamentos e experimentos a esse assunto, de cuja iniciativa tanto desse trabalho é resultado, não tenha sido capaz de realizar esse maravilhoso feito".[37] Essas críticas injustificadas só fizeram com que outros detratores de Tesla se sentissem acolhidos pelas palavras de Martin. Estranhamente, em 1903 este último dedicou um livro a Tesla. Outro dos ex-amigos de Tesla, seu compatriota sérvio Michael Pupin, também lançou ofensas verbais contra Tesla — a inveja não conhece limites. A festa foi toda centrada no feito de Marconi, com imagens e tudo o mais.[38]

Qual seria o próximo movimento de Tesla na guerra com Marconi, enquanto tentava desesperadamente manter a Maravilha de Wardenclyffe viva? Um Tesla amargo respondeu com observações que iam do factual ao emocional. Ele continuava acreditando que o italiano era um asno, que nunca admitiria que tudo o que ele realizou se deu à custa de Tesla, pois era baseado nos osciladores, nas bobinas e em outros projetos do próprio Tesla. Marconi não concordava, acreditando que seu Prêmio Nobel subsequente era prova o bastante; mas será que era mesmo? O ano 1943 talvez possa provar o contrário.

Marconi estava acumulando mais fama e fortuna, enquanto Tesla acumulava mais dívidas. De fato, as dívidas estavam saindo do controle. Com grande temor, Tesla pediu um empréstimo maior a Morgan. O banqueiro não apenas recusou-se a conceder um segundo empréstimo, lembrando a Tesla que o único acordo era o acordo original, mas também demorou dois meses adicionais para pagar a parcela final do empréstimo original. Abatido com o desenrolar dos acontecimentos, Tesla pôs-se a produzir um prospecto de propaganda, conhecido como "Manifesto Tesla". Era uma descrição de seu projeto de "telegrafia global" e suas perspectivas. Ele foi apresentado aos mais ricos membros da alta sociedade de Nova York, elegantemente envolvido em uma capa de papel pergaminho, e enumerava seus muitos sucessos, tratava de suas valiosas patentes, continha uma explicação geral de seu plano (muito do qual usamos hoje, tal como o celular, o e-mail, o GPS, a web e as mensagens de texto) e anunciava sua disponibilidade como consultor para terceiros.[39]

Podemos só imaginar como foi para Tesla ser obrigado a curvar-se tanto para manter seu sonho vivo. Anos antes ele havia rasgado seu contrato com Westinghouse abrindo mão de um controle considerável sobre suas invenções e de royalties significativos. Por quê? Então veio Morgan, e Tesla novamente vê-se na posição pouco invejável na qual ele abre mão do controle novamente. Por quê? Francamente, a resposta foi sempre a mesma: dinheiro não era uma remuneração, mas apenas uma ferramenta para aliviar o fardo dos ombros da humanidade com suas invenções geniais. Ele sempre foi fiel a essa missão pessoal, que serviu para definir sua vida do início ao fim. Dito isso, a necessidade de fundos adicionais era mesmo um ameaça existencial para o projeto Wardenclyffe e para seu futuro.[40]

Seu estado mental estava cada vez mais frágil. Afinal, aquele era um homem cuja abordagem não linear da ciência — até aquele ponto — tinha lhe servido bem. Essa abordagem quase sempre ocorria em um contexto de mania/hipomania. Sua rejeição da sabedoria herdada e sua bravura em desafiar as normas existentes o tinham feito famoso, mas também tinham dado margem à zombaria daqueles cuja capacidade de entendimento estava limitada por aquelas mesmas normas. Seus adversários nunca pararam e até Edison tinha milagrosamente reaparecido para liderar o ataque contra a integridade do homem que anos antes o havia derrotado.[41] Edison tornou-se um dos dois membros do Conselho de Diretores Técnicos da Marconi Wireless Telegraph Company, com a possibilidade de integração de um terceiro em um futuro próximo — outro inimigo de Tesla, Michael Pupin. Edison também ofereceu algumas de suas patentes para ajudar nos esforços de Marconi.[42] Ao saber de tal traição, em um momento de desespero, Tesla considerou até a possibilidade de construir uma segunda Wardenclyffe nas Cataratas do Niágara para transmitir o excesso de energia diretamente para a cidade de Nova York.[43] Tal ideia, naquele tempo, era no mínimo sem sentido, mas não para Tesla. Ele ainda mantinha uma confiança duramente conquistada de que veria o sucesso do projeto Wardenclyffe, independentemente das forças alinhadas contra ele.

A ingenuidade emocional de Tesla não permitia que ele desistisse de Morgan. Ele escreveu várias súplicas adicionais pedindo mais apoio financeiro de Morgan, não obstante o pânico em Wall Street por causa das várias tentativas de Morgan de manipular o mercado. Em certo momento, Tesla escreveu pedindo fundos adicionais e revelou suas intenções na esperança de apelar para o lado altruísta do banqueiro — sem saber que ele não tinha qualquer altruísmo.

> Sr. Morgan, o que contemplo e posso certamente realizar não é a simples transmissão de mensagens [como Marconi] sem fio a grandes distâncias; é a transformação de todo o planeta em um organismo consciente, por assim dizer, que poderá sentir em todas as suas partes e através do qual o pensamento poderá circular como em um cérebro. Você me ajudará ou permitirá que minha grande obra — quase completa — vá para o lixo?

Morgan respondeu secamente: "Recebi sua carta e como resposta eu diria que não me sinto disposto no momento a tomar qualquer atitude adicional".[44]

Pelos muitos meses seguintes, que por fim tornaram-se anos, Tesla seguiu com suas súplicas a Morgan por meio de cartas pessoais sem qualquer resultado. Era um fato consumado, com certeza, mas Tesla não aceitava o óbvio. Por fim, tristemente, Tesla recorreu a uma carta rude e horrível, cheia de ameaças veladas: "Que coisa terrível", escreveu ele, "seria ver os jornais imprimindo seu nome em letras vermelhas — UM NEGÓCIO DE MORGAN VAI À FALÊNCIA. Seria telegrafado para o mundo todo". Tesla admitiu a Morgan, com sinceridade: "Financeiramente, estou numa situação assustadora".[45] Poderia haver algo mais humilhante para um homem como Nikola Tesla? Sim. Ele então recorreu à sua prosa prolixa, com um artigo de 6 mil palavras publicado em um grande periódico técnico. A esperança era fazer com que Morgan percebesse seu erro. Parte dele dizia:

> Não é um sonho, é um simples feito científico de engenharia elétrica, mas caro — mundo cego, covarde, inseguro! A humanidade não está suficientemente avançada para permitir-se ser liderada pelo sentido afiado de busca da descoberta [do descobridor]. Mas quem sabe? Talvez seja melhor, neste nosso mundo atual, que uma ideia ou uma invenção revolucionária, em vez de ser ajudada e afagada, seja dificultada e maltratada ainda em sua adolescência — pela falta de meios, pelo interesse egoísta, pelo pedantismo, pela estupidez e pela ignorância; que seja atacada e sufocada; que passe privações e sofrimentos por meio de luta desalmada da existência comercial. Assim chegamos à luz. Assim tudo o que foi grande no passado foi ridicularizado, condenado, combatido, suprimido — apenas para emergir mais poderoso, mais triunfante, da batalha.[46]

O objetivo de Tesla, o aperfeiçoamento da humanidade, era uma constante que não poderia ser abandonada. As cartas para Morgan continuaram até que o banqueiro finalmente respondeu pela última vez, tendo aguentado o suficiente. Por um terceiro, Tesla foi notificado de que "o sr. J. P. Morgan me pediu para informá-lo que será impossível para ele fazer qualquer coisa adicional sobre essa questão".[47]

Curvado, mas não quebrado, Tesla continuou sua busca por novos investidores, nem tanto em um estado de depressão, mas sem o charme e a autoconfiança de sua mania do passado, que faziam homens que não tinham como entendê-lo acreditarem nele mesmo assim. Homens como Henry Clay Frick (um vizinho no Waldorf-Astoria), o banqueiro de Wall Street Jacob Schiff, Oliver Payne (um sócio de Rockefeller), entre outros, juntaram-se em um coro de "NÃOS". Todos faziam a mesma pergunta: "Onde estava Morgan?". Havia também outro empecilho para esses homens abastados: do que Tesla estava falando? Eles simplesmente não entendiam o conceito; eles tinham um nível alarmante de ignorância. Eram homens orientados por fatos concretos.[48] Além disso, com Morgan ainda controlando 51% dos direitos sobre qualquer patente de Tesla referente a qualquer sistema de transmissão sem fio, novos investidores não conseguiam ver qualquer possibilidade real de lucro no negócio.

Para piorar as coisas, Tesla chegou a pedir auxílio financeiro de vários membros da sua família, a quem ele havia enviado generosas somas em dinheiro durante seus anos produtivos. Seu sobrinho Nikola Trbojevic respondeu com vários milhares de dólares, resultado de um acordo de royalties (referentes a uma invenção) com a General Motors, mas em determinado ponto essa fonte de financiamento cessou. A resposta cáustica de Tesla indicou que ele sentiu aquilo como uma afronta à sua integridade e que seu sobrinho havia contestado sua "*serviedade*". Seus apelos continuados por financiamento para sua maior visão o tinham levado a um estado psicológico bizarro e excruciante, e ele estava à beira de um colapso mental. Sua caligrafia, demonstrada em suas cartas a amigos e a outros, continuava a involuir para uma espécie de estilo de escrita cursiva caótica, quase rabiscos. Assim, suas cartas se tornaram cada vez mais ilegíveis, pois seu desespero o estava empurrando para mais fundo do abismo.[49] Então, conforme ele contemplava a morte de seu sonho, o inevitável aconteceu. Ele o descreveu em sua autobiografia anos depois:

> Nenhum assunto ao qual eu jamais me devotei exigiu tanta concentração mental e esticou a um grau tão perigoso as mais finas fibras de meu cérebro como o sistema do qual o transmissor de ampliação é a fundação. Eu coloquei toda a intensidade e o vigor da juventude no desenvolvimento das descobertas do campo rotativo, mas aqueles primeiros trabalhos eram de uma natureza diferente. Apesar de extremamente extenuantes, eles não envolviam o discernimento afiado e exaustivo que tem de ser exercido no ataque aos muitos intrigantes problemas da comunicação sem fio. Apesar de minha rara resistência física naquele período, os nervos castigados afinal se rebelaram, e eu sofri um colapso completo, exatamente quando a consumação daquela longa e difícil tarefa estava quase ao alcance.[50]

Ele estava indubitavelmente na fase depressiva de sua desordem bipolar.

Agora tudo se tornara uma espécie de tentativa psicótica de vencer. Em uma carta, três vezes mais longa que seu manifesto, Tesla informou a Morgan que outras possibilidades de financiamento não estavam disponíveis porque ele, Morgan, o tinha abandonado, deixando outros em dúvida se investir em Tesla era uma boa ideia. Tesla terminou a carta eloquente dizendo que, se Morgan o apoiasse até o fim, veria que o raciocínio de Tesla era impecável de todas as formas.[51] A rejeição foi rápida.

É interessante notar que foi sugerido, ao longo dos anos, que a recusa de apoio financeiro de Morgan ao inventor foi proposital. Morgan pode ter chegado à conclusão de que apoiar Tesla financeiramente não seria de seu interesse: o sistema de Tesla, se factível, poderia chegar a ameaçar os interesses do banqueiro na General Electric e suas minas de cobre, que supriam os cabos essenciais para a transmissão de energia elétrica. Esse sistema também teria um efeito tangencial ao desafiar sua primazia como capitalista-monopolista — isso era intolerável. Em contraste, uma história tinha circulado dizendo que Morgan havia sido caracterizado como um jogador por outro financista de Wall Street, Bernard Baruch. Morgan recusou tal ideia, afirmando enfaticamente que nunca jogava e, muito possivelmente por essa razão, recusou qualquer novo investimento a Tesla. A história tem um desfecho. O iugoslavo Andrija Puharich, que esteve envolvido na obtenção dos arquivos de Tesla para o Museu Tesla, em Belgrado, Iugoslávia (hoje Sérvia), e que conhecia o primeiro biógrafo reconhecido de Tesla, John J. O'Neill, lembra-se de uma conversa com O'Neill:

> Agora, eu [Puharich] sempre ouvi de segunda mão; você não vai achar isso escrito em lugar nenhum, mas Jack O'Neill me deu essa informação como biógrafo oficial de Nikola Tesla. Ele disse que Bernard Baruch disse a J. P. Morgan: "Olha, esse sujeito está ficando louco. O que ele está fazendo é que ele quer dar energia elétrica gratuita para todos, e não vamos poder cobrar por ela. Se apoiarmos esse cara, vamos todos à falência". De repente, de um dia para o outro, o apoio financeiro a Tesla foi cortado, o trabalho nunca foi terminado.[52]

Na verdade, dar energia de graça sempre foi o objetivo final de Tesla, e, se isso custasse o fim dos monopólios, que fosse! Os monopólios não acabaram, mas Tesla, sim.[53]

Para ser justo, Morgan talvez não achasse que Tesla estava louco, mas ele sabia que nos quase três anos em que ele havia investido na promessa de Tesla, de cruzar o Atlântico com seu sistema global, ela não foi cumprida, enquanto Marconi havia cumprido as suas, embora com muito menos otimismo. O desejo de Morgan não era tão abrangente quanto o plano de Tesla; ele só queria comunicar-se com seus navios e com as bolsas de valores e enviar mensagens básicas em código Morse para o continente. Além disso, o Pânico dos Banqueiros de 1907 não ajudou, resultando numa queda global dos investimentos.[54]

No meio de dezembro de 1903, Tesla, novamente, enviou mais um comunicado desesperado a Morgan, "o maior monstro de Wall Street" — palavras de Tesla. Veja bem, durante esse tempo o débito pessoal de Tesla no Waldorf--Astoria continuou a crescer em um ritmo rápido. Apesar de parecer para alguns um fanfarrão, suas palavras na carta tinham um fundo de verdade: "Tenho mais criações nomeadas com meu nome que qualquer homem que me precedeu, incluindo Arquimedes e Galileu — os gigantes da invenção. Hoje, nos Estados Unidos, 6 bilhões de dólares estão investidos em empresas baseadas em minhas descobertas".[55] Apesar das súplicas a Morgan, cujo atendimento poderia garantir-lhe algum lucro, o banqueiro não queria mais saber de Tesla.

Tesla tinha 47 anos. Tendo visto os últimos quinze anos de seus esforços produzirem realizações profundas que, entretanto, se tornaram uma lembrança distante para os outros, ele agora estava pensando e agindo irracionalmente. Estava tendo que lidar, também, com ataques contínuos à sua sanidade e à sua credibilidade vindos de cientistas de todas as formações. Além disso, a imprensa, que sempre o considerou um gênio e um grande showman, que vendia jornais, agora olhava para ele como nada mais que um maníaco envelhecido. Tesla acreditava que, para repelir a crescente publicidade negativa, o mais efetivo seria produzir "algo comercial sem demora".[56] Esse era o Tesla sem a mania, a hipomania, a energia frenética e o charme necessários para angariar fundos. A mágica de Tesla tinha desaparecido, apesar de suas ideias continuarem fluindo. Sua credibilidade havia se apagado, e sua mania se dissipou para sempre.

No verão de 1903, Tesla conseguiu fundar a Tesla Electric Manufacturing Company, com uma capitalização de 5 milhões de dólares, necessária para produzir pequenas bobinas Tesla para uso em laboratórios científicos e para fornecer energia a tubos de raio X. Entretanto, ele não conseguiu investidores, e a companhia fracassou. Um banco sérvio estava na lista de investidores em potencial, mas isso também não resultou em qualquer investimento. Seu próximo alvo era Astor, que também desistiu de qualquer investimento futuro em uma empresa de Tesla — ele ainda estava desapontado por Tesla ter gastado seu dinheiro no projeto de Colorado Springs sem resultados. Houve várias outras rejeições, mas Tesla parecia nunca perder a fé de que no fim conseguiria.[57]

A espiral descendente continuou. Em maio de 1905, suas patentes para o sistema polifásico expiraram, deixando-o sem os royalties e as taxas de licença, que produziam um fluxo de caixa significativo. Como o leitor há de recordar, ele também havia perdido um processo a respeito de dívidas passadas em Colorado Springs, levando seu centro de pesquisa a ser desmantelado para que a madeira fosse vendida.[58] Sem se preocupar com seu estado financeiro lastimável, entretanto, o elitista inventor não se limitava a pão e água e roupas usadas. Ele ainda reinava no Waldorf-Astoria, jantando regularmente no luxuoso Palm Room, onde os mais famosos dos famosos comiam. Todas as noites ele fazia uma longa caminhada pelo corredor chamado de Peacock Alley. Ainda vestia ternos feitos sob medida, parecendo ser um homem muito mais jovem, e seu porte era de um atleta. Todos os olhos estavam sobre ele quando se sentava em sua mesa privativa — arrumada para apenas um comensal —, que ocupava uma área afastada próxima a uma parede. Foi um ritual executado por uns dezoito anos nessa mesma mesa.[59]

Nem é preciso dizer que seus hábitos alimentares eram tão peculiares quanto sua preferência por sempre comer sozinho, exceto em ocasiões formais. Havia guardanapos de um único uso e talheres esterilizados e o requerimento especial de que ninguém nunca comesse na sua mesa. A visão de uma única mosca perto dele era motivo para os garçons providenciarem toda uma nova refeição. Por vários anos ele transitou pelo veganismo. Esses hábitos incomuns eram vistos em todos os aspectos de sua vida cotidiana e exercitados de todas as formas possíveis — demonstrando um transtorno obsessivo-compulsivo (TOC) profundo.[60] Após uma refeição suntuosa, ele sempre voltava a seu laboratório para continuar trabalhando, algumas vezes com celebridades, que seriam testemunhas de espetáculos privados de feitos miraculosos de eletricidade.[61]

Os Johnson ainda eram seus amigos regulares, que nunca o abandonaram, social ou espiritualmente. A ligação entre os três era inquebrável, e os eventuais jantares ou reuniões com as celebridades da cidade sempre foram algo que ele aguardava com ansiedade. Era uma maneira de se distrair de seus intermináveis problemas financeiros. O fracassado projeto Wardenclyffe deixou uma montanha de dívidas, incluindo 30 mil dólares devidos a Westinghouse por equipamentos adquiridos para o projeto. Colegas testemunharam o declínio total daquele homem brilhante. George Scherff, seu secretário e assistente, afirmou: "Eu quase nunca vi você tão fora de si como no último domingo e fiquei assustado".[62] Tesla frequentemente se comunicaria com Scherff por carta, algumas vezes pedindo materiais específicos de que precisava e outras vezes com desenhos esquemáticos de um aparelho que ele precisava que fosse construído.[63]

Alguns cronistas afirmaram que Tesla ocasionalmente via Richmond Hobson, um herói de guerra e engenheiro naval. Seu encontro mais recente se provou benéfico para o estado mental de Tesla, mas em maio de 1905 ele soube do noivado de Hobson com Grizelda Hull, uma jovem de uma respeitada família do Kentucky. Os dois homens se admiravam, e Hobson não tinha medo de dizer a Tesla que pensava nele com carinho. A reação de Tesla foi tentar dissuadir Hobson de se casar, mas no fim ele acabou sendo padrinho dele.[64] Tesla admitiu que se sentiu angustiado com aquele casamento por vários anos.

Como a esposa de Hobson declarou anos depois, seu marido e Tesla frequentemente se encontravam para ir ao cinema, caminhar juntos pelo parque e manter conversas intelectuais até altas horas da noite. Tesla certa vez gabou-se a Hobson de que ele poderia, se quisesse, mover a Terra de sua órbita. Tudo terminou quando Hobson foi enterrado como contra-almirante e antigo membro do Congresso, no Cemitério Nacional de Arlington, em março de 1937. Ele tinha 66 anos. Tesla enviou uma mensagem pessoal e flores para a viúva.[65]

Por volta de dezembro de 1905, Tesla havia demonstrado que o fracasso do projeto Wardenclyffe e os problemas financeiros eram culpa sua e o levaram à sua ruína final. Ele tornou-se mais recluso, mais reservado e mais imprevisível. O colapso veio após seu sócio William B. Rankine morrer aos 47 anos. Ele começou a ter flashbacks de membros da família já falecidos, lamentando que eles o tivessem deixado sozinho. Mas a tortura mental não parava aí. Em junho de 1906, seu amigo próximo e o arquiteto que havia projetado muito de Wardenclyffe, Stanford White, envolveu-se em problemas. Ele era conhecido como um homem que sempre tinha uma amante de prontidão; dessa vez era Evelyn Nesbit, cujo rico marido, Henry Thaw, enfureceu-se quando soube do caso. Em um momento de fúria, apontou e disparou um tiro fatal entre os olhos de White. Já acamado pela exaustão e pela depressão, Tesla ainda assim conseguiu comparecer ao funeral, enquanto outros se recusaram a associar-se com seu antigo amigo, que havia perdido a vida de forma tão indecorosa.[66]

WARDENCLYFFE, SHOREHAM, NOVA YORK, 1906

Postmortem: em 1906, o projeto Wardenclyffe foi fechado para sempre, da mesma forma que havia acontecido com Colorado Springs, mas, ao contrário do projeto de Colorado Springs, ele nunca chegou a estar completamente operacional. A torre foi demolida e virou sucata (1.750 dólares) em 1917, e a propriedade entrou em execução hipotecária em 1922. Pelas cinco décadas seguintes, Wardenclyffe serviu como instalação de processamento, produzindo suprimentos para fotografia. Vários prédios foram adicionados à instalação, e a área ocupada foi reduzida para 6,5 hectares dos 81 originais. O prédio original de tijolos projetado por Stanford White continua em pé... esperando o retorno de Tesla.[67]

Hoje, o Centro de Ciências Tesla em Wardenclyffe (também conhecido como TSCW, na sigla em inglês) ocupa o local. É uma organização sem fins lucrativos com o objetivo de promover a ciência e a tecnologia para as massas. O dinheiro veio de um esforço coletivo e de uma generosa doação de Elon Musk. Em 2018, Wardenclyffe foi incluído no Registro Nacional de Locais Históricos.[68]

Após seu colapso de 1905, que continuou durante 1906, Tesla nunca mais se envolveu em outro projeto de larga escala. Apesar de viver por mais quase quatro décadas, o ousado e solitário inventor e criador nunca aceitaria que sua fenomenal carreira havia chegado a um fim tão vergonhoso. Então, o que viria a seguir? Ele não sabia. Mas o que ele sabia era que nunca desistiria de suas ideias e do que sabia ser verdade.[69]

PARTE III:
PARA ALIVIAR O FARDO

15
Princípio acima do lucro

Grandiosidade, humanidade

CIDADE DE NOVA YORK, NOVA YORK, 1906

O projeto Wardenclyffe ainda estava com ele. Nunca sairia de seus pensamentos. Sim, Tesla estava completamente desapontado. Estava em um lugar escuro, mas suas memórias fotográficas e eidéticas estavam intactas, e suas grandes ideias ainda estavam fluindo enquanto os paroxismos apareciam de vez em quando, mas não importa, ele sabia que estava certo.[1]

Cerca de um ano antes, Tesla dera uma entrevista ao repórter de um jornal de Pittsburgh. Durante a conversa, o repórter observou: "Tesla parece um trabalhador peculiar. As falhas não o incomodam. Depois que escolhe uma área e decide que deveria sair de uma certa maneira, continua experimentando e experimentando, acreditando no seu sucesso. Diz que se duvidasse de sua capacidade ficaria maluco".[2] Acreditando que sempre foi prático, por ser um instrumento infalível de resposta às ideias que se apresentavam diante dele, Tesla continuaria; ele seguiria em frente. Tesla pode não ter demonstrado seus sentimentos, mas, como é típico dos sérvios, sua crença foi reiterada por sua fé cristã ortodoxa sérvia e sua confiança na lógica da ciência; assim, ele seria conduzido às verdades básicas da natureza. Além disso, descobrir o campo magnético rotativo quando outros nunca o haviam visto ou haviam rejeitado o conceito deu-lhe a força e a compreensão de que sua teoria de transmissão de energia através da Terra tinha de estar correta.[3]

Com seu manifesto e outras publicações impressionantes a apoiá-lo tendo falhado totalmente em levantar fundos adicionais, Tesla estava em uma situação bastante difícil.[4] Em 1907, o ano do pânico no mercado de ações, ele escreveu um artigo para o *The New York World*, no qual disse:

> Pessoalmente, baseando-me no conhecimento deste ofício ao qual dediquei meus melhores esforços, não hesito em afirmar aqui, para referência futura e como teste de precisão da minha previsão científica, que máquinas voadoras e naves movidas por eletricidade transmitida sem fio terão deixado de ser uma maravilha daqui a dez anos. Eu diria cinco, se não houvesse algo como "inércia da opinião humana" resistindo às ideias revolucionárias.[5]

Aqui, novamente, Tesla reconfirma sua crença na precisão de suas habilidades extraordinárias, algumas datando da infância, e o seu tom demonstrava que, de certa forma, ele ainda possuía o zelo de 1884, ano em que viajara para a América.

Assim que percebeu que seu sonho de transmitir energia sem fio e mensagens (dados) por todo o mundo poderia muito bem permanecer um sonho, sua amargura veio à tona. Foi ainda mais incitado quando alguns sugeriram que seu projeto Wardenclyffe teria ajudado o inimigo durante a Primeira Guerra Mundial. Como um compatriota leal que valorizava sua cidadania, obtida desde cedo, Tesla recuou com a ideia, afirmando enfaticamente em sua autobiografia:

> A torre foi destruída há dois anos, mas meus projetos estão sendo desenvolvidos e um outro, aprimorado em algumas funcionalidades, será construído. Nesta ocasião, eu contrariaria o relatório amplamente divulgado de que a estrutura foi demolida pelo governo, que, devido às con-

dições de guerra, poderia ter criado preconceito nas mentes de quem talvez não soubesse que os papéis, que há trinta anos me conferiram a honra da cidadania americana, são mantidos em um cofre, enquanto minhas ordens, meus diplomas, títulos, medalhas de ouro e outras distinções são guardados em baús velhos. Se tal relatório tivesse fundamento, eu teria sido reembolsado pela grande soma de dinheiro que gastei na construção da torre. Ao contrário, era do interesse do governo preservá-la, principalmente porque isso teria possibilitado — para citar apenas um resultado valioso — que se conhecesse a localização de um submarino em qualquer parte do mundo. Minhas instalações, meus serviços e todas as minhas melhorias sempre estiveram à disposição dos funcionários do governo, e, desde a eclosão do conflito europeu, tenho trabalhado com árduo esforço em várias invenções minhas relacionadas à navegação aérea, propulsão de navios e transmissão sem fio, que são da maior importância para o país. Aqueles que estão bem informados sabem que minhas ideias revolucionaram as indústrias dos Estados Unidos, e eu não estou ciente de que viva um inventor que tenha sido, a esse respeito, tão afortunado quanto eu, especialmente no que diz respeito ao uso de seus melhoramentos na guerra. Abstive-me de me expressar publicamente sobre esse assunto antes pois parecia impróprio insistir em assuntos pessoais enquanto todo o mundo estava em apuros.

Não estou disposto a conceder a alguns indivíduos mesquinhos e ciumentos a satisfação de terem frustrado meus esforços. Esses homens nada mais são do que micróbios de uma doença sórdida. Meu projeto foi retardado pelas leis da natureza. O mundo não estava preparado para ele, que estava muito adiantado. Mas as mesmas leis prevalecerão no fim e farão disso um sucesso triunfal.[6]

O equinócio vernal veio e se foi. Tesla estava se sentindo revigorado pela primavera de um novo ano, 1906. Sua ideia para uma invenção totalmente nova que aproveitou sua experiência em engenharia mecânica foi uma diversão momentânea para ele, que foi citado como tendo dito: "Eu tinha certeza de que deveria haver algum meio de obter energia melhor do que qualquer outro já em uso".[7] Seria tão simples para ele quanto seu motor de indução. Era a "turbina sem lâmina", ou motor de turbina de Tesla. Foi o resultado da análise das propriedades da água e do vapor à medida que passavam pela hélice e, portanto, a associação de viscosidade e adesão ao giro correspondente da lâmina. A turbina de Tesla utiliza o "efeito de camada-limite", em que a camada-limite é a camada de fluido na área imediata de uma superfície delimitadora onde os efeitos da viscosidade são significativos. O líquido ou gás na camada-limite tende a aderir à superfície.[8] Além disso, a turbina de Tesla era única por utilizar uma série de discos patenteada em vez de pás de hélice. Cada disco tinha uma perfuração para remover o fluido que entrava, fazendo com que o eixo girasse. Ele também entendeu que a dinâmica padrão de atrito que impedia o movimento de um navio era contraproducente e transformou o negativo em positivo. Em outras palavras, a rotação da turbina foi aumentada com a adesão e a viscosidade do meio.[9] Essa invenção engenhosa também fez sentido para o inventor porque era prática e poderia fazer uso do modelo de negócios de promoção de venda de patente que funcionara antes. Ele tentou vender a ideia para Astor, e, de fato, o negócio foi fechado quase antes de Tesla terminar sua primeira frase. Ele esperava que o dinheiro o ajudasse a concluir o projeto Wardenclyffe.[10]

O mundo ficou mais uma vez animado com uma invenção de Tesla. Em março de 1909, o resultado foi a Tesla Propulsion Company, e subsequentemente empresas a seguiram.[11] Tesla se sentiu revigorado, e a patente (U. S. 1.061.206) para sua turbina de Tesla foi emitida em outubro de 1913. No entanto, o que havia acontecido com Morgan acontecia novamente: seu novo motor de turbina de Tesla não era bem-vindo na indústria porque desafiava diretamente outra tecnologia. Começava, então, a "guerra das turbinas de pás". Onde os industriais investiam dinheiro para ganhar mais dinheiro, Tesla investia para introduzir novas tecnologias. Todos os testes dos motores de turbina de Tesla produziram resultados fenomenais (16 mil RPM planejados, 16 mil RPM produzidos), e seu uso em outros meios de transporte, como automóveis, mostrou-se muito promissor. Dito isso, uma equipe de avaliadores da Edison Waterside Power Station, na cidade de Nova York, rejeitou a turbina, declarando-a insatisfatória. Tesla continuou a fazer incursões em outras empresas, até mesmo projetando uma versão movida a gasolina, mas, no fim, a indústria providenciou para que isso nunca se tornasse realidade, e a turbina de Tesla teve uma morte vergonhosa, como várias de suas outras invenções — vinte anos de trabalho em seu motor de turbina foram em vão.[12]

Mas talvez o maior golpe para a psique de Tesla e sua integridade tenha ocorrido no fim de 1909, quando seu último inimigo, Guglielmo Marconi, recebeu o Prêmio Nobel de Física (dividido com Karl Ferdinand Braun) por sua "invenção" do rádio. Tesla havia afirmado que "o consertador italiano abandonara os antigos dispositivos de Hertz e Lodge e os substituíra pelos meus. Dessa maneira, a transmissão através do Atlântico foi efetuada".[13] Isso foi um tapa na cara de Tesla e apressou sua precipitação para uma depressão mais profunda misturada com irritabilidade, decepção e ressentimento.

A depressão bipolar com características mistas é caracterizada não apenas por sintomas depressivos de humor deprimido, distúrbios do sono e sentimentos de inutilidade, mas também por alguns sintomas de mania/hipomania, incluindo agitação, irritabilidade, distração e pensamentos acelerados/fuga de ideias. O registro indica que Tesla dava sinais de muitos desses sintomas naquele momento, embora carecesse da autoestima inflada, das ondas de energia extrema temperadas com senso de grandeza e disposição elevada, além da expansividade e da hiperatividade da fase de mania. Tesla passaria o resto de sua vida em um estado de depressão flutuante, muitas vezes com características mescladas de mania, mas nunca mais voltaria aos picos de mania associada aos seus anos mais produtivos e à sua maior capacidade de atrair investimentos. O que foram todos esses anos de experimentos? O que ele realmente queria criando a bobina de Tesla? O que era o projeto Wardenclyffe? A discussão persistiu sobre quem era realmente o legítimo inventor do rádio — ou seja, quem detinha a patente —, mas, francamente, como veremos, a questão foi julgada há algumas décadas.

Com suas emoções abaladas por um insulto após o outro, Tesla atacou novamente, e, dessa vez, Edison e Marconi eram os alvos. Alguém poderia pensar que, no mínimo, Edison teria considerado prudente permanecer em segundo plano depois de ter sido humilhado anos antes na Guerra das Correntes, e a punição de Marconi ainda estava longe, mas assim são os homens poderosos. Tesla, mais uma vez, deixou seus pontos de vista claros a respeito de Edison considerando que ele, Tesla, por meio de suas muitas invenções profundas, ao contrário de Edison, realmente melhorara a condição humana. Ele escreveu uma carta a um jornal de Nova York expondo seu caso:

> Se as empresas Edison não tivessem finalmente adotado minha invenção [energia elétrica de corrente alternada], teriam desaparecido, e, ainda assim, meu trabalho não mereceu qualquer reconhecimento da parte delas, um exemplo notável da proverbial injustiça e da ingratidão das corporações. Mas o motivo logo será entendido. Um de seus executivos proeminentes me disse que eles estão gastando 10 milhões de dólares todos os anos para manter viva a reputação de Edison e ele acrescentou que isso é importante para eles. Claro, em toda aquela gritaria incessante e ensurdecedora, qualquer voz que se erguer para informar as pessoas sobre o estado real das coisas é como o gorjeio de um pequeno pardal junto do rugido das Cataratas do Niágara. Portanto, poucos têm uma ideia clara da situação.[14]

Os comentários de Tesla não foram bravata, eram totalmente verdadeiros. Hoje, praticamente todos os indivíduos não apenas nos Estados Unidos, mas em todo o mundo, têm uma vida melhor em virtude de apenas uma das muitas invenções de Tesla — energia de corrente alternada. Quanto a Edison, não fosse o que Tesla disse sobre a adoção por parte de Edison de sua invenção da energia de corrente alternada, o nome dele não seria lembrado pela maioria, exceto possivelmente nos livros de história. Mesmo Westinghouse não hesitou em roubar patentes do homem que o tornou muito rico. Infelizmente, porém, ele morreu em 12 de março de 1914, e seu amigo, o naturalista escocês John Muir, acompanhou-o antes de o ano terminar. Tesla já havia experimentado a morte de seu querido amigo Mark Twain, em 1910, um homem que, de forma literária, espelhava a vida de Tesla. Twain perdia dinheiro constantemente em empreendimentos fracassados, o que o obrigava a continuar escrevendo. A maior parte de seu melhor trabalho literário estava rapidamente se tornando uma memória distante.[15] O desfile dos amigos de Tesla que se foram desta vida não terminou aí. Astor havia perdido a vida a bordo do Titanic, em abril de 1912. Em poucos anos, a maioria de seus amigos mais próximos havia partido — ele se sentia muito sozinho. Ainda assim, viveria por mais quase três décadas.

Sua bagagem emocional continuou a crescer, pois na primavera de 1913 seus confidentes e protetores, os Johnson, estavam tendo seus próprios problemas quando um escândalo na *The Century Magazine* tornou a posição de Robert muito frágil. Tesla ofereceu ajuda, pensando que seu nome teria peso suficiente para que invocassem os poderes necessários para realinhar o destino de Robert. No entanto, em última análise, Robert foi forçado a renunciar ao cargo de editor por causa do "pequeno constrangimento". A causa do escândalo nunca foi revelada, mas Robert conseguiu tornar-se o novo secretário permanente da Academia Americana de Artes e Letras. Embora o casal tivesse que refrear seu estilo de vida e o tempo com Tesla se tornasse raro, a trinca continuou amiga. Katharine ainda pedia para ver Tesla tanto quanto possível. Sua expressão em uma nota para Tesla disse tudo: "Quero ver se você ficou mais jovem, mais na moda, mais orgulhoso. Seja como estiver, você sempre me achará a mesma".[16]

Se havia um tema central, além do desejo de Tesla de tornar a vida das pessoas mais fácil, era que ele nunca teve dinheiro ou tempo suficiente para concluir muitos de seus projetos mais importantes, especialmente quando a produção maníaca e a petulância o abandonaram. É provável que Tesla se perguntasse, assim como muitos pacientes bipolares: por que não consigo sustentar minha mania e fazê-lo em um nível quase perigoso? Não era possível para Tesla, nem o é para qualquer paciente com transtorno bipolar. Tal situação recorrente teria pressionado os homens inferiores a simplesmente desistir. Mas, como um sérvio orgulhoso, desistir não fazia parte de seu repertório. Como Tesla sempre foi fisicamente apto e abençoado com uma estrutura longa e esguia, uma característica física muito sérvia, ele ainda parecia mais jovem do que era. Como um repórter observou:

> Nikola Tesla tem 59 anos. Onde ele guarda sua idade, ninguém sabe. Ela não está em seu rosto, pois ele parece ter quarenta. Não está em seu cabelo, pois seu cabelo mantém-se preto. Se estiver em algum lugar, está em seus olhos, pois seus olhos são tristes. Esse homem solitário, que sempre janta em frente a um lugar vazio, deu ao mundo uma longa série de invenções maravilhosas. O sistema de transmissão de energia elétrica de Tesla é usado por todo o mundo, e ele tem uma nova turbina que, diz ele, poderia alcançar o *Lusitania* através do Atlântico a uma velocidade de oitenta quilômetros por hora.[17]

Durante sua entrevista, Tesla acrescentou: "Se for preciso enviar uma mensagem para um navio no mar, ela deverá ser enviada por meio da comunicação sem fio e, assim, alcançará quem estiver a bordo do navio. Estou disposto a arriscar minha reputação por isso".[18]

Em 1913, "o maior monstro de Wall Street", J. P. Morgan, morreu. Poucos meses depois, Tesla apresentou ao novo chefe do clã dos Morgan, o filho Jack Morgan, a oportunidade de financiar seu projeto de motor de turbina, que se mostrara muito promissor, visto que Sigmund Bergmann, na Alemanha, havia manifestado grande interesse. Morgan aceitou a proposta, prometendo 20 mil dólares em quatro parcelas iguais. Isso permitiu que Tesla se mudasse para um novo escritório no elegante edifício Woolworth. Mas, com o início da Primeira Guerra Mundial, a conexão com Bergmann não mais existia, e, portanto, Morgan redirecionou suas energias para ajudar os franceses e os britânicos a vencerem a guerra com seu dinheiro.[19]

Outra decepção: seu ânimo estava mais uma vez abalado. "Meus inimigos têm tido tanto sucesso em me representar como poeta e visionário", disse ele, "que é absolutamente necessário para mim lançar algo comercial sem demora." Nos anos seguintes, ele repetidamente se libertaria de uma pilha de dívidas apenas para deparar-se com outra, sempre acreditando que sua próxima invenção poderia ser comercializada.[20]

Seus contemporâneos, incluindo aqueles nos campos científicos e outros críticos regulares, muitas vezes tinham grande prazer em atacá-lo de maneira imprudente. Foi um caso clássico de *schadenfreude** ao qual esses opositores sucumbiram ao longo dos anos. Mas Tesla ainda estava pensando na vanguarda. Ele havia prenunciado muitas das ferramentas indispensáveis do século XXI — a internet, os telefones celulares, os computadores, o voo, a potência a jato, e assim por diante. Foi, nesse momento, muito difícil para ele se livrar da crítica de que ele apenas profetizou e não produziu mais invenções. A maioria das pessoas tem memória muito curta (O que você fez por mim hoje?), então, para Tesla, surpreender constantemente com invenções novas e formidáveis tornou-se cada vez mais difícil. Nem mesmo seu motor de turbina de Tesla poderia satisfazer as hordas famintas.

Como dito em um capítulo anterior, a turbina de Tesla foi rejeitada nas instalações de teste de Edison. No entanto, ele criou várias versões da turbina de Tesla, variando de cem a 5 mil cavalos de potência — suas turbinas tinham a vantagem distinta de produzir mais potência por quilo do que qualquer turbina "com pás". Em uma entrevista para um jornal de Nova York no outono de 1911, Tesla declarou: "Realizei o que os engenheiros mecânicos sonham desde a invenção da energia a vapor. Esse é o motor rotativo perfeito. Acontece que eu também produzi um motor que dará pelo menos 25 vezes mais potência a um quilo de peso do que o motor mais leve de qualquer tipo que já foi produzido".[21] Porque as ligas necessárias não estavam disponíveis para Tesla, seu motor brilhante estava décadas à frente de seu tempo. No entanto, ele vendeu uma licença para a Alabama Consolidated Coal & Iron Company para usar sua turbina no modo reverso, criando assim uma bomba altamente eficiente. Isso o deixou animado. Mais uma vez tinha criado uma invenção que se tornaria um produto comercial. No entanto, o desfecho foi bem diferente. Até hoje a turbina de Tesla não teve uso comercial generalizado desde sua invenção e subsequente patente emitida em 1913.

Infelizmente, as dívidas nunca paravam de se acumular. Tesla não teve escolha a não ser mudar seu escritório do edifício Woolworth para um ambiente mais modesto no número 8 da West 40th Street. Para piorar as coisas, ele não tinha mais empregados para cuidar de suas coisas e atender às suas ordens. Ele estava sozinho. Então, em 1916, a cidade que amava e na qual

* Do alemão, "alegria pelo infortúnio". (N. T.)

passaria cerca de sessenta anos morando e trabalhando, moveu um processo contra ele para forçá-lo a pagar uma dívida de 935 dólares em impostos atrasados. Quando questionado sob juramento perante a Corte como ele vivia no dia a dia, ele disse "a crédito" e que estava sem um tostão. A maioria de suas patentes havia expirado. Nove décimos das ações da Tesla Company foram prometidos a banqueiros, credores e até amigos — o secretário da empresa, George Scherff, foi um dos beneficiários. Tesla até admitiu ao tribunal que ele mal ganhava entre 350 e 400 dólares por mês e que não possuía ativos tangíveis. Suas finanças estavam uma bagunça. Imagine, Tesla já havia sido um homem muito rico e agora estava reduzido a isso. O juiz Finch, da Suprema Corte, nomeou Robert McCurdy Marsh como gestor dos ganhos de Tesla.[22] Não tendo fundos para pagar suas dívidas, ele sabia que a falência era iminente. Era uma sensação esmagadora não ter dinheiro suficiente para continuar seu trabalho, mas não era a primeira vez que o inventor estava nessa posição.

Em um esforço para melhorar um pouco sua situação, pelo menos psicologicamente, o augusto Instituto Americano de Engenheiros Eletricistas decidiu conceder a ele seu maior prêmio, a Medalha Edison. Embora ele raramente participasse dos assuntos do instituto, exceto servir como seu vice-presidente no período de 1892 a 1893, o prêmio foi tornado público em dezembro de 1916. Seu amigo, colega e presidente do prêmio do instituto, o proeminente engenheiro da Westinghouse, B. A. Behrend, visitou-o para lhe dar as boas-novas e tomar as providências para o jantar e a cerimônia de premiação. No entanto, o prêmio em si não foi entregue até maio de 1917. Por quê? Porque Tesla achava isso uma afronta à sua integridade, e, além disso, provavelmente três quartos dos membros do instituto deviam seus empregos às invenções de Tesla.[23] Behrend continuou a tentar convencer Tesla a receber a medalha que ele tanto merecia dizendo-lhe que isso ajudaria em suas futuras empreitadas. Mas ele resistiu, pois considerava aquilo "princípio acima do lucro". Behrend pediu uma explicação da sua recusa. Finalmente Tesla respondeu com mordacidade em sua voz:

> Vamos esquecer todo o assunto, sr. Behrend. Agradeço sua boa vontade e sua amizade, mas desejo que o senhor retorne ao comitê e solicite

> outra seleção para um recebedor da homenagem. Passaram-se quase trinta anos desde que anunciei meu campo magnético rotativo e o sistema de corrente alternada perante os membros do instituto. Eu não preciso de suas honras e outra pessoa pode achá-las úteis.[24]

As palavras de Tesla faziam sentido para Behrend, mas ele queria mais de seu amigo.

Finalmente, Tesla respondeu ao pedido, não recuando de suas palavras inflamadas:

> Os senhores propõem-se a me homenagear com uma medalha que eu poderia prender em meu casaco e me pavonear por uma hora vã diante dos membros e convidados de seu instituto. Vocês poderiam me condecorar e, ainda assim, definharão por não conseguir reconhecer minha mente e os produtos criativos que ela cria, que forneceram a base sobre a qual se apoia a maior parte de seu instituto. Quando passassem pela pantomima vazia de honrar Tesla, não estariam honrando Tesla, mas Edison, que anteriormente compartilhou a glória imerecida de todos os recebedores anteriores desta medalha.[25]

É certo que esse era um homem profundamente decepcionado com seus colegas. Esse era um homem que não apenas falava o que falava, mas, ao contrário da maioria no instituto, certamente vivia sob tais crenças. A afirmação descarada de Tesla sobre sua grandeza não era manifestação de sua psique frágil — era simplesmente a verdade —, e Behrend entendeu que Tesla tinha o direito de rejeitar o prêmio. No entanto, após várias visitas ao escritório de Tesla, o tenaz Behrend finalmente convenceu o amigo a aceitar a medalha.

O dia da honraria finalmente chegou — 18 de maio de 1917 —, e Tesla apareceu no Clube de Engenheiros* usando gravata branca e com o cabelo preto arrebanhado em um rabo de cavalo, parecendo um jovem arrogante. Ele passeou pelo salão conversando sobre amenidades com amigos e adula-

* No original: Engineers Club. (N. E.)

dores durante o jantar. Quando a hora das bruxas chegou, o momento de o místico Tesla ser homenageado, os presentes foram convidados a atravessar a rua que ficava de frente para o parque Bryant até o imponente prédio das Sociedades Unidas de Engenharia,* o endereço formal da entidade. De repente, Behrend percebeu que Tesla não estava em lugar algum. Vários membros do comitê o procuraram, até mesmo voltando ao clube, pensando que ele ainda estava lá. Behrend de repente teve o doloroso pensamento de que Tesla teria mudado de ideia e retornado ao seu escritório, sabendo que ele realmente não queria a medalha. Então lhe ocorreu que várias vezes no passado ele e Tesla deram longas caminhadas pelo parque Bryant, bem em frente ao clube. Lá, eles discutiam todos os tipos de questões científicas.

Quando o crepúsculo sinalizou o fim do dia, Behrend entrou no parque. Ele se lembrou do amor de Tesla pelos pombos e como ele os alimentava onde e quando pudesse. Então, uma visão assustou e hipnotizou Behrend. Diante dele, lá estava o belo e elegantemente vestido Tesla, na praça da Biblioteca Pública de Nova York alimentando pombos com seus longos braços esticados! Maravilhadas, as pessoas em volta observavam a cena. Tesla tinha pombos pousados nos longos braços, como se fosse um espantalho. Até mesmo sua cabeça era uma coroa de pombos, e mais estavam chegando para participar da generosidade do grande homem — pois eles eram os mensageiros de Deus — que trazia comida para seus amigos emplumados. Behrend estava se aproximando de Tesla quando algo o deteve. Seu instinto estava correto, pois Tesla estendeu a mão para avisá-lo para não se mover. Então, sem explicação, os pássaros de repente voaram para o chão e circundaram seus sapatos formais de verniz. Behrend implorou a Tesla para entrar no prédio e aceitar o prêmio. A ironia de tudo isso era que, se pudesse escolher, Tesla teria preferido comunicar-se com os pombos.[26]

Estava tudo pronto e Behrend fez sua introdução, observando que havia exatamente 29 anos, exatamente naquele dia e naquela hora, que Nikola Tesla apresentara e demonstrara seu sistema polifásico de corrente alternada original perante os membros do Instituto Americano de Engenheiros Eletricistas. Ele, então, continuou com seus comentários:

* No original: United Engineering Societies. (N. E.)

> Pedimos ao sr. Tesla para aceitar esta medalha. Não fizemos isso com o mero propósito de conferir uma distinção ou perpetuar um nome. Enquanto os homens se ocuparem de nossa indústria, seu trabalho será incorporado ao pensamento comum de nossa área de atuação e o nome de Tesla não correrá mais risco de esquecimento do que o de Faraday ou o de Edison.
>
> De fato, este instituto não dá essa medalha como prova de que o trabalho do sr. Tesla tem sua sanção oficial. Sua obra não necessita de tal sanção.
>
> Não, sr. Tesla, imploramos que valorize esta medalha como um símbolo de nossa gratidão por um novo pensamento criativo, o ímpeto poderoso, semelhante à revolução, que o senhor concedeu ao nosso engenho, à nossa ciência. O senhor viveu para ver o trabalho de seu gênio estabelecido. O que um homem deseja além disso? Ressoa entre nós uma paráfrase das falas de Pope sobre Newton: "A natureza e as leis da natureza jaziam sob as trevas. Deus disse: 'Que haja Tesla', e tudo se fez luz".[27]

O discurso de aceitação de Tesla incluiu pensamentos sobre seu trabalho futuro; um agradecimento relutante para os outros; uma recontagem de seus tempos difíceis quando muitos opositores o atacaram; sua mortalidade e seu sonho ainda vivo de levar seu sistema de comunicação sem fio para o mundo todo. Vamos ouvir por um momento o grande inventor:

> Não falo com frequência em público e desejo dirigir apenas algumas observações diretamente aos meus colegas de profissão, para que não haja erros no futuro. Em primeiro lugar, venho de uma raça muito dura e longeva. Alguns de meus ancestrais foram centenários e um deles viveu 129 anos. Estou determinado a manter essa tradição e me alegrar com as perspectivas promissoras. Fui dotado pela natureza de uma imaginação vívida que, por meio de exercícios e treinamento incessantes, estudo de assuntos científicos e verificação de teorias por meio de experimentos, tornou-se muito acurada e precisa, de modo que fui capaz de realizar, em grande medida, com um processo lento, trabalhoso, generoso e caro, o desenvolvimento prático das ideias que concebo. Tornou-me

possível explorar campos extensos com grande rapidez e obter resultados com o mínimo gasto de energia vital. Por esse meio, tenho o poder de imaginar os objetos de meus desejos em formas reais e tangíveis e, assim, livrar-me daquele desejo mórbido por bens perecíveis a que tantos sucumbem. Posso dizer, também, que sou profundamente religioso no coração, embora não no sentido ortodoxo, e que me entrego ao constante gozo de acreditar que os maiores mistérios do nosso ser ainda estão por ser compreendidos e que, ao contrário do que imaginam todas as evidências dos sentidos e dos ensinamentos das áridas ciências exatas, a morte em si pode não ser o fim da metamorfose maravilhosa que testemunhamos. Consegui assim manter uma paz de espírito imperturbável, tornar-me à prova de adversidades e alcançar o contentamento e a felicidade a ponto de extrair alguma satisfação até mesmo do lado mais escuro da vida, as provações e tribulações da existência. Tenho fama e riqueza incalculáveis, mais do que isso, e ainda assim quantos artigos foram escritos nos quais fui declarado um homem malsucedido e pouco prático e quantos escritores pobres e esforçados me chamaram de visionário. Essa é a loucura e a miopia do mundo! [28]

Lamentavelmente, a maioria dos membros presentes não tinha real apreço por quem estava diante deles. Ele foi o homem que definiu o campo das ciências elétricas e cujo principal trabalho — geração e distribuição de corrente alternada — foi anunciado cerca de trinta anos antes. E, infelizmente, as escolas em que estudaram raramente ou nunca ensinaram sobre o trabalho revolucionário de Tesla que é tão prevalente hoje.[29] Antes que as festividades noturnas terminassem, vários outros cientistas elogiaram Nikola Tesla.

Tesla manteve a Medalha Edison fechada à chave pelo resto de seus dias. Depois de sua morte, ela inexplicavelmente desapareceu e nunca foi encontrada.[30]

No meio da Primeira Guerra Mundial e poucos meses após o evento da Medalha Edison, Tesla falou sobre seus conceitos fundamentais que levariam ao "radar".

> Agora estamos chegando ao método de localizar por um raio elétrico massas metálicas ocultas, como submarinos. Essa é uma ótima perspectiva. Se pudermos disparar um raio concentrado compreendendo um fluxo de minúsculas cargas elétricas vibrando em uma frequência tremenda, digamos milhões de ciclos por segundo, e, então, interceptar esse raio após ele ter sido refletido por um casco de submarino, por exemplo, e causar a interceptação do raio para iluminar uma tela fluorescente (semelhante ao método de raio X) no mesmo ou em outro navio, então nosso problema de localizar o submarino escondido terá sido resolvido.[31]

Em 1934, dezessete anos depois, o dr. Emile Girardeau, com sua equipe francesa, construiu e instalou sistemas de radar em terra e a bordo de navios de guerra no mar. A resposta do dr. Girardeau ao resultado positivo foi dizer que ele usou "precisamente aparelhos concebidos de acordo com os princípios declarados por Tesla". Ele acrescentou: "Sobre o assunto da recomendação de Tesla, a respeito da grande força dos impulsos, deve-se também reconhecer quão certo ele estava".[32]

A imaginação de Tesla nunca pareceu diminuir. Ele até mesmo prenunciou o que os modernos conhecem como aeronaves de "decolagem e pouso vertical" (*vertical-takeoff-and-landing* — VTOL). Ele também conseguiu desenvolvê-la a tal ponto que uma patente (1.655.113) foi emitida para ele em 1928 como um novo "método de transporte aéreo", embora ele tenha feito o primeiro pedido em 1921.[33] Essa foi sua última patente, que Tesla recebeu na surpreendente idade de 72 anos. Mais uma vez, ele não conseguiu levantar fundos para construir sua criação; no entanto, hoje tornou-se uma aeronave muito utilizada no arsenal das tropas da Marinha dos EUA e dos fuzileiros navais.[34]

Então, o pesadelo que Wardenclyffe voltou para assombrá-lo no Dia da Independência de 1917, quando, como nos lembramos, a impressionante torre foi derrubada na intenção de que se pudesse recuperar dinheiro para que dívidas fossem saldadas. A insinuação de que a torre poderia ter uma conexão com o inimigo também era algo que perturbava profundamente Tesla, e ele havia defendido sua posição em mais de uma ocasião. Alguém poderia pensar que sua sugestão de radar para combater o inimigo alemão teria sido o suficiente para "parar" tal absurdo. Enquanto a torre caía, um ambulante local tristemente testemunhou os papéis de Tesla voando em desordem pela rua deserta.[35] O sonho estava oficialmente encerrado.

Tesla ainda fazia todos os esforços para se socializar com os Johnson quando possível. Eles sempre pensaram que Tesla receberia um Prêmio Nobel, se não vários. É desnecessário dizer que o Prêmio Nobel de Marconi, em 1909, fez seu sonho parecer apenas isso, um sonho, e, para Tesla, como sabemos, foi um golpe quase fatal. No dia em que Tesla soube, ele simplesmente deu uma longa caminhada e, ao longo do caminho, alimentou os muitos pombos de Manhattan. Seu lugar favorito para alimentá-los era o parque Bryant, logo atrás da Biblioteca Pública de Nova York, onde certa vez um repórter perguntou a ele o que estava fazendo. Tesla respondeu: "Estes são meus amigos sinceros". Hoje, a localização exata na cidade é identificada com uma placa de rua que diz: "Esquina Tesla".[36]

O célebre repórter e biógrafo de Tesla, John J. O'Neill, escreveu em 1944:

> A característica óbvia da vida de Tesla era sua propensão a alimentar pombos em locais públicos. Seus amigos sabiam que ele fazia isso, mas não por quê. Para os pedestres da Quinta Avenida, ele era uma figura conhecida nas praças da Biblioteca Pública na rua 42 e na Catedral de São Patrício na rua 50. Quando ele aparecia e dava um assobio baixo, bandos de penas azuis, marrons e brancas apareciam vindos de todas as direções, cobriam a calçada à sua frente e até se empoleiravam nele enquanto Tesla espalhava sementes ou permitia que se alimentassem de suas mãos.
>
> Durante suas últimas três décadas de vida, é provável que nenhuma das dezenas de milhares de pessoas que o viram soubesse quem ele era. Sua fama havia morrido, e a geração que o conhecia bem, falecera. Mesmo quando os jornais, uma vez por ano, produziam manchetes sobre Tesla e suas últimas previsões a respeito das maravilhas científicas que viriam, ninguém associava esse nome ao homem excessivamente alto e muito magro, vestindo roupas de outra era, que quase diariamente

> aparecia para alimentar seus amigos emplumados. Ele era apenas um dos estranhos indivíduos dos quais são necessários muitos, de vários tipos, para formar uma população completa de uma grande metrópole.[37]

Se havia um tempo em que Tesla precisava de boas notícias, era agora. As boas novas vieram disfarçadas do mais famoso de todos os prêmios, concedido a um grupo muito seleto por razões muito específicas: o Prêmio Nobel. Em 6 de novembro de 1915, o *The New York Times* informou que Nikola Tesla e Thomas A. Edison (o presidente da Universidade Columbia, que indicou Edison, desculpou-se mais tarde por ter feito isso) receberiam simultaneamente o augusto Prêmio Nobel de Física. Enquanto os Johnson e muitos dos outros amigos de Tesla comemoravam, Tesla tornou-se muito circunspecto, pois não tinha ouvido uma palavra. Ele descobriu que sua parte do dinheiro seria de 20 mil dólares, uma quantia de que realmente precisava, mas ainda hesitou em reagir publicamente.[38] Dito isso, disse à imprensa que achava que o prêmio era merecido por ter descoberto a "transmissão de energia elétrica sem fio".[39]

Embora os fatos concretos da história tenham-se perdido no tempo, parece que Edison também disse que não sabia nada sobre o prêmio. A história original surgiu de um despacho do *Reuters News Service* de Londres. Como seria de esperar, o boato sem fundamento era suculento demais para não tomar os jornais. A ideia de que dois titãs da tecnologia, inimigos até os ossos, receberiam o Prêmio Nobel era uma especulação com força demais para ser parada. Embora a história continuasse a ganhar atenção e uma grande quantidade de tinta espirrasse em jornais e revistas em todo o mundo, o Prêmio Nobel de Física já havia sido anunciado em 14 de novembro em Estocolmo. O prêmio foi para dois cientistas ingleses, William H. Bragg e W. L. Bragg, pai e filho, pelo uso de raios X na descoberta da estrutura dos cristais. Podemos lembrar que o trabalho de Tesla com tecnologia de raios X fez Roentgen hesitar.

Uma vez que a história se provou falsa, Tesla imediatamente respondeu dizendo que havia uma diferença muito distinta entre o que ele fez e o que Edison fez. Embora Edison fosse um inventor de aparelhos úteis, ele,

Tesla, tinha descoberto novos princípios — veja o "campo magnético rotativo", por exemplo. Além disso, Tesla questionou quanto valia o Prêmio Nobel, já que havia sido, um dia, concedido a Marconi. Além disso, compartilhar um Nobel com Edison, bem, era simplesmente pedir muito. Era um insulto para ele.[40] Em uma carta a Robert Johnson, escrita em 10 de novembro, Tesla disse o seguinte em sua defesa por não ter recebido o prêmio:

> Meu caro Luka, obrigado por seus parabéns. Para um homem de sua ambição consumidora, tal distinção significa muito. Em mil anos, haverá muitos milhares de destinatários do Prêmio Nobel. Mas não tenho menos do que quatro dúzias de criações identificadas com meu nome na literatura técnica. Essas são honras reais e permanentes que não são concedidas por alguns que estão propensos a errar, mas por todo o mundo que raramente se engana, e por qualquer uma delas eu trocaria todos os prêmios Nobel que serão distribuídos durante o próximo milênio.[41]

Tesla, em um momento de sarcasmo cortante, também sugeriu que Edison era "digno de uma dúzia de prêmios Nobel".[42] Ele estava dizendo que, se Edison recebesse tal prêmio simplesmente por fazer uma ratoeira melhor, então qual seria o valor do prêmio para começar? Curiosamente, Edison estava ciente de sua tendência a receber o crédito devido aos outros. Certa vez, quando questionado sobre seu gênio inventivo em uma discussão com o governador da Carolina do Norte, Edison respondeu admitindo que seu verdadeiro gênio estava em sua capacidade de absorver as ideias dos outros, como uma esponja, e depois melhorá-las.[43]

Com o envelhecimento cobrando seu preço, Tesla continuou tentando se manter à frente da devastação de seu corpo e sua mente. Embora ele tivesse se tornado um cientista estranho para muitos, ainda tinha ideias dignas de investigação — não eram meramente obsessões vazias. Deixando a tecnologia VTOL de lado, ele nunca tirou proveito total de seu trabalho com robôs. Alguns sugerem que sua teimosia costumava ser um sério empecilho. Tesla estava convencido de que um membro da rica família Hammond estava roubando suas ideias. No entanto, foi relatado por Jack Hammond, em 1903, que Tesla havia entrado com pedido de proteção de patente para uma "patente de gênio profético". Ele permitiu que frequências de várias combinações enviassem comandos específicos para máquinas ou luzes. Lamentavelmente, a obstinação de Tesla afastou os Hammond, apesar de haver uma conexão óbvia entre eles. John Hays Hammond Jr., ele próprio um inventor, elogiou Tesla defendendo sua metodologia científica — ela não poderia ser reproduzida por pesquisa rígida nem pelos gastos simples e intermináveis de dólares. Em uma citação direta, ele disse: "É preciso uma profunda dedicação pessoal para um homem alcançar grande inspiração, e isso Nikola Tesla tinha".[44]

A teimosia é frequentemente uma consequência do pensamento de alto nível e dos sucessos que resultam de tal pensamento. No entanto, o egoísmo de Tesla nasceu de grandes triunfos; sua obstinação, resultado de acreditar que ele estava certo, estava rapidamente se tornando uma característica observada por muitos. Cientistas, jornalistas e colegas de trabalho reclamavam da dificuldade de trabalhar com ele. Mas não é possível deixar de pensar que, por causa dos muitos sucessos profundos de Tesla — embora agora desaparecendo à distância —, seu gênio imprevisível era desculpável até certo ponto.[45] Ele estava firmemente convencido de que sua transmissão sem fio de energia era, sem dúvida, a invenção mais importante de todos os tempos.[46]

Para que Tesla sobrevivesse financeiramente durante o que ele acreditava ser um lapso momentâneo de renda, começou a escrever artigos para a *The Electrical Experimenter*, fundada pelo editor de ciência Hugo Gernsback. Como sabemos, o amigo próximo de Tesla, Mark Twain, foi forçado a fazer o mesmo — continuar escrevendo para pagar as contas até que escreveu outro clássico literário.[47] Assim, em 1919, Tesla anunciou um conceito inteiramente novo para um mundo que pensava muito pouco no velho inventor:

> Como afirmei em uma ocasião anterior, quando era estudante na faculdade, concebi uma máquina voadora bem diferente das atuais. O princípio subjacente era sólido, mas não podia ser levado à prática por falta de um motor primário com atividade suficientemente grande. Nos últimos anos resolvi, com sucesso, esse problema e agora estou planejando máquinas aéreas desprovidas de planos de sustentação, ailerons, hélices

> e outros acessórios externos, que serão capazes de velocidades imensas e muito provavelmente fornecerão argumentos fundamentais para a paz no futuro próximo. Essa máquina, sustentada e impulsionada inteiramente pela reação, deve ser controlada mecanicamente ou por energia sem fio. Com a instalação de usinas adequadas, será possível projetar um míssil desse tipo no ar e jogá-lo quase no local designado, que pode estar a milhares de quilômetros de distância.[48]

Tesla possuía uma característica comum aos grandes pensadores. Tinha a incrível capacidade de se divorciar das consequências de estar endividado. Assim, apesar de tais ideias, em 1928 Tesla foi forçado a fechar seu escritório e dispensar suas duas secretárias de longa data, Dorothy Skerrit e Muriel Arbus, e enviar cerca de trinta baús de todos os tipos de documentos para o armazenamento. No entanto, ele manteve uma linha de comunicação com seu assistente, George Scherff, que agora, por necessidade, era seu conselheiro, contador, arrecadador de fundos e ombudsman geral. Com o tempo, até mesmo Scherff enfrentou o dilema de ser pego em um aperto financeiro, informando a Tesla que precisava de uma renda estável, e Tesla não poderia fornecê-la. Tesla prometeu a ele que, quando seus milhões entrassem, ele acertaria as coisas com ele. Mas os milhões nunca vieram, claro, e, depois que o projeto Wardenclyffe acabou, Scherff informou a Tesla que ele não poderia mais ficar e que iria procurar emprego na Union Sulphur Company, onde Tesla havia sido consultor.[49]

Conforme a idade continuou a desafiar Tesla de maneiras que ele não aceitava, ele apegou-se mais e mais às suas velhas formas de pensar, incapaz de aceitar novas ideias, a menos que fossem suas. Questionou o trabalho de Einstein que mostrava que a divisão do átomo resultava em liberação de energia e disse que a teoria da relatividade era um absurdo. Einstein, por sua vez, não foi diferente em sua velhice, rejeitando a nova ideia de "mecânica quântica". A transição da meia-idade para a velhice de Einstein foi caracterizada pela mudança de um ponto de vista revolucionário para um conservador, quando se tornou obstinado em relação à teoria quântica. Ele não conseguia enquadrar a nova mecânica quântica com sua busca por uma teoria unificadora que se fundisse com a relatividade e restaurasse a certeza à natureza. Seus esforços para fazer isso seriam o ponto focal do seu declínio nos últimos anos de empenhos científicos.[50] Portanto, de certa forma, a resistência de Tesla a novas ideias não foi incomum nos grandes pensadores.

À medida que a queda para o abismo continuava, Tesla ainda conseguia ter pensamentos mágicos que perfuravam a depressão crescente, mas sem o benefício da mania, sua velha amiga.

16
Estranha mistura

Excentricidade, psicose, testando a realidade, pensamento mágico

CIDADE DE NOVA YORK, NOVA YORK, 1920

Em 1920, Tesla já tinha licenciado seu primeiro velocímetro a fricção de ar para a Waltham Watch Company. O mecanismo seria instalado em vários carros de luxo, tal como o Rolls-Royce, o Lincoln e o Pierce-Arrow. A empresa ficou tão impressionada com o velocímetro de Tesla que até citou seu nome na campanha de publicidade. O trabalho de Tesla com instrumentos de medida para uso comercial não parou aí. Ele desenvolveu sua tecnologia no campo de instrumentos de medição para medir também fluxos e frequências.[1]

Tesla também havia começado, um ano antes, a árdua, por vezes dolorosa e muitas vezes prazerosa, rememoração de sua vida, desde os primeiros anos de sua infância no Império Austro-Húngaro até o ápice de seus poderes como inventor. Sua autobiografia foi publicada em 1919, em formato serial (seis segmentos) em uma nova revista futurista (e periódico), a *The Electrical Experimenter*. Era uma publicação muito lida, cujo editor, autor e diretor Hugo Gernsback estava entusiasmado com a possibilidade de a vida de Tesla ser publicada em sua revista e pagou a ele pelo trabalho. Nem é preciso dizer que, dada sua situação financeira naquele momento, a recompensa monetária não foi suficiente para Tesla. Seu texto para Gernsback e sua publicação lhe custaram milhares de dólares, na medida em ele disse que um amigo lhe havia oferecido milhares de dólares por um ensaio de duzentas palavras.[2]

Ele ficava desconfiado de escrever artigos técnicos para Gernsback, pois temia que outros iriam ler e violar suas patentes registradas. Tesla travava batalhas intensas e constantes para proteger sua primazia nas técnicas de comunicação via rádio, e todas as tentativas de contornar suas patentes eram combatidas com ações judiciais. No fim do verão de 1915, Tesla havia entrado com ações de violação de patentes contra Marconi — contestando uma patente concedida ao italiano pelos EUA. No ano seguinte, Marconi contra-atacou com uma ação contra o governo americano pelo uso não autorizado de seu sistema sem fio durante a Primeira Guerra Mundial. Esse processo irritou o então secretário (ministro) da Marinha, Franklin D. Roosevelt, que sugeriu que o caso do governo contra Marconi ficaria mais forte se usassem a correspondência de Tesla com o Light House Board,* que mostrava claramente que o sistema sem fio de Tesla poderia ser usado — um primeiro caso, apresentado na França, cuja corte superior decidiu que a invenção de Tesla era anterior à de Marconi.[3] Tesla havia testemunhado contra a patente de Marconi de 1896 dizendo que ela não passava de uma confusão técnica, "uma massa de imperfeições e erro". E acrescentou: "Se serviu para alguma coisa, foi para enganar muitos especialistas e atrasar o progresso na direção certa". O engenheiro eletricista francês M. E. Girardeau, que testemunhou em nome da empresa que estava processando Marconi, acrescentou sua opinião sobre o trabalho de Tesla dizendo: "De fato, você encontra na patente americana [de Tesla] uma clareza e uma precisão extraordinárias, surpreendente mesmo para físicos de hoje. Seria uma injustiça cruel tentar agora abafar a glória pura de Tesla opondo-se a ele de forma tão desdenhosa".[4] Provavelmente Tesla foi compensado financeiramente de alguma forma.

Entretanto, a vitória em uma batalha não torna mais fácil vencer a guerra. O processo do governo seguiu seu curso pelo sistema judiciário dos EUA, com uma decisão a favor de Marconi seguida de outra a favor de Tesla: um

* Conselho dos Faróis, agência federal americana responsável, até 1910, pela construção e manutenção de faróis e pela sinalização de navegação. (N. T.)

pingue-pongue jurídico. A ironia das ironias é que Tesla, de forma até inesperada, tinha uma visão muito desfavorável do rádio: "O rádio, eu sei que sou seu pai, mas não gosto dele. É um estorvo, nunca ouço. O rádio é uma distração, atrapalha a concentração".[5] Hoje, ele possivelmente teria a mesma opinião sobre a televisão, que também ajudou consideravelmente a inventar.

As audiências nos tribunais seguiam sem cessar, com especialistas testemunhando para todas as partes. Ironicamente, Michael Pupin, o compatriota sérvio de Tesla já conhecido do leitor, surpreendeu a todos ao testemunhar no processo de 1915 de Marconi contra a Atlantic Communications. O professor da Universidade Columbia reivindicou o crédito pela invenção do rádio! Pupin já havia "esfaqueado" Tesla pelas costas várias vezes, mas agora ele disse que "tinha encontrado uma onda sem fio, mas sem perceber sua importância. Tesla havia oferecido suas descobertas para a humanidade, e esse é um dos pontos por meio dos quais os especialistas da Atlantic esperam negar as pretensões de Marconi a certas formas de comunicação sem fio".[6] Anos depois, Pupin descaradamente escreveu um best-seller no qual reescrevia a história da ciência da eletricidade, evitando qualquer menção às contribuições de Tesla para a técnica elétrica, que este último havia verdadeiramente revolucionado. Pupin recebeu severas críticas da maioria dos cientistas importantes da área por ter desprezado Tesla. Entre os defensores de Tesla estava um de seus mais proeminentes críticos, Charles Steinmetz, outro cientista do Bell Labs.[7] Apesar de certamente e corretamente ofendido por essas falsas reivindicações de suas invenções, Tesla perseguia esses enganadores com muito de sua energia em vez de perseguir novas invenções. O antigo Tesla, em seu estado grandioso, poderia pensar: "Você pode roubar minhas ideias, mas eu posso ter uma outra ideia e você não poderá roubar!" — e, simplesmente, passar para a próxima invenção. Mas neste momento ele estava em estado de amargura e negatividade em relação a esses competidores desonestos.

Um dos especialistas, John Stone Stone, um pesquisador, inventor e teórico do Bell Labs, testemunhou em 1916 que Marconi havia errado o alvo, dizendo que "a ideia de Marconi levou muitos a atribuírem um escopo muito limitado ao alcance de transmissão do sistema de antena vertical aterrada".[8] Stone acreditava que a tecnologia de rádio moderna havia retornado para o ponto em que Tesla sempre tinha estado. Ele acrescentou, ao concluir seu testemunho: "Eu não entendi Tesla. Acho que todos nós deixamos de entender Tesla. Achamos que ele era um sonhador e um visionário. Ele sonhava e seus sonhos se tornaram realidade, ele tinha visões, mas suas visões eram do futuro real, não de um futuro imaginário".[9]

Em 1917, Tesla tinha conseguido esvaziar tudo o que restava em seus bolsos e em sua conta bancária, sempre acreditando que seus cofres voltariam a encher; entretanto, ele foi educadamente convidado a sair do Waldorf--Astoria — seu lar por vinte anos — em razão de uma dívida de cerca de 18 mil dólares (400 mil dólares em valores atuais). Sem crédito, ele ainda assim conseguiu se mudar para outra suíte de luxo no hotel St. Regis, mas apenas sete anos depois teve de sair dali devido a dívidas pendentes. Ele, então, mudou-se para o hotel Pennsylvania e começou a alimentar ali seus pombos. No fim, ele foi convidado a se mudar porque seus amigos — os pouco higiênicos pombos — produziam um fedor insuportável para os outros hóspedes.[10]

Ele passava uma grande quantidade de tempo em parques resgatando pombos feridos ou doentes. Tesla era tão devotado a seus amigos de penas que havia boatos de que ele construiu ninhos na sacada de sua janela e até adaptou um chuveiro básico para eles em seu quarto. Ele havia criado uma espécie de santuário de pássaros. Se os esforços para salvar um pombo fracassavam, ele então levava o pássaro a um veterinário, muitas vezes gastando fortunas para salvá-lo. Houve uma pomba à qual ele prestou especial atenção. Era gloriosamente branca, com a ponta das asas cinza-claro. Tesla descreveu seu "romance" ímpar com essa pomba para seu primeiro biógrafo, John J. O'Neill: "Não importa onde eu estivesse, aquela pomba me encontrava; quando a queria, bastava desejar e chamá-la, e ela vinha voando para mim. Ela me entendia e eu a entendia. Amava aquela pomba, a amava como um homem ama uma mulher, e ela me amava. Enquanto a tivesse comigo, minha vida tinha um propósito".[11]

Tesla continua falando, descrevendo para O'Neill a noite em que a pomba veio até ele: "Olhando para ela, soube que ela queria me dizer — estava morrendo. Então, quando recebi sua mensagem, uma luz saiu de seus olhos — poderosos raios de luz..." "Sim", continuou ele, novamente respondendo a uma pergunta não feita, "era uma luz real, uma luz poderosa, deslumbrante, cegante, uma luz mais intensa que qualquer uma que jamais produzi com as mais poderosas lâmpadas em meu laboratório." "Quando a pomba morreu, algo desapareceu de minha vida."[12]

Tesla agora sentia que a obra de sua vida jamais seria terminada.

Ele explicou por que a devoção aos seus amigos com penas era tão necessária para ele. Em uma entrevista de 1926 a uma revista, afirmou: "Algumas vezes sinto que, ao não casar, fiz um sacrifício grande demais em favor de meu trabalho, então decidi investir todo o afeto de um homem que não é mais jovem na tribo de penas. Cuidar daqueles pássaros sem casa, famintos ou doentes é a delícia de minha vida. É o único jeito que sei brincar".[13]

Os "loucos anos 1920" não foram a melhor época para o inventor; ele mal conseguia sobreviver com os poucos royalties restantes das patentes que ainda não tinham expirado. Após contratar o advogado Ralph J. Hawkins para cuidar da questão das patentes, ele acabou não conseguindo pagar a quantia de 913 dólares ao advogado por seus serviços e terminou novamente no tribunal. Seu amigo Hugo Gernsback (alguns dizem que foi B. A. Behrend) se sentiu envergonhado com a falta de recursos de Tesla para viver de forma digna, então alguns anos depois convenceu a Westinghouse a pagar a ele um pequeno salário mensal de 125 dólares como engenheiro-consultor e pagou por sua estadia no hotel The New Yorker — na suíte 3327, para ser exato, pois era divisível por três. Seus aposentos contavam com dois quartos: um para dormir e outro com uma mesa e o trabalho em curso de Tesla.[14]

Então, em 1925, outra tragédia atingiu Tesla, lançando um golpe quase fatal contra seu fraco equilíbrio mental. Sua querida Katharine Johnson, que em 1920 havia se mudado com o marido Robert para a Itália, onde ele era o novo embaixador americano, foi vítima da grande epidemia de influenza. Tesla tentou prescrever a ela uma dieta especial, mas não funcionou. Ela estava à beira da morte em sua casa, na avenida Lexington, afastada do mundo, rememorando seus bons momentos com a família e os amigos. Recordando sua vida, ela acreditava ter vivido à margem, envolvida pelos sucessos e fracassos de outros. Essa fatalidade inspirou Tesla a conceder uma entrevista sobre "mulheres" e seus pensamentos a respeito delas.[15] Na entrevista, alguns meses após a morte de Katharine, ele disse o seguinte:

> Essa luta da fêmea humana pela igualdade de sexos vai terminar em uma nova ordem sexual, com a fêmea em posição superior. A mulher moderna, que antecipa de forma meramente superficial o progresso de seu sexo, é apenas um sintoma superficial de algo mais potente e profundo fermentando no seio da raça.
>
> Não é na imitação física rasa dos homens que as mulheres vão afirmar primeiro sua igualdade e depois sua superioridade, mas sim no despertar do intelecto da mulher.
>
> Por incontáveis gerações, desde o princípio, a subserviência social das mulheres resultou, naturalmente, na atrofia parcial ou pelo menos na suspensão hereditária das qualidades mentais que hoje sabemos que a mulher possui da mesma forma que os homens.[16]

Tesla estava sem dúvida à frente do seu tempo, até quando falava da condição humana.

Antes de morrer, Katharine Johnson pediu que o marido continuasse em contato com Tesla. Ela sucumbiu à doença no outono de 1925, aos 69 anos. Tesla ficou devastado: sua protetora se fora. Em outubro, Luka (Robert) escreveu uma curta mensagem a Tesla. "Caro Tesla, foi desejo da sra. Johnson, na sua última noite de vida, que permanecêssemos em contato. Isso é algo muito difícil de atender, mas não será por minha culpa que tal desejo não será realizado. Atenciosamente, Luka".[17]

Felizmente, Robert e sua filha Agnes (Holden) continuaram a manter Tesla em seus pensamentos, convidando-o para jantares nas férias e para a celebração anual do aniversário de Katharine. Ao mesmo tempo, Robert tinha suas próprias dificuldades financeiras; Tesla o ajudou como pôde, apesar de sua própria situação financeira tênue. Após receber as doações financeiras de Tesla, ele e a filha foram para a Europa em férias.[18] O fato é que a relação entre os dois homens nunca mais foi a mesma após a morte de Katharine.

Em um momento de reflexão após a morte de Robert, Tesla chegou à dolorosa conclusão de que estava sobrevivendo à maioria de seus amigos e inimigos, até mesmo à sua pomba favorita. Era tudo muito agridoce. Ele havia sobrevivido a outra nêmesis, Michael Pupin. Tesla, em um momento de grande magnanimidade, foi ao quarto de hospital de Pupin e segurou a mão dele, cumprimentando o moribundo. Ele disse a Pupin que logo os dois se encontrariam no Science Clubrooms para discutir assuntos de interesse como antes. Após Tesla partir, Pupin morreu. Tesla elegantemente foi ao funeral daquele homem que passou a maior parte da vida atacando seu compatriota sérvio.[19]

Após algum tempo, Tesla ganhou um novo amigo, um escritor de ficção científica que escrevia como freelancer para muitas das mais populares revistas da época, da *Popular Science Monthly* à *Life*. Seu nome era Kenneth Swezey, e ele tornou sua tarefa pessoal garantir que o legado de Tesla não terminasse na lata de lixo da história. Por quê? Após construir seu próprio rádio aos treze anos, ele aprendeu tudo o que podia sobre comunicações sem fio. Foi aí que chegou à rápida conclusão de que Tesla era o inventor daquela tecnologia, e ele queria desesperadamente entrevistar aquele homem misterioso.

Swezey tinha um rosto de menino, parecia mesmo um adolescente, e ele e Tesla rapidamente se tornaram amigos até a morte do inventor. Swezey logo se tornou o novo publicitário de Tesla, e durante anos a intimidade entre os dois não conheceu limites. Quando aquele jovem entrou na vida de Tesla, os rumores de homossexualidade surgiram, mas o próprio Swezey afirmou enfaticamente que Tesla era "um completo celibatário". Swezey fez questão de compilar todos os manuscritos, cartas e artigos de Tesla que ele conseguiu encontrar para ajudar John J. O'Neill a escrever a biografia clássica de Tesla à época.[20]

CIDADE DE NOVA YORK, NOVA YORK, 1930

Quando os loucos anos 1920 se encerraram, fechando a porta da segunda década do século XX, Swezey organizou, em 1931, uma festa de aniversário especial para o misterioso recluso, o Mago da Eletricidade, o homem que fez mais para mudar o mundo que qualquer outro mortal antes ou depois dele. Swezey pediu aos mais respeitados cientistas do mundo que dissessem algumas palavras sobre o que pensavam de Tesla. Todos se sentiram honrados em atender ao pedido, pois muitos deles, entre os quais vários ganhadores do Prêmio Nobel, como Robert Millikan, Arthur H. Compton e W. H. Bragg, haviam se inspirado em Tesla. Bragg disse sobre Tesla: "Eu nunca vou esquecer o efeito de seus experimentos, que nos deslumbraram e maravilharam com sua beleza e sua importância".[21] Hugo Gernsback acrescentou seus pensamentos ao memorial:

> Quando falamos do homem que realmente inventou, em outras palavras, que *originou* e *descobriu* — e não apenas melhorou algo que já tinha sido inventado por outros —, então sem qualquer sombra de dúvida Nikola Tesla é o maior inventor do mundo, não apenas no presente, mas em toda a história. Tanto suas descobertas básicas como as revolucionárias, por sua completa audácia, não têm igual nos anais do mundo intelectual.[22]

Quando completo, o volume memorial encadernado foi apresentado a Tesla, cuja resposta foi bastante morna, como se ele já esperasse por isso, e, bem, deveria esperar mesmo. Afinal, ele não ligava para o aplauso daqueles que haviam se oposto a ele por toda a sua vida. Além disso, a revista *Time* dedicou uma matéria de capa a Tesla em julho de 1931 (ele aparecia na capa pintado pela princesa Vilma Lwoff-Parlaghy), e inúmeros outros jornais e revistas de todo o mundo também publicaram matérias sobre ele. A *Time*, em especial, escreveu que até encontrar o gênio recluso tinha sido problemático. Quando eles finalmente o encontraram, ele parecia muito magro, uma palidez triste havia tomado seu rosto esquelético, mas seus olhos azuis estavam excitados e sua voz mostrava que ele ainda estava pensando em um nível muito elevado. De fato, ele disse ao entrevistador que estava trabalhando em novos projetos, um dos quais uma nova fonte de energia e o outro refutar a Teoria Geral da Relatividade de Einstein.[23] Ele também espantou o entrevistador ao se referir de modo críptico à sua mais misteriosa invenção, o "teslascópio", um aparelho para enviar sinais às estrelas próximas, e acrescentou:

> Acho que ainda pode ser mais importante que a comunicação interplanetária. Ela vai certamente acontecer algum dia, e a certeza da existência de outros seres humanos no universo, trabalhando, sofrendo e lutando como nós, vai produzir um efeito mágico na humanidade, formando a fundação de uma irmandade universal que será tão duradoura quanto a própria humanidade.[24]

Aqui novamente a previsão de Tesla de comunicação interplanetária foi vista na época como absurda, e o mesmo foi dito sobre sua crença em comunicar-se com Marte e viajar até aquele planeta. Mesmo assim, como sabemos, em 18 de fevereiro de 2021, a sonda norte-americana *Perseverance* aterrissou no Planeta Vermelho.

Em outubro do mesmo ano em que a *Time* publicou a matéria de capa sobre Tesla, seu eterno inimigo Thomas Edison morreu em sua casa, "Glenmont", em West Orange, Nova Jersey. Da mesma forma que Thomas Jefferson e John Adams, que nunca gostaram um do outro, mas em seus anos finais trocaram cartas cordiais, assim também fizeram Tesla e Edison. Mas, verdade seja dita, Tesla não tinha muito respeito por Edison, afirmando que seu "método era extremamente ineficiente". Além disso, Tesla muitas vezes diria de Edison que sua rejeição a qualquer aprendizagem a partir dos livros e da matemática fizera com que o americano perdesse muito tempo usando apenas métodos empíricos de investigação.[25] Mais ainda, Tesla achava que Edison era um mero mecânico, enquanto ele, Tesla, era um criador, um descobridor.

Talvez tenha sido Hugo Gernsback quem melhor quantificou as diferenças entre Tesla e Edison.

> Sem querer minimizar a tremenda quantidade de trabalho de Edison, é um fato bem conhecido que ele não era tanto um inventor original, mas sim um gênio no aperfeiçoamento de invenções já existentes. A esse respeito Tesla talvez tenha sido o oposto, pois ele tem em seu nome várias invenções brilhantes bem como originais que, entretanto, não foram [ainda] suficientemente aperfeiçoadas para permitir a exploração comercial.[26]

No aniversário de 76 anos de Tesla, o *The New York Times* publicou uma notícia sobre sua última invenção.[27] Tesla declarou que havia nascido exatamente à meia-noite entre os dias 9 e 10 de julho, então aceitava qualquer dos dois dias como seu aniversário, e acrescentou sobre sua nova invenção: "Será como o grito com o qual o exército de Josué derrubou as muralhas de Jericó".

Mesmo assim, apesar de todos os elogios, de toda a agitação, o gênio envelhecido ainda lutava sua guerra interior. Tesla tinha visões bizarras; ele podia ser rabugento às vezes e, ocasionalmente, ele era rude com os outros, em especial com mulheres. Uma de suas secretárias foi demitida sumariamente por estar acima do peso e ser desleixada, enquanto outra foi barrada no escritório e mandada de volta para casa porque ele não gostou do vestido que ela usava. Alguns de seus amigos achavam que seu amor pelos pombos era seu jeito de redirecionar seus afetos, já que sua atitude em relação a mulheres era tão desagradável.[28] Além disso, conforme envelhecia, o contato físico próximo do inventor com os outros se tornava problemático, pois seu transtorno obsessivo-compulsivo e seu notório medo de germes o faziam exigir que até os funcionários do hotel mantivessem distância. Ele se recusava a apertar mãos e lavava as suas incessantemente. Seus hábitos alimentares finalmente o levaram a uma dieta exclusivamente vegetal, e ele evitava qualquer tipo de estimulantes. Ele ainda mantinha o hábito de se vestir de forma impecável, mas se protegia dos pequenos monstros que habitam a vida com o uso de luvas (apenas uma vez cada par). Entretanto, havia exceções, como sua família. Ele cumprimentava seu sobrinho-neto com os tradicionais abraços sérvios e três beijos alternando as bochechas.[29]

No fim da vida, Tesla instituiu um evento anual de relações públicas que acontecia no dia de seu aniversário. Repórteres, admiradores e celebridades compareciam a uma conferência de imprensa na qual ele falava sobre seu trabalho recente. A de 1933 foi o que se esperaria do homem que iluminou o mundo. Ele afirmou enfaticamente — entendendo que muitos tinham rido de suas previsões anteriores — que sua descoberta era "tão básica que destruiria a teoria da relatividade de Einstein". Acrescentou ainda:

> Eles me chamaram de maluco em 1896 quando anunciei a descoberta de raios cósmicos. De novo e de novo e de novo eles zombaram a cada vez que eu desenvolvi algo novo e, então, anos depois, viram que eu estava certo. Agora, suponho, será a mesma velha história quando eu disser que descobri uma fonte de energia até agora desconhecida — energia ilimitada que pode ser controlada e utilizada.[30]

Apesar de se fechar cada vez mais em seu mundo secreto, ele sempre conseguia atrair como ninguém a atenção da imprensa, independentemente do que dizia. Por exemplo, em 10 de agosto de 1932, a manchete de um artigo em um grande jornal de Nova York dizia: "Mascar chiclete é mais letal que tomar rum, diz Tesla".[31] Como agora sabemos, foi seu costume por anos, em seu aniversário, fazer previsões futuristas sobre seus próximos projetos, e a coletiva de imprensa no dia em que Tesla completou 78 anos não foi exceção. Apesar de alguns terem tentado apagá-lo dos livros populares de história, ele continuou a imaginar um futuro que os outros não conseguiam ver. De fato, seus últimos anos foram gastos naquele que provavelmente foi seu mais misterioso projeto até aquele momento. O "raio da morte".

Reunindo seus admiradores no hotel The New Yorker no dia seguinte a seu aniversário, em 1934, Tesla concedeu uma entrevista muito convincente, mesmo que desconcertante, ao *The New York Times*. Nela, ele revelou no que andava pensando. Ele havia terminado um método e um aparelho que poderia transmitir feixes concentrados de partículas (de tungstênio ou mercúrio) através do ar, resultando em uma quantidade de energia capaz de neutralizar uma frota de 10 mil aviões inimigos a uma distância de 400 quilômetros do país defensor e fazer com que exércitos de milhões caíssem mortos imediatamente. Era seu "raio da morte". Tesla disse ao repórter: "Este 'raio da morte' vai operar de forma silenciosa, mas efetiva, a distâncias 'tão longas quanto um telescópio poderia ver um objeto no chão e tão longe quanto a curvatura da Terra permite'. Será invisível e não deixará atrás de si qualquer marca, exceto a evidência da destruição". Tesla também disse ao repórter:

"Quando colocada em operação, essa sua última invenção tornará a guerra impossível. Esse raio da morte cercaria cada país, como uma Muralha da China invisível, mas um milhão de vezes mais impenetrável. Ele tornaria todas as nações inexpugnáveis contra ataques aéreos ou por grandes exércitos invasores".[32] Seria essa a "Guerra nas Estrelas" das Forças Armadas dos EUA?

Novamente, na comemoração de seu 79º aniversário, em 1935, perante uma multidão de adoradores querendo cumprimentá-lo, repórteres ansiosos e curiosos, Tesla ficou sentado tranquilo, em uma pose imponente, vestido de forma impecável, enquanto conceitos complexos fluíam de seus lábios centrados em seu rosto magro, deixando os repórteres desconcertados tentando entender sobre o que exatamente o grande homem estava falando. A observação de um dos membros da imprensa foi a mais sintomática: "Vinte e poucos jornalistas foram à sua festa de aniversário no hotel The New Yorker ontem, que durou seis horas, e ficaram em dúvida se havia algo de errado com a mente daquele velho homem ou com as deles, pois o dr. Tesla estava sereno, vestindo uma casaca longa e cortês de uma forma que parece ter desaparecido deste mundo".[33]

Apesar do feixe assassino de Tesla ser muitas vezes chamado de "raio da morte", ele insistia que o aparelho usava partículas de mercúrio, que seriam aceleradas a uma velocidade de pelo menos 48 vezes a velocidade do som. Como ele explicou:

> Quero deixar explícito que essa minha invenção não contempla o uso de qualquer, assim chamado, "raio da morte". Raios não se aplicam, pois não podem ser produzidos na quantidade necessária e diminuem de intensidade rapidamente com a distância. Se toda a energia da cidade de Nova York (aproximadamente 2 milhões de cavalos de potência) fosse transformada em raios e projetada a trinta quilômetros de distância, não conseguiria matar um ser humano, pois, de acordo com uma conhecida lei da física, eles se dispersariam de tal forma que se tornariam inefetivos.
>
> Meu aparelho projeta partículas, que podem ser relativamente grandes ou de dimensões microscópicas, permitindo que levemos até

> uma área pequena a uma grande distância trilhões de vezes a energia que seria possível alcançar com qualquer tipo de raio. Milhares de cavalos de potência podem assim ser transmitidos em um feixe mais fino que um fio de cabelo, de forma que nada possa resistir. Essa maravilhosa característica tornará possível, entre outras coisas, obter resultados hoje inatingíveis com a televisão, pois não haverá limite para a intensidade da iluminação, o tamanho da imagem ou a distância de projeção.[34]

Isso deixa no ar a pergunta: Tesla projetou mesmo uma arma de raio da morte? A resposta curta é sim. Não se sabia muita coisa, e a especulação corria solta, mas em 1984 surgiu um artigo, mais tarde confirmado como genuíno pelo Museu Tesla em Belgrado, na Sérvia, mostrando que, apesar de Tesla ainda ter vários problemas para resolver, o princípio por trás da arma era sólido. Em 1934, ele tentou vender o conceito a Jack Morgan, mas Morgan mais uma vez disse não. Acrescente-se a isso o fato de Tesla ter tentado usar sua invenção como moeda de troca para seu débito de 400 dólares com o hotel Governor Clinton, e assim sua situação financeira desesperadora novamente ficou clara. Vários países europeus expressaram suas graves preocupações de que esse feixe de partículas caísse nas mãos erradas, e temos assim o roteiro de um filme de ficção científica.[35]

Precisando de dinheiro, Tesla tentou todos os meios que conhecia para vender seu raio da morte. Os Estados Unidos e a Grã-Bretanha foram suas primeiras opções, enquanto a Amtorg Trading Company, supostamente uma empresa soviética, pagou a ele o equivalente hoje a 450 mil dólares para que ele fornecesse tudo o que fosse necessário para que ela construísse seu próprio raio da morte — essa quantidade de dinheiro não parece plausível, dada a constante necessidade de dinheiro de Tesla. Também foi noticiado que o laboratório de Tesla tinha sido invadido, mas nada de valor fora levado, pois tudo de valor estava guardado na cabeça do inventor. Havia espiões e oportunistas que também estavam tentando obter a arma (se ela realmente existisse). Entretanto, o raio da morte guarda uma impressionante similaridade com aceleradores de partículas desenvolvidos durante a Guerra Fria pelos EUA e pela União Soviética.[36]

Considere o seguinte: durante a Guerra Fria, os EUA e seus militares estavam procurando freneticamente uma vantagem contra o regime soviético. O nome de Nikola Tesla ainda evocava uma grande fascinação, então os militares estavam convencidos de que o "raio da morte" era real e que só os EUA precisavam dele; afinal, tinha sido inventado em seu território por um de seus cidadãos. Então, os poderes da época puseram-se a trabalhar em algo que foi chamado de "Projeto Nick".[37]

Até hoje circulam rumores sobre o "Projeto Nick" nos meios militares e entre teóricos da conspiração.

Os esforços infindáveis de Tesla em busca de dinheiro para viver e fundos para investir em seus últimos conceitos terminaram em um grande desapontamento. Ainda assim, em 1936 ele celebrou seu octogésimo aniversário, com cumprimentos sendo enviados para o inventor fisicamente fragilizado, mas mentalmente ativo, de lugares tão distantes quanto Rússia (então União Soviética), França, Japão e Grã-Bretanha. Ele tinha inúmeras ideias para apresentar ao grande público, mas a maioria das pessoas havia seguido em frente.

Em 1937, a vida estava lentamente deixando seu ser físico. Um dia, quando cruzava uma rua na cidade, ele foi atingido por um táxi e jogado no chão. Rejeitando de forma inflexível a ideia de consultar um médico, ele lentamente voltou para casa e ficou acamado por uns seis meses, com ossos quebrados e outros problemas. Apesar de seus ferimentos, ele conseguiu enviar uma mensagem para que alguém levasse comida de pombo até seu quarto de hotel. Esse acidente e os problemas financeiros constantes o levaram a seu declínio final em direção ao abismo escuro — ele precisou de uma bengala para caminhar pelo resto da vida.[38]

Durante aquele mesmo ano, outra tragédia surpreendeu o inventor adoecido. Robert Johnson morreu aos 84 anos. Agora, Tesla tinha perdido seu outro "protetor", que havia mantido a promessa à sua esposa Katharine de cuidar de Tesla.[39] Não haveria mais jantares, reuniões, conversas profundas de salão e festas de fim de ano. Nada disso voltaria. Tesla continuava a sobreviver a todos os seus amigos e inimigos, mas sabia que a morte logo chegaria também para ele. O inventor envolveu-se profundamente na intersecção entre a ciência e a religião. Sobre isso, ele disse:

> Não há qualquer conflito entre o ideal da religião e o ideal da ciência, mas a ciência se opõe aos dogmas teológicos por ser fundada sobre fatos. Para mim, o universo é simplesmente uma grande máquina que nunca foi criada e nunca terminará. O ser humano não é exceção para a ordem natural. O homem, como a natureza, é uma máquina. Nada entra em nossa mente ou determina nossas ações que não seja direta ou indiretamente uma resposta a um estímulo tocando de fora nossos órgãos sensoriais. Graças à similaridade entre a nossa construção e à uniformidade de nosso ambiente, respondemos de forma similar a estímulos similares, e da concordância de nossas reações nasce o entendimento. No curso das eras, mecanismos de infinita complexidade se desenvolvem, mas o que chamamos de "alma" ou "espírito" é nada mais que a soma dos funcionamentos do corpo. Quando esse funcionamento cessa, a "alma" ou o "espírito" cessa também.
>
> Expressei essas ideias muito antes de os behavioristas, liderados por Pavlov na Rússia e Watson nos EUA, proclamarem sua nova psicologia. Essa concepção aparentemente mecânica não é contraditória a uma concepção ética da vida. A aceitação pela humanidade em geral de tais princípios não destruirá os ideais religiosos. Hoje, o budismo e o cristianismo são as maiores religiões, tanto em número de adeptos como em importância. Acredito que a essência de ambas será a religião da humanidade no século XXI.[40]

Em 1942, os efeitos deletérios do envelhecimento prenderam Tesla à cama pela maior parte do tempo. Ele não permitia que ninguém entrasse em seu quarto, exceto os funcionários do hotel que cuidavam de suas necessidades pessoais. Ele não falava com ninguém e mantinha-se recluso. Para pagar algumas de suas despesas pessoais e outros gastos, o Instituto Nikola da Iugoslávia providenciou que um valor mensal de 600 dólares fosse pago a seu mais famoso "filho" a partir de 1939.[41] Isso ajudou a reduzir e, em alguns casos, a retardar a acumulação de dívidas.

Sua convalescência em andamento às vezes aumentava sua irracionalidade e até exacerbava o estágio inicial da senilidade, mas os momentos de lucidez absoluta ainda se sobrepunham aos aspectos negativos de sua situação presente. Em julho ele pediu a seu mensageiro favorito da Western Union, William Kerrigan, que entregasse um envelope contendo 100 dólares a seu querido amigo Mark Twain (que havia falecido em 1913), na Quinta Avenida Sul, número 35, que era o endereço do antigo laboratório de Tesla antes de o nome da rua mudar para West Broadway. Kerrigan voltou ao quarto de hotel e informou ao famoso inventor que não tinha conseguido entregar a mensagem porque o endereço não existia e Mark Twain tinha morrido havia muitos anos. Tesla rejeitou a ideia de que seu amigo estivesse morto e disse ao mensageiro, em tom vigoroso, que ele deveria ou entregar o envelope a seu amigo Mark Twain, pois ele precisava do dinheiro, ou ficar com o valor para si.[42]

Em um Natal sérvio com neve, em 7 de janeiro de 1943, o quarto 3327, no 33º andar do hotel The New Yorker, ficou subitamente famoso, e essa fama vive até hoje. Foi nesse quarto que Nikola Tesla morreu enquanto dormia, aos 86 anos. No dia seguinte, Alice Monaghan, a arrumadeira do andar, lembrou-se de que tinha colocado a placa de "Não perturbe" na porta de Tesla no dia anterior a pedido do inventor. Mas, por alguma razão inexplicável, ela decidiu entrar no quarto. Ali ela descobriu o corpo inerte em repouso sublime, o rosto esquelético parecendo satisfeito (uma máscara mortuária foi feita mais tarde naquele dia por Hugo Gernsback). O médico-legista assistente, H. W. Wembley, registrou a hora da morte como sendo 22h30 em 7 de janeiro de 1943. Ele acrescentou que a causa da morte (sem quaisquer circunstâncias suspeitas) foi trombose coronariana.[43]

Nikola Tesla nasceu à meia-noite durante uma forte tempestade de raios. Seu sonho, durante toda a sua vida, era "aliviar o fardo dos ombros da humanidade". E, para esse fim, seus sonhos tornaram-se realidade, exceto um deles, pois agora ele se fora para sempre, para o éter. Mas o que ele *nunca* saberia é que seu sonho de ser legitimamente conhecido como o "pai do rádio" seria de fato realizado.

O caso federal (nº 369), conhecido como Marconi Wireless Telegraph Company of America *vs.* Estados Unidos da América levou várias décadas de discussão legal para atravessar o complicado sistema de tribunais federais dos EUA. Entretanto, em 1935, uma decisão da United States Court of Federal Claims — tribunal federal americano que cuida de casos envolvendo reivindicações monetárias contra o governo dos EUA — invalidou a patente fundamental de Marconi, pois ela havia sido "antecipada" por Tesla. Em 21 de junho de 1943, a Suprema Corte dos EUA manteve essa decisão. Pelo menos, Tesla finalmente tivera uma vitória legal sobre Marconi e seu sonho fora realizado. Ele era e ainda é o pai do rádio![44]

Haveria também um *postmortem*.

PARTE IV:
PROFUNDAMENTE NO ABISMO

17
Imerso no éter

Após a morte

CIDADE DE NOVA YORK, NOVA YORK, 1943

A MANHÃ DE 12 de janeiro foi marcada por mais de 2 mil enlutados lotando a enorme Catedral de São João, o Divino. Pela primeira vez em cerca de vinte anos, as grandes portas douradas da catedral da cidade foram destrancadas em um esforço para acomodar a multidão que desejava entrar. Observando os contratempos em curso entre sérvios e croatas, o bispo episcopal William Manning disse que nenhum discurso político seria permitido. O caixão de Tesla apareceu na colossal catedral como se fosse a joia central da coroa de um rei. Foi envolto em bandeiras americana e iugoslava. O longo e tradicional serviço fúnebre foi realizado em sérvio por padres cristãos ortodoxos liderados pelo reverendo Dusan Sukletović. Como o país natal de Tesla considerou o funeral uma função oficial do Estado, o governo iugoslavo cercou o caixão com uma dúzia de soldados e foi oficialmente representado por Constantine Fotitch, embaixador iugoslavo nos Estados Unidos.[1] Apesar da tradição e do dogma da Igreja Cristã Ortodoxa Sérvia, o sobrinho de Tesla, Sava Kosanović, tomou a decisão monumental de que os restos mortais do tio fossem cremados.[2] Posteriormente, em fevereiro de 1957, as cinzas viajaram com Charlotte Muzar, secretária de Kosanović, para o Museu Nikola Tesla (em Belgrado, Sérvia), onde estão atualmente em exibição em um orbe brilhante, banhado a ouro, colocado no topo de um pedestal de mármore, primorosamente iluminado por trás.

Os dias que se seguiram ao falecimento de Tesla foram repletos de elogios intermináveis ao inventor e condolências, começando com a esposa do presidente Franklin D. Roosevelt, Eleanor, que disse: "O presidente e eu sentimos muito pela morte do sr. Nikola Tesla. Agradecemos sua contribuição para a ciência e a indústria e para este país".[3] O vice-presidente, Henry A. Wallace, disse que, "na morte de Nikola Tesla, o homem comum perdeu um de seus melhores amigos".[4] Um grupo de vencedores do Prêmio Nobel, incluindo Millikan, Compton e Franck, juntou-se em um panegírico que chamou Tesla de "um dos intelectos notáveis do mundo, que abriu o caminho para muitos dos importantes desenvolvimentos tecnológicos dos tempos modernos".[5] O prefeito da cidade, Fiorello la Guardia, fez uma homenagem retumbante em uma transmissão de rádio, e David Sarnoff, presidente da RCA, disse: "As conquistas de Nikola Tesla na ciência elétrica são monumentos que simbolizam a América como uma terra de liberdade e oportunidade. A mente de Tesla era um dínamo humano que girava para beneficiar a humanidade".[6] Até Sarnoff entendeu o que levou Tesla a ter sucesso além de qualquer medida: seu desejo de beneficiar a humanidade.

A lista dos carregadores de caixão honorários incluía muitos dos principais cientistas, luminares e capitães da indústria da época: o dr. E. F. W. Alexanderson, da General Electric Company, o professor E. H. Armstrong, da Universidade Columbia, o cônsul-geral D. M. Stanoyavitch, da Iugoslávia, e o dr. H. C. Rentachler, da Westinghouse Electric & Manufacturing Company.

O obituário publicado no *The New York Times* descreveu Tesla como o "pai do rádio e dos modernos sistemas de geração e transmissão elétrica".[7] A cidade de Nova York, onde Tesla viveu por cerca de sessenta anos, foi representada por Newbold Morris, presidente da Câmara Municipal.[8]

Um divulgador de ciência muito perspicaz disse com grande presciência: "Ele estava tão à frente de seus contemporâneos que suas patentes muitas vezes expiravam antes que pudessem ser colocadas em uso prático".[9] Esse era um problema central inerente ao estilo de invenção de Tesla. Ele nunca foi motivado pelo dinheiro que suas invenções lhe renderiam, enquanto Edison e praticamente todos os outros inventores foram motivados por ganhos financeiros.

Pode-se dizer que o *The New York Sun* fez a avaliação mais acertada de Tesla quando publicou o seguinte após sua morte:

> Ele era um inconformista, possivelmente. De qualquer forma, ele abandonaria seus experimentos por algum tempo para alimentar os pombos bobos e inconsequentes em Herald Square. Ainda que fosse um homem difícil de lidar, ainda era um gênio extraordinário. Sim. Tesla vislumbrava aquela fronteira confusa e misteriosa que divide o conhecido do desconhecido, sempre usando sua inteligência soberba para buscar as respostas. Seus palpites estavam certos com tanta frequência que chegava a ser assustador. Nós, provavelmente, só poderemos dar o devido valor a Tesla daqui a alguns milhões de anos.[10]

Nunca se saberá a extensão de seu gênio, porque Tesla levou muito com ele em sua interminável jornada pelos céus que começou em 1856.

Os restos mortais de Tesla foram enviados para o cemitério Ferncliffe em Ardsley-on-Hudson naquela manhã de inverno terrivelmente fria. O carro fúnebre foi seguido por um carro onde estavam Swezey e Kosanović.[11]

Mas, antes do funeral e das semanas que se seguiram, algo bastante sigiloso aconteceu no quarto 3327 do hotel The New Yorker. O que teria acontecido?

Imediatamente após a morte de Tesla, o FBI, o Gabinete de Custódia de Propriedade Estrangeira (Office of Alien Property Custodian — OAPC) e vários diretores do Departamento de Guerra reuniram-se para assumir o controle e proteger o material pertencente ao armamento secreto de Tesla, que ele havia concebido como uma maneira de parar todas as guerras e garantir que elas nunca acontecessem.[12] Mais precisamente, o governo dos EUA estava muito preocupado com os documentos relacionados ao feixe de partículas de Tesla (também chamado de raio da morte) e seus documentos pessoais, especialmente seus documentos técnicos e diagramas, que continham informações relacionadas à segurança nacional. Essa preocupação e a subsequente liberação pelo FBI, sob a Lei de Liberdade de Informação, de várias centenas de documentos de Tesla serviram apenas para excitar conspiradores e oportunistas. Quando lemos os "documentos redigidos", não podemos dizer com certeza que eles não contenham nenhuma informação que deva ser protegida.[13]

Quando, na manhã seguinte à morte do tio, Sava Kosanović chegou ao hotel The New Yorker, ele esperava encontrar um testamento. Nada de testamento. Presumiu, então, pela natureza de sua relação com Tesla que ele seria o destinatário das posses do tio, que ele tinha declarado serem de "valor desconhecido".[14] Kosanović também imaginou que, por ocupar um lugar de destaque como diretor do Conselho de Planejamento da Europa Central e Oriental para os Bálcãs,* não enfrentaria qualquer tipo de impedimento ou problema. Por isso, chamou um serralheiro para abrir o cofre do tio. Neste ponto, devemos ressaltar que cabe certa discussão acerca dos direitos sucessórios dos bens de Tesla. Algumas fontes afirmam que Kosanović ordenou que o cofre fosse aberto e ninguém sabe realmente se ele levou alguma coisa importante — o FBI tinha suas próprias suspeitas. Mesmo a quantidade de itens retirados varia de fonte para fonte. No entanto, algumas fontes afirmam sem reservas que, por volta de 9 de janeiro, funcionários do OAPC, liderados por Walter C. Gorsuch, apreenderam todos os pertences do inventor, incluindo instrumentos, diagramas e outros apetrechos, e os enviaram sob sigilo diretamente para a Manhattan Storage and Warehouse Company. O OAPC também fez com que dois caminhões repletos de artefatos, objetos e um número muito grande de documentos também se juntassem ao material previamente apreendido do quarto de Tesla, e tudo foi armazenado sob o selo do gabinete.[15]

A partir desse ponto, as teorias da conspiração surgiram de todos os lados — do FBI, de outras agências de segurança e várias facções dentro das Forças

* No original, Eastern and Central European Planning Board for the Balkans. (N. E.)

Armadas dos EUA, bem como do próprio Kosanović. Para suprimir quaisquer suspeitas e obter a verdade sobre o que estava na propriedade apreendida, o OAPC nomeou John G. Trump, cientista e especialista em geradores de alta tensão, para vasculhar os documentos e ver se havia algo que seria vital para o esforço de guerra. Trump foi auxiliado por um oficial de inteligência naval e dois outros homens alistados, encarregados de microfilmar os documentos que lhes interessavam. Não existem cópias em nenhum órgão federal.[16] Isso ergue a seguinte questão: quais documentos eram de interesse da Marinha? Depois de dois dias (26 e 27 de janeiro) e página após página examinada, eles decidiram que não havia nada para relatar que fosse de interesse, e, posteriormente, os documentos foram liberados para seu sobrinho.[17] No entanto, Tesla tinha problemas financeiros que o seguiram mesmo depois da morte, porque os papéis liberados para seu sobrinho permaneceram trancados a sete chaves no Departamento de Tributação de Nova York até que seus impostos atrasados fossem pagos, o que levou sete anos para ser resolvido.[18]

Pensando que havia completado sua revisão da papelada de Tesla, Trump chamou a atenção para vários itens que pareciam ser equipamentos científicos. Um em particular foi pensado para ser o Santo Graal do armamento. Possivelmente o próprio raio da morte. O aparelho estava localizado em um depósito no hotel Governor Clinton, onde vários anos antes Tesla o havia guardado em uma caixa. Dizia-se que o objeto carregava uma maldição: se você não estivesse autorizado a abrir a caixa de madeira, ela explodiria. Os gerentes do hotel levaram a caixa para Trump e deixaram o depósito rapidamente. A traquitana estava embrulhada em papel pardo e presa com um barbante. Trump prendeu a respiração enquanto relutante e lentamente abria a caixa de madeira polida. Uma vez aberto o pacote, revelou-se uma antiga caixa usada para medir resistência. Tesla riu por último?[19]

Em junho de 1946, o sobrinho de Tesla, Kosanović, retornou aos Estados Unidos como embaixador de seu país. Trouxe consigo, da Iugoslávia, fundos suficientes para pagar os impostos atrasados de Tesla e outras dívidas e também fez os preparativos necessários para que os documentos de Tesla e todos os outros pertences fossem enviados para Belgrado.

Finalmente, em meados de 1952, os documentos originais de Tesla (aqueles que foram divulgados), incluindo todos os modelos de seus experimentos que sobreviveram ao longo dos anos enquanto ele mudava de laboratório para laboratório, bem como uma variedade de suas bobinas de Tesla, motores de indução, lâmpadas fluorescentes, turbinas, robôs, recipientes, fotografias, diagramas para várias invenções que incluíam seu avião VTOL, o diário escrito em Colorado Springs e até mesmo o material usado em suas demonstrações na Feira Mundial de Chicago de 1893, na qual ele apresentou seu Ovo de Colombo, foram enviados para o Museu Nikola Tesla, em Belgrado, Iugoslávia (agora Sérvia), aberto ao público em 1955. A remessa total foi de cerca de oitenta baús. Suas cinzas chegaram cinco anos depois.[20] A Medalha Edison desapareceu.

Pareceria lógico supor que a história dos documentos de Tesla teria terminado então, afinal eles estavam, na época, seguros em um museu a milhares de quilômetros de distância. No entanto, a busca continuou sob a égide de várias agências, desde a Inteligência Naval até o Escritório de Serviços Estratégicos (antecessor da CIA). O FBI dizia que os documentos não existiam ou não estavam em sua posse. De repente, os documentos não estavam em lugar algum. Tinham desaparecido! Para aumentar o sigilo, durante a década de 1970, a Agência de Projetos de Pesquisa Avançada de Defesa (Advanced Research Projects Agency — Darpa) começou um projeto com o codinome Alpha (um laser químico) e Talon Gold, um projeto voltado para sistemas-alvo. Vários outros projetos desse tipo foram conduzidos até os anos 1980, o que levou à Iniciativa Estratégica de Defesa (Strategic Defense Initiative — SDI), que o presidente Ronald Reagan anunciou ao público em 1983. Tem sido afirmado com frequência que a SDI foi fundamental para o colapso da URSS.

Além disso, existe uma dissertação em particular escrita por Tesla em 1937 intitulada "The New Art of Projecting Concentrated Non-Dispersive Energy through the Natural Media" [A nova arte de projetar energia concentrada não dispersiva através dos meios naturais]. Especificidades da dissertação nunca foram divulgadas, mas o que se sabe é que o documento contém muitos esboços e cálculos de Tesla — e há o rumor de que são extraordinários. Tal documento é até hoje classificado como "altamente confidencial" pelas Forças Armadas norte-americanas, e apenas algumas agências do governo federal têm acesso a ele.

Isso suscita, então, algumas questões: Tesla teve a chance de construir seu sonhado raio da morte? Em 1934, o anúncio anual de aniversário de Tesla levantou essa possibilidade em um jornal nova-iorquino na época.[21] Tesla disse que estava a caminho de completar os outros dois elementos, mas nunca saberemos. Além disso, os Estados Unidos ainda estão envolvidos na tecnologia do "raio da morte" de Tesla e outras invenções e descobertas dele? Sim, porque a caixa de enigmas de Nikola Tesla foi aberta.

18
A marca

Legado

O ano de 1956 marcou o centenário do nascimento de Nikola Tesla em Smiljan, província de Lika, Império Austríaco. Uma grande celebração foi organizada. Niels Bohr, Prêmio Nobel e pai da mecânica quântica, participou do evento como palestrante durante o congresso do centenário realizado em homenagem a Tesla. No mesmo espírito, outras homenagens estavam a caminho. O governo da Iugoslávia emitiu uma nota de 100 dinares (equivalente a 1 dólar americano, cuja nota exibe a efígie de George Washington) com a efígie de Tesla no verso, e o serviço postal nacional daquele país emitiu um selo comemorativo. Em 1983, o serviço postal dos EUA fez o mesmo. Escolas em todos os continentes ergueram estátuas em sua memória, e "dias de Tesla" foram designados para honrar o grande homem. Hoje, você caminha pelas trilhas próximas às Cataratas do Niágara e vê estátuas de bronze de Tesla, uma delas em pé, contemplando sua criação, a captação de energia sem fim; em outra, Tesla está sentado, em profunda concentração. Hotéis de Nova York que foram honrados com sua presença inauguraram placas comemorativas. Exemplares da mundialmente famosa bobina de Tesla podem ser vistos de uma costa a outra, no Observatório de Griffith Park, em

Los Angeles, no Museu de Ciências de Boston e em muitos lugares no meio do caminho. Há, também, sociedades dedicadas a preservar seu legado.[1] Tesla seria ainda homenageado pela Comissão Eletrotécnica Internacional, em Genebra, que decidiu adotar o nome "tesla" (com o símbolo "T") como unidade de "fluxo magnético", ou a força de um campo magnético — é uma grandeza usada em aparelhos de ressonância magnética e em aceleradores de partículas, por exemplo. Só alguns poucos outros norte-americanos tiveram essa honra, e Edison não é um deles. Tesla se tornou parte da linguagem científica.[2] Mais ainda, vale notar que não há nenhuma unidade de medida científica batizada em homenagem a Marconi.

Para homenagear Nikola Tesla, alguns países conseguiram até mesmo cruzar grandes barreiras religiosas, como quando a Croácia reconstruiu o local de nascimento de Tesla em Smiljan, na província de Lika, bem como a igreja onde seu pai pregava o evangelho ortodoxo sérvio. O local se tornou uma atração turística e oferece, inclusive, um centro cultural multimídia. A *Enciclopédia Britânica* listou Tesla como uma das "dez mais interessantes figuras históricas", e a revista *Life* como uma das cem pessoas mais famosas dos últimos mil anos.[3] Como recordamos, o inventor foi capa da revista *Time* em 1931. Seu país adotivo lhe concedeu uma honraria especial quando, em 25 de setembro de 1943, no auge da Segunda Guerra Mundial, a Marinha dos EUA batizou ("Eu o batizo e lhe dou o nome de Nikola Tesla. Traga felicidade e liberdade!") um navio da classe Liberty como *SS Nikola Tesla*.[4]

Na época da crise de energia dos anos 1970, o inventor foi celebrado como um herói por sua crença em energia gratuita — quando Morgan soube que esse era o objetivo final do cientista, foi uma das razões para parar de investir nos projetos de Tesla. Inspirado pelo trabalho de Tesla com energia gratuita, de 1970 a 1988 um grupo de cientistas, liderados pelo físico Robert K. Golka, tentou recriar os famosos experimentos de Tesla em Colorado Springs em um esforço para produzir raios artificiais. Esse projeto gerou numerosos seguidores de Tesla, que passaram a se reunir em associações dedicadas a seu nome e a seu trabalho.[5] O esforço continua até hoje.

Como era de esperar, Tesla foi tema de numerosos filmes ao longo dos anos, e dizem que existem em Hollywood, sempre, vários roteiros circulando entre diretores em busca da oportunidade de fazer um filme sobre o homem lendário, produtores que entendem que o nome de Tesla poderia se traduzir em enormes bilheterias e atores desejosos de interpretar esse personagem tão complexo. Sua imagem foi usada em videogames e em histórias em quadrinhos. Mas talvez um dos mais notáveis reconhecimentos à memória de Tesla seja o nome de um dos mais famosos automóveis do mundo: a fonte de energia do Tesla é uma versão do motor de corrente alternada inventado por Nikola Tesla — usando sua descoberta do "campo magnético rotativo".[6]

Mas e sobre Wardenclyffe, o sonho não realizado, abandonado em Long Island? Após ser usado por muitos anos como uma fábrica de suprimentos fotográficos, primeiro pela Peerless Photo Company, depois pela Agfa, toda a produção parou em 1987. Uma limpeza completa do local foi terminada em 2012. Alguns anos depois, surgiu ali o Centro de Ciências Tesla graças à generosidade de milhares de participantes no esforço de levantamento de fundos e de uma doação de 1 milhão de dólares em 2015 por ninguém menos que Elon Musk, que serviu para dar vida ao projeto.[7]

No site de qualquer universidade, basta digitar o nome Nikola Tesla em um campo de busca e logo aparecem páginas e mais páginas de artigos, disciplinas, projetos de pesquisa etc. Busque seu nome no Google (cujos fundadores foram muito influenciados por Tesla) e milhões de resultados aparecem. Dirija por uma estrada interestadual em praticamente qualquer país do mundo e você verá torres de transmissão de eletricidade ao longo da via, e isso deveria lembrar você do grande homem que as tornou possíveis. A energia que ele inventou é uma energia "verde". Você me entende. Toda a comunicação sem fio hoje deve sua existência a Tesla.

A marca de Tesla está crescendo em um ritmo exponencial. Ele chegou aos EUA um homem pobre; ficou rico; morreu pobre; e, agora, se tornou um homem rico novamente, pois seu nome e seus feitos tornaram-se uma das marcas mais ricas do mundo.

Entretanto, um pouco da culpa por o legado de Tesla ter esperado até o início do século XXI para ser reconhecido deve ser atribuída ao próprio inventor, pois ele não deixou qualquer herdeiro aparente, filhos ou discípulos. Ele nunca quis ser o centro das atenções — sim, suas demonstrações eram espetaculares, com certeza, mas serviam a um propósito — ou monetizar seu trabalho como Edison, Ford ou Marconi. Já foi dito que "a chave para entender a personalidade de Tesla é sua indiferença pelo lado comercial de seu trabalho".[8]

Como sabemos hoje, seu trabalho nunca dizia respeito ao mercado. Dizia respeito sempre às suas invenções e descobertas e como elas iriam "aliviar o fardo dos ombros da humanidade!".

Na verdade, um biógrafo pode preencher página após página, capítulo após capítulo, falando sobre o legado de Tesla, mas tudo pode ser resumido em uma sentença simples: ele nos deu o mundo moderno.

Epílogo

Quando um autor se propõe a escrever o epílogo de uma vida de grandes feitos e significado, surge um problema: o que dizer que ainda não tenha sido dito no corpo do texto? Assim, deparamo-nos com esse mesmo problema irritante. O que podemos dizer, além de expressar nossas mais profundas estima e gratidão a Nikola Tesla, que nos ofereceu o mais interessante dos assuntos para pesquisar e escrever? Ele foi um homem que ocupou múltiplos aspectos de sua época. Ele tinha uma personalidade "elétrica".

Tesla foi chamado de gênio, visionário, inventor, descobridor, criador, mago, sonhador, polímata, Prometeu redivivo, ponto fora da curva, futurista, intruso, dândi, feiticeiro elétrico, objeto de culto, o primeiro geek, enigma, santo científico, mágico misterioso, iconoclasta consumado, psicologicamente instável, individualista, místico, pai da energia verde e derradeiro solitário. Ele era tudo isso e mais. Ele foi o "cientista supernova", que não tolerava qualquer oposição à sua maneira de pensar. Ele era *sui generis*. Rejeitou o conhecimento tradicional de imediato. Sempre procurava outra maneira de fazer alguma coisa. Ele não precisava da confirmação de outros cientistas para saber que estava certo. Sua crença em si mesmo era indestrutível. Sua longa vida foi guiada por "princípios acima do lucro". E ele a devotou a uma paixão insaciável, "aliviar o fardo dos ombros da humanidade".

Por um tempo muito longo, ele não foi nada mais que uma nota de rodapé esquecida na maioria dos livros de história da segunda metade do século XX ou foi usado como um antagonista histórico para iluminar as vidas de Thomas A. Edison e outros. Além disso, ele transcendeu a metodologia conhecida como "engenhosidade ianque", ou o "jeito americano", exemplificada em personagens tais como Edison ou os irmãos Wright.[1] Edison e sua "melhoria" da lâmpada bem como os irmãos Wright e sua imagem do "primeiro voo" foram usados por décadas para cimentar seus lugares nos livros de história.[2] Tesla não tomou a estrada mais usada, pois sempre rejeitou a sabedoria tradicional em todas as suas formas, acreditando saber melhor — e na maioria dos casos estava certo —, e então ele foi propositalmente excluído da história. Apesar de ter se naturalizado pouco depois de chegar aos EUA, em 1884, isso nunca foi suficiente para os críticos, fossem eles historiadores, cientistas ou meros observadores.

O que Tesla fez, desde a infância, foi olhar para a forma como a natureza funcionava e bater na porta da frente em busca das respostas. Se ninguém abrisse, ele iria, então, para a porta dos fundos, onde a maioria dos cientistas nunca queria ser vista, pois era anticientífico: carecia de metodologia. Uma vez tendo visualizado um problema ou uma ideia para algo inteiramente novo, tendo cristalizado o conceito em sua mente e construído e testado aquilo por meio de seu processo mental ímpar, ele então punha-se a trabalhar para descobrir a solução. Sim, Tesla conduzia seus intermináveis experimentos mentais da mesma forma que Einstein, mas, diferentemente dele, era realmente capaz de levar aqueles experimentos do estágio mental para o estágio físico de desenvolvimento. Pensar sobre um motor de indução e então ser capaz de construí-lo e fazê-lo funcionar era um dom que poucos possuíam. Ele buscou romper com o modo como os cientistas em geral pensavam, trabalhando na maior parte das vezes por instinto e com uma genialidade desenfreada.

Tesla disse que sua vida foi guiada por um instinto inigualável, sobre o qual declarou:

> Eu não podia demonstrar minha crença naquela época, mas ela me veio pelo que chamo de instinto, na falta de palavra melhor. Mas instinto é

> algo que transcende o conhecimento. Indubitavelmente temos, em nossos cérebros, algumas fibras mais delicadas que nos permitem perceber verdades que não poderíamos captar por deduções lógicas e que seria fútil tentar captar por meio de qualquer esforço consciente de pensamento.[3]

Diferentemente da intuição, cujos processos são conhecidos, o instinto é algo "soldado" desde o nascimento — é inato, mapeado no DNA.

A palestra de Tesla em 16 de maio de 1888 perante o Instituto Americano de Engenheiros Eletricistas foi inovadora e inaugurou uma nova era nas ciências elétricas. O assunto da palestra, chamada "Um novo sistema de motores e transformadores de corrente alternada", apresentava a teoria e a aplicação prática da corrente alternada para a engenharia elétrica. Assim, a CA tornou-se, e ainda é, a fundação sobre a qual todo o sistema elétrico do mundo atual foi erguido.[4] Com todos os olhos sobre ele, um Tesla aristocraticamente vestido começou sua palestra ligando e desligando seus motores miraculosos e mostrando desenhos e diagramas para provar suas afirmações. Em resumo, com o simples ligar de uma chave, uma nova era da tecnologia teve início.[5] Sobre a palestra, o altamente respeitado cientista B. A. Behrend disse: "Ele não deixou coisa alguma para ser realizada por aqueles que vieram depois dele. Até o esboço da teoria matemática estava ali no esquema que ele apresentou".[6]

O que Tesla fez naquela noite, perante muitos dos mais respeitados cientistas e engenheiros eletricistas do mundo, foi desafiá-los a quebrar as correntes do pensamento científico ossificado, a ousar, apostar e não aceitar a narrativa do conhecimento tradicional. De fato, sua abordagem era uma versão científica da Janela de Overton moderna. Sua Janela de Overton pode ser definida em termos científicos como um método para identificar as ideias que definem o escopo de aceitabilidade dentro da comunidade científica.[7] Como os políticos, os cientistas em geral só agem nos limites da região aceitável dentro da Janela de Overton, especialmente se receberem financiamento governamental. O que Tesla conseguiu fazer, pagando um alto preço psicológico e financeiro, foi rejeitar o aceitável e buscar avenidas de pensamento e experimentação que, ele estava convencido, o levariam a respostas encontradas no lado esquerdo da Janela de Overton.

Na época, muito do que Tesla disse e fez estava fora do pensamento convencional e desafiava padrões da indústria. De sua descoberta do campo magnético rotativo e da invenção da corrente alternada até as comunicações sem fio e o seu raio da morte, Tesla sempre demonstrou habilidade para pensar de forma não linear. Enquanto os cientistas daquele tempo trabalhavam de forma muito linear, evitando se afastar demais da consciência coletiva por medo de não serem aceitos pela maioria da comunidade científica, Tesla não tinha medo de viver no exílio; afinal, ele escolheu viver completamente só em Nova York por seis décadas.

Como agora sabemos, suas batalhas de saúde mental contra a desordem bipolar, como revelado em sua biografia, serviram para dotá-lo de um foco muito forte, uma tenacidade e uma vontade de sempre seguir em frente. Quando seu laboratório na Quinta Avenida foi destruído pelo fogo, restando apenas "quatro paredes rachadas e enegrecidas", ele seguiu adiante, apesar de estar psicologicamente arrasado.[8]

O amor de Nikola Tesla pela invenção era eterno. Ele disse: "Meu ideal é Arquimedes. Eu admirava as obras de artistas, mas em minha cabeça eles eram sombras e ilusões. O inventor, eu pensava, dá ao mundo criações palpáveis, que vivem e trabalham".[9]

Uma pergunta a ser feita, e para a qual não há uma resposta correta, é se Tesla poderia ter feito suas descobertas e invenções sem ser bipolar. Olhando para sua vida, há pouca dúvida de que Tesla sofria do que os psiquiatras modernos chamam de "transtorno bipolar I" (TB-I), que antigamente era chamado de "desordem maníaco-depressiva". Ele experimentava períodos de "picos", com mania desenfreada, algumas vezes acompanhada de elementos psicóticos como visões e sons que eram possivelmente alucinações; ele também experimentava longos períodos de "hipomania" continuada, durante os quais realizava a maior parte de seu trabalho, de suas invenções e de seus registros de patente. Como acontece com todos que sofrem de desordem bipolar, seu humor não era estável, e mesmo durante seus anos produtivos ele passou não apenas por episódios depressivos, mas por períodos em que seu estado oscilava rapidamente entre a mania e a depressão, e mesmo a "hipomania" misturava-se a alguns aspectos de depressão. Isso é muito típico de pacientes com transtorno bipolar de tipo 1.

Durante sua vida, Tesla teve o que os psiquiatras chamam de "comorbidade", um transtorno obsessivo-compulsivo (TOC), que dava cor e sabor à sua personalidade, mas que não parece ter sido debilitante. Entretanto, durante a segunda metade de sua vida, sua mania e sua hipomania praticamente desapareceram, com apenas uns poucos períodos de picos contagiantes, e estes eram normalmente acompanhados de aspectos depressivos. Na maioria do tempo ele estava depressivo, irascível, irritável e teimoso, e, apesar de continuar a expressar novas ideias nesse estado, ele não teve sucesso em conseguir financiamento para desenvolvê-las. O que deu errado? Tesla precisava de sua hipomania para inventar? Apesar de não ser possível dar uma resposta com alguma certeza, parece que Tesla precisava de sua hipomania para convencer outros cientistas da verdade de suas descobertas e para convencer aqueles com dinheiro a investirem nelas, já que eles não entendiam suas ideias. Na ausência de hipomania, as ideias fluíam, mas não eram tão bem aceitas quando vindas de um homem irritadiço e desagradável, como tinham sido quando vinham de um gênio carismático e seguro de si. No fim, não é possível separar a desordem bipolar do gênio produtivo, e a vida de Tesla continuará o debate do papel da desordem bipolar naqueles cuja criatividade é mais impressionante.

Em última análise, a história afinal tomou juízo e está alcançando Tesla, pois ele foi o homem que, "em tempo", mudou o mundo "para o resto dos tempos". Então agora estamos no século XXI, e "é o tempo dele", com o mundo entrando em seu domínio da "energia elétrica e da comunicação sem fio" em constante expansão. Ele de fato "aliviou o fardo dos ombros da humanidade" em sua época. Assim, Nikola Tesla tornou-se uma sinédoque para o mundo moderno.

Agradecimentos

Um agradecimento especial a meus pais, Darinka e Mike Perkom, que sempre me permitiram encontrar meu próprio caminho e sempre incentivaram minha curiosidade.

A Charles D. Holland, Esquire, por seus sábios conselhos.

A Franklin M. Chu, MD; Hrayr Karnig Shahinian, MD; Natalija Nogulich; Liz Chu, NP; Jessica E. Reynolds; Shelly J. Preston; James E. Cheeley, DC; e Darrell E. Parks, por seu infindável apoio. Tenho por vocês o mais profundo respeito.

A William Terbo, sobrinho-neto de Nikola Tesla, que muitos anos atrás respondeu a minhas perguntas sobre aquele grande homem durante uma agradável tarde de domingo que passamos juntos. Foi muito esclarecedor.

A todos que, sabendo ou não, me inspiraram a escrever este livro, eu humildemente agradeço.

— *M. P.*

Ao professor Hagop Ariskal, meu antigo colega na Universidade da Califórnia, em San Diego, pelas inúmeras e úteis discussões sobre a expressão do transtorno bipolar em gênios criativos e por sua ajuda na interpretação da evidência registrada sobre Nikola Tesla, que documenta os altos e baixos de seu humor durante sua longa vida.

A numerosos outros psiquiatras, profissionais de saúde mental e especialistas em transtorno bipolar que escreveram sobre o tópico e abriram meus olhos para a antiga questão da relação entre desordem bipolar e criatividade.

Ao Museu Nikola Tesla, em Belgrado, Sérvia, por facilitar minha visita e por me ajudar a entender o homem Nikola Tesla e sua genialidade.

— *S. M. S.*

Nós, os autores, temos muitas pessoas a quem agradecer, sem as quais este livro não teria sido possível. Pessoas talentosas que, do começo ao fim, do conceito até a venda do primeiro exemplar e além, foram parte dessa jornada. A lista começa com nosso extraordinário agente literário, Mark Gottlieb, do Trident Media Group. Desde uma troca de e-mails tarde da noite há alguns anos até este momento, ele tem sido aquela pessoa cuja convicção de que a história ímpar de Tesla valia a pena ser contada "do nosso jeito" nunca vacilou. Ao nosso excepcional editor-executivo Jonathan Kurtz, da Prometheus Books, por acreditar no projeto e por sua generosidade em nos dar a liberdade para escrever *Tesla: sua vida impressionante e atribulada*. A Jessica McCleary, Gary Hamel e toda a equipe de produção da Prometheus Books por seu trabalho árduo e seu apoio em fazer nossa visão deste livro se tornar realidade. E a Tara C. Craig por atender a nossos pedidos na Biblioteca de Livros Raros e Manuscritos da Universidade Columbia.

Por fim, escrever como uma equipe de dois autores teria sido quase impossível sem a invenção de Nikola Tesla, a comunicação sem fio.

— *M. P. & S. M. S.*

Apêndice A: Patentes

Invenções e descobertas

Corrente direta. Controles do motor e do gerador, lâmpadas de arco voltaico etc.:

334.823	335.786	335.787	336.961	336.962	350.954	382.845

Correntes polifásicas, transmissões elétricas de energia, dínamos, motores, transformadores, distribuição elétrica:

395.748	381.968	381.969	381.970	382.279	382.280
382.281	382.282	390.413	390.414	390.415	390.721
390.820	401.520	405.858	405.859	406.968	413.353
413.702	413.703	416.191	416.192	416.193	416.194
416.195	417.794	418.248	424.036	433.700	433.700
445.207	455.067	459.772	464.666	487.796	511.559
511.560	511.915	512.340	524.426	555.190	

Correntes de alta frequência e alta tensão. Aparelhos para geração, controles, circuitos e sistemas, isolamento e aplicações:

314.167	314.168	447.920	447.921	454.622	455.069
462.418	464.667	511.916	514.170	567.818	568.176
568.177	568.178	568.179	568.180	568.671	577.670
583.953	609.246	609.247	609.248	609.229	609.250
609.251	611.719	6103.735			

Sistemas sem fio. Telegrafia por rádio, mecânica de rádio, métodos de sintonização e seleção, detectores etc.:

568.178	593.138	613.809	645.576	649.621	655.838
685.012	685.953	685.594	685.955	685.956	685.957
685.958	723.188	725.605	787.412	1.119.73[2]	

Várias patentes. Turbinas a vapor, bombas, velocímetros, aviões, osciladores mecânicos, motores termomagnéticos etc.:

396.121	428.057	455.068	514.169	517.900	524.972
524.973	1.061.142	1.113.716	1.209.359	1.266.175	1.274.816
1.314.718	1.329.559	1.365.547	1.402.025	1.655.114	

De O'Neill, John J. *Prodigal Genius: The Life of Nikola Tesla.* Albuquerque, NM: Brotherhood of Life, 1994, p. 321-322. Algumas patentes não puderam ser encontradas e estão perdidas nos arquivos de patentes ou nunca foram registradas. O número total é estimado em mais de trezentas patentes. A lista completa de patentes norte-americanas e internacionais de Tesla está disponível em detalhes em:

https://en.wikipedia.org/wiki/List_of_Nikola_Tesla_patents.

http://web.mit.edu/most/Public/Tesla1/alpha_tesla.html.

www.uspto.gov.

www.teslabiography.com.

Apêndice B: Ensaio bibliográfico

Os autores descobriram que, entre os inúmeros livros e outros materiais sobre a vida e a obra de Tesla consultados, vários eram citados de forma regular e merecem uma menção especial. Espera-se que eles possam ajudar futuros biógrafos em sua nobre tarefa de contar a impressionante e atribulada vida de Nikola Tesla, a maior parte da qual permanece envolta em mistério.

Comecemos pelos livros que foram de valor imediato. *Wizard: The Life and Times of Nikola Tesla: Biography of a Genius*, de Marc J. Seifer. Seu trabalho é completo e contém "reconstruções" interessantes das relações de Tesla com pessoas proeminentes. W. Bernard Carlson publicou *Tesla: Inventor of the Electrical Age*, um livro que os autores consideram uma fonte técnica confiável para tópicos científicos complexos. *Tesla: Inventor of the Modern*, de Richard Munson, provou-se uma fonte valiosa. E, então, há também a biografia escrita por Margaret Cheney, *Tesla: Man Out of Time*, e sua continuação em parceria com Robert Uth, *Tesla: Master of Lightning*, duas leituras muito instrutivas.

Voltando a uma fonte de 1944, os autores encontraram *Prodigal Genius: The Life of Nikola Tesla*, escrito pelo vencedor do prêmio Pulitzer John J. O'Neill, que conheceu Tesla pessoalmente por muitos anos — essa é muitas vezes reconhecida como a segunda biografia do inventor, mas seria mais valiosa se não carecesse de notas de rodapé e notas finais. Voltando ainda mais no tempo em nossa pesquisa, para 1894, *The Inventions, Researches, and Writings of Nikola Tesla with Special Reference to His Work in Polyphase Currents and High Potential Lighting*, preparado por Thomas C. Martin, editor e amigo do inventor, foi uma fonte valiosa sobre os experimentos, as teorias e as subsequentes invenções de Tesla. É considerada a primeira biografia de Nikola Tesla. E, então, há *Nikola Tesla: Colorado Springs Notes 1899-1900*, uma fonte primária, escrita pelo próprio Nikola Tesla. Também foram de grande auxílio *Dr. Nikola Tesla Bibliography*, editado por John T. Ratzlaff e Leland I. Anderson, e *Tesla Said*, compilado por John T. Ratzlaff. Os autores também se debruçaram, em sua pesquisa, sobre os "Arquivos de Nikola Tesla" na Biblioteca de Livros Raros e Manuscritos da Universidade Columbia. Os arquivos contêm diversas cartas, documentos e outros materiais significativos referentes a Tesla.

A única fonte primária significativa dos anos iniciais de Tesla é sua autobiografia, *My Inventions: The Autobiography of Nikola Tesla*. Essa autobiografia foi publicada pela primeira vez, de forma serializada, na revista *The Electrical Experimenter* em 1919. Após sua primeira publicação, a autobiografia tem sido republicada na forma de livro por várias editoras ao longo de décadas. Cada edição é um pouco diferente da outra; assim, os autores preferiram consultar edições de editoras diferentes em um esforço para chegar o mais próximo possível do que Tesla realmente escreveu e fez.

Outra fonte muito valiosa foi a Biblioteca Digital HathiTrust. Seu poderoso mecanismo de busca permite localizar edições históricas de jornais, periódicos etc.

Além disso, como é comum, a pesquisa e a produção de uma biografia sobre um indivíduo tão produtivo e tão complexo expõem inconsistências nos fatos usados por biógrafos anteriores. Quando isso ocorreu, os autores tomaram a prudente decisão de consultar múltiplas fontes sempre que possível.

Veja, também, a bibliografia completa, incluindo as coleções de arquivos, periódicos, jornais e sites que os autores usaram como referência ao pesquisar e escrever *Tesla: sua vida impressionante e atribulada*.

Notas

Prólogo

1. Brockman, John (ed.). *The Greatest Inventions of the Last 2000 Years: Today's Leading Thinkers Choose the Creations That Shaped Our World*. Nova York: Simon & Schuster, 2000, p. 44-46.
2. Eminente psicobiógrafo/psicólogo Alan C. Elms afirma em *Uncovering Lives: The Uneasy Alliance of Biography and Psychology* que "a empatia do psicobiógrafo pelo sujeito — uma importante ferramenta de pesquisa — é frequentemente ajudada se ele ou ela experimentou semelhanças na história de vida ou, pelo menos, vem de uma formação cultural semelhante" (p. 248). Elms enfatiza ainda mais seu ponto quando afirma: "Eu gostaria de ver uma psicobiografia russa de Vladimir Nabokov, por exemplo... Isso deveria adicionar percepções que eu e outros psicobiógrafos americanos não conceberíamos" (p. 250).

1. Relâmpago e trovão: precoce

1. Carlson, W. Bernard. *Tesla: Inventor of the Electrical Age*. Princeton, NJ: Princeton University Press, 2013, p. 18.
2. A Igreja Ortodoxa Sérvia segue o calendário juliano (proposto por Júlio César em 46 a.C.), assim como os países ortodoxos orientais em todo o mundo. A Igreja Ortodoxa Oriental e seus muitos adeptos insistem em ainda usar o calendário juliano para calcular a Páscoa e todas as outras festas móveis. Portanto, todas as outras datas também são afetadas. A maioria dos países hoje utiliza o calendário gregoriano, uma questão que ainda é muito delicada entre as igrejas ortodoxas orientais. Usar o calendário gregoriano para calcular datas colocaria o aniversário de Nikola Tesla entre 20 e 21 de julho de 1856.
3. "O tema deste ano do Instituto Americano de Engenheiros Elétricos, 'Encontro Geral de Outono' (de 1º a 5 de outubro de 1956, em Chicago, Illinois), será o Centenário de Nikola Tesla. Na reunião, o dr. Samuel G. Hibben fará uma palestra comemorando as contribuições notáveis do dr. Tesla para a indústria elétrica e para o mundo." "The Nikola Tesla Papers." Universidade Columbia, Biblioteca de Livros Raros e Manuscritos, Nova York.

4. Carlson, W. Bernard. *Tesla*, p. 18.
5. Cheney, Margaret. *Tesla: Man Out of Time*. Nova York: Barnes & Noble, 1981/1993, p. 6. Na verdade, o Império Austro-Húngaro não começou até 1867, como resultado do Compromisso Austro-Húngaro, que estabeleceu o monarca dual da Áustria-Hungria. O nome correto para essa região antes de 1867 é Império Austríaco. Wheatcroft, Andrew. *The Habsburg: Embodying Empire*. Nova York: Viking, 1995, p. 246-247, p. 278-279; Munson, Richard. *Tesla: Inventor of the Modern*. Nova York: W.W. Norton, 2018, p. 9.
6. Igreja Ortodoxa Sérvia (Oriental) *vs*. Igreja Católica Romana: A Igreja Católica acredita que o papa é "infalível" em questões de doutrina. A Igreja Ortodoxa (sérvia) rejeita a infalibilidade do papa e considera seus próprios patriarcas, também, como humanos e, portanto, sujeitos ao erro. A maioria das igrejas ortodoxas permite tanto padres casados ordenados como monásticos celibatários, então o celibato, até certo nível na hierarquia da Igreja, é uma opção.
7. O predicado para o que evoluiria até um cisma religioso mundial teve suas raízes na batalha em 28 de outubro de 312, a Batalha da Ponte Mílvia. Foi o evento mais importante na vida do imperador romano Constantino I (nascido em Niš, atual Sérvia). Além disso, a batalha entre os imperadores romanos Constantino I e Maxêncio trouxe uma mudança radical que influenciou os eventos mundiais desde aquele dia até hoje. Foi um confronto cruel que ocorreu na ponte Mílvia, que ainda hoje atravessa o rio Tibre, no norte de Roma. Diz a lenda que, no dia anterior ou talvez mesmo durante a batalha em si, o imperador Constantino I teve sua famosa visão. Como retrata o historiador cristão Eusébio de Cesareia: "Um sinal maravilhoso apareceu-lhe do céu. Ele fez essa afirmação por volta do meio-dia, quando o sol estava começando a declinar, alegando que viu com seus próprios olhos o monumento de uma cruz de luz no céu, acima do sol e com a inscrição 'Conquiste com Este' (*Hoc Vince*). Ele próprio ficou pasmo, e todo o seu exército também". Constantino I, também conhecido como Constantino, o Grande, derrotou Maxêncio com sucesso e tornou-se mestre de tudo o que conquistou. Ele também se tornou o primeiro imperador cristão do Império Romano e estava se convertendo ao cristianismo. Em 330 d.C., o imperador Constantino I renomeou Bizâncio com seu próprio nome, portanto, Constantinopla, uma cidade que os historiadores costumam descrever como "Desejo do Mundo". Constantinopla (atual Istambul) provaria ser por mais de um milênio o bastião e defensor do cristianismo ortodoxo oriental. No fim do século IX, as tribos eslavas errantes dos Bálcãs eram acólitas de pleno direito do cristianismo ortodoxo. Não obstante, a hegemonia romana (católica) continuou a dominar a Croácia, as partes setentrionais da costa da Dalmácia e a Morávia, mas na Sérvia, na Macedônia e na Grécia a fé ortodoxa e o domínio de Constantinopla foram adotados voluntariamente. Norwich, John Julius. *A Short History of Byzantium*. Nova York: Alfred A. Knopf, 1997, p. 5, p. 155.
8. Carlson, W. Bernard. *Tesla*, p. 10.
9. Seifer, Marc J. *Wizard: The Life and Times of Nikola Tesla: Biography of a Genius*. Nova York: Citadel Press, 1998, p. 5.
10. O'Neill, John J. *Prodigal Genius: The Life of Nikola Tesla*. Albuquerque, NM: Brotherhood of Life, 1994, p. 20-21.
11. Carlson, W. Bernard. *Tesla*, p. 13.
12. Ibid., p. 13-14.
13. O coautor Perko pode dizer por experiência pessoal que os muitos caminhos trilhados que levaram desde velhos Babas (avós) e burros a vacas carregadas de leite e cavalos de carga através dos tempos ainda estão salpicados com as mesmas pedras.

14. Tesla, Nikola. *Zmai Iovan Iovanovich — The Servian Poet*. The Century Magazine, 1º maio 1894, p. 130.
15. Dia 28 de junho pelo calendário gregoriano.
16. Carlson, W. Bernard. *Tesla*, p. 13.
17. Seifer, Marc J. *Wizard*, p. 5-6.
18. "Embora a sabedoria convencional considere Waterloo como o local da derrota de Napoleão, não foi. A batalha real, a última das Guerras Napoleônicas, foi travada aproximadamente a 6,5 quilômetros ao sul em algum lugar entre as aldeias de Plancenoit e Mont-Saint-Jean." Perko, Marko. *Did You Know That...?:"Revised and Expanded" Edition: Surprising-But-True Facts about History, Science, Inventions, Geography, Origins, Art, Music and More*. Nova York: Open Road Distribution, 2017, p. 12.
19. Tesla, Nikola. *My Inventions: Nikola Tesla's Autobiography*. Las Vegas: Lits, 2011, p. 10. A autobiografia de Tesla continua a ser a maior fonte primária sobre a sua infância. Diferentes versões publicadas de sua autobiografia foram citadas.
20. Seifer, Marc J. *Wizard*, p. 6.
21. Ibid.; O'Neill, John J. *Prodigal Genius*, p. 19.
22. Carlson, W. Bernard. *Tesla*, p. 16.
23. Ibid., p. 14.
24. Ibid., p. 14-15; Seifer, Marc J. *Wizard*, p. 7.
25. Tesla, Nikola. *My Inventions*, p. 11; Tesla, Nikola. "My Inventions: i. My Early Life". *The Electrical Experimenter*, fev. 1919, p. 696.
26. Senj é uma fortificação costeira do norte situada a pouco mais de 120 quilômetros do porto marítimo italiano de Trieste e a antiga casa do avô e homônimo do coautor Perko.
27. Munson, Richard. *Tesla: Inventor of the Modern*, p. 10.
28. Norwich, John Julius. *A Short History of Byzantium*, p. 146.
29. O coautor Perko passou uma tarde muito esclarecedora em uma discussão abrangente sobre a vida de Tesla com William Terbo há vários anos.
30. Carlson, W. Bernard. *Tesla*, p. 15.
31. Tesla, Nikola. *My Inventions* (Lits), p. 11.
32. Martin, Thomas Commerford. *The Inventions, Researches, and Writings of Nikola Tesla*. CreateSpace/Skytower Press, 2013, p. 6.
33. Tesla, Nikola. *My Inventions*, p. 30.
34. Ibid., p. 30-31.
35. Tesla, Nikola. *My Inventions* (Lits), p. 12; O'Neill, John J. *Prodigal Genius*, p. 19.
36. Seifer, Marc J. *Wizard*, p. 6-7; Tesla, Nikola. *My Inventions* (Lits), p. 12.
37. Carlson, W. Bernard. *Tesla*, p. 16.
38. Ibid., p. 17; Seifer, Marc J. *Wizard*, p. 10.
39. Isaacson, Walter. *The Innovators: How a Group of Hackers, Geniuses, and Geeks Created the Digital Revolution*. Nova York: Simon & Schuster, 2014, p. 9. Augusta Ada King (1815-1852), condessa de Lovelace, a única filha legítima do célebre poeta Lorde Byron, foi considerada por muitos como a primeira programadora de computador do mundo e a primeira a compreender o poder dos computadores.
40. Tesla, Nikola. "My Inventions: i.", p. 746.
41. Seifer, Marc J. *Wizard*, p. 7-8.
42. Tesla, Nikola. "My Inventions: i.", p. 841.
43. Seifer, Marc J. *Wizard*, p. 8.

44. Tesla, Nikola. "Story of Youth Told by Age". (Dedicado a srta. Pola Fotitch pelo autor). New Yorker Hotel, Rastko Project, 1939; Munson, Richard. *Tesla: Inventor of the Modern*, p. 15.
45. A srta. Pola Fotitch (Triandis) era a filha de oito anos de Konstantin Fotić, embaixador da Iugoslávia nos Estados Unidos na época de Pedro II, rei da Iugoslávia. O coautor Perko, quando adolescente, teve a oportunidade de conhecer e passar um tempo com o ex-rei Pedro, em Los Angeles, Califórnia. cheney, Margaret & uth, Robert. *Tesla: Master of Lightning*. Nova York: Barnes & Noble, 1999, p. 4.
46. Tesla, Nikola. "Story of Youth Told by Age".
47. Ibid.
48. Tesla, Nikola. "My Inventions: I.", p. 696.
49. Tesla, Nikola. "Story of Youth Told by Age".
50. Ibid.
51. Tesla, Nikola. "My Inventions: I.", p. 841.
52. Tesla, Nikola. *My Inventions* (Lits), p. 31; Carlson, W. Bernard. *Tesla*, p. 19. Outras fontes afirmam que foram usados dezesseis besouros. Ver "Notas para o leitor: números".
53. Tesla, Nikola. *My Inventions* (Lits), p. 32.
54. Tesla, Nikola. "My Inventions: I.", p. 841.
55. Ibid.
56. Seifer, Marc J. *Wizard*, p. 12.
57. Tesla, Nikola. *My Inventions* (Lits), p. 12-13.
58. Ibid., p. 13.
59. Tesla, Nikola. In Johnston, Ben (ed.). *My Inventions*, p. 32-33.
60. Tesla, Nikola. *My Inventions* (Lits), p. 14.
61. Ibid., p. 18.
62. Ibid.
63. Ver "Notas para o leitor: datas".
64. Ver "Notas para o leitor: lugares".
65. Seifer, Marc J. *Wizard*, p. 12.
66. Carlson, W. Bernard. *Tesla*, p. 21.
67. Tesla, Nikola. *My Inventions* (Lits), p. 8.
68. O'Neill, John J. *Prodigal Genius*, p. 19.
69. Carlson, W. Bernard. *Tesla*, p. 16.
70. Munson, Richard. *Tesla: Inventor of the Modern*, p. 16; Seifer, Marc J. *Wizard*, p. 10, p. 488.
71. Cheney, Margaret. *Tesla: Man Out of Time*. Nova York: Barnes & Noble, 1981/1993, p. 9.
72. Munson, Richard. *Tesla: Inventor of the Modern*, p. 16.
73. Carlson, W. Bernard. *Tesla*, p. 21; Seifer, Marc J. *Wizard*, p. 9.
74. Carlson, W. Bernard. *Tesla*, p. 21; Tesla, Nikola. "My Inventions: I.", p. 697.
75. Seifer, Marc J. *Wizard*, p. 10.
76. Munson, Richard. *Tesla: Inventor of the Modern*, p. 16.
77. Tesla, Nikola. *My Inventions* (Lits), p. 33.
78. Ibid.
79. Ibid., p. 33-34.
80. Ibid., p. 9; Munson, Richard. *Tesla: Inventor of the Modern*, p. 16.
81. Seifer, Marc J. *Wizard*, p. 11; Tesla, Nikola. In Johnston, Ben (ed.). *My Inventions*, p. 46.
82. Munson, Richard. *Tesla: Inventor of the Modern*, p. 18.

2. Calmaria: aprendendo o básico

1. Tesla, Nikola. *My Inventions: Nikola Tesla's Autobiography*. Las Vegas: Lits, 2011, p. 19.
2. Seifer, Marc J. *Wizard: The Life and Times of Nikola Tesla: Biography of a Genius*. Nova York: Citadel Press/Kensington Publishing, 1996/1998, p. 11.
3. Carlson, W. Bernard. *Tesla: Inventor of the Electrical Age*. Princeton, NJ: Princeton University Press, 2013, p. 23; *A History of Hungarian Literature: From the Earliest Times to the Mid-1970s*, capítulo 10, "Social Criticism and the Novel in the Age of Reform". Disponível em: http://mek.niif.hu/02000/02042/html/23.html.
4. Munson, Richard. *Tesla: Inventor of the Modern*. Nova York: W.W. Norton and Company, 2018, p. 21; *A History of Hungarian Literature*, capítulo 10.
5. Tesla, Nikola. *My Inventions* (Lits), p. 19.
6. Ibid., p. 19-20.
7. Carlson, W. Bernard. *Tesla*, p. 24.
8. O'Neill, John J. *Prodigal Genius: The Life of Nikola Tesla*. Albuquerque, NM: Brotherhood of Life, 1994, p. 22.
9. Em *Assim Falou Zaratustra: um livro para todos e para ninguém* (1883-1885), Friedrich Nietzsche imagina um *Übermensch*, ou "super-homem".
10. Strevens, Michael. *The Knowledge Machine: How Irrationality Created Modern Science*. Nova York: Liveright, 2020, p. 106-107.
11. O'Neill, John J. *Prodigal Genius*, p. 17.
12. Ibid., p. 22.
13. Munson, Richard. *Tesla: Inventor of the Modern*, p. 22.
14. Ibid.
15. Strevens, Michael. *The Knowledge Machine*, p. 135.
16. Tesla, Nikola. *My Inventions* (Lits), p. 37; Carlson, *Tesla*, 26.
17. Carlson, W. Bernard. *Tesla*, p. 26. Hoje é possível andar pelo caminho que circunda as Cataratas do Niágara no lado canadense e ver uma gigantesca estátua de bronze de Nikola Tesla vestindo um smoking e um casaco comprido, em pé, orgulhoso, olhando para sua invenção a seus pés — que assinalou o início da eletrificação do mundo. A estátua foi erguida em 2006. Outra estátua está localizada no lado norte-americano (Nova York) das cataratas e mostra Tesla sentado, lendo um de seus cadernos de anotações. A estátua foi doada em 1976 pela então Iugoslávia.
18. Tesla, Nikola. *My Inventions* (Lits), p. 37.
19. Seifer, Marc J. *Wizard*, p. 13.
20. A habilidade de Tesla com matemática complexa faz um forte contraste com a inabilidade de Albert Einstein com cálculos complexos, mesmo assim ambos eram físicos mundialmente famosos.
21. Tesla, Nikola. *My Inventions* (Lits), p. 37.
22. Ibid.
23. Ibid., p. 38.
24. Ibid.
25. Carlson, W. Bernard. *Tesla*, p. 27.
26. Tesla, Nikola. *My Inventions* (Lits), p. 38.
27. Ibid., p. 39.
28. Carlson, W. Bernard. *Tesla*, p. 28.
29. Seifer, Marc J. *Wizard*, p. 12.
30. Munson, Richard. *Tesla: Inventor of the Modern*, p. 22.

31. Tesla, Nikola. *My Inventions* (Lits), p. 39. É notável que uma vez que Nikola se tornou muito proeminente nos Estados Unidos, Mark Twain, bem como vários outros luminares, procuravam-no esperando travar amizade com ele.
32. Seifer, Marc J. *Wizard*, p. 13. Hoje em dia a cidade de Karlovac abriga a Fundação Nikola Tesla para estudantes dotados.
33. Cheney, Margaret. *Tesla: Man Out of Time*. Nova York: Barnes & Noble, 1981/1993, p. 17; Tesla, Nikola. *My Inventions* (Lits), p. 40.
34. Seifer, Marc J. *Wizard*, p. 13.
35. Munson, Richard. *Tesla: Inventor of the Modern*, p. 24.
36. Apesar de a quantidade variar de uma fonte para outra, dizia-se que Tesla era fluente em algo entre oito e doze línguas.
37. Munson, Richard. *Tesla: Inventor of the Modern*, p. 23.
38. Tesla, Nikola. *My Inventions* (Lits), p. 40.
39. Seifer, Marc J. *Wizard*, p. 13.
40. Tesla, Nikola. *My Inventions* (Lits), p. 40.
41. Seifer, Marc J. *Wizard*, p. 13.
42. Tesla, Nikola. *My Inventions* (Lits), p. 40.
43. Tesla, Nikola. "My Inventions: I. My Early Life". *The Electrical Experimenter*, abr. 1919, p. 865.
44. Tesla, Nikola. *My Inventions* (Lits), p. 41.
45. Munson, Richard. *Tesla: Inventor of the Modern*, p. 25.
46. Seifer, Marc J. *Wizard*, p. 14.
47. Tesla, Nikola. *My Inventions* (Lits), p. 42.
48. Ibid.
49. Munson, Richard. *Tesla: Inventor of the Modern*, p. 25-26.
50. Ibid., p. 26.
51. Mrkich, Daniel. *Nikola Tesla: The European Years* (*Part One*). Ottawa, ON: Commoners' Publishing, 2002, p. 34.
52. Munson, Richard. *Tesla: Inventor of the Modern*, p. 26.
53. Carlson, W. Bernard. *Tesla*, p. 30.
54. Ibid. O conceito original de Tesla se tornou realidade anos mais tarde, quando recipientes cilíndricos foram enviados através de uma rede de tubos usando ar comprimido ou vácuo parcial. Eles foram usados desde o fim do século XIX até os anos 1950 em Nova York e em outros lugares. O conceito continua em uso em várias áreas industriais até hoje.
55. Carlson, W. Bernard. *Tesla*, p. 30; O'Neill, John J. *Prodigal Genius*, p. 28.
56. Carlson, W. Bernard. *Tesla*, p. 30.
57. Mrkich, Daniel. *Nikola Tesla: The European Years* (*Part One*), p. 26.
58. Seifer, Marc J. *Wizard*, p. 14.
59. Carlson, W. Bernard. *Tesla*, p. 31.
60. Ibid. A causa da HSAM não é conhecida, mas os lugares óbvios para se procurar são as áreas psicológicas e biológicas. No aspecto biológico, há o componente genético. Vale observar que a mãe de Tesla tinha uma memória superior, pois muitas vezes divertia seus filhos com histórias de heróis sérvios.
61. Carlson, W. Bernard. *Tesla*, p. 31-32.
62. Mrkich, Daniel. *Nikola Tesla: The European Years* (*Part One*), p. 8.
63. Tesla, Nikola. *My Inventions* (Lits), p. 44.
64. Seifer, Marc J. *Wizard*, p. 15.

65. Ibid.; Meister, Charles M. "Tesla Nearly Missed His Calling". *The New York Sun*, ago. 27, 1931.
66. Tesla, Nikola. *My Inventions*. Eastford, ct: Martino Fine Books, 2018, p. 25.
67. Ibid., p. 45.
68. Seifer, Marc J. *Wizard*, p. 17.
69. Ibid., p. 15; Munson, Richard. *Tesla: Inventor of the Modern*, p. 27.
70. Seifer, Marc J. *Wizard*, p. 15-16; Munson, Richard. *Tesla: Inventor of the Modern*, p. 27.
71. Tesla, Nikola. *My Inventions* (Lits), p. 44; Munson, Richard. *Tesla: Inventor of the Modern*, p. 27.
72. Tesla, Nikola. *My Inventions* (Lits), p. 45.
73. Carlson, W. Bernard. *Tesla*, p. 35.
74. Seifer, Marc J. *Wizard*, p. 16.
75. Tesla, Nikola. *My Inventions* (Lits), p. 44.
76. Munson, Richard. *Tesla: Inventor of the Modern*, p. 29.
77. Meister, Charles M. "Tesla Nearly Missed His Calling"; Mrkich, Daniel. *Nikola Tesla: The European Years (Part One)*, p. 18.
78. Mrkich, Daniel. *Nikola Tesla: The European Years (Part One)*, p. 17-19.
79. Ibid.
80. O dínamo de Gramme (ou anel de Gramme, ou magneto de Gramme) é um gerador elétrico de "corrente direta". Ele foi desenvolvido por Zénobe Théophile Gramme, um inventor belga, e demonstrado pela primeira vez em 1871. Ele foi inspirado em uma máquina mais antiga inventada por Antonio Pacinotti em 1860. Apesar de o dínamo de Gramme não estar mais em uso devido a muitas das limitações técnicas identificadas por Tesla, ele foi o primeiro gerador (alimentado com uma voltagem constante, ele se torna também um motor) a produzir energia elétrica para uso comercial.
81. Tesla, Nikola. *My Inventions* (Lits), p. 45-46. Um comutador é um anexo rotativo ou interruptor elétrico em tipos específicos de motores e geradores elétricos que regularmente inverte a direção da corrente entre o rotor e o circuito externo. Ele é composto de um cilindro com múltiplos segmentos metálicos de contato sobre a armadura rotacional da máquina. Dois ou mais contatos elétricos são chamados de escovas e são feitos de um material condutivo macio, tal como carbono. Esses contatos são pressionados sobre o comutador, criando um contato deslizante com segmentos sucessivos do comutador quando ele gira. Os enrolamentos — espirais de fio metálico — na armadura se conectam aos segmentos do comutador.
82. Ibid., p. 45-46.
83. Munson, Richard. *Tesla: Inventor of the Modern*, p. 28.
84. Isaacson, Walter. *The Innovators: How a Group of Hackers, Geniuses, and Geeks Created the Digital Revolution*. Nova York: Simon & Schuster, 2014, p. 457.
85. Ibid., p. 277.
86. Tesla, Nikola. *My Inventions* (Lits), p. 45-46; O'Neill, John J. *Prodigal Genius*, p. 48; Cheney, Margaret. *Tesla: Man Out of Time*, p. 18-19; Munson, Richard. *Tesla: Inventor of the Modern*, p. 28.
87. Carlson, W. Bernard. *Tesla*, p. 43; Munson, Richard. *Tesla: Inventor of the Modern*, p. 28.
88. Ibid.; Carlson, W. Bernard. *Tesla*, p. 43.
89. Tesla, Nikola. *My Inventions* (Lits), p. 46.
90. Tesla, Nikola. In Johnston, Ben (ed.). *My Inventions: Nikola Tesla's Autobiography.* Austin, tx: Hart Brothers, 1982, p. 37.

91. Ibid.
92. SEIFER, Marc J. *Wizard*, p. 17.
93. CARLSON, W. Bernard. *Tesla*, p. 47.
94. MUNSON, Richard. *Tesla: Inventor of the Modern*, p. 31.
95. Ibid.; SEIFER, Marc J. *Wizard*, p. 18.
96. MUNSON, Richard. *Tesla: Inventor of the Modern*, p. 32.
97. Ibid.
98. SEIFER, Marc J. *Wizard*, p. 18.
99. CARLSON, W. Bernard. *Tesla*, p. 48.

3. No continente: testando os limites

1. MRKICH, Daniel. *Nikola Tesla: The European Years* (*Part Three*). Ottawa, ON: Commoners' Publishing, 2002, p. 16.
2. CHENEY, Margaret. *Tesla: Man Out of Time*. Nova York: Barnes & Noble, 1993, p. 78.
3. ELMS, Alan C. *Uncovering Lives: The Uneasy Alliance of Biography and Psychology*. Nova York: Oxford University Press, 1994, p. 83.
4. TESLA, Nikola. "My Inventions: IV. The Discovery of the Tesla Coil and Transformer". *The Electrical Experimenter*, maio 1919, p. 16.
5. MUNSON, Richard. *Tesla: Inventor of the Modern*. Nova York: W.W. Norton and Company, 2018, p. 36.
6. MRKICH, Daniel. *Nikola Tesla: The European Years* (*Part Three*), p. 16.
7. UGLOW, Jenny. *The Lunar Men: Five Friends Whose Curiosity Changed the World*. Nova York: Farrar, Straus and Giroux, 2002, p. XV.
8. A eletricidade doméstica normal que vem de uma tomada de parede é uma corrente alternada (CA), que é fornecida por linhas de força. A corrente alternada também é utilizada em todo o mundo em todos os tipos de indústria. Desde o início, tornou-se o padrão mundial de energia elétrica, e assim permanece até os dias de hoje. Mais especificamente, a corrente alternada (CA) é uma corrente elétrica que inverte periodicamente a direção ou a polaridade, em oposição à corrente contínua (CC), que flui apenas em uma direção. A corrente alternada é a forma mais eficiente de distribuição de energia elétrica para aplicações comerciais e industriais, bem como para fins residenciais. É também a forma preferida de energia elétrica que impulsiona praticamente todos os aparelhos usados com regularidade, luzes elétricas, televisores, computadores de mesa, e assim por diante. Além disso, é o padrão mundial para energia elétrica.
9. Essencialmente, o sistema polifásico CA de Tesla fornece um meio mais econômico e superior de distribuição de energia elétrica (por grandes distâncias, sem perda de energia) e usa três ou mais condutores elétricos energizados que transportam correntes alternadas..
10. TESLA, Nikola. *My Inventions: Nikola Tesla's Autobiography*. Las Vegas: Lits, 2011, p. 27.
11. MUNSON, Richard. *Tesla: Inventor of the Modern*, p. 37.
12. MRKICH, Daniel. *Nikola Tesla: The European Years* (*Part Three*), p. 12-13.
13. CARLSON, W. Bernard. *Tesla: Inventor of the Electrical Age*. Princeton, NJ: Princeton University Press, 2013, p. 50; TESLA, Nikola. "My Inventions: III. My Later Endeavors: The Discovery of the Rotating Magnetic Field". *The Electrical Experimenter*, abr. 1919, p. 907.
14. MUNSON, Richard. *Tesla: Inventor of the Modern*, p. 36.
15. CHENEY, Margaret. *Tesla: Man Out of Time*, p. 21.
16. TESLA, Nikola. "My Inventions: III.", p. 907.
17. CHENEY, Margaret. *Tesla: Man Out of Time*, p. 22.

18. Ibid.
19. Isaacson, Walter. *Einstein: His Life and Universe*. Nova York: Simon & Schuster, 2007, p. 113.
20. Sacks, Oliver. *The Man Who Mistook His Wife for a Hat and Other Clinical Tales*. Nova York: Touchstone, 1985, p. 87.
21. Tesla, Nikola. *My Inventions* (Beds), p. 49.
22. O'Neill, John J. *Prodigal Genius: The Life of Nikola Tesla*. Albuquerque, NM: Brotherhood of Life, 1994, p. 49.
23. Corrente direta (CC) é a corrente elétrica que flui continuamente em uma direção. É a mesma corrente que alimenta uma lanterna ou outro dispositivo que requer baterias. Além disso, ao contrário da corrente alternada (CA), a perda de energia quando a corrente contínua é transportada por longas distâncias é significativa.
24. Tesla, Nikola. *My Inventions* (Lits), p. 49.
25. Cheney, Margaret & Uth, Robert. *Tesla: Master of Lightning*. Nova York: Barnes & Noble, 1999, p. 11.
26. O'Neill, John J. *Prodigal Genius*, p. 49.
27. Carlson, W. Bernard. *Tesla*, p. 55.
28. Isaacson, Walter. *Einstein*, p. 79.
29. O'Neill, John J. *Prodigal Genius*, p. 237.
30. Ibid.
31. Carlson, W. Bernard. *Tesla*, p. 51-52, p. 54.
32. Tesla, Nikola. *My Inventions* (Lits), p. 50.
33. Carlson, W. Bernard. *Tesla*, p. 51; Cheney, Margaret. *Tesla: Man Out of Time*, p. 23.
34. Tesla, Nikola. *My Inventions* (Lits), p. 50.
35. Isaacson, Walter. *Einstein*, p. 122-124.
36. Carlson, W. Bernard. *Tesla*, p. 57.
37. Tesla, Nikola. "My Inventions: I. My Early Life". *The Electrical Experimenter*, fev. 1919, p. 696.
38. O'Neill, John J. *Prodigal Genius*, p. 237.
39. Sacks, Oliver. *The Man Who Mistook*, p. 168.
40. Wright, Craig. *The Hidden Habits of Genius: Beyond Talent, IQ, and Grit — Unlocking the Secrets of Greatness*. Nova York: Dey St./William Morrow, 2020, p. 42.
41. Sacks, Oliver. *The Man Who Mistook*, p. 168. Hildegard deixou relatos detalhados de outras visões que podemos conhecer em *Scivias* e *Liber divinorum operum*.
42. Wright, Craig. *The Hidden Habits of Genius*, p. 115.
43. Carlson, W. Bernard. *Tesla*, p. 63.
44. Ibid.
45. Tesla, Nikola. *My Inventions* (Lits), p. 52.
46. A Segunda Revolução Industrial, também conhecida como Revolução Tecnológica, foi um período de padronização e industrialização muito rápidas, de meados do século XIX até meados do século XX (1850-1970). Tal período permitiu ao campo florescente da "eletricidade" tornar-se uma grande indústria, enquanto o petróleo e o aço experimentaram um crescimento maior.
47. Mrkich, Daniel. *Nikola Tesla: The European Years (Part Three)*, p. 11.
48. Carlson, W. Bernard. *Tesla*, p. 63-64.
49. Tesla, Nikola. "My Inventions: IV.", p. 17; "The Nikola Tesla Papers". Biblioteca de Manuscritos e Livros Raros da Universidade Columbia, Nova York.
50. Mrkich, Daniel. *Nikola Tesla: The European Years (Part Three)*, p. 26.
51. Hunt, Inez & Draper, Wanetta W. *Lightning in His Hand: The Life Story of Nikola Tesla*.

Hawthorne, CA: Omni Publications, 1977, p. 38; Carlson, W. Bernard. *Tesla*, p. 68.
52. Hunt, Inez & Draper, Wanetta W. *Lightning in His Hand*, p. 38.
53. Behrend, B. A. "Dynamo-Electric Machinery and Its Evolution". *Western Electric*, set. 1907, p. 503. "The Nikola Tesla Papers". Biblioteca de Manuscritos e Livros Raros da Universidade Columbia, Nova York.
54. Isaacson, Walter. *Leonardo da Vinci*. Nova York: Simon & Schuster, 2017, p. 90-91.
55. Carlson, W. Bernard. *Tesla*, p. 69; Mrkich, Daniel. *Nikola Tesla: The European Years (Part Three)*, p. 33-34.
56. Cheney, Margaret. *Tesla: Man Out of Time*, p. 9.
57. McAdams, Dan P. *George W. Bush and the Redemptive Dream: A Psychological Portrait*. Nova York: Oxford University Press, 2011, p. 11.
58. Hunt, Inez & Draper, Wanetta W. *Lightning in His Hand*, p. 39; Cheney, Margaret & Uth, Robert. *Tesla: Master of Lightning*, p. 17. Clark, Ronald W. *Edison: The Man Who Made the Future*. Nova York: G.P. Putnam's Sons, 1977, p. 158.
59. Cheney, Margaret. *Tesla: Man Out of Time*, p. 26.

4. Em casa na América: transtorno obsessivo-compulsivo

1. Munson, Richard. *Tesla: Inventor of the Modern*. Nova York: W.W. Norton and Company, 2018, p. 47-48; Cheney, Margaret. *Tesla: Man Out of Time*. Nova York: Barnes & Noble, 1993, p. 27.
2. Munson, Richard. *Tesla: Inventor of the Modern*, p. 47-48; Tesla, Nikola. *My Inventions: Nikola Tesla's Autobiography*. Editada, com uma introdução de Ben Johnston. Austin, TX: Hart Brothers, 1982, p. 71.
3. Tesla, Nikola. "My Inventions: IV. The Discovery of the Tesla Coil and Transformer". *The Electrical Experimenter*, maio 1919, p. 64.
4. Ibid.
5. Hunt, Inez & Draper, Wanetta W. *Lightning in His Hand: The Life Story of Nikola Tesla*. Hawthorne, CA: Omni Publications, 1977, p. 39; Cheney, Margaret & Uth, Robert. *Tesla: Master of Lightning*. Nova York: Barnes & Noble, 1999, p. 17.
6. Berlinski, David. *Newton's Gift: How Sir Isaac Newton Unlocked the System of the World*. Nova York: Free Press, 2000, p. 18-19.
7. Munson, Richard. *Tesla: Inventor of the Modern*, p. 47; Seifer, Marc J. *Wizard: The Life and Times of Nikola Tesla: Biography of a Genius*. Nova York: Citadel Press, 1998, p. 33.
8. Cawthorne, Nigel. *Tesla: The Life and Times of an Electric Messiah*. Nova York: Chartwell Books, 2014, p. 29.
9. Jonnes, Jill. *Empires of Light: Edison, Tesla, Westinghouse, and the Race to Electrify the World*. Nova York: Random House, 2004, p. 106.
10. Cheney, Margaret & Uth, Robert. *Tesla: Master of Lightning*, p. 13.
11. Jonnes, Jill. *Empires of Light*, p. 104.
12. Munson, Richard. *Tesla: Inventor of the Modern*, p. 48.
13. Carta de Nikola Tesla para o Instituto Nacional para o Bem-Estar dos Imigrantes (National Institute of Immigrant Welfare) (sobre a impossibilidade de comparecer à cerimônia de entrega de um prêmio em sua homenagem e a Felix Frankfurter e Giovanni Martinelli, todos premiados pelo NIMF), de 11 de maio de 1938, em *Tesla Said*, de John T. Ratzlaff (Millbrae, CA: Tesla Book Company, 1984), p. 280. Aquele importante evento foi noticiado pelo *The New York Times* em 12 de maio de 1938.
14. Munson, Richard. *Tesla: Inventor of the Modern*, p. 48.

15. Seifer, Marc J. *Wizard*, p. 33.
16. Ibid., p. 33-34.
17. Munson, Richard. *Tesla: Inventor of the Modern*, p. 48. Tesla viveu mais de 86 anos, enquanto Edison morreu aos 84.
18. Ibid.
19. Seifer, Marc J. *Wizard*, p. 35.
20. Jonnes, Jill. *Empires of Light*, p. 110.
21. Seifer, Marc J. *Wizard*, p. 35.
22. Ibid.
23. Winchell, Mike. *The Electric War: Edison, Tesla, Westinghouse, and the Race to Light the World.* Nova York: Henry Holt and Company, 2019, p. 25.
24. Munson, Richard. *Tesla: Inventor of the Modern*, p. 49.
25. Ibid., p. 49-50.
26. Seifer, Marc J. *Wizard*, p. 35.
27. Ibid., p. 34.
28. "Tesla Says Edison Was an Empiricist", *The New York Times*, 19 out. 1931, p. 25. Disponível em: https://todayinsci.com/T/Tesla_Nikola/TeslaNikola-Quotations.htm.
29. A lei de Ohm, assim chamada em homenagem ao físico alemão Georg Ohm (1789-1854), afirma que a voltagem ou diferença de potencial entre dois pontos é diretamente proporcional à corrente elétrica que atravessa a resistência e diretamente proporcional à resistência do circuito.
30. Munson, Richard. *Tesla: Inventor of the Modern*, p. 50.
31. Ibid., p. 50-51.
32. É um equívoco comum achar que Thomas Edison inventou a "lâmpada". Não é verdade. Em 1802, o químico britânico sir Humphry Davy desenvolveu a primeira lâmpada incandescente e, então, produziu a primeira versão viável da luz por arco voltaico em 1806. Perko, Marko. *Did You Know That…?: "Revised and Expanded" Edition: Surprising-But-True Facts about History, Science, Inventions, Geography, Origins, Art, Music and More.* Nova York: Open Road Distribution, 2017, p. 76-77.
33. Israel, Paul. *Edison: A Life of Invention.* Nova York: John Wiley & Sons, 1998, p. 95; Dyer, Frank Lewis & Martin, Thomas Commerford. *Edison, His Life and Inventions*. Nova York: Harper & Brothers, 1910, p. 411. Disponível em: https://www.gutenberg.org/files/820/820-h/820-h.htm.
34. Clark, Ronald W. *Edison: The Man Who Made the Future.* Nova York: G.P. Putnam's Sons, 1977, p. 10.
35. Gertner, Jon. *The Idea Factory: Bell Labs and the Great Age of American Innovation.* Nova York: Penguin, 2012, p. 12.
36. Clark, Ronald W., *Edison*, p. 158.
37. Strevens, Michael. *The Knowledge Machine: How Irrationality Created Modern Science.* Nova York: Liveright, 2020, p. 7, p. 293.
38. Isaacson, Walter. *The Innovators: How a Group of Hackers, Geniuses, and Geeks Created the Digital Revolution.* Nova York: Simon & Schuster, 2014, p. 408.
39. Tesla, Nikola. *My Inventions: Nikola Tesla's Autobiography*. Eastford, CT: Martino Fine Books, 2018, p. 34.
40. Carlson, W. Bernard. *Tesla: Inventor of the Electrical Age.* Princeton, NJ: Princeton University Press, 2013, p. 70.
41. Ibid., p. 71.

42. Munson, Richard. *Tesla: Inventor of the Modern*, p. 53.
43. Ibid.
44. Carlson, W. Bernard. *Tesla*, p. 72-73.
45. Cheney, Margaret. *Tesla: Man Out of Time*, p. 34.
46. Munson, Richard. *Tesla: Inventor of the Modern*, p. 54.
47. Ibid., p. 53-54.
48. Quando listamos as patentes de Tesla em ordem cronológica pelo "número", sua verdadeira primeira patente é: U. S. 0.334.823 — comutador para máquinas de dínamo elétrico, concedida em 26 de janeiro de 1886. Seu propósito: elementos para prevenir faíscas em máquinas de dínamo elétrico em formato de tambor com escovas.
49. Seifer, Marc J. *Wizard*, p. 40.
50. Ibid., p. 41; Munson, Richard. *Tesla: Inventor of the Modern*, p. 54; Meister, Charles M. "Tesla Nearly Missed His Calling", *The New York Sun*, ago. 27, 1931.
51. Seifer, Marc J. *Wizard*, p. 41.
52. Ibid.; *Electrical Review*, 14 ago., 1886.
53. Carlson, W. Bernard. *Tesla*, p. 74.
54. Ibid., p. 75.
55. Carta de Nikola Tesla para o Instituto Nacional para o Bem-Estar dos Imigrantes, 11 de maio de 1938, em *Tesla Said*, p. 280; Seifer, Marc J. *Wizard*, p. 41.
56. Carta de Nikola Tesla para o Instituto Nacional para o Bem-Estar dos Imigrantes, 11 de maio de 1938, p. 280.
57. Ibid.
58. Munson, Richard. *Tesla: Inventor of the Modern*, p. 55.
59. Hunt, Inez & Draper, Wanetta W. *Lightning in His Hand*, p. 44.
60. Munson, Richard. *Tesla: Inventor of the Modern*, p. 55.
61. Ibid.
62. Ibid., p. 56.
63. Carlson, W. Bernard. *Tesla*, p. 82.
64. Seifer, Marc J. *Wizard*, p. 42.
65. Cheney, Margaret. *Tesla: Man Out of Time*, p. 37.
66. Munson, Richard. *Tesla: Inventor of the Modern*, p. 56.
67. Seifer, Marc J. *Wizard*, p. 42-43.
68. Ver capítulo 3.
69. Seifer, Marc J. *Wizard*, p. 43; Cheney, Margaret & Uth, Robert. *Tesla: Master of Lightning*, p. 21; Cawthorne, Nigel. *Tesla: The Life and Times of an Electric Messiah*, p. 33.
70. Munson, Richard. *Tesla: Inventor of the Modern*, p. 56.
71. Cheney, Margaret & Uth, Robert. *Tesla: Master of Lightning*, p. 21; Tesla, Nikola. *My Inventions: Nikola Tesla's Autobiography.* Las Vegas: Lits, 2011, p. 59-60.
72. Seifer, Marc J. *Wizard*, p. 43.
73. Munson, Richard. *Tesla: Inventor of the Modern*, p. 61.
74. O'Neill, John J. *Prodigal Genius: The Life of Nikola Tesla.* Albuquerque, NM: Brotherhood of Life, 1994, p. 73.
75. Ibid.
76. Munson, Richard. *Tesla: Inventor of the Modern*, p. 59.

5. Guerra das Correntes: mania, ira, raiva

1. Seifer, Marc J. *Wizard: The Life and Times of Nikola Tesla: Biography of a Genius*. Nova York: Citadel Press/Kensington Publishing, 1998, p. 42.
2. Tesla, Nikola. "Tesla's Egg of Columbus: How Tesla Performed the Feat of Columbus without Cracking the Egg". *The Electrical Experimenter*, mar. 1919, p. 775.
3. Seifer, Marc J. *Wizard*, p. 42.
4. Tesla, Nikola. "Tesla's Egg of Columbus", p. 775.
5. Perko, Marko. *Did You Know That...?: "Revised and Expanded Edition": Surprising--But-True Facts about History, Science, Inventions, Geography, Origins, Art, Music and More*. Nova York: Open Road Distribution, 2017, p. 32-35.
6. Tesla, Nikola. "Tesla's Egg of Columbus", p. 775; Carlson, W. Bernard. *Tesla: Inventor of the Electrical Age*. Princeton, NJ: Princeton University Press, 2013, p. 91.
7. Munson, Richard. *Tesla: Inventor of the Modern*. Nova York: W.W. Norton and Company, 2018, p. 59; Seifer, Marc J. *Wizard*, p. 42; Tesla, Nikola. "Tesla's Egg of Columbus", p. 775.
8. Munson, Richard. *Tesla: Inventor of the Modern*, p. 56.
9. Seifer, Marc J. *Wizard*, p. 43.
10. Jonnes, Jill. *Empires of Light: Edison, Tesla, Westinghouse, and the Race to Electrify the World*. Nova York: Random House, 2004, p. 154. Um "motor de indução" é um motor elétrico CA em que a corrente elétrica no rotor necessária para produzir torque é obtida por indução eletromagnética do campo magnético do enrolamento do estator. Consequentemente, um motor de indução pode ser construído sem conexões elétricas com o rotor. O motor de indução pode ser do tipo rotor bobinado (ou rotor enrolado) ou rotor de gaiola. Um "sistema polifásico" é um meio de distribuição de energia elétrica de corrente alternada no qual a transferência de energia permanece constante durante cada ciclo elétrico. Os sistemas polifásicos são especialmente úteis para transmitir energia para motores elétricos que dependem de corrente alternada para girar. O exemplo mais comum é o sistema de energia trifásico usado para aplicações industriais e para transmissão de energia. Quando comparado a um sistema monofásico de dois fios, um sistema trifásico de três fios transmite três vezes mais potência para o mesmo tamanho de condutor e voltagem.
11. Martin, Thomas Commerford. "Nikola Tesla". *The Century Illustrated Monthly Magazine*, nov. 1893 a abr. 1894, vol. 47, p. 582. Disponível em: https://babel.hathitrust.org/cgi/pt?id=mdp.39015025903512&view=1up&seq=596.
12. Seifer, Marc J. *Wizard*, p. 44.
13. Jonnes, Jill. *Empires of Light*, p. 154.
14. Munson, Richard. *Tesla: Inventor of the Modern*, p. 61.
15. Carlson, W. Bernard. *Tesla*, p. 104; W. A. Anthony para D. C. Jackson, 11 de março de 1888, citado em Swezey, Kenneth M. "Nikola Tesla". *Science*, n. 127, 16 maio 1958, p. 1149.
16. Seifer, Marc J. *Wizard*, p. 44-45; Cawthorne, Nigel. *Tesla: The Life and Times of an Electric Messiah*. Nova York: Chartwell Books, 2014, p. 38.
17. Jonnes, Jill. *Empires of Light*, p. 154. O depósito de patentes para o sistema CA completo de Tesla era tão abrangente que o escritório de patentes exigiu que a submissão de Tesla fosse dividida em subconjuntos.
18. Jonnes, Jill. *Empires of Light*, p. 156.
19. Ver Martin, Thomas Commerford. *The Inventions, Researches, and Writings of Nikola Tesla*. CreateSpace/Skytower Press, 2013, p. 9.
20. O'Neill, John J. *Prodigal Genius: The Life of Nikola Tesla*. Albuquerque, NM: Brotherhood

of Life, 1994, p. 74-75; Cheney, Margaret. *Tesla: Man Out of Time.* Nova York: Barnes & Noble, 1993, p. 39.

21. Munson, Richard. *Tesla: Inventor of the Modern*, p. 62.
22. Cheney, Margaret & Uth, Robert. *Tesla: Master of Lightning.* Nova York: Barnes & Noble, 1999, p. 23.
23. Martin, Thomas C. *The Inventions*, p. 9-10; Jonnes, Jill. *Empires of Light*, p. 156-157.
24. Ibid., p. 157.
25. Discussão do artigo de Tesla antes da AIEE, AIEE *Transactions* 5 (setembro de 1887 a outubro de 1888), p. 324. Disponível em: https://play.google.com/books/reader?id=_l9QRiE89pk-C&hl=en&pg=GBS.PA324.
26. Jonnes, Jill. *Empires of Light*, p. 157.
27. Carlson, W. Bernard. *Tesla*, p. 106-107.
28. Jonnes, Jill. *Empires of Light*, p. 158; discussão do artigo de Tesla antes do AIEE, p. 325-26.
29. Carlson, W. Bernard. *Tesla*, p. 107.
30. Munson, Richard. *Tesla: Inventor of the Modern*, p. 63.
31. Carlson, W. Bernard. *Tesla*, p. 107.
32. Ibid., p. 103.
33. Seifer, Marc J. *Wizard*, p. 44.
34. Ibid., p. 45.
35. Jonnes, Jill. *Empires of Light*, p. 159.
36. Ibid.
37. Cheney, Margaret. *Tesla: Man Out of Time*, p. 39.
38. Carlson, W. Bernard. *Tesla*, p. 107.
39. Cawthorne, Nigel. *Tesla: The Life and Times of an Electric Messiah*, p. 39.
40. Munson, Richard. *Tesla: Inventor of the Modern*, p. 69-70.
41. Tesla, Nikola. "Tributes of Former Associates", *Electrical World*, 21 mar. 1914.
42. Munson, Richard. *Tesla: Inventor of the Modern*, p. 64.
43. Carlson, W. Bernard. *Tesla*, p. 111; Seifer, Marc J. *Wizard*, p. 48-49.
44. Carlson, W. Bernard. *Tesla*, p. 111; Munson, Richard. *Tesla: Inventor of the Modern*, p. 64.
45. Carlson, W. Bernard. *Tesla*, p. 111.
46. Munson, Richard. *Tesla: Inventor of the Modern*, p. 71.
47. Carlson, W. Bernard. *Tesla*, p. 111.
48. Ibid.
49. Jonnes, Jill. *Empires of Light*, p. 160.
50. Carlson, W. Bernard. *Tesla*, p. 111-112.
51. Ibid., p. 112.
52. Munson, Richard. *Tesla: Inventor of the Modern*, p. 65.
53. Morus, Iwan Rhys. *Nikola Tesla and the Electrical Future*. Londres: Icon Books, 2019, p. 83-84.
54. Carlson, W. Bernard. *Tesla*, p. 113.
55. Munson, Richard. *Tesla: Inventor of the Modern*, p. 64. (Deve-se notar que os números precisos envolvidos na compra das patentes de Tesla pela Westinghouse variam um pouco de cronista para cronista.)
56. Morus, Iwan Rhys. *Nikola Tesla and the Electrical Future*, p. 84.
57. Munson, Richard. *Tesla: Inventor of the Modern*, p. 65.
58. Carlson, W. Bernard. *Tesla*, p. 113.
59. Seifer, Marc J. *Wizard*, p. 53.

60. Cheney, Margaret & Uth, Robert. *Tesla: Master of Lightning*, p. 24.
61. Ibid.
62. Jonnes, Jill. *Empires of Light*, p. 163.
63. Seifer, Marc J. *Wizard*, p. 53.
64. Munson, Richard. *Tesla: Inventor of the Modern*, p. 71.
65. Ibid., p. 68-69; Jonnes, Jill. *Empires of Light*, p. 180-181.
66. Munson, Richard. *Tesla: Inventor of the Modern*, p. 71.
67. Carlson, W. Bernard. *Tesla*, p. 117.
68. Ratzlaff, John T. (ed.). *Tesla Said*. Millbrae, ca: Tesla Book Company, 1984, p. 272. ("Declaração preparada [para a imprensa] por Nikola Tesla de 10 de julho de 1937 por ocasião de seu 81º aniversário.")
69. Carlson, W. Bernard. *Tesla*, p. 117.
70. Munson, Richard. *Tesla: Inventor of the Modern*, p. 71; Carlson, W. Bernard. *Tesla*, p. 117.
71. Carlson, W. Bernard. *Tesla*, p. 117.
72. Ibid., p. 118.
73. Munson, Richard. *Tesla: Inventor of the Modern*, p. 72.
74. Ibid.
75. O'Neill, John J. *Prodigal Genius*, p. 77.

6. Novas criações: infeliz, indeciso

1. Carlson, W. Bernard. *Tesla: Inventor of the Electrical Age*. Princeton, nj: Princeton University Press, 2013, p. 117.
2. Cawthorne, Nigel. *Tesla: The Life and Times of an Electric Messiah*. Nova York: Chartwell Books, 2014, p. 44.
3. O'Neill, John J. *Prodigal Genius: The Life of Nikola Tesla*. Albuquerque, nm: Brotherhood of Life, 1994, p. 302.
4. Munson, Richard. *Tesla: Inventor of the Modern*. Nova York: W.W. Norton and Company, 2018, p. 43.
5. Cawthorne, Nigel. *Tesla: The Life and Times of an Electric Messiah*, p. 44; Tesla, Nikola. *Electrical Review*, n. 11 (14 ago. 1896), p. 193; Cheney, Margaret & Uth, Robert. *Tesla: Master of Lightning*. Nova York: Barnes & Noble, 1999, p. 86-87.
6. O'Neill, John J. *Prodigal Genius: The Life of Nikola Tesla*, p. 302-303. Até Sócrates achava que o casamento era uma distração.
7. Kent, David J. *Tesla: The Wizard of Electricity*. Nova York: Fall River Press, 2013, p. 58.
8. Seifer, Marc J. *Wizard: The Life and Times of Nikola Tesla: Biography of a Genius*. Nova York: Citadel Press, 1998, p. 207.
9. O'Neill, John J. *Prodigal Genius*, p. 303.
10. Kent, David J. *Tesla: The Wizard of Electricity*, p. 58.
11. Storr, Anthony. *Churchill's Black Dog, Kafka's Mice and Other Phenomena of the Human Mind*. Nova York: Grove Press, 1988, p. 5-6.
12. Clark, Ronald W. *Edison: The Man Who Made the Future*. Nova York: G.P. Putnam's Sons, 1977, p. 159.
13. Ibid.
14. Kent, David J. *Tesla: The Wizard of Electricity*, p. 110.
15. Wasik, John F. *Lightning Strikes: Timeless Lessons in Creativity from the Life and Work of Nikola Tesla*. Nova York: Sterling Publishing Co. Inc., 2016, p. 86.
16. Munson, Richard. *Tesla: Inventor of the Modern*, p. 80.

17. Edison, Thomas A. "The Dangers of Electric Lighting". *The North American Review*, nov. 1889, p. 632.
18. Ibid.
19. Clark, Ronald W. *Edison*, p. 159; Passer, Harrold C. *The Electrical Manufacturers 1875-1900: A Study in Competition, Entrepreneurship, Technical Change, and Economic Growth*. Nova York: Arno Press, 1972, p. 168.
20. Munson, Richard. *Tesla: Inventor of the Modern*, p. 80.
21. Jonnes, Jill. *Empires of Light: Edison, Tesla, Westinghouse, and the Race to Electrify the World*. Nova York: Random House, 2004, p. 168.
22. Ibid.
23. Holmes, Richard. *The Age of Wonder: How the Romantic Generation Discovered the Beauty and Terror of Science*. Nova York: Pantheon Books, 2008, p. 444.
24. Herschel, John F. W. & Bart, K. H. *Preliminary Discourse on the Study of Natural Philosophy*. Londres: Longman Press, 1851, p. 329-330.
25. A eletricidade estática é uma carga elétrica estacionária, normalmente produzida por fricção, criando faíscas ou crepitação ou a atração de poeira ou cabelo.
26. Carlson, W. Bernard. *Tesla*, p. 118.
27. Seifer, Marc J. *Wizard*, p. 61.
28. Carlson, W. Bernard. *Tesla*, p. 117; Seifer, Marc J. *Wizard*, p. 41.
29. Carlson, W. Bernard. *Tesla*, p. 118.
30. Munson, Richard. *Tesla: Inventor of the Modern*, p. 73; Tesla, Nikola. "Nikola Tesla on His Work with Alternating Currents and Their Application to Wireless Telegraphy, Telephony and Transmission of Power: An Extended Interview". In: Anderson, Leland I. (ed.). Breckenridge, co: Twenty-First Century Books, 2002. Disponível em: http://www.tfcbooks.com/tesla/nt_on_ac.htm#Section_2.
31. Carlson, W. Bernard. *Tesla*, p. 118.
32. Ibid., p. 118-119.
33. Munson, Richard. *Tesla: Inventor of the Modern*, p. 80.
34. Kent, David J. *Tesla: The Wizard of Electricity*, p. 112.
35. Ibid., p. 110, p. 112.
36. Morus, Iwan Rhys. *Nikola Tesla and the Electrical Future*. Londres: Icon Books Ltd., 2019, p. 39.
37. Gertner, Jon. *The Idea Factory: Bell Labs and the Great Age of American Innovation*. Nova York: Penguin, 2012, p. 12.
38. Morus, Iwan Rhys. *Nikola Tesla and the Electrical Future*, p. 40; Wasik, John F. *Lightning Strikes*, p. 92.
39. Seifer, Marc J. *Wizard*, p. 55-56.
40. Cawthorne, Nigel. *Tesla: The Life and Times of an Electric Messiah*, p. 40.
41. Ibid.; Munson, Richard. *Tesla: Inventor of the Modern*, p. 81.
42. Munson, Richard. *Tesla: Inventor of the Modern*, p. 81.
43. Cawthorne, Nigel. *Tesla: The Life and Times of an Electric Messiah*, p. 40.
44. Kent, David J. *Tesla: The Wizard of Electricity*. Nova York: Fall River Press, 2013, p. 110.
45. Wasik, John F. *Lightning Strikes*, p. 86; Seifer, Marc J. *Wizard*, p. 55.
46. Wasik, John F. *Lightning Strikes*, p. 87; Munson, Richard. *Tesla: Inventor of the Modern*, p. 81.
47. Munson, Richard. *Tesla: Inventor of the Modern*, p. 81.
48. Reynolds, Terry S. & Bernstein, Theodore. "Edison and 'The Chair'". ieee *Technology & Society Magazine*, mar. 1989, p. 19.

49. Seifer, Marc J. *Wizard*, p. 56.
50. Jonnes, Jill. *Empires of Light*, p. 177.
51. Ibid., p. 178.
52. Clark, Ronald W. *Edison*, p. 160.
53. Reynolds, Terry S. & Bernstein, Theodore. "Edison and 'The Chair'", p. 19, p. 21.
54. Ibid., p. 21.
55. Stross, Randall. *The Wizard of Menlo Park: How Thomas Alva Edison Invented the Modern World*. Nova York: Crown Publishers, 2007, p. 184.
56. Munson, Richard. *Tesla: Inventor of the Modern*, p. 81-82; Winchell, Mike. *The Electric War: Edison, Tesla, Westinghouse, and the Race to Light the World*. Nova York: Henry Holt and Company, 2019, p. 5-6.
57. Seifer, Marc J. *Wizard*, p. 56.
58. Winchell, Mike. *The Electric War*, p. 151.
59. McNichol, Tom. *AC/DC: The Savage Tale of the First Standards War*. São Francisco: Jossey--Bass, 2006, p. 121.
60. Winchell, Mike. *The Electric War*, p. 153.
61. Ibid., p. 154.
62. Stross, Randall. *The Wizard of Menlo Park*, p. 184.
63. Cawthorne, Nigel. *Tesla vs Edison: The Life-Long Feud That Fueled the World*. Nova York: Chartwell Books, 2016, p. 79.
64. Winchell, Mike. *The Electric War*, p. 239.
65. Ibid., p. 155; ver "William Kemmler", Wikipedia. Disponível em: https://en.wikipedia.org/wiki/William_Kemmler#cite_note-execution1-8. O sistema de eletrificação da cadeira havia sido testado no dia anterior, quando um cavalo foi morto por eletrocussão.
66. Winchell, Mike. *The Electric War*, p. 156.
67. Ibid., p. 157.
68. Ibid., p. 160.
69. Ibid., p. 160-161; Munson, Richard. *Tesla: Inventor of the Modern*, p. 82.
70. Ibid., p. 82.
71. Strevens, Michael. *The Knowledge Machine: How Irrationality Created Modern Science*. Nova York: Liveright, 2020, p. 58.
72. Ibid., p. 61.
73. Ibid., p. 24, p. 28.
74. Ibid., p. 28.

7. Procurando pelo novo: carisma, espetáculo, a mania vende bem

1. Winchell, Mike. *The Electric War: Edison, Tesla, Westinghouse, and the Race to Light the World*. Nova York: Henry Holt and Company, 2019, p. 239.
2. Jonnes, Jill. *Empires of Light: Edison, Tesla, Westinghouse, and the Race to Electrify the World*. Nova York: Random House, 2004, p. 212-213.
3. Strevens, Michael. *The Knowledge Machine: How Irrationality Created Modern Science*. Nova York: Liveright, 2020, p. 59.
4. Jonnes, Jill. *Empires of Light*, p. 163.
5. Ibid., p. 213.
6. Ibid.
7. Munson, Richard. *Tesla: Inventor of the Modern*. Nova York: W.W. Norton, 2018, p. 62; Jonnes, Jill. *Empires of Light*, p. 226.

8. Carlson, W. Bernard. *Tesla: Inventor of the Electrical Age*. Princeton, NJ: Princeton University Press, 2013, p. 130-131; Passer, Harrold C. *The Electrical Manufacturers 1875-1900: A Study in Competition, Entrepreneurship, Technical Change, and Economic Growth*. Nova York: Arno Press, 1972, p. 278. A quantia de 2,50 dólares por cavalo de potência é a cifra mais aceita entre os biógrafos.
9. Jonnes, Jill. *Empires of Light*, p. 229.
10. O'Neill, John J. *Prodigal Genius: The Life of Nikola Tesla*. Albuquerque, NM: Brotherhood of Life, 1994, p. 87.
11. Jonnes, Jill. *Empires of Light*, p. 228.
12. O'Neill, John J. *Prodigal Genius*, p. 87-88; Jonnes, Jill. *Empires of Light*, p. 228-229; Carlson, W. Bernard. *Tesla*, p. 131.
13. Munson, Richard. *Tesla: Inventor of the Modern*, p. 79-80; Carlson, W. Bernard. *Tesla*, p. 132-133.
14. Carlson, W. Bernard. *Tesla*, p. 133.
15. Ibid., p. 132.
16. Munson, Richard. *Tesla: Inventor of the Modern*, p. 79.
17. Seifer, Marc J. *Wizard: The Life and Times of Nikola Tesla: Biography of a Genius*. Nova York: Citadel Press/Kensington Publishing, 1998, p. 66.
18. Munson, Richard. *Tesla: Inventor of the Modern*, p. 79; Carlson, W. Bernard. *Tesla*, p. 131-132.
19. Quando Tesla inscreveu, para sempre, o esquema de seu "campo magnético rotativo" na terra úmida de um parque de Budapeste.
20. Munson, Richard. *Tesla: Inventor of the Modern*, p. 79.
21. Ibid., p. 78; Carlson, W. Bernard. *Tesla*, p. 119.
22. Seifer, Marc J. *Wizard*, p. 66.
23. Jonnes, Jill. *Empires of Light*, p. 229.
24. Ibid.
25. Munson, Richard. *Tesla: Inventor of the Modern*, p. 82.
26. Carlson, W. Bernard. *Tesla*, p. 133.
27. Seifer, Marc J. *Wizard*, p. 70.
28. Ibid.
29. Carlson, W. Bernard. *Tesla*, p. 134.
30. Ibid.
31. Ibid.
32. Seifer, Marc J. *Wizard*, p. 70.
33. Tesla, Nikola. *My Inventions: Nikola Tesla's Autobiography*. Editada, com uma introdução de Ben Johnston. Austin, TX: Hart Brothers, 1982, p. 87-88.
34. Wetzler, Joseph. "Electric Lamps Fed from Space, and Flames That Do Not Consume". *Harper's Weekly*, 11 jul. 1891, p. 524.
35. Cheney, Margaret & Uth, Robert. *Tesla: Master of Lightning*. Nova York: Barnes & Noble, 1999, p. 38.
36. Seifer, Marc J. *Wizard*, p. 71.
37. Ibid.
38. Munson, Richard. *Tesla: Inventor of the Modern*, p. 83.
39. Jonnes, Jill. *Empires of Light*, p. 231.
40. Tesla, Nikola. In: Johnston, Ben (ed.). *My Inventions*, p. 81-82.
41. Cheney, Margaret & Uth, Robert. *Tesla: Master of Lightning*, p. 38.

42. Martin, Thomas Commerford. *The Inventions, Researches, and Writings of Nikola Tesla with Special Reference to His Work in Polyphase Currents and High Potential Lighting*. Nova York: D. Van Nostrand Company, 1894, p. 196-197; Seifer, Marc J. *Wizard*, p. 71; Munson, Richard. *Tesla: Inventor of the Modern*, p. 83.
43. Tesla, Nikola. In: Johnston, Ben (ed.). *My Inventions*, p. 87.
44. Tesla, Nikola. "My Inventions: iv. The Discovery of the Tesla Coil and Transformer". *The Electrical Experimenter*, jun. 1919, p. 178.
45. Johnson, Charles Culver. "Nikola Tesla's Revolution in War Telegraphy". *Philadelphia Press*, 1 maio 1898.
46. Munson, Richard. *Tesla: Inventor of the Modern*, p. 85; Carlson, W. Bernard. *Tesla*, p. 155-156.

8. Tour de force: triunfo, tragédia

1. Carlson, W. Bernard. *Tesla: Inventor of the Electrical Age*. Princeton, nj: University Press, 2013, p. 143.
2. Progress of Mr. Tesla's High Frequency Work. *The Electrical World*, vol. 19, 9 jan. 1892, p. 20.
3. Wilson, Ben. *Metropolis: A History of the City, Humankind's Greatest Invention*. Nova York: Doubleday, 2020, p. 135, p. 198.
4. Tesla, Nikola. *My Inventions: Nikola Tesla's Autobiography*. Eastford, ct: Martino Fine Books, 2018, p. 39-40. Michael Faraday (1791-1867) foi um cientista inglês da mais alta reputação, que contribuiu significativamente para o estudo do eletromagnetismo e da eletroquímica.
5. Carlson, W. Bernard. *Tesla*, p. 143-144.
6. Seifer, Marc J. *Wizard: The Life and Times of Nikola Tesla: Biography of a Genius*. Nova York: Citadel Press/Kensington Publishing, 1998, p. 73; Carlson, W. Bernard. *Tesla*, p. 144.
7. Carlson, W. Bernard. *Tesla*, p. 144; Hering, Carl. "Electrical Practice in Europe as Seen by an American — iv". *The Electrical World*, 19 set. 1891, p. 193-196.
8. Carlson, W. Bernard. *Tesla*, p. 144.
9. Seifer, Marc J. *Wizard*, p. 73-74.
10. Carlson, W. Bernard. *Tesla*, p. 146; Cawthorne, Nigel. *Tesla: The Life and Times of an Electric Messiah*. Nova York: Chartwell Books, 2014, p. 46.
11. Munson, Richard. *Tesla: Inventor of the Modern*. Nova York: W.W. Norton, 2018, p. 88; Seifer, Marc J. *Wizard*, p. 85.
12. Tesla, Nikola. "Experiments with Alternate Currents of High Potential and High Frequency", apresentada perante o Instituto de Engenheiros Elétricos/Royal Institution, Londres, fev. 1892; Tesla, Nikola. *The Nikola Tesla Treasury*. Radford, va: Wilder Publications, 2007, p. 121; Carlson, W. Bernard. *Tesla*, p. 442.
13. Martin, Thomas Commerford. *The Inventions, Researches, and Writings of Nikola Tesla with Special Reference to His Work in Polyphase Currents and High Potential Lighting*. Nova York: D. Van Nostrand Company, 1894, p. 235; Cheney, Margaret & Uth, Robert. *Tesla: Master of Lightning*. Nova York: Barnes & Noble, 1999, p. 40.
14. Mr. Tesla's Lecture, Our London Correspondence, *Electrical Review*, vol. 20, 5 mar. 1892, p. 20.
15. Martin, Thomas Commerford. *The Inventions*, p. 201.
16. Ibid., p. 200-201.
17. Mr. Tesla Before the London Institution of Electrical Engineers and the Royal Institution, cabograma especial para *The Electrical Engineer*, 10 fev. 1892, p. 139. Disponível em:

https://teslauniverse.com/nikola-tesla/articles/mr-tesla-london-institution-electical--engineers-and-royal-institution.

18. Strevens, Michael. *The Knowledge Machine: How Irrationality Created Modern Science*. Nova York: Liveright, 2020, p. 190.
19. Martin, Thomas Commerford. *The Inventions*, p. 200.
20. Ibid.
21. Schmid, Albert. "Mr. Tesla Before the Royal Institution, Londres," *Electrical Review*, 19 mar. 1892, p. 57. Disponível em: http://www.teslacollection.com/tesla_articles/1892/electrical_review_ny/albert_schmid/mr_tesla_before_the_royal_institution_london.
22. Croft, James, "Performing Invention: On the Revelation of Technology". *Liminalities: A Journal of Performance Studies*, vol. 6, n. 2, out. 2010, p. 2, p. 5. Disponível em: http://liminalities.net/6-2/croft.pdf.
23. Ibid., p. 5.
24. Strevens, Michael. *The Knowledge Machine*, p. 187, p. 212, p. 227.
25. Mr. Tesla's Lecture, *The Electrical Review*, 12 fev. 1892, p. 192.
26. Carlson, W. Bernard. *Tesla*, p. 151-52.
27. Seifer, Marc J. *Wizard*, p. 90-91; Gribbin, John. *The Scientists: A History of Science Told Through the Lives of Its Greatest Inventors*. Nova York: Random House, 2002, p. 489.
28. Morus, Iwan Rhys. *Nikola Tesla and the Electrical Future*. Londres: Icon Books, 2019, p. 197-198.
29. Seifer, Marc J. *Wizard*, p. 92.
30. Ver grandes obras de arte pode deixar você louco: desde 1978, especialistas e psiquiatras aconselharam mais de 110 visitantes estrangeiros em Florença, na Itália, sobre o que veio a ser conhecido como síndrome de Stendhal. Esses especialistas acreditam que a exposição a grandes obras de arte na cidade leva aqueles com propensão a problemas psicológicos a serem inundados por surtos de turbulência mental tais como impulsos suicidas, confusão e pânico. Aparentemente, tal reação não é moderna, pois essa cidade da Renascença tem impressionado viajantes por séculos com suas grandes obras de arte. O novelista francês Henri-Marie Beyle (1783-1842), cujo pseudônimo era Stendhal, sucumbiu à beleza de Florença quase duzentos anos atrás. Ele registrou sua reação emocional no livro *Rome, Naples, and Florence*. A síndrome parece ocorrer também em outras cidades que despertam emoções: Paris, Veneza, Jerusalém e Atenas, para citar algumas. Parece que não é uma cidade, tal como Florença, que causa o problema, mas sim a exposição a grandes obras de arte que pode disparar reações dramáticas em indivíduos já instáveis. Mesmo autores como Henry James e Marcel Proust, bem como o psicanalista Sigmund Freud, admitiram ter caído sob a influência da síndrome de Stendhal. Perko, Marko. *Did You Know That…?: "Revised and Expanded" Edition: Surprising-But-True Facts about History, Science, Inventions, Geography, Origins, Art, Music and More*. Nova York: Open Road Distribution, 2017, p. 195; Wilson, Ben. *Metropolis*, p. 241.
31. Tesla, Nikola. "Mechanical Therapy" (sem data, ensaio/carta de quatro páginas em papel de carta pessoal), "The Nikola Tesla Papers", Biblioteca da Universidade Columbia, Biblioteca de Livros e Manuscritos Raros, Nova York; *Tesla Said*. Compilado por John T. Ratzlaff. Millbrae, CA: Tesla Book Company, 1984, p. 286-287.
32. Hospitalier, Édouard, "Mr. Tesla's Experiments of Alternating Currents of Great Frequency" (traduzido de um artigo na *La Nature*), *Scientific American*, 26 mar. 1892, p. 195-196; Carlson, W. Bernard. *Tesla*, p. 153.
33. Carlson, W. Bernard. *Tesla*, p. 153.

34. Munson, Richard. *Tesla: Inventor of the Modern*, p. 92.
35. Ibid.
36. Tesla, Nikola. *My Inventions* (Martino Fine), p. 48.
37. Munson, Richard. *Tesla: Inventor of the Modern*, p. 92-93.
38. Carlson, W. Bernard. *Tesla*, p. 155.
39. Tesla, Nikola. *My Inventions: Nikola Tesla's Autobiography.* Editada e com uma introdução de Ben Johnston. Austin, TX: Hart Brothers, 1982, p. 104-105.
40. Ver "Nota ao leitor: datas".
41. Carlson, W. Bernard. *Tesla*, p. 155.
42. Munson, Richard. *Tesla: Inventor of the Modern*, p. 93.
43. Ibid., p. 94.
44. Seifer, Marc J. *Wizard*, p. 95.
45. Ibid., p. 96-97.
46. Carlson, W. Bernard. *Tesla*, p. 156.
47. Tesla, Nikola. *My Inventions: Nikola Tesla's Autobiography.* Las Vegas: Lits, 2011, p. 67-68; Carlson, W. Bernard. *Tesla*, p. 157.

9. O show tem de continuar: a glória da corrente alternada

1. The Nikola Tesla Papers, Letterhead — carta para R. U. Johnson, Biblioteca da Universidade Columbia, Biblioteca de Livros e Manuscritos Raros, Nova York, 31 mar. 1894.
2. Munson, Richard. *Tesla: Inventor of the Modern.* Nova York: W.W. Norton and Company, 2018, p. 97; Seifer, Marc J. *Wizard: The Life and Times of Nikola Tesla: Biography of a Genius*. Nova York: Citadel Press, 1998, p. 98; Carlson, W. Bernard. *Places of Invention: Nikola Tesla's Life in New York*, Gotham Center for New York City History, 14 jun. 2013. Disponível em: https://www.gothamcenter.org/blog/places-of-invention-nikola-teslas-life--in-new-york. King, Moses. *King's Photographic Views of New York: A Souvenir Companion to King's Handbook of New York City*. Boston: Moses King, 1895, p. 598-599.
3. Seifer, Marc J. *Wizard*, p. 99.
4. Stephenson, Walter T. *Nikola Tesla and the Electric Light of the Future*, Suplemento 39 da *Scientific American*, n. 1004, 30 mar. 1895, p. 16.048-16.049.
5. Ibid.
6. Ibid., p. 16.049.
7. Ibid.
8. Ibid.
9. Gernsback, H. "Nikola Tesla and His Inventions", *The Electrical Experimenter*, jan. 1919, p. 614.
10. Munson, Richard. *Tesla: Inventor of the Modern*, p. 98.
11. Ibid.
12. Seifer, Marc J. *Wizard*, p. 99; Tesla, Nikola. "On the Dissipation of the Electrical Energy of the Hertz Resonator". *The Electrical Engineer*, vol. 15, 21 dez. 1892, p. 587-588.
13. Martin, Thomas Commerford. *The Inventions, Researches, and Writings of Nikola Tesla with Special Reference to His Work in Polyphase Currents and High Potential Lighting*. Nova York: D. Van Nostrand Company, 1894, p. 348.
14. Seifer, Marc J. *Wizard*, p. 99; Martin, Thomas Commerford. *The Inventions*, p. 349.
15. Carlson, W. Bernard. *Tesla: Inventor of the Electrical Age*. Princeton, NJ: Princeton University Press, 2013, p. 161.
16. Passer, Harrold C. *The Electrical Manufacturers 1875-1900: A Study in Competition,*

Entrepreneurship, Technical Change, and Economic Growth. Nova York: Arno Press, 1972, p. 331.
17. Cheney, Margaret & Uth, Robert. *Tesla: Master of Lightning*. New York: Barnes & Noble, 1999, p. 28.
18. Passer, Harrold C. *The Electrical Manufacturers*, p. 142.
19. Ibid; veja "Nota ao leitor: números".
20. Wasik, John F. *Lightning Strikes: Timeless Lessons in Creativity from the Life and Work of Nikola Tesla*. Nova York: Sterling Publishing Co. Inc., 2016, p. 103.
21. Perko, Marko. "Christopher Columbus did not discover America". In: *Did You Know That...?: "Revised and Expanded" Edition: Surprising-But-True Facts about History, Science, Inventions, Geography, Origins, Art, Music and More*. Nova York: Open Road Distribution, 2017, p. 32-35.
22. Seifer, Marc J. *Wizard*, p. 100.
23. Carlson, W. Bernard. *Tesla*, p. 161.
24. Passer, Harrold C. *The Electrical Manufacturers*, p. 143.
25. Seifer, Marc J. *Wizard*, p. 117-119.
26. Cheney, Margaret & Uth, Robert. *Tesla: Master of Lightning*, p. 28-29, p. 33; Passer, Harrold C. *The Electrical Manufacturers*, p. 281; Munson, Richard. *Tesla: Inventor of the Modern*, p. 110.
27. Seifer, Marc J. *Wizard*, p. 119-120.
28. Cheney, Margaret & Uth, Robert. *Tesla: Master of Lightning*, p. 33; Passer, Harrold C. *The Electrical Manufacturers*, p. 281.
29. Tesla, Nikola. "On Light and Other High Frequency Phenomena". *Nature*, vol. 48, n. 1232, 8 jun. 1893, p. 137.
30. Electricians Listen in Wonder to the "Wizard of Physics", *Chicago Tribune*, 26 ago. 1893; Munson, Richard. *Tesla: Inventor of the Modern*, p. 110.
31. Seifer, Marc J. *Wizard*, p. 120-121; Martin, Thomas Commerford. *The Inventions*, p. 486; Electricians Listen in Wonder to the "Wizard of Physics".
32. Martin, Thomas Commerford. *The Inventions*, p. 477, p. 486-488.
33. Electricians Listen in Wonder to the "Wizard of Physics".
34. Carlson, W. Bernard. *Tesla*, p. 163; Passer, Harrold C. *The Electrical Manufacturers*, p. 282.
35. Passer, Harrold C. *The Electrical Manufacturers*, p. 282.
36. Wasik, John F. *Lightning Strikes*, p. 105.
37. Ibid.
38. Passer, Harrold C. *The Electrical Manufacturers*, p. 283-284.
39. Carlson, W. Bernard. *Tesla*, p. 165.
40. Passer, Harrold C. *The Electrical Manufacturers*, p. 285.
41. Ibid.; Carlson, W. Bernard. *Tesla*, p. 165.
42. Passer, Harrold C. *The Electrical Manufacturers*, p. 287, p. 289-290.
43. Carlson, W. Bernard. *Tesla*, p. 168.
44. Passer, Harrold C. *The Electrical Manufacturers*, p. 290; Carlson, W. Bernard. *Tesla*, p. 166.
45. Passer, Harrold C. *The Electrical Manufacturers*, p. 291.
46. Carlson, W. Bernard. *Tesla*, p. 168.
47. Ibid., p. 173.
48. Tesla's Work at Niagara, *The New York Times*, 16 jul. 1895.
49. Carlson, W. Bernard. *Tesla*, p. 173-174.

50. Ibid., p. 174; Munson, Richard. *Tesla: Inventor of the Modern*, p. 116-117.
51. Perko, Marko. *Did You Know*, p. 77; Munson, Richard. *Tesla: Inventor of the Modern*, p. 116.
52. Munson, Richard. *Tesla: Inventor of the Modern*, p. 117.
53. Nikola Tesla at Niagara Fall, *The Western Electrician*, vol. 19, n. 5, 1º ago. 1896, p. 5; Munson, Richard. *Tesla: Inventor of the Modern*, p. 117.
54. Jonnes, Jill. *Empires of Light: Edison, Tesla, Westinghouse, and the Race to Electrify the World*, Nova York: Random House, 2004, p. 354.

10. Os protetores: ingenuidade

1. Carlson, W. Bernard. *Tesla: Inventor of the Electrical Age*. Princeton, NJ: Princeton University Press, 2013, p. 198.
2. Patten, F. Jarvis. "Nikola Tesla and His Work", *Electrical World*, vol. 23, n. 15, 14 abr. 1894, p. 496.
3. Munson, Richard. *Tesla: Inventor of the Modern*. Nova York: W.W. Norton and Company, 2018, p. 122. Lateralmente, Tesla e Martin tiveram um desentendimento que durou algum tempo referente aos royalties do livro *The Inventions, Researches and Writings of Nikola Tesla*, que estava vendendo muito bem.
4. Seifer, Marc J. *Wizard: The Life and Times of Nikola Tesla: Biography of a Genius*. Nova York: Citadel Press, 1998, p. 122-123.
5. Ibid., p. 123.
6. Munson, Richard. *Tesla: Inventor of the Modern*, p. 128, p. 132.
7. Ibid., p. 133-134.
8. Cheney, Margaret & Uth, Robert. *Tesla: Master of Lightning*. Nova York: Barnes & Noble, 1999, p. 47; Tesla, Nikola. "My Inventions: III. My Later Endeavors, The Discovery of the Rotating Magnetic Field". *The Electrical Experimenter*, abr. 1919, p. 864-865.
9. Tesla, Nikola. "Mechanical Therapy". Disponível em: https://teslauniverse.com/nikola-tesla/articles/mechanical-therapy; Tesla, Nikola. "Mechanical Therapy". In: *Tesla Said*. Compilado por John T. Ratzlaff. Millbrae, CA: Tesla Book Company, 1984, p. 286-287; Munson, Richard. *Tesla: Inventor of the Modern*, p. 124.
10. Cawthorne, Nigel. *Tesla: The Life and Times of an Electric Messiah*. Nova York: Chartwell Books, 2014, p. 64; O'Neill, John J. *Prodigal Genius: The Life of Nikola Tesla*. Albuquerque, NM: Brotherhood of Life, 1994, p. 160.
11. Wasik, John F. *Lightning Strikes: Timeless Lessons in Creativity from the Life and Work of Nikola Tesla*. Nova York: Sterling Publishing Co. Inc., 2016, p. 121.
12. O'Neill, John J. *Prodigal Genius*, p. 159-161; Cawthorne, Nigel. *Tesla: The Life and Times of an Electric Messiah*, p. 64.
13. Munson, Richard. *Tesla: Inventor of the Modern*, p. 124.
14. Buddington, Randal K.; Wong, Thomas & Howard, Scott C. "Paracellular Filtration Secretion Driven by Mechanical Force Contributes to Small Intestinal Fluid Dynamics", *Med Sci* (Basileia), vol. 9, n. 1, mar. 2021, p. 19.
15. Munson, Richard. *Tesla: Inventor of the Modern*, p. 124.
16. Carlson, W. Bernard. *Tesla*, p. 198. Ver: "Notas para o leitor: datas". Seguindo também o calendário juliano, muitos cristãos ortodoxos celebram o Natal no dia 7 de janeiro.
17. Carlson, W. Bernard. *Tesla*, p. 199.
18. Muitas dessas cartas e outros comunicados estão disponíveis para consulta na Divisão de Manuscritos da Biblioteca Butler, na Universidade Columbia, em Nova York.

19. The Nikola Tesla Papers. Universidade Columbia, Biblioteca de Livros Raros e Manuscritos, Nova York.
20. O'Neill, John J. *Prodigal Genius*, p. 289.
21. Ibid.
22. Cawthorne, Nigel. *Tesla: The Life and Times of an Electric Messiah*, p. 64.
23. Munson, Richard. *Tesla: Inventor of the Modern*, p. 129.
24. Ibid.
25. Ibid., p. 130.
26. Ibid.
27. Ibid., p. 130-131.
28. Cheney, Margaret. *Tesla: Man Out of Time*. Nova York: Barnes & Noble, 1993, p. 107.
29. Johnson, Robert Underwood. *Remembered Yesterdays*. Boston: Little, Brown and Company, 1923, p. 401; Wasik, John F. *Lightning Strikes*, p. 109-110.
30. Johnson, Robert Underwood. *Remembered Yesterdays*, p. 401.
31. Johnson, Robert Underwood. *Songs of Liberty and Other Poems: Including Paraphrases from the Servian after Transations by Nikola Tesla, with a Prefatory Note by Him on Servian Poetry*. Nova York: Century Co., 1897, p. 54-57; Seifer, Marc J. *Wizard*, p. 124-125.
32. Carlson, W. Bernard. *Tesla*, p. 199; Seifer, Marc J. *Wizard*, p. 125; Cheney, Margaret. *Tesla: Man Out of Time*, p. 83. Cheney afirma que Tesla chamava os Johnson de Luka Filipov e Madame Filipov.
33. Munson, Richard. *Tesla: Inventor of the Modern*, p. 129; Seifer, Marc J. *Wizard*, p. 125.
34. Munson, Richard. *Tesla: Inventor of the Modern*, p. 129.
35. Ibid.
36. Seifer, Marc J. *Wizard*, p. 123-124.
37. Ibid., p. 125-126.
38. The Nikola Tesla Papers: Carta a Katharine Johnson. 3 nov. 1898, Universidade Columbia, Biblioteca de Livros Raros e Manuscritos, Nova York.
39. Ivić, Petrar. "Nikola Tesla and Women — The Only Love of a Great Scientist". *Bazar* (*Harper's Bazaar*), 1974.
40. Seifer, Marc J. *Wizard*, p. 126.
41. Johnson, Robert Underwood. *Remembered Yesterdays*, p. 400.
42. Ibid.
43. Seifer, Marc J. *Wizard*, p. 127; Johnson, Robert Underwood. *Remembered Yesterdays*, p. 400.
44. Johnson, Robert Underwood. *Poems: Second Edition, with New Poems*. Nova York: Century Co., 1908, p. 116.
45. Munson, Richard. *Tesla: Inventor of the Modern*, p. 136; Brown, Curtis. "A Man of the Future". *Savannah Morning News*, 21 out. 1894.
46. Carlson, W. Bernard. *Tesla*, p. 203-204; Seifer, Marc J. *Wizard*, p. 131.
47. Brown, Curtis. "A Man of the Future".
48. Ibid.
49. Carlson, W. Bernard. *Tesla*, p. 201-203.

11. A grande conflagração: espírito alquebrado

1. Stephenson, Walter T. "Fruits of Genius Were Swept Away". *The New York Herald*, 14 mar. 1895.
2. Ibid.
3. Cheney, Margaret & Uth, Robert. *Tesla: Master of Lightning*. Nova York: Barnes & Noble, 1999, p. 53.
4. Stephenson, Walter T. "Fruits of Genius Were Swept Away".
5. Munson, Richard. *Tesla: Inventor of the Modern*. Nova York: W.W. Norton and Company, 2018, p. 136.
6. Stephenson, Walter T. "Fruits of Genius Were Swept Away".
7. Martin, Thomas Commerford. "The Burning of Tesla's Laboratory". *The Engineering Magazine*, 1º abr. 1895, p. 104.
8. Mr. Tesla's Great Loss. *The New York Times*, 14 mar. 1895.
9. Destruction of the Tesla Laboratory by Fire. *The Electrical Engineer*, 20 mar. 1895, p. 275.
10. Martin, Thomas Commerford. "The Burning of Tesla's Laboratory", p. 101-104.
11. Munson, Richard. *Tesla: Inventor of the Modern*, p. 139.
12. Kreutzer, Vitold. "Nikola Tesla". In: Viljakainen, Beverley (ed.). *Institute for Consciousness Research*, 2019. Disponível em: https://www.icrcanada.org/research/literaryresearch/tesla.
13. Munson, Richard. *Tesla: Inventor of the Modern*, p. 139; Kreutzer, Vitold. "Nikola Tesla".
14. Seifer, Marc J. *Wizard: The Life and Times of Nikola Tesla: Biography of a Genius*. Nova York: Citadel Press, 1998, p. 158.
15. Tesla, Nikola. "Mechanical Therapy". In: *Tesla Said*. Millbrae, CA: Tesla Book Company, 1984, p. 286; Munson, Richard. *Tesla: Inventor of the Modern*, p. 140.
16. The Nikola Tesla Company: Trade Notes and Novelties and Mechanical Department. *The Electrical Engineer*, vol. 19, n. 534, 13 fev. 1895, p. 149; Munson, Richard. *Tesla: Inventor of the Modern*, p. 136-137; Carlson, W. Bernard. *Tesla*, p. 205-207.
17. Seifer, Marc J. *Wizard*, p. 148-149; Munson, Richard. *Tesla: Inventor of the Modern*, p. 140.
18. Brisbane, Arthur, "Our Foremost Electrician". *The New York World*, jul. 1894.
19. Carlson, W. Bernard. *Tesla*, p. 1-3.
20. Brisbane, Arthur. "Our Foremost Electrician".
21. Ibid.
22. Ibid.; Carlson, W. Bernard. *Tesla*, p. 3.
23. Ibid., p. 5.
24. Guy, George Heli. "Tesla: Man and Inventor". *The New York Times*, 31 mar. 1895.
25. Brisbane, Arthur. "Our Foremost Electrician".
26. A teoria de tudo (em inglês, *theory of everything* — TOE) também é chamada de teoria definitiva, teoria final ou teoria principal. É uma hipotética matriz teórica da física, única e abrangente, que explica completamente e reúne todos os atributos físicos do universo.
27. Passer, Harrold C. *The Electrical Manufacturers 1875-1900: A Study in Competition, Entrepreneurship, Technical Change, and Economic Growth*. Nova York: Arno Press, 1972, 1953, p. 328.
28. Munson, Richard. *Tesla: Inventor of the Modern*, p. 141; Seifer, Marc J. *Wizard*, p. 158.
29. Carlson, W. Bernard. *Tesla*, p. 207-209.
30. Ibid., p. 211.
31. Martin, Thomas Commerford. "Tesla's Oscillator and Other Inventions: An Authoritative Account of Some of Your Recent Electrical Work". *The Century Magazine*, abr. 1895, p. 933; Carlson, W. Bernard. *Tesla*, p. 213.

12. Da Terra a Marte: confuso, traído, mas triunfante

1. Seifer, Marc J. *Wizard: The Life and Times of Nikola Tesla: Biography of a Genius*. Nova York: Citadel Press, 1998, p. 156-157.
2. Peake, W. C. "Is Tesla to Signal the Stars?". *The Electrical World*, 4 abr. 1896, p. 369.
3. Ibid.
4. Cawthorne, Nigel. *Tesla: The Life and Times of an Electric Messiah*. Nova York: Chartwell Books, 2014, p. 71.
5. Ibid.
6. Cooper, Christopher. *The Truth about Tesla: The Myth of the Lone Genius in the History of Innovation*. Nova York: Race Point Publishing, 2018, p. 44-45.
7. Munson, Richard. *Tesla: Inventor of the Modern*. Nova York: W.W. Norton and Company, 2018, p. 124.
8. Sparling, Earl. "Nikola Tesla, at 79, Uses Earth to Transmit Signals; Expects to Have $100,000,000 within Two Years: Could Destroy Empire State Building with Five Pounds of Air Pressure, He Says". *The New York World-Telegram*, 11 jul. 1935.
9. Cheney, Margaret. *Tesla: Man Out of Time*. Nova York: Barnes & Noble, 1993, p. 115.
10. Sparling, Earl. "Nikola Tesla, at 79".
11. Cheney, Margaret & Uth, Robert. *Tesla: Master of Lightning*. Nova York: Barnes & Noble, 1999, p. 75.
12. Seifer, Marc J. *Wizard*, p. 68-70.
13. Ibid., p. 167.
14. Cheney, Margaret. *Tesla: Man Out of Time*, p. 100-101.
15. The X Rays and the New Photography. *The Electrical Review*, vol. 38, n. 959, p. 470.
16. Tesla, Nikola. "The Streams of Lenard and Roentgen and Novel Apparatus for Their Production", 6 abr. 1897. In: Anderson, Leland (ed.). *Lecture Before the New York Academy of Sciences*. Nova York: Twenty-First Century Books, 1994; Munson, Richard. *Tesla: Inventor of the Modern*, p. 141.
17. Tesla, Nikola. "The Streams of Lenard and Roentgen".
18. Cheney, Margaret. *Tesla: Man Out of Time*, p. 101.
19. Ibid.
20. Tesla, Nikola. "Tesla's Latest Results — He Now Produces Radiographs at a Distance of More Than Forty Feet". *The Electrical Review*, 18 mar. 1896, p. 147.
21. Cheney, Margaret. *Tesla: Man Out of Time*, p. 103-104.
22. Ibid., p. 104.
23. Munson, Richard. *Tesla: Inventor of the Modern*, p. 142.
24. Tesla, Nikola. "Tesla on the Roentgen Streams". *The Electrical Review*, 2 dez. 1896; Munson, Richard. *Tesla: Inventor of the Modern*, p. 142.
25. Munson, Richard. *Tesla: Inventor of the Modern*, p. 143.
26. Ibid., p. 142-143.
27. Tesla's "Power Center" Speech. 12 jan. 2019. Disponível em: https://teslasciencecenter.org/announcements/teslas-power-banquetspeech/.
28. Ibid.
29. Ibid.
30. Ibid.
31. Seifer, Marc J. *Wizard*, p. 173.
32. Munson, Richard. *Tesla: Inventor of the Modern*, p. 143.
33. Seifer, Marc J. *Wizard*, p. 183.

34. Ibid., p. 193.
35. Ibid.; Isaac Asimov cunhou o termo "robótica" em 1941.
36. Tesla, Nikola. "Tesla's Latest Invention: Details of an Invention Which May Assure the Peace of the World". *The Electrical Review*, 16 nov. 1898, p. 305-312; Seifer, Marc J. *Wizard*, p. 193.
37. Tesla, Nikola. *My Inventions: Nikola Tesla's Autobiography*. Editada e com uma introdução de Ben Johnston. Austin, TX: Hart Brothers, 1982, p. 105-106.
38. Ibid., p. 107.
39. Tesla, Nikola. "Tesla Describes His Efforts in Various Fields of Work". (Reimpresso do *New York Sun*, 21 nov. 1898). *The Electrical Review*, p. 344-345.
40. Carlson, W. Bernard. *Tesla: Inventor of the Electrical Age*. Princeton, NJ: Princeton University Press, 2013, p. 227.
41. Seifer, Marc J. *Wizard*, p. 194.
42. Munson, Richard. *Tesla: Inventor of the Modern*, p. 143.
43. Cheney, Margaret & Uth, Robert. *Tesla: Master of Lightning*, p. 79.
44. Wasik, John F. *Lightning Strikes: Timeless Lessons in Creativity from the Life and Work of Nikola Tesla*. Nova York: Sterling Publishing Co. Inc., 2016, p. 113-114.
45. Tesla, Nikola. In: Johnston, Ben (ed.). *My Inventions*, p. 107.
46. Carlson, W. Bernard. *Tesla*, p. 229.
47. Cheney, Margaret & Uth, Robert. *Tesla: Master of Lightning*, p. 82.
48. Christman, F. L. "Tesla Declares He Will Abolish War". *The New York Herald*, 8 nov. 1898.
49. Ibid.
50. Seifer, Marc J. *Wizard*, p. 196.
51. Munson, Richard. *Tesla: Inventor of the Modern*, p. 145.
52. Tesla, Nikola."Torpedo Boat without a Crew". *New York Journal*, 1º fev. 1899, p. 136.
53. Seifer, Marc J. *Wizard*, p. 196-197; Carlson, W. Bernard. *Tesla*, p. 231-232.
54. Tesla, Nikola. "Mr. Tesla to His Friends". *The Electrical Engineer*, vol. 26, n. 551, 18 nov. 1898, p. 514.
55. Ibid.
56. Carlson, W. Bernard. *Tesla*, p. 232.
57. Ibid., p. 234.
58. Seifer, Marc J. *Wizard*, p. 203.
59. Tesla, Nikola. *The Problem of Increasing Human Energy: With Special Reference to the Harnessing of the Sun's Energy.* Como impresso na *Century Illustrated Magazine*, jun. 1900 (Merchant Books, 2019), p. 26-27.
60. Cheney, Margaret & Uth, Robert. *Tesla: Master of Lightning*, p. 82.
61. Ibid.
62. Dunlap, Orrin E. "Nikola Tesla at Niagara Falls". *The Western Electrician*, vol. 19, n. 5, 1º ago. 1896, p. 55.
63. Cheney, Margaret & Uth, Robert. *Tesla: Master of Lightning*, p. 51.
64. Carlson, W. Bernard. *Tesla*, p. 240.
65. Munson, Richard. *Tesla: Inventor of the Modern*, p. 148.
66. Carlson, W. Bernard. *Tesla*, p. 241-243.
67. O'Neill, John J. *Prodigal Genius: The Life of Nikola Tesla*. Albuquerque, NM: Brotherhood of Life, 1994, p. 4.

13. O retorno dos relâmpagos e trovões: explosões na mente

1. Tesla, Nikola. *My Inventions: Nikola Tesla's Autobiography*. Las Vegas: Lits, 2011, p. 72.
2. Tesla, Nikola. "The True Wireless". *The Electrical Experimenter*, maio 1919, p. 61.
3. Munson, Richard. *Tesla: Inventor of the Modern*. Nova York: W.W. Norton and Company, 2018, p. 149.
4. Rough Riders é o famoso apelido dado ao Primeiro Regimento de Voluntários de Cavalaria dos EUA na Guerra Hispano-Americana de 1898. Acredita-se que Teddy Roosevelt (1858-1919) foi o seu comandante e liderou esse regimento colina acima e vale abaixo em várias demonstrações inócuas e desimportantes de força. Como secretário-assistente da Marinha, Roosevelt conseguiu a aprovação do Congresso para recrutar um regimento de cavalaria voluntário. Ele selecionou pessoalmente várias centenas de homens, a maioria de sangue azul de Harvard, cavaleiros, cowboys e atletas famosos. Com efeito, Roosevelt organizou os Rough Riders, mas o comando deles coube ao coronel Leonard Wood, que tinha credenciais militares legítimas e também era médico. O tenente-coronel Teddy Roosevelt não liderou o ataque até San Juan Hill, mas liderou, em seu cavalo, o ataque até a próxima Kettle Hill, Texas. Seu sucesso ajudou os americanos a vencerem a batalha de San Juan Hill e é aí que reside a confusão. A cavalgada de Roosevelt foi erroneamente associada ao ataque ao monte San Juan. Ele era o segundo no comando depois de Wood, e logo os Rough Riders autodenominaram-se "Wood's Weary Walkers", porque lutaram grande parte da guerra inteiramente a pé. O que aconteceu com os cavalos? Tiveram de ser deixados na Flórida porque os navios que transportavam os soldados da cavalaria para Cuba não tinham espaço para os cavalos que os soldados deveriam ter montado. Perko, Marko. *Did You Know That...?: "Revised and Expanded" Edition: Surprising-But-True Facts about History, Science, Inventions, Geography, Origins, Art, Music and More*. Nova York: Open Road Distribution, 2017, p. 11.
5. Carlson, W. Bernard. *Tesla: Inventor of the Electrical Age*. Princeton, NJ: Princeton University Press, 2013, p. 256.
6. Seifer, Marc J. *Wizard: The Life and Times of Nikola Tesla: Biography of a Genius*. Nova York: Citadel Press, 1998, p. 210.
7. Ibid.
8. Carlson, W. Bernard. *Tesla*, p. 258; Seifer, Marc J. *Wizard*, p. 211.
9. Munson, Richard. *Tesla: Inventor of the Modern*, p. 152-153; Seifer, Marc J. *Wizard*, p. 211.
10. Carlson, W. Bernard. *Tesla*, p. 259.
11. Seifer, Marc J. *Wizard*, p. 213.
12. Tesla's Visit to Chicago. *The Western Electrician*, 20 maio 1899, p. 285.
13. Ibid.
14. Ibid.
15. Ibid.
16. Carlson, W. Bernard. *Tesla*, p. 259-261.
17. Tesla's Visit to Chicago, p. 285.
18. McGovern, Chauncy M. "Nikola Tesla Will 'Wire' to France". *Colorado Springs Evening Telegraph*, 17 maio 1899; Munson, Richard. *Tesla: Inventor of the Modern*, p. 153.
19. McGovern, Chauncy M. "Nikola Tesla Will 'Wire' to France".
20. Ibid.
21. Munson, Richard. *Tesla: Inventor of the Modern*, p. 154.
22. Ibid., p. 153-154.
23. Seifer, Marc J. *Wizard*, p. 214.
24. Ibid.; Carlson, W. Bernard. *Tesla*, p. 220-221.

25. Goldman, Harry. "Nikola Tesla's Bold Adventure". *The American West*, mar. 1971, p. 4-9.
26. Carlson, W. Bernard. *Tesla*, p. 266-267.
27. Munson, Richard. *Tesla: Inventor of the Modern*, p. 151.
28. Cheney, Margaret & Uth, Robert. *Tesla: Master of Lightning*. Nova York: Barnes & Noble, 1999, p. 85.
29. Carlson, W. Bernard. *Tesla*, p. 265.
30. Tesla, Nikola. "The Transmission of Electric Energy without Wires". *Electrical World and Engineer,* 5 mar. 1904.
31. Ibid.
32. Cheney, Margaret & Uth, Robert. *Tesla: Master of Lightning*, p. 87; O'Neill, John J. *Prodigal Genius: The Life of Nikola Tesla*. Albuquerque, NM: Brotherhood of Life, 1994, p. 183.
33. Tesla, Nikola. "The Transmission of Electric Energy without Wires".
34. Ibid.
35. Ibid.
36. Munson, Richard. *Tesla: Inventor of the Modern*, p. 157-158.
37. Tesla, Nikola. "The Transmission of Electric Energy without Wires".
38. Carlson, W. Bernard. *Tesla*, p. 211; Munson, Richard. *Tesla: Inventor of the Modern*, p. 158.
39. Carlson, W. Bernard. *Tesla*, p. 293.
40. Tesla, Nikola. *Nikola Tesla: Colorado Springs Notes, 1899-1900*. S. l.: BN Publishing, 2007, p. 18. Comentários científicos de Aleksander Marinčić.
41. Ibid., p. 18; Munson, Richard. *Tesla: Inventor of the Modern*, p. 155.
42. Tesla, Nikola. *Nikola Tesla: Colorado Springs Notes*, p. 12.
43. Munson, Richard. *Tesla: Inventor of the Modern*, p. 159.
44. O'Neill, John J. *Prodigal Genius*, p. 187.
45. Munson, Richard. *Tesla: Inventor of the Modern*, p. 159; O'Neill, John J. *Prodigal Genius*, p. 187; Cheney, Margaret & Uth, Robert. *Tesla: Master of Lightning*, p. 89.
46. O'Neill, John J. *Prodigal Genius*, p. 187.
47. Munson, Richard. *Tesla: Inventor of the Modern*, p. 159; O'Neill, John J. *Prodigal Genius*, p. 189.
48. O'Neill, John J. *Prodigal Genius*, p. 190-191.
49. Tesla, Nikola. *Nikola Tesla: Colorado Springs Notes*, p. 100.
50. Tesla, Nikola. *Nikola Tesla: Colorado Springs Notes*, p. 137-138.
51. Munson, Richard. *Tesla: Inventor of the Modern*, p. 160.
52. Tesla, Nikola. "The Problem of Increasing Human Energy: With Special Reference to the Harnessing of the Sun's Energy". (Conforme impresso na *Century Illustrated Magazine*, jun. 1900). S. l.: Merchant Books, 2019, p. 69.
53. Cheney, Margaret & Uth, Robert. *Tesla: Master of Lightning*, p. 94; veja também Wikipedia, "Search for Extraterrestrial Intelligence". Disponível em: https://en.wikipedia.org/wiki/Search_for_extraterrestrial_intelligence#History.
54. Cheney, Margaret & Uth, Robert. *Tesla: Master of Lightning*, p. 94-95; Wikipedia, "Search for Extraterrestrial Intelligence".
55. Carlson, W. Bernard. *Tesla*, p. 256; Munson, Richard. *Tesla: Inventor of the Modern*, p. 160.
56. Tesla, Nikola. "The True Wireless". *The Electrical Experimenter*, maio 1919, p. 30.
57. Munson, Richard. *Tesla: Inventor of the Modern*, p. 161.
58. *Tesla: Master of Lightning*, PBS. Disponível em: https://www.pbs.org/tesla/ll/ll_whoradio.html.
59. https://patents.google.com/patent/US645576A/en;

https://patentimages.storage.googleapis.com/62/90/92/45a5932052a940/US645576.pdf; https://pdfpiw.uspto.gov/.piw?Docid=00645576&homeurl=http%3A%2F%2Fpatft.uspto.gov%2Fnetacgi%2Fnph-Parser%3FSect1%3DPTO1%2526Sect2%3DHITOFF%2526d%3DPALL%2526p%3D1%2526u%3D%25252Fnetahtml%25252FPTO%25252Fsrchnum.

60. Munson, Richard. *Tesla: Inventor of the Modern*, p. 161-162.
61. Perko, Marko. *Did You Know*, p. 238-239.
62. Munson, Richard. *Tesla: Inventor of the Modern*, p. 162.
63. Seifer, Marc J. *Wizard*, p. 436; Munson, Richard. *Tesla: Inventor of the Modern*, p. 162.
64. Munson, Richard. *Tesla: Inventor of the Modern*, p. 163.
65. Tesla, Nikola. "Talking with the Planets". *Collier's Weekly*, 9 fev. 1901, p. 4-5.
66. Munson, Richard. *Tesla: Inventor of the Modern*, p. 164.
67. Tesla, Nikola. *Nikola Tesla: Colorado Springs Notes*, p. 367.
68. Carlson, W. Bernard. *Tesla*, p. 294-295.
69. Tesla, Nikola. *Nikola Tesla: Colorado Springs Notes*, p. 433; Cheney, Margaret. *Tesla: Man Out of Time*. Nova York: Barnes & Noble, p. 151.
70. Seifer, Marc J. *Wizard*, p. 234-235; The Nikola Tesla Papers, Universidade Columbia, Biblioteca de Livros Raros e Manuscritos, Nova York.

14. A Maravilha de Wardenclyffe: narcisismo, hipomania, vaidade

1. Issued Nikola Tesla, *Colorado Springs Gazette*, 6 abr. 1904, p. 3; Left Property Here; Skips; Sheriff's Sale, *Colorado Springs Gazette*, 22 mar. 1906, p. 3; Nikola Tesla Says He Is Not Indebted to Duffner, *Colorado Springs Gazette*, 6 set. 1905, p. 5; Nikola Tesla Must Pay Up, *Colorado Springs Gazette*, 19 nov. 1905, p. 5.
2. Notes, *The Electrician*, 19 jan. 1900, p. 423.
3. Ibid.
4. Anderson, Leland I. "Wardenclyffe — A Forfeited Dream", *Long Island Forum*, ago. 1968.
5. Munson, Richard. *Tesla: Inventor of the Modern*. Nova York: W.W. Norton and Company, 2018, p. 167; Seifer, Marc J. *Wizard: The Life and Times of Nikola Tesla: Biography of a Genius*. Nova York: Citadel Press/Kensington Publishing, 1998, p. 205.
6. Anderson, Leland I. "Wardenclyffe".
7. O'Neill, John J. *Prodigal Genius: The Life of Nikola Tesla*. Albuquerque, NM: Brotherhood of Life, 1994, p. 98.
8. Nikola Tesla, comentários escritos na página 774 da *The Century Magazine*, vol. 63, mar. 1902; Nikola Tesla Papers, Biblioteca da Universidade Columbia, Biblioteca de Livros e Manuscritos Raros, Nova York.
9. Seifer, Marc J. *Wizard*, p. 236.
10. Ibid., p. 246.
11. Ibid., p. 239-240.
12. Carlson, W. Bernard. *Tesla: Inventor of the Electrical Age*. Princeton, NJ: Princeton University Press, 2013, p. 307.
13. Decision in Favor of the Tesla Rotating Magnetic Field Patents. *Electrical World and Engineer*, vol. 36, n. 10, 8 set. 1900, p. 394-395.
14. Cheney, Margaret & Uth, Robert. *Tesla: Master of Lightning*. Nova York: Barnes & Noble, 1999, p. 98.
15. Seifer, Marc J. *Wizard*, p. 246; Cheney, Margaret & Uth, Robert. *Tesla: Master of Lightning*, p. 99.

16. JONNES, Jill. *Empires of Light: Edison, Tesla, Westinghouse, and the Race to Electrify the World*. Nova York: Random House, 2004, p. 360-361.
17. SEIFER, Marc J. *Wizard*, p. 252-253.
18. MUNSON, Richard. *Tesla: Inventor of the Modern*, p. 174.
19. Theodore Roosevelt Center. Ver: https://www.theodorerooseveltcenter.org/Research/Digital-Library/Record.aspx?libID=o286435.
20. SEIFER, Marc J. *Wizard*, p. 255.
21. CARLSON, W. Bernard. *Tesla*, p. 318-319; MUNSON, Richard. *Tesla: Inventor of the Modern*, p. 174-175.
22. MUNSON, Richard. *Tesla: Inventor of the Modern*, p. 175.
23. Ibid., p. 177.
24. CHENEY, Margaret & UTH, Robert. *Tesla: Master of Lightning*, p. 100-101.
25. Descrição de Tesla da instalação de Long Island e inventário da instalação como descrita nos autos da apelação contra a execução hipotecária, na Divisão de Apelação da Corte Suprema de Nova York, p. 177.
26. CHENEY, Margaret & UTH, Robert. *Tesla: Master of Lightning*, p. 100.
27. CARLSON, W. Bernard. *Tesla*, p. 327.
28. Ibid., p. 320, p. 322.
29. SEIFER, Marc J. *Wizard*, p. 284.
30. CHENEY, Margaret & UTH, Robert. *Tesla: Master of Lightning*, p. 100.
31. O'NEILL, John J. *Prodigal Genius*, p. 207-208.
32. STIEFEL, Natalie Aurucci. "Nikola Tesla at Wardenclyffe". In: *Looking Back at Rocky Point: In the Shadow of the Radio Towers*, vol. 1 (publicação própria).
33. MUNSON, Richard. *Tesla: Inventor of the Modern*, p. 176; CHENEY, Margaret & UTH, Robert. *Tesla: Master of Lightning*, p. 101; SEIFER, Marc J. *Wizard*, p. 266; O'NEILL, John J. *Prodigal Genius*, p. 207.
34. WIRELESS Signals Across the Ocean, *The New York Times*, 15 dez. 1901, p. 1.
35. TOSCANO, Aaron Antonio. "Positioning Guglielmo Marconi's Wireless: A Rhetorical Analysis of an Early Twentieth-Century Technology". Dissertação de ph.D, Universidade de Louisville, 2006, p. 1.
36. CARLSON, W. Bernard. *Tesla*, p. 334-336; MUNSON, Richard. *Tesla: Inventor of the Modern*, p. 179.
37. LICHTY, Lawrence W. & TOPPING, Malachi C. *American Broadcasting: A Source Book on the History of Radio and Television*. Nova York: Hastings House, 1975, p. 11.
38. MUNSON, Richard. *Tesla: Inventor of the Modern*, p. 179-180.
39. SEIFER, Marc J. *Wizard*, p. 295; WASIK, John F. *Lightning Strikes: Timeless Lessons in Creativity from the Life and Work of Nikola Tesla*. Nova York: Sterling Publishing Co. Inc., 2016, p. 131; CARLSON, W. Bernard. *Tesla*, p. 339-340.
40. MUNSON, Richard. *Tesla: Inventor of the Modern*, p. 173-174.
41. SEIFER, Marc J. *Wizard*, p. 296.
42. EDISON Becomes Marconi's Ally, *The New York World*, 28 maio 1903, p. 16.
43. MORUS, Iwan Rhys. *Nikola Tesla and the Electrical Future*. Londres: Icon Books, 2019, p. 172.
44. CHENEY, Margaret & UTH, Robert. *Tesla: Master of Lightning*, p. 105; SEIFER, Marc J. *Wizard*, p. 320.
45. MUNSON, Richard. *Tesla: Inventor of the Modern*, p. 181.
46. TESLA, Nikola. "The Transmission of Electrical Energy without Wires as a Means for Furthering Peace". *Electrical World and Engineer*, 7 jan. 1905, p. 21-24.

47. Munson, Richard. *Tesla: Inventor of the Modern*, p. 182.
48. Ibid., p. 183.
49. Nikola Tesla Papers, Biblioteca da Universidade Columbia, Biblioteca de Livros e Manuscritos Raros, Nova York.
50. Tesla, Nikola. *My Inventions: Nikola Tesla's Autobiography.* Editada, com uma introdução de Ben Johnston. Austin, tx: Hart Brothers, 1982, p. 93.
51. Munson, Richard. *Tesla: Inventor of the Modern*, p. 184.
52. Seifer, Marc J. *Wizard*, p. 300; Munson, Richard. *Tesla: Inventor of the Modern*, p. 184.
53. Carlson, W. Bernard. *Tesla*, p. 347.
54. Ibid.; Munson, Richard. *Tesla: Inventor of the Modern*, p. 185.
55. Munson, Richard. *Tesla: Inventor of the Modern*, p. 185.
56. Carlson, W. Bernard. *Tesla*, p. 352.
57. Ibid., p. 352-353.
58. Munson, Richard. *Tesla: Inventor of the Modern*, p. 186.
59. Ibid.
60. O'Neill, John J. *Prodigal Genius*, p. 292.
61. Ibid., p. 286.
62. Munson, Richard. *Tesla: Inventor of the Modern*, p. 187.
63. Como exemplo, veja a carta de 14 de abril de 1903[?] para George Scherff. In: Nikola Tesla Papers, Biblioteca da Universidade Columbia, Biblioteca de Livros e Manuscritos Raros, Nova York.
64. Munson, Richard. *Tesla: Inventor of the Modern*, p. 187-188.
65. Ibid., p. 188.
66. Ibid., p. 189.
67. Wardenclyffe Tower. Wikipedia. Disponível em: https://en.wikipedia.org/wiki/Wardenclyffe_Tower.
68. Tesla Science Center at Wardenclyffe. Wikipedia. Disponível em: https://en.wikipedia.org/wiki/Tesla_Science_Center_at_Wardenclyffe.
69. Carlson, W. Bernard. *Tesla*, p. 367.

15. Princípio sobre o lucro: grandiosidade, humanidade

1. Nikola Tesla, Charles Darwin e Teddy Roosevelt foram pessoas com memória notável. A memória fotográfica tem sido diretamente ligada à alta inteligência em tais indivíduos. O qi de Tesla estava entre 160 e 310. Veja: https://www.betterhelp.com; https://www.businessinsider.com/the-40-smartest-people-of-all-time-2015-2#14-nikola-tesla-27.
2. Carpenter, Frank G. "Wonderful Discoveries in Electricity: Electrical Force without Wires". *Pittsburgh Dispatch*, 18 dez. 1904.
3. Carlson, W. Bernard. *Tesla: Inventor of the Electrical Age*. Princeton, nj: Princeton University Press, 2013, p. 364.
4. Seifer, Marc J. *Wizard: The Life and Times of Nikola Tesla: Biography of a Genius*. Nova York: Citadel Press, 1998, p. 309.
5. Tesla, Nikola. "The People's Forum: 'Mr. Tesla on the Wireless Transmission of Power'". *The New York World*, 19 maio 1907.
6. Tesla, Nikola. In: Johnston, Bem (ed.). *My Inventions: Nikola Tesla's Autobiography.* Austin, tx: Hart Brothers, 1982, p. 91-92.
7. Cheney, Margaret & Uth, Robert. *Tesla: Master of Lightning*. Nova York: Barnes & Noble, 1999, p. 109.

8. SEIFER, Marc J. *Wizard*, p. 339; BOUNDARY Layer. Wikipedia. Disponível em: https://en.wikipedia.org/wiki/Boundary_layer.
9. SEIFER, Marc J. *Wizard*, p. 339.
10. CARLSON, W. Bernard. *Tesla*, p. 371.
11. Ibid., p. 341.
12. CHENEY, Margaret & UTH, Robert. *Tesla: Master of Lightning*, p. 110-15.
13. SEIFER, Marc J. *Wizard*, p. 347.
14. TESLA, Nikola. "Mr. Tesla Speaks Out". *The New York World*, 29 nov. 1929, p. 10.
15. SHAPIRO, James. *Contested Will: Who Wrote Shakespeare?* Nova York: Simon & Schuster, 2010, p. 111.
16. CHENEY, Margaret & UTH, Robert. *Tesla: Master of Lightning*, p. 118-119.
17. BENSON, Allan L. "Nikola Tesla, Dreamer". *World To-day* (*Heart's Magazine*), 1º fev. 1912, p. 1.763.
18. Ibid.
19. CARLSON, W. Bernard. *Tesla*, p. 372-73.
20. CHENEY, Margaret. *Tesla: Man Out of Time*. Nova York: Barnes & Noble, 1993, p. 166.
21. STOCKRIDGE, Frank Parker. "Tesla's New Monarch of Machines". *Nova York Herald* (*Tribune*), 15 out. 1991, p. 1.
22. SECOR, H. Winfield. "Tesla Has Only Credit". *The New York Times*, 18 mar. 1916.
23. CHENEY, Margaret. *Tesla: Man Out of Time*, p. 215.
24. O'NEILL, John J. *Prodigal Genius: The Life of Nikola Tesla*. Albuquerque, NM: Brotherhood of Life, 1994, p. 232-233; CHENEY, Margaret & UTH, Robert. *Tesla: Master of Lightning*, p. 119-120.
25. Ibid.
26. O'NEILL, John J. *Prodigal Genius*, p. 234-236.
27. Ibid., 237-38.
28. NIKOLA Tesla's Acceptance Speech on Receiving the Edison Medal, Ata da Reunião Anual do Instituto Americano de Engenheiros Elétricos, 18 maio 1917. Disponível em: http://rastko.rs/rastko/delo/10842.
29. CHENEY, Margaret & UTH, Robert. *Tesla: Master of Lightning*, p. 123; O'NEILL, John J. *Prodigal Genius*, p. 238.
30. CHENEY, Margaret & UTH, Robert. *Tesla: Master of Lightning*, p. 123.
31. SECOR, H. Winfield. "Tesla's Views on Electricity and the War". *The Electrical Experimenter*, ago. 1917, p. 270.
32. CHENEY, Margaret. *Tesla: Man Out of Time*, p. 213.
33. SEIFER, Marc J. *Wizard*, p. 334.
34. MUNSON, Richard. *Tesla: Inventor of the Modern*, p. 198-199.
35. CHENEY, Margaret & UTH, Robert. *Tesla: Master of Lightning*, p. 129.
36. Ibid., p. 119-20.
37. O'NEILL, John J. *Prodigal Genius*, p. 308-9.
38. CHENEY, Margaret & UTH, Robert. *Tesla: Master of Lightning*, p. 120; MUNSON, Richard. *Tesla: Inventor of the Modern*, p. 207.
39. MUNSON, Richard. *Tesla: Inventor of the Modern*, p. 207.
40. O'NEILL, John J. *Prodigal Genius*, p. 230-31.
41. SEIFER, Marc J. *Wizard*, p. 380.
42. Ibid.
43. PERKO, Marko. *Did You Know That...?: "Revised and Expanded" Edition: Surprising-*

-*But-True Facts about History, Science, Inventions, Geography, Origins, Art, Music and More*. Nova York: Open Road Distribution, 2017, p. 77.
44. MUNSON, Richard. *Tesla: Inventor of the Modern*, p. 199.
45. Ibid.
46. Ibid.
47. SHAPIRO, James. *Contested Will*, p. 111.
48. TESLA, Nikola. "My Inventions: VI. The Art of Telautomatics". *The Electrical Experimenter*, out. 1919, p. 601; CHENEY, Margaret & UTH, Robert. *Tesla: Master of Lightning*, p. 130.
49. O'NEILL, John J. *Prodigal Genius*, p. 218; MUNSON, Richard. *Tesla: Inventor of the Modern*, p. 202.
50. ISAACSON, Walter. *Einstein: His Life and Universe.* Nova York: Simon & Schuster, 2007, p. 320-321.

16. Estranha mistura: bizarro, psicose, testando a realidade, pensamento mágico

1. MUNSON, Richard. *Tesla: Inventor of the Modern*. Nova York: W.W. Norton and Company, 2018, p. 210; CARLSON, W. Bernard. *Tesla: Inventor of the Electrical Age*. Princeton, NJ: Princeton University Press, 2013, p. 378.
2. MUNSON, Richard. *Tesla: Inventor of the Modern*, p. 211.
3. Ibid., p. 211-212.
4. SEIFER, Marc J. *Wizard: The Life and Times of Nikola Tesla: Biography of a Genius*. Nova York: Citadel Press, 1998, p. 359; MUNSON, Richard. *Tesla: Inventor of the Modern*, p. 212.
5. MUNSON, Richard. *Tesla: Inventor of the Modern*, p. 212.
6. KAEMPFFERT, Waldemar. "Prof. Pupin Now Claims Wireless His Invention". *Los Angeles Examiner*, 13 maio 1915.
7. MUNSON, Richard. *Tesla: Inventor of the Modern*, p. 214.
8. ANDERSON, Leland I. "John Stone Stone on Nikola Tesla's Priority in Radio and Continuous-Wave Radiofrequency Apparatus". *The A.W.A. Review-First Edition*, 1986, p. 39.
9. Ibid.
10. MUNSON, Richard. *Tesla: Inventor of the Modern*, p. 216-217; CHENEY, Margaret & UTH, Robert. *Tesla: Master of Lightning*. Nova York: Barnes & Noble, 1999, p. 133.
11. O'NEILL, John J. *Prodigal Genius: The Life of Nikola Tesla*. Albuquerque, NM: Brotherhood of Life, 1994, p. 317.
12. Ibid., p. 318.
13. SEIFER, Marc J. *Wizard*, p. 414; ver também: http://www.icrcanada.org/research/literaryresearch/tesla.
14. CARLSON, W. Bernard. *Tesla*, p. 379; MUNSON, Richard. *Tesla: Inventor of the Modern*, p. 218.
15. CHENEY, Margaret. *Tesla: Man Out of Time*. Nova York: Barnes & Noble, 1993, P. 232.
16. WHEN WOMAN IS BOSS. Entrevista com Nikola Tesla por John B. Kennedy, *Colliers*, 30 jan. 1926.
17. SEIFER, Marc J. *Wizard*, p. 410.
18. CHENEY, Margaret. *Tesla: Man Out of Time*, p. 234.
19. SEIFER, Marc J. *Wizard*, p. 437.
20. Ibid., p. 412-413.
21. CHENEY, Margaret. *Tesla: Man Out of Time*, p. 239.
22. Ibid.
23. Ibid., p. 239-240.
24. SEIFER, Marc J. *Wizard*, p. 421.
25. MUNSON, Richard. *Tesla: Inventor of the Modern*, p. 226.

26. Gernsback, Hugo. "Edison and Tesla". *The Electrical Experimenter*, dez. 1915, p. 379.
27. Tesla, 76, Reports His Talents at Peak — Says His New Invention, Almost Done, Will Come as "100,000 Trumpets of Apocalypse". *The New York Times*, 10 jul. 1932.
28. Cheney, Margaret & Uth, Robert. *Tesla: Master of Lightning*, p. 135.
29. O coautor Marko Perko teve o prazer de passar um dia muito informativo entrevistando William Terbo, vários anos atrás, ouvindo-o lembrar-se de seu *veliki ujak Nikola*. Munson, Richard. *Tesla: Inventor of the Modern*, p. 218.
30. Tesla Certain of His Power — Inventor Says Only Details Remain to Be Checked. *New York Sun*, 10 jul. 1933.
31. Tesla, Nikola. "Chewing Gum More Fatal Than Rum". *The New York World-Telegram*, 10 ago. 1932.
32. Tesla, at 78, Bares New Death-Beam. *The New York Times*, 11 jul. 1934.
33. Cheney, Margaret & Uth, Robert. *Tesla: Master of Lightning*, p. 151-52; Carlson, W. Bernard. *Tesla*, p. 380.
34. Nikola Tesla como contado a George Sylvester Viereck, "A Machine to End War: A Famous Inventor, Picturing Life 100 Years from Now, Reveals an Astounding Scientific Venture Which He Believes Will Change the Course of History", *Liberty*, fev. 1937. Disponível em: https://www.pbs.org/tesla/res/res_art11.html.
35. Carlson, W. Bernard. *Tesla*, p. 386-387.
36. Munson, Richard. *Tesla: Inventor of the Modern*, p. 230.
37. Kean, Sam. "The Underlying Appeal of Nikola Tesla's Death Ray". *Science History*, 26 out. 2020. Disponível em: https://www.sciencehistory.org/distillations/the-undying-appeal-of-nikola--teslas-death-ray.
38. Munson, Richard. *Tesla: Inventor of the Modern*, p. 232-233.
39. Ibid., p. 233.
40. Nikola Tesla como contado a George Sylvester Viereck, "A Machine to End War".
41. Carlson, W. Bernard. *Tesla*, p. 389.
42. O'Neill, John J. *Prodigal Genius: The Life of Nikola Tesla*, p. 274-75. Nota: durante uma das palestras muito populares do coautor Perko sobre a vida de Nikola Tesla, um senhor idoso aproximou-se dele para falar sobre este evento com o mensageiro. Ele contou a Perko que ele era um daqueles mensageiros em Nova York. Ele também disse que todos os mensageiros queriam entregar uma mensagem de ou para Tesla, pois ele sempre dava grandes gorjetas. Perko também perguntou sobre algo que muitas vezes foi dito a respeito da presença de Tesla — que ele era magnético, misterioso, com olhos azuis penetrantes que faziam com que qualquer um que encarasse aquele homem alto ficasse de queixo caído e mesmerizado. O interlocutor confirmou essa descrição.
43. Cheney, Margaret. *Tesla: Man Out of Time*, p. 265.
44. Carlson, W. Bernard. *Tesla*, p. 378; Cheney, Margaret. *Tesla: Man Out of Time*, p. 267; Wenass, Eric. "An Examination of Nikola Tesla's Priority in Discovering Radio". *The A.W.A. Review*, vol. 32, 2019, p. 215-297. Disponível em: http://richardn1.sg-host.com/wp--content/uploads/AWA32_Wenaas_19-05-07-Tesla-revised-new-title.pdf; Marconi Wireless Telegraph Company of America *vs*. United States, ver: https://tile.loc.gov/storage-services/service/ll/usrep/usrep320/usrep320001/usrep320001.pdf; Antique Wireless Association, "Nicola Tesla's Priority in the Discovery of Radio". Disponível em: https://www.antiquewireless.org/homepage/nikola-tesla/; Munson, Richard. *Tesla: Inventor of the Modern*, p. 236; Cheney, Margaret & Uth, Robert. *Tesla: Master of Lightning*, p. 160.

17. Imerso no éter: após a morte

1. Munson, Richard. *Tesla: Inventor of the Modern*. Nova York: W.W. Norton and Company, 2018, p. 234; Cheney, Margaret. *Tesla: Man Out of Time*. Nova York: Barnes & Noble, 1993, p. 266; 2000 Are Present at Tesla Funeral, *The New York Times*, 13 jan. 1943.
2. Carlson, W. Bernard. *Tesla: Inventor of the Electrical Age*. Princeton, NJ: Princeton University Press, 2013, p. 390; Cheney, Margaret & Uth, Robert. *Tesla: Master of Lightning*. Nova York: Barnes & Noble, 1999, p. 161.
3. 2000 Are Present at Tesla Funeral.
4. Munson, Richard. *Tesla: Inventor of the Modern*, p. 234; Cheney, Margaret. *Tesla: Man Out of Time*, p. 267.
5. Cheney, Margaret. *Tesla: Man Out of Time*, p. 266-267.
6. Cawthorne, Nigel. *Tesla: The Life and Times of an Electric Messiah*. Nova York: Chartwell Books, 2014, p. 174.
7. 2000 Are Present at Tesla Funeral.
8. Ibid.
9. Munson, Richard. *Tesla: Inventor of the Modern*, p. 235.
10. Ibid., p. 236.
11. Cheney, Margaret. *Tesla: Man Out of Time*, p. 267.
12. Seifer, Marc J. *Wizard: The Life and Times of Nikola Tesla: Biography of a Genius*. Nova York: Citadel Press, 1998, p. 446.
13. Carlson, W. Bernard. *Tesla*, p. 390.
14. Tesla Left No Will — Nephew Says Estate Consists of Research Data, Models, *The New York Times*, 22 jan. 1943.
15. Cheney, Margaret & Uth, Robert. *Tesla: Master of Lightning*, p. 158; Carlson, W. Bernard. *Tesla*, p. 392-393. Observação: o OAPC às vezes é chamado de OAP.
16. Cheney, Margaret & Uth, Robert. *Tesla: Master of Lightning*, p. 163.
17. Carlson, W. Bernard. *Tesla*, p. 392.
18. Ibid., p. 393.
19. Cheney, Margaret & Uth, Robert. *Tesla: Master of Lightning*, p. 160; Carlson, W. Bernard. *Tesla*, p. 392.
20. Cheney, Margaret. *Tesla: Man Out of Time*, p. 279; Seifer, Marc J. *Wizard*, p. 460; Civric, Zorica. "Nikola Tesla Legacy". In: *Nikola Tesla Museum 1952-2003*. Belgrado, Sérvia: Museu de Ciência e Tecnologia, 2004, p. 10.
21. Death-Ray Machine Described — Dr. Tesla Says Two of Four Necessary Pieces of Apparatus Have Been Built. *New York Sun*, 11 jul. 1934.

18. A marca: legado

1. Seifer, Marc J. *Wizard: The Life and Times of Nikola Tesla: Biography of a Genius*. Nova York: Citadel Press/Kensington Publishing, 1998, p. 464. Ver capítulo 1, nota de fim 3.
2. Munson, Richard. *Tesla: Inventor of the Modern*. Nova York: W.W. Norton and Company, 2018, 250; Cheney, Margaret & Uth, Robert. *Tesla: Master of Lightning*. Nova York: Barnes & Noble, 1999, p. 172; Wikipedia. "List of Scientific Units Named After People". Disponível em: https://en.wikipedia.org/wiki/List_of_scientific_units_named_after_people.
3. Ibid., p. 249.
4. Cheney, Margaret & Uth, Robert. *Tesla: Master of Lightning*, p. 161; Civric, Zorica. "Nikola Tesla Legacy". In: *Nikola Tesla Museum 1952-2003*. Belgrado, Sérvia: Museu de Ciência e Tecnologia, 2004, p. 4.

5. Carlson, W. Bernard. *Tesla: Inventor of the Electrical Age*. Princeton, NJ: Princeton University Press, 2013, p. 398-399.
6. Munson, Richard. *Tesla: Inventor of the Modern*, p. 250.
7. Ibid.; Tesla Science Center, ver: https://teslasciencecenter.org/.
8. Brasher, W. K. "Nikola Tesla", *Journal of the Institution of Electrical Engineers*, vol. 90, n. 35, nov. 1943, p. 467.

Epílogo

1. Carlson, W. Bernard. *Tesla: Inventor of the Electrical Age*. Princeton, NJ: Princeton University Press, 2013, p. 397.
2. Edison não inventou a lâmpada e os irmãos Wright não foram os primeiros a voar. Perko, Marko. *Did You Know That…?: "Revised and Expanded" Edition: Surprising-But-True Facts about History, Science, Inventions, Geography, Origins, Art, Music and More*. Nova York: Open Road Distribution, 2017, p. 76-77, 90-92.
3. O'Neill, John J. *Prodigal Genius: The Life of Nikola Tesla*. Albuquerque, NM: Brotherhood of Life, 1994, p. 49.
4. Ibid., p. 74-75; Cheney, Margaret. *Tesla: Man Out of Time*. Nova York: Barnes & Noble, 1993, p. 39.
5. Cheney, Margaret & Uth, Robert. *Tesla: Master of Lightning*. Nova York: Barnes & Noble, 1999, p. 23.
6. Cheney, Margaret. *Tesla: Man Out of Time*, p. 23.
7. Wikipedia. "Janela de Overton". Disponível em: https://pt.wikipedia.org/wiki/Janela_de_Overton; Mackinac Center for Public Policy, "Overton Window". Disponível em: https://www.mackinac.org/OvertonWindow; Astor, Maggie. "How the Politically Unthinkable Can Become Mainstream", *The New York Times*, 26 fev. 2019.
8. Stephenson, Walter T. "Fruits of Genius Were Swept Away", *The New York Herald*, 14 mar. 1895.
9. Cheney, Margaret. *Tesla: Man Out of Time*, p. 23.

Bibliografia

Anderson, Leland I. *Bibliography Dr. Nikola Tesla (1856-1943), Second Enlarged Edition*. Compilada e editada por Leland I. Anderson. Minneapolis: The Tesla Society, 1956.

Aurucci Stiefel, Natalie. *Looking Back at Rocky Point: In the Shadow of the Radio Towers*, vol. 1. Publicação própria.

Bodanis, David. *Electric Universe: The Shocking True Story of Electricity*. Nova York: Crown Publishers, 2005.

Brockman, John (ed.). *The Greatest Inventions of the Past 2,000 Years: Todays' Leading Thinkers Chose the Creations That Shaped Our World*. Nova York: Simon & Schuster, 2000.

Carlson, W. Bernard. *Tesla: Inventor of the Electrical Age*. Princeton, nj: Princeton University Press, 2013.

Cawthorne, Nigel. *Tesla: The Life and Times of an Electric Messiah*. Nova York: Chartwell Books, 2014.

Cawthorne, Nigel. *Tesla vs Edison: The Life-Long Feud That Fueled the World*. Nova York: Chartwell Books, 2016.

Cheney, Margaret. *Tesla: Man Out of Time*. Nova York: Barnes & Noble, 1993.

Cheney, Margaret & Uth, Robert. *Tesla: Master of Lightning*. Nova York: Barnes & Noble, 1999.

Clark, Ronald W. *Edison: The Man Who Made the Future*. Nova York: G.P. Putnam's Sons, 1977.

Cline, Adam. *The Current War: A Battle Story between Two Electrical Titans, Thomas Edison and George Westinghouse*. 2. ed., publicação própria, 2017.

Cooper, Christopher. *The Truth about Tesla: The Myth of the Lone Genius in the History of Innovation*. Nova York: Race Point Publishing, 2018.

Dolnick, Edward. *The Clockwork Universe: Isaac Newton, the Royal Society, and the Birth of the Modern World*. Nova York: Harper, 2011.

Dyer, Frank Lewis & Martin, Thomas Commerford. *Edison, His Life and Inventions*. Salt Lake City, UT: Project Gutenberg, 21 jan. 2006.

Elms, Alan C. *Uncovering Lives: The Uneasy Alliance of Biography and Psychology*. Nova York: Oxford University Press, 1994.

Gertner, Jon. *The Idea Factory: Bell Labs and the Great Age of American Innovation*. Nova York: Penguin, 2012.

Ghiselin, Brewster (ed.). *The Creative Process: A Symposium*. Nova York: A Mentor Book, 1952.

Goldstone, Lawrence & Goldstone, Nancy. *The Friar and Cipher: Roger Bacon and the Unsolved Mystery of the Most Unusual Manuscript in the World*. Nova York: Doubleday, 2005.

Govorchin, Gerald Gilbert. *Americans from Yugoslavia*. Gainesville, fl: University of Florida Press, 1961.

Greenblatt, Stephen. *The Swerve: How the World Became Modern*. Nova York: W.W. Norton & Company, 2011.

Gribbin, John. *The Scientists: A History of Science Told Through the Lives of Its Greatest Inventors*. Nova York: Random House, 2002.

Hart, B. H. Liddell. *Why Don't We Learn from History?*. Editado e introduzido por Giles Laurén. Publicação própria, 2012.

Herschel, Sir John F. W. & Bart, K. H. *Preliminary Discourse on the Study of Natural Philosophy*. Londres: Longman Press, 1851. Disponível em: https://ia800504.us.archive.org/16/items/preliminarydisco00hersiala/preliminarydisco00hersiala.pdf.

Holmes, Richard. *The Age of Wonder: How the Romantic Generation Discovered the Beauty and Terror of Science*. Nova York: Pantheon Books, 2008.

Hunt, Inez & Draper, Wanetta W. *Lightning in His Hand: The Life Story of Nikola Tesla*. Hawthorne, CA: Omni Publications, 1977.

Isaacson, Walter. *Einstein: His Life and Universe*. Nova York: Simon & Schuster, 2007.

Isaacson, Walter. *Leonardo da Vinci*. Nova York: Simon & Schuster, 2017.

Isaacson, Walter. *The Innovators: How a Group of Hackers, Geniuses, and Geeks Created the Digital Revolution*. Nova York: Simon & Schuster, 2014.

Israel, Paul. *Edison: A Life of Invention*. Nova York: John Wiley & Sons, 1998.

Johnson, Robert Underwood. *Poems: Second Edition, with New Poems*. Nova York: Century Co., 1908.

Johnson, Robert Underwood. *Remembered Yesterdays*. Boston: Little, Brown and Company, 1923.

Johnson, Robert Underwood. *Songs of Liberty and Other Poems: Including Paraphrases from the Servian after Transations by Nikola Tesla, with a Prefatory Note by Him on Servian Poetry*. Nova York: Century Co., 1897.

John-Steiner, Vera. *Notebooks of the Mind: Explorations of Thinking*. Albuquerque, NM: University of New Mexico Press, 1985.

Judah, Tim. *The Serbs: History, Myth and the Destruction of Yugoslavia*. New Haven, CT: Yale University Press, 1998.

Kent, David J. *Tesla: The Wizard of Electricity*. Nova York: Fall River Press, 2013.

King, Moses. *King's Photographic Views of New York: A Souvenir Companion to King's Handbook of New York City*. Boston: Moses King, 1895.

Lichty, Lawrence W. & Topping, Malachi C. *American Broadcasting: A Source Book on the History of Radio and Television*. Nova York: Hastings House, 1975.

Lomas, Robert. *The Man Who Invented the Twentieth Century: Nikola Tesla, Forgotten Genius of Electricity*. Londres: Headline Book Publishing, 1999.

Luria, A. R. *The Mind of a Mnemonist: A Little Book about a Vast Memory*. Nova York: Basic Books, Inc., 1968.

Madden, Thomas F. *Istanbul: City of Majesty at the Crossroads of the World*. Nova York: Viking, 2016.

Manchester, William. *A World Lit Only by Fire: The Medieval Mind and the Renaissance — Portrait of an Age*. Boston: Little, Brown and Company, 1992.

Marconi, Degna. *My Father, Marconi*. Nova York: Guernica, 1996.

Martin, Thomas Commerford. *The Inventions, Researches, and Writings of Nikola Tesla with Special Reference to His Work in Polyphase Currents and High Potential Lighting*. Nova York: D. Van Nostrand Company, 1894.

Martin, Thomas Commerford. *The Inventions, Researches, and Writings of Nikola Tesla*. S. l.: CreateSpace/Skytower Press, 2013.

Martin, Thomas Commerford. *The Inventions, Researches, and Writings of Nikola Tesla*. Nova York: Fall River Press, 2014.

McAdams, Dan P. *George W. Bush and the Redemptive Dream*. Nova York: Oxford University Press, 2011.

McNichol, Tom. *AC/DCI: The Savage Tale of the First Standards War*. São Francisco: Jossey-Bass, 2006.

Morus, Iwan Rhys. *Nikola Tesla and the Electrical Future*. Londres: Icon Books, 2019.

Mrkich, Daniel. *Nikola Tesla: The European Years (Part Three)*. Ottawa, ON: Commoners' Publishing, 2010.

Munson, Richard. *Tesla: Inventor of the Modern*. Nova York: W.W. Norton and Company, 2018.

Norwich, John Julius. *A Short History of Byzantium*. Nova York: Alfred A. Knopf, Inc., 1997.

O'Neill, John J. *Prodigal Genius: The Life of Nikola Tesla*. Albuquerque, nm: Brotherhood of Life, 1994.

Passer, Harrold C. *The Electrical Manufacturers 1875-1900: A Study in Competition, Entrepreneurship, Technical Change, and Economic Growth*. Nova York: Arno Press, 1972.

Perko, Marko. *Did You Know That...?: "Revised and Expanded" Edition: Surprising-But-True Facts about History, Science, Inventions, Geography, Origins, Art, Music and More*. 4. ed. Nova York: Open Road Distribution, 2017.

Ratzlaff, John T. & Anderson, Leland I. *Dr. Nikola Tesla Bibliography*. Palo Alto, CA: Ragusan Press, 1979.

Sacks, Oliver. *The Man Who Mistook His Wife for a Hat and Other Clinical Tales*. Nova York: Simon & Schuster, 1998.

Schultz, William Todd (ed.). *Handbook of Psychobiography*. Nova York: Oxford University Press, 2005.

Schultz, William Todd. *Tiny Terror: Why Truman Capote (Almost) Wrote Answered Prayers*. Nova York: Oxford University Press, 2011.

Seifer, Marc J. *Wizard: The Life and Times of Nikola Tesla: Biography of a Genius*. Nova York: Citadel Press, 1998.

Shapiro, James. *Contested Will: Who Wrote Shakespeare?*. Nova York: Simon & Schuster, 2010.

Simmons, Michael W. *Nikola Tesla: Prophet of the Modern Technological Age*. Make Profits Easy, 2016.

STREVENS, Michael. *The Knowledge Machine: How Irrationality Created Modern Science*. Nova York: Liveright, 2020.

STROSS, Randall. *The Wizard of Menlo Park: How Thomas Alva Edison Invented the Modern World*. Nova York: Crown Publishers, 2007.

TESLA, Nikola. *Lecture Before the New York Academy of Sciences*, 1897. Breckenridge, CO: Twenty-First Century Books, 1994.

TESLA, Nikola. *My Inventions: Nikola Tesla's Autobiography*. Editada e com uma introdução de Ben Johnston. Austin, TX: Hart Brothers, 1982.

TESLA, Nikola. *My Inventions: Nikola Tesla's Autobiography*. Las Vegas: Lits, 2011.

TESLA, Nikola. *My Inventions: The Autobiography of Nikola Tesla*. Eastford, CT: Martino Fine Books, 2018.

TESLA, Nikola. *Nikola Tesla: Colorado Springs Notes 1899-1900*. La Vergne, TN: BN Publishing, 2007.

TESLA, Nikola. *Tesla Said*. Compilado por John T. Ratzlaff. Millbrae, CA: Tesla Book Company, 1984.

TESLA, Nikola. *The Nikola Tesla Treasury*. Radford, VA: Wilder Publications, 2007.

TESLA, Nikola. *The Problem of Increasing Human Energy: With Special Reference to the Harnessing of the Sun's Energy*. Edição integral com fotos. S. l.: Merchant Books, 2019.

UGLOW, Jenny. *The Lunar Men: Five Friends Whose Curiosity Changed the World*. Nova York: Farrar, Straus and Giroux, 2002.

WASIK, John F. *Lightning Strikes: Timeless Lessons in Creativity from the Life and Work of Nikola Tesla*. Nova York: Sterling Publishing Co. Inc., 2016.

WHEATCROFT, Andrew. *The Habsburgs: Embodying Empire*. Nova York: Viking, 1995.

WILSON, Ben. *Metropolis: A History of the City, Humankind's Greatest Invention*. Nova York: Doubleday, 2020.

WINCHELL, Mike. *The Electric War: Edison, Tesla, Westinghouse, and the Race to Light the World*. Nova York: Henry Holt and Company, 2019.

WOLFE, Tom. *Hooking Up*. Nova York: Farrar, Straus and Giroux, 2000.

WOOTTEN, David. *The Invention of Science: A New History of the Scientific Revolution*. Nova York: HarperCollins Publishers, 2015.

WRIGHT, Craig. *The Hidden Habits of Genius: Beyond Talent, IQ, and Grit —Unlocking the Secrets of Greatness*. Nova York: Dey St./William Morrow, 2020.

COLEÇÕES DE ARQUIVOS

American Philosophical Society (Sociedade Filosófica Americana), Filadélfia, PA.

História do rádio americano: www.americanradiohistory.com.

Biblioteca da Universidade de Cambridge, Cambridge, GB, Repositório Bibliográfico Houghton.

Biblioteca da Universidade Columbia, Biblioteca de Livros e Manuscritos Raros, "Nikola Tesla Papers", Nova York.

Arquivos Edison, ver: http://edison.rutgers.edu/tesla.htm.

Wiki de História da Engenharia e Tecnologia, ver: https://ethw.org/Archives:Papers_of_Nikola_Tesla.

Federal Bureau of Investigation, Washington, DC. Arquivo obtido via Lei da Liberdade de Informação sobre Nikola Tesla.

Institute of Electrical and Electronic Engineers (Instituto de Engenheiros Elétricos e Eletrônicos), arquivos IET, Piscataway, NJ, Arquivos Bibliográficos.
Biblioteca do Congresso, Divisão de Manuscritos, Washington, DC.
Museu Nacional de História Americana, Centro de Arquivos, Instituto Smithsonian, Washington, DC: Arquivos de Kenneth Swezey.
Museu Nacional de História Americana, Biblioteca Dibner, Instituto Smithsonian, Washington, DC: Coleções de Manuscritos.
Museu e Biblioteca da Sociedade Histórica de Nova York, Nova York, NY.
Biblioteca Pública de Nova York, Divisão de Manuscritos e Arquivos: *The Century Magazine Collection*; Coleção Variada Pessoal.
Nikola Tesla/ Archive 2, ver: https://en.wikipedia.org/wiki/Talk%3ANikola_Tesla/Archive_2.
Museu Nikola Tesla, Belgrado, Sérvia: Biblioteca de Anotações de Nikola Tesla.
Universidade Oxford, Biblioteca Bodleian: Arquivos Marconi, Museu de Ciência, Londres, GB.
Insituto Franklin, Filadélfia, PA.
"The Tesla Collection": Universidade de Birmingham, GB: Biblioteca de Pesquisa Cadbury, Coleções Especiais.
Sociedade Memorial Tesla de Nova York, ver: www.TeslaSociety.com.
Sociedade Histórica da Pensilvânia Ocidental, Pittsburgh, PA: Arquivos Leland I. Anderson [Coleção Anderson].

Websites

www.archive.org
www.documentcloud.org
www.edison.rutgers.edy/searchsite.htm
www.edison.rutgers.edu
www.en.wikisource.org
www.hathitrust.org/
www.jstor.org
www.newspapers.com
www.patents.google.com
www.researchgate.net
www.scholar.archive.org
www.sciencehistory.org
www.theteslasociety.com
www.teslacollection.com
www.teslaradio.com
www.teslasciencecenter.org
www.teslauniverse.com
www.timesmachine.nytimes.com/timesmachine
www.tfcbooks.com
www.teslaresearch.jimdofree.com
www.tesla-coil-builder.com
www.todayinsci.com
www.worldcat.org
www.z-lib.org/z-library

PERIÓDICOS/JORNAIS

Colliers (An Illustrated Journal)
Colorado Springs Gazette
Electrical Engineer (Londres)
Electrical Review
Electrical Review (Londres)
Electrical World
Esquire Magazine
Harper's Weekly
IEEE *Technology and Society Magazine*
Journal of the Institution of Electrical Engineers
Liminalities: A Journal of Performance Studies
Nature (Londres)
New York Herald
New York Sun
New York World
Philadelphia Press
Pittsburg(h) Dispatch
Politika
Popular Science Monthly
Savannah Morning News
Science
Scientific American Supplement
The A.W.A. Review — First Edition
The Century Magazine (The Century Illustrated Monthly Magazine)
The Electrical Age
The Electrical Engineer
The Electrical Experimenter
The Electrical Review
The Electrician
The Electrician: A Weekly Journal of Electrical Engineering, Industry and Science
The Engineering Magazine
The New York Herald (Tribune)
The New York Sun
The New York Times
The New York World-Telegram
The Outlook: A Family Paper
Tribune (Chicago)
Western Electrician
World To-day (Heart's Magazine)

Este livro, composto na fonte Fairfield, foi impresso em papel Lux Cream 60g/m², na gráfica AR Fernandez.
São Paulo, maio de 2025.